कहानी संग्रह

AF679560

पं. जनार्दन राय नागर

notionpress
.com
INDIA • SINGAPORE • MALAYSIA

Copyright © P. Janardan Rai Nagar 2026
All Rights Reserved.

ISBN
Paperback 979-8-90319-739-2
Hardcase 979-8-90479-961-8

This book has been published with all efforts taken to make the material error-free after the consent of the author. However, the author and the publisher do not assume and hereby disclaim any liability to any party for any loss, damage, or disruption caused by errors or omissions, whether such errors or omissions result from negligence, accident, or any other cause.

While every effort has been made to avoid any mistake or omission, this publication is being sold on the condition and understanding that neither the author nor the publishers or printers would be liable in any manner to any person by reason of any mistake or omission in this publication or for any action taken or omitted to be taken or advice rendered or accepted on the basis of this work. For any defect in printing or binding the publishers will be liable only to replace the defective copy by another copy of this work then available.

अंतर्वस्तु

प्रस्तावना

पं. जनार्दन राय नागर प्रेम चन्द युग के कहानीकार हैं। "मुंशी प्रेम चन्द कहानी में संक्षिप्तता, आकर्षक आरम्भ, प्रभावपूर्ण विकास एवं मुग्धकारी अन्त आवश्यक तत्व मानते थे।" पं. नागर की कहानियों में ये सभी तत्व विद्यमान हैं। विशेष रूप से नागर जी की कहानियां दैनिक जीवन एवं सामाजिक व्यवहार के उद्देश्यों से लिखी गई हैं।

पं. नागर की कहानियों में स्वस्थ, जीवनोपयोगी, साहित्यिक एवं स्वाभाविक कला की शाश्वत अभिव्यक्ति है। उनकी कहानियां आधुनिक समाज और संस्कृति के यथार्थ और मनोरम चित्र हैं। कथावस्तु अथवा कथानक ही कहानी का आधार होता है। कहानी की सम्पूर्ण रोचकता इसी पर निर्भर है। नागर जी की कहानियों के कथानक अपने घर-परिवार, मुहल्ले, कार्य स्थल अथवा मित्रों के अनुभवों से अंकुरित हैं। जैसे 'जिप्पी और जेका'- घर का अनुभव है। 'कालू गुण्डा' का कथानक घनिष्ठ मित्र से जुड़ा है। कुछ कहानियां अपने स्वयं के अड़ोस-पड़ोस में घटित छोटी-छोटी बातों से सृजित हुई हैं। बीज मिला, कल्पना दौड़ी-लिखी गई कहानी... क्या सृजन है? मानव हृदय की सनातन जिज्ञासा 'उदिया अलख पिछाण' कहानी भिन्न शैली में प्रतीत होती है।

पं. नागर ने 100 से अधिक कहानियों की रचना कर हिन्दी साहित्य को समृद्ध किया है। सरस्वती, माधुरी, सुधा, हंस, चांद और वीणा आदि मासिक पत्रिकाओं में पं. नागर की कहानियां वर्षों तक (1933-48) प्रकाशित होती रही हैं। राजस्थान साहित्य अकादमी उदयपुर द्वारा पं. जनार्दन राय नागर की कहानियां प्रथम एवं द्वितीय भाग नामक दो कहानी संग्रह प्रकाशित किये गये हैं। पं. नागर की कहानियों में जीवन का रहस्य, जीवनयापन की विविधता एवं जीवन का अपूर्व सौन्दर्य है। यही उनकी कहानी कला की संजीवनी शक्ति है। उन्होंने भावों के अनुरूप सटीक भाषा का उपयोग किया है। जैसे- "साले बीमार क्यों पड़ते हैं? मैं गया था कहने कि बीमार पड़ो? बीमारी से बीमार सौ गुणा खराब है। गांधी जी ने भी तो यही कहा है। श्रीमान् मिश्र जी बहस में उतरते तब उनके सामने सुकरात या शंकराचार्य किसी की भी नहीं चल सकती थी।"

पं. नागर ने अपनी कहानियों में भावों के साथ-साथ भाषा के सौन्दर्य का समन्वय किया है। विभिन्न स्थानों पर सागर को गागर में भर लेने वाली सूक्तियों का समावेश किया है। जैसे सत्य का पक्ष भगवान लिया करता है या झूठ बोलने वाले के हाथ में थोर उगते हैं। यह भी सत्य है कि उन्होंने कहानियों में घटनाओं का सक्रियता के साथ तारतम्य विकसित करते हुये चरम बिन्दु का स्पर्श कर, जिज्ञासा वृत्ति को सन्तोषजनक पर्यवेक्षिति तक पहुंचाने की वृत्ति अपनायी है।

पं. नागर सामाजिक समस्या-कहानियों के अद्‌भुत शिल्पी हैं। उनकी कहानियों में राजस्थान के प्रायः सब प्रकार के समाज का चित्रण हुआ है। प्रयोग, परिमाण और कला की दृष्टि से पं. नागर ने राजस्थान की कहानी कला को आगे बढ़ाने में महत्वपूर्ण योगदान किया है।

"अमृत और विष" कहानी में एक लेखक के रचना प्रकाशित न होने के दर्द को जो अभिव्यक्ति दी है, दृष्टव्य है: "देश के सारे सम्पादकों ने मेरे खिलाफ षडयन्त्र रच रखा है। जहाँ कुछ भेजता हूँ, अभिवादन व खेद सहित लौटा देते हैं; लेकिन मैं यों हार मानने वाला नहीं हूँ।" इस प्रकार मनोवैज्ञानिक संकेत बड़े प्रभावी व अनूठे हैं।

स्वाधीनता संग्राम के एक देश भक्त सेनानी का तेज दृष्टव्य है। किस वीरता से सीने पर गोली खाकर प्राण त्यागता है? "तीर की तरह तेज शंकर ने अमरीख को धक्का दिया और आगे बढ़ आये। वह निर्भय गोली उनकी छाती चीरती हुई हृदय में शान्त हो गयी।" उन्हें समाज सुधार की धुन थी इसलिए इनकी कहानियां सिद्धान्तों पर आश्रित हैं। समाज में व्याप्त बुराईयों को प्रकाश में लाना तथा पाठकों का ध्यान आकर्षित करना ही मानो उनका ध्येय था।

उनकी कहानियों को आप सभी तक पहुंचाने का मन्तव्य है कि सन् 1930 के बाद के भारत की सामाजिक परिस्थितियों एवं व्यक्तियों के मानसिक उथल-पुथल को आप तक पहुंचाया जाय। पाठकों को तात्कालिन सामाजिक जीवन व्यवहार को पढ़कर न केवल वास्तविक परिचय मिलेगा वरन् वे आनन्दित भी होंगे।

- दिव्य प्रभा नागर

ज्योतिर्मय यह देश हमारा।
धवल हिमालय के ललाट पर अरूण-तिलक अति न्यारा-ज्योतिर्मय...
कोटि-कोटि संवत्सर से यह
चलता पथिक सनातन।
अन्धकारमय पतन-निशा में,
दीप्तिमान सपनों से पावन।।
पुण्य श्लोक यह श्रेय पंथ का कोटि-कोटि जनगण का प्यारा-ज्योतिर्मय...
महिमामय स्मृतियों से जगमग,
अजर-अमर यह चिर-चिर सुन्दर।
जगत वंद्य विश्रुत गरिमामय,
अगणित गुण गाथा से मनहर।।
यह पुराण नित-नूतन गतिमय, जीवन मरण सहारा-ज्योतिर्मय...
घोर मूर्च्छना में स्पन्दनमय,
जागृति में कम्पित पीड़ामय।
प्रतिभामय संघर्ष काल में,
आलोकित निर्माण काल में।।
सिंधु तरंगों सा गुंजनमय भारतवर्ष हमारा-ज्योतिर्मय...
उद्यत एक अखण्ड तेजमय,
अमित ओज में सदा शीलमय।
नित ही मति, धृति, कृति में प्रभुमय
गहन निराशा में आशामय।।
स्वर्ग-भूमि से भी बढ़कर यह नन्दन-विपिन हमारा-ज्योतिर्मय...

रचयिता- पं. जनार्दनराय नागर

आभार

(Acknowledgement)

मनीषी पण्डित श्री जनार्दन राय नागर द्वारा
रचित साहित्य के पुनर्प्रकाशन के लिए
श्री आशीष नागर परिवार द्वारा
प्रोत्साहन एवं सहयोग हेतु
जनार्दन राय नागर
एज्युकेशनल डवलमेन्ट चेरिटेबल ट्रस्ट,
उदयपुर (राजस्थान)
की ओर
से हार्दिक आभार।

सम्पादक मण्डलः-
दिव्य प्रभा नागर, पुरूषोत्तम शर्मा, प्रफुल्ल नागर, चन्द्र शेखर द्विवेदी
आवरण:-
विशाल साहू
दिनांक: 7 फरवरी 2026

1

रातब

आज जब से मया शंकर कोर्ट के दरवाजे से मुँह की खा कर लौटा है, रुक्मिणी ने सचमुच घी के चिराग़ जलाये हैं| दाढ़ी ज़ारों के कलेजे जलने दो| सीताराम ने तो जैसे एक अजेय गढ़ जीत लिया था| चौराहे पर आकर अब घिघियाते नहीं, न पंचों- मुख्यों से दबते ही हैं, अब शेर की तरह गरज- गरज कर सबको, फिर वह कोई भी हो, खरी-खोटी सुनाते हैं| सत्य का पक्ष सदा भगवान लिया करता है| यहाँ हेंकड़ी नहीं जताते, न किसी के आसरे ही अकड़ते हैं| सबकी राई-रत्ती, रग-रग उसको ज्ञात है| अपने अभिमान और अब ऊपर पड़ी हुई समृद्धि का स्वागत वह दिल खोलकर करेगा| दुनिया उसे मूंजी, मक्खीचूस कहती है, पर वह अपने बाप का मत तो बता देगा कि शाहों के शहज़ादे उसके सामने पानी भरते हैं|

और वाक़ई, सीताराम ने शहज़ादों को नाकों चने चबवा दिये| हज़ार-हज़ार बरस जीये रुक्मिणी, क्या दूर की सुझाई है, जो दुनिया दाँतों तले अँगुली दबा ले| गाय को चारा, कबूतरों को दाना, दान - पुण्य, खिलाना - पिलाना, यह सब तो दस दफ़ा होगा, पर दान पर दक्षिणा होनी चाहिये| कुत्तों को जलेबी खिलाई जाय, तो कैसा हो? सालों के घमण्ड पर कैसे पलीते पड़ेंगे? मारे खुशी के सीताराम ने रुक्मिणी को चूम लिया| सचमुच, तेरी माँ तुझे जन्म देकर धन्य हो गई| फूला न समाया| तीन - तीन दिन भर अब जलेबियाँ छ्बड़ियों में आती हैं और कुत्तों को बँटती हैं| पहले तो लोग हँसे, इशारों में मूँछों में, बड़बड़ाहटों में सीताराम के इस कृत्य की आलोचना की गई| दिमाग़ का जन्तर टूट गया, किसी जिन ने उसे दबोच लिया है, पागल हो गया है| किसी ने कहा - साले की शेखी तो देखो, कुत्तों को जलेबी खिला रहा है| सोचता होगा, यों भीख - मंगों की रुयातों में अजरामर हो जाऊँगा| किसी ने कहा - लुच्चा है, यह भी एक तरह की शैतानी है, जिसकी दवा ही नहीं है| पर कुछ भी हो, सीताराम को सेर लहू चढ़ता, जब वह दुनिया की यह जलन सुनता| गालियाँ ऐसी मीठी लगतीं, जैसे किसी ने शहद चखा दिया हो|

पर मया शंकर लुट गया| उसे क्या पता था, कोर्ट भी न्याय न करेगी| नया - नया शहर से लौटा था| वहाँ एक अखाड़े पर रहा| कुश्तियों के दाँव - पेच तो वह जानता था, पर दुनिया के दाँव - पेच उसे मालूम न थे| ईसाइयों के स्कूल में थोड़ा - बहुत पढ़ा था| संसार का अनुभव उसे पढ़ना बाकी था| जब से बाप मरा है, वह अपने पैरों पर है| उसका राम जानता है, किस तरह उसने दुःख के दिन काटे हैं| जायदाद का हिस्सा मिलना ही चाहिये| सीताराम ने जब यह माँग सुनी, तो साफ़ कह दिया, वह टूटी चारपाई, गोल तांबे का लोटा और एक हुक्का, यही सब कुछ है, जो बाप - दादों की जायदाद कहा जा सकता है| यहाँ वह अपना सब दावा छोड़ देता है| खेत, घर और थोड़ी बहुत जमा सब उसके पसीने की कमाई है| अफ़ीम घोल - घोल कर, ब्राह्मणों को भोजन करा - करा कर बाप ने घर गिरवी रख दिये थे, खेत तो अब घर के रहे ही कहाँ थे? बीस - बीस वर्ष जो चीज़ औरों के पास रही, वह अब मौरूसी कैसे मानी जायगी? रुक्मिणी ने अपनी टुस्सी निकाली, दो बोर दिये तब कहीं जाकर खेत घर के दरवाजे बचे हैं| वह किसी से भी नहीं डरता| न्याय, जाति, पंचायत - सरकार, किसी से नहीं डरता| पाई - पाई का हिसाब मौजूद है, अन्धा भी देख सकता है|

मयाशंकर मित्रों की राय और मदद पर कोर्ट गया| हार गया, तो मित्रों ने पैंतरे बदल दिये| भूल हो गई, एक ने कहा - हाकिम को रिझाये बिना कहीं मेवाड़ के मुकद्दमे जीतते हैं? बैरिस्टर क्या करे? पर कानून तो है? दूसरे ने प्रश्न किया| कानून? कम अक्ल, उसने जवाब दिया, हाकिम की मरज़ी का क़ानून है और क्या कानून खेत में उगते हैं? कानून चाहे कोई मनावे, वे सब आदमियों ही के बनाये हुए होते हैं, जैसे कागज़, मकान, कपड़े| इस जवाब से भले - भलों के पैर उखड़ गये| इससे बहस कौन करे? सिट्टी गुम हो जाती है| सभी ने मान लिया| चूक हो गई| सीताराम ने नस पकड़ ली| तभी तो उसका वकील चुप - चाप रहता था, हाँ, बोलता तब अंट - शंट बके जाता| पर यह अंट - शंट बकना ही यह बात नहीं बताता कि हाकिम ने मैदान में खुला छोड़ दिया है? और फिर इस ज़िले के हाकिम को कौन नहीं जानता? उनका खुला क़ौल है, जिसकी थैली भारी, उसकी जीत भारी| खुले आम खाता है| सभी जानते हैं; महाराणा ही नहीं, एकलिंगनाथ भी जानते हैं कि इस हाकिम का दूसरा नाम रिश्वत है| मित्रों ने मयाशंकर को दुर्दिनों में ठुकरा दिया| और वह निराश, अकेला गाँव के मन्दिर में जा बैठा|

घटायें छा रही थीं| उसे ऐसा लगा, जैसे जिन्दगानी भी ऐसी घटा है, जो आती और बरस - बरस जाती है| उसे क्या खबर थी कि जाँगिड़ रूपये इस जन्म में माँगेगा? क्या इस शर्त पर उसने उसे कर्ज दिया था कि जब चाहे वह छाती पर चढ़ कर माँग ले? अब वह न कह दे तो उसकी मरज़ी है, पर हनुमान जी के आगे उसने कहा था, ये रूपये तो अपने जीगर - जान पर निछावर हैं| दोस्त की, दुर्दिन में उसने मदद न की, तो फिर उसका धन किस काम का, पर बुरे दिन जब आते हैं तो अगली - पिछली सभी विपदायें घेर लाते हैं| अब पादरी साहब ने लिख दिया था, वे लड़ाई छिड़ने के कारण स्कूल बन्द

कर रहे हैं| उन्हें चपरासी की जरूरत नहीं है| थोड़े - बहुत जो उसने बनिये के यहाँ ब्याज पर उठाये थे, ये सब मुकद्दमे में खर्च हो गये| अब? ऊपर आकाश और नीचे धरती है| जाँगिड़ के रूपये तो किसी क़दर देने ही पड़ेंगे| अनोखे मान जायगा, खूबीराम ज़रा रुकेगा; पर यह जाँगिड़ नहीं मानने का| उसने सोचा, बेवकूफ़ वही है| जब सब जानता था, तो ओखल में सिर क्यों दिया? अब करे भी क्या?

किन्तु उसका मन अब जैसे किनारे तोड़ देगा| वह आज कितना अकेला है? इसका इस भरे - पूरे संसार में कौन है? उसने उस छोटे और चिकने शिवलिंग की ओर देखा| आँसू बराबर टपके जा रहे थे| होंठ उसने भींच रखे थे, पर रुदन जैसे कण्ठ फाड़कर फूट बहेगा| भगवान, दुखियों का आसरा तू ही है| मैंने बहुत पाप किये हैं, जो आज यह दुःख उठा रहा हूँ|

उसने शिवलिंग को बाँहों में भर लिया और जैसे एक भारी, पर टिका हुआ खंभा थोडा - सा धक्का खाकर नीचे आ गिरे, उसी प्रकार वह उस मूर्ति की ओर जा रहा| दिवसों का संयम, आशा - निराशा के घाव, असफलता की नामोशी, कड़वे अनुभवों की मार और असहायता की भावनाओं ने बीस - बाईस वर्ष के इस युवक की जैसे दिल में चूर - चूर कर दिया था| एक छोटा, आसमान की सैर का शौकीन बादल किसी ऊसर में बिलख - बिलख कर जैसे बरसे, इसी प्रकार मयाशंकर उस मन्दिर में अकेला, एकान्त में रो रहा था|

संध्या अन्धकार को जगह देती गई| तारे चमकने लगे कि पण्डित गजानन सरस्वती ने मारे भय के चीत्कार किया - कौन? कौन है, यह दो सिरों वाला?

यह तो मैं हूँ, काका! सिसकियों को दबाते हुए मयाशंकर अलग उठकर बैठ गया|

पण्डित गजानन गाँव की विभूति हैं| दुनिया के व्यवहार के पक्के समझदार, पारखी और सारथी हैं| आजकल के कॉलेज के लड़के उन्हें भले ही 'पेटूदेव' कह कर चिड़ाते हों, पर संयम के वे अवतार हैं| दस - पन्द्रह मोदक यदि चमड़े के गोदाम के हवाले कर भी दिये तो कौन बहादुरी की है, बेटा| कलियुग का प्रभाव देखना हो, तो मेरे वंश पर देख लो| हिडिम्बा से घटोत्कच और घटोत्कच से ....| अब इतना याद रहता तो आज मैं कहीं प्रोफेसर न होता? पर इतना तो गीताजी हाथ में लेकर कहता हूँ, मेरा वंश सीधा भीमसेन से उतरा है| कुल की रीतियाँ एक - एक से बढ़कर होती हैं| किसी की सत्य, किसी की प्रणत - पालना; किसी का प्रण - पालना; तो हमारे कुल की रीति जजमान को सन्तुष्ट करना है| पर गजानन खाने के धुरंधुर ही नहीं, कान और हुक्का भी उनके व्यक्तित्व में एक रस हो गये थे| बरसों का एक ही वेश और सदा पीक से भीगे, रंग होंठ, बगल में गुड़गुड़ी और हाथ में सोंटा| यों एक सोम्य मृतप्राय ब्राह्मण जाति के सर्वतोमुखी प्रतिनिधि को पालकर गाँव ने गौरव व लाभ किया है| बड़ा होते भी गजानन न जाने क्यों दीन - दुखियों के मुँह चढ़ा हुआ था| मयाशंकर ने उसे देखा, जैसे मायूस होकर बैठ गया|

गजानन ने उसकी पीठ थपथपाई और कहा - तुम तो जवान हो| यों दिल तोड़ बैठोगे तो बूढ़ों के घुटने टूट जायेंगे न बेटा|

मया को ऐसा मालूम हुआ कि स्वर्ग से उतर कर पिताजी उसे उद्‌बोध रहे हैं| गजानन की वाणी में उसे अपने पिता का स्वर साफ़ सुनाई दिया| बोला - मेरे पास अब तो भूँजी भाँग भी नहीं है कि कहीं जाकर रोज़गार कर सकूँ काका!

गजानन ने मानो दूनी हिम्मत से कहा - यह विश्वनाथ बड़ा खिलाड़ी है, बेटा! मेरी माने तो दस दिन तक एक योग क्यों नहीं कर डालता? सिर्फ घी का दीपक चाहिये और बिल्ब - पत्र| ऐसा मन्त्र बताऊँगा कि कुबेर का आसन हिल जाय| बोलो, है हिम्मत? शास्त्र में कहा है, उठ पंछी, उड़जा गगना, मिल जायँगे मोती - दाना|

मयाशंकर के मन में एक रहस्यमय आशा जाग उठी|

अनुष्ठान समाप्त हो गया और मया को इतने रूपये मिल गये कि वह शहर चला जाये; और अपना स्वतन्त्र रोज़गार कर सके| यह जादू कैसे हुआ, इसका सारा रहस्य बिल्ब - पत्रों से प्रसन्न होने वाले भूतनाथ जानते हैं| मया को तो सौ रुपयों का एक नोट उसके सिरहाने पड़ा मिला और वह ताज्जुब से दिग्मूढ़ बैठा रहा| पर गजानन की साक्षात मूर्ति ने उसकी जड़ता मार भगा दी| देखा? अब मानते हो न कि इस मूर्ति में तेज है? अवश्य, इस प्रत्यक्ष प्रमाण को कौन मना कर सकता है? गाँव में यह बात यूँ फैली, जैसे कहीं बिजली गिरी हो या हीरे की खान निकल आई हो| झुण्ड के झुण्ड लोग आने लगे, और पण्डितेश्वर गजानन पञ्चाक्षरी मन्त्र की गह गहाने वाली गुंजार करते हुए प्रभु भक्ति का अखण्ड आदेश देने लगे| भग्न, विधुर, त्यक्त मन्दिर देखते - देखते गुलज़ार हो गया| मानो किसी फटे हाल की किस्मत खुल गई हो, सूखे उजाड़ में अमृत का झरना निकल आया हो, टूटी - फूटी दीवालें सँवर गई, चबूतरा बन गया| हवाड़ा चालू हो गया| तभी पानी भरने वालों को राम की यह शपथ दी गई कि आते - जाते हर एक हवाड़े में एक - एक मटकी पानी डालता जाय, पनिहारिनों को पूतों का आश्वासन दिया गया| फल - फूल, नारियल, होम हवन, दान दक्षिणा - पण्डित गजानन के घर से उसे न जाने क्यों ऐसी माया लग गई थी कि आँखें डबडबा आतीं और दिल बैठा जाता| पार्वती ने उसका कलेजा मसल दिया था| एक ही एक, पर जैसे उसे किसी की भी परवाह न थी| गजानन कितने अवसर देते थे, कि पार्वती मया से प्रेम करने लगे; पर वह न मालूम किस धातु की बनी थी|

उसका चित्त भारी हो गया, पर जीवट बढ़ गया| आत्म - विश्वास जगना चाहिये; चाहे किसी भी तरह जगे| दस दिनों की वह कठोर साधना, यानी यम - नियमों के पालन ने उसे जैसे कठोर और सहिष्णु बना दिया था और स्वावलम्बन की एक खिलाड़ी भावना उसमें पैदा हो गई थी| क्या कहूँ, क्या न कहूँ? इस दुविधा में वह अधिक दिन न पड़ा रहा| शहर में जाकर वह एक सड़क भी पार न कर सका था कि एक खूबसूरत साइन बोर्ड ने उसके नेत्र हर लिये और वह वहीं खड़ा हुआ उसे पढ़ने लगा| वाह! कैसे

टेढ़े - मेढ़े अक्षर हैं; बीच में सफेद रंग है; आस - पास हरा और केसरिया रंग है; मानो बीच में दूध की नदी बहती हो| उधर केशर की - इधर हरियाली की|

रो! रो! रो!!! हरामज़ादे - मरा, मरा! साला, अभी तो अपने बाप को .... राष्ट्रीय दूध शाला का मालिक दौड़ा और उसे कसकर एक थप्पड़ रसीद की तथा झटका मार कर उसे दुकान में धक्का दिया|

बघ्घी के घोड़े लगाम के दाँतों की असह्य पीड़ा से जैसे दो पाँवों पर हो गये; लथड़ गये| वह बाल - बाल बच गया| मया को ऐसा मालूम हुआ, जैसे वह सपना देख रहा हो|

जीवन में संयोगों का मिलन दो तरह से होता है; सुख - पूर्वक और दुःख - पूर्वक| यह आवश्यक नहीं है, कि रहस्यमय भावी हास्य के साथ ही आपके जीवन का कोई मनोरम स्वप्न आपको भेंट दे जावे| वह आपको झुलस भी सकता है; काँटों पर भी आपके सुख - गुलाब को भी खिला सकता है| क्योंकि सुख और संतोष का जीवन - रस पीड़ा और दुःख की खरल में ही घुटता है|

मया के जीवन में यह पहला अवसर था, जब मृत्यु ने उसे धर दबोच कर पुनः छोड़ दिया था| अवश्य, वह उस राष्ट्रीय दूध - शाला में रख लिया गया| पर उसकी धड़कन दिवसों तक न मिटी; रात में उसे भयानक सपने घेरते रहे|

जीवन का नया अध्याय अब प्रारम्भ होता है, तो हमें जैसे पता तक नहीं पड़ता, कि पन्ना बदल दिया गया है| मया के जीवन का अध्याय भी उसी रहस्यमय गति से बदल गया| एक दुनिया जैसे उसे स्पर्श कर रही थी| दूध - शाला का मालिक युवक, खादी पहनने वाला, सुना है जेल भी हो आया है, खुले आम राज को खरी - खोटी सुनाता है| पहले नम्बर का क्रोधी, उस दूध के समान जो तनिक - सी आँच से उफन आवे| दिल का फ़ैयाज़, पर भावनाओं के जोश में हमेशा सिर चूर - चूर करने वाला| कालिज के खिलाड़ियों से दूकान भरी रहती और सुबह से शाम और शाम से रात के ग्यारह बजे तक रुपयों - पैसों की झन्नाट होती| मया को अब पता चला कि रुपयों का दुनिया में अकाल नहीं है| जैसे पीले पत्ते गिरते हों या ओले बरसते हों, इसी प्रकार शहरवासियों की जेबों से पैसे उछल - उछल कर उद्यमी के पैर चूमते हैं| ठाठ हैं! मया जब सोता तो दिल में गुदगुदी शुरू होती| सौ का नोट वह अपनी बगल बन्डी की एक सींयन में छिपाये है| बैठता तो कमर में जंघा के बल उस फड़क को दबा के बैठता, सोता तो उसे पीठ के नीचे बिछा कर सोता| ऐसा सजग रहता, मानो बिल्ली को कुत्ते का भय लग रहा हो| उस काली नीरस मेहनत में, तथा सर्दी - गर्मी में अदृश्य रहने वाली उसके अक्षय निधि में एक अपूर्व बल था, जो उसकी थकान, गलती करने पर बरसने वाली घुड़कियाँ, पड़ने वाले चाँटे और फूल उठने वाली डंडों की मार में भी सुख भर देती थी| मन में आता, वह भाग जाय; पर वर्ष भर की बोली थी| कैसे भाग जाता? कुछ भी हो जाय, पर अपना वचन वह न तोड़ेगा| दुःख से हाड़ मजबूत होते हैं, यह वह अब जानने लगा था| पर यातना, अत्याचार और उनकी विवश - सहनशीलता

जहाँ व्यवहार में यान्त्रिकता और थरथराहट पैदा करती है, वहाँ एक आन्तरिक साहस, स्वप्निलता, तथा देखा जायगा, यों ही कौन सुख है - की मनोवृत्ति पैदा करती है। मया दिन - दिन गिनता, पल - पल का हिसाब रखता। अब उसने निश्चय कर लिया था, वह इस दुनिया में किसी की भी नौकरी नहीं करेगा। इस पापी पेट में भाटे भर लेगा, पर जुल्म न सहेगा, न सहेगा और कदापि न सहेगा। यह भी कोई बात है? उसे क्या मालूम था कि उधर रखा हुआ दूध घर ले जाने का है? और मानो भूल से कढ़ाई में डाल ही दिया, तो ऐसा कौनसा अनर्थ कर दिया था, जो वह पिल पड़ा। चार - पाँच डंडे तो उसने चुपचाप सदा की तरह खा लिये, पर छठे डंडे पर तो जैसे वह रोम - रोम में सिहर उठा। दाँत पीसकर उसने उस मालिक का हाथ पकड़ लिया।

अपनी नौकरी रखिये - मैं आपका गुलाम नहीं हूँ। वह शुद्ध हिन्दी में अपूर्व गरिमा के साथ बोला।

अच्छा! अच्छा!! दाँत पीसकर मालिक भी बोला - साले को एक पैसा भी न दूँगा। एक फूटी कौड़ी भी न मिलेगी।

न मिले। मैं भी ऐसे थोड़े से ठीकरे निछावर कर सकता हूँ।

अच्छा! साले गँवार की हिम्मत तो देखो! वह खिसिआया - सा आकर अपनी गद्दी पर बैठ गया - निकल जाओ अभी इसी वक्त मेरी दुकान से।

यह चला। मया एक योगी की तरह जागरूक की दुकान के बाहर हो गया।

मालिक चिल्लाया - दुनिया खाला का घर नहीं है। भीख माँगने पर भी टुकड़ा मिलना मुश्किल हो गया है।

पर मया ने यह व्यंग न सुना। वह उड़ा जा रहा था। भरी - पूरी सड़क पर उसका शरीर तो निर्जीव - सा चला जा रहा था, पर उसका मन रस्सियाँ तुड़ा कर भाग रहा था। होंसले जब खुलते हैं, तो पूरी तरह खुलते हैं। निराधारता, बेकारी और कल सुबह से उगने वाले भुखमरी के प्रभात की अँधेरी रुकावट पर वह अपनी कामना का एक उज्ज्वल थम्भ रोप रहा था।

वह तांगा चलायेगा। यही करेगा। यही -

तांगे की उसकी धुन आज कोई नई न थी। छोटा था, तब से उसे घोड़ा गाड़ी मोहा करती है। बेलगाड़ी देखते - देखते तो जैसे उसका जी उचट गया है। मोटर और साइकिल - उसकी आँखें भय से भर जाती थीं। पर टम - टम? मानो उसका जी निछावर हो जाने को करता था। और जब कोई धार लेता है, तब चाहे हिमालय की विपदा बनकर सामने आ डटी हो, विजय क्षणों की देर प्रतीत होती है। मया शंकर भी जुट गया। सुयोग से उसे एक वृद्ध तांगे वाले ने अपना एक इक्का - घोड़ा चलाने को दिया। कह दिया, खुदा से डरा करो। खुदा को सामने रख कर सब काम किया करो। मया के दिल में यह बात यों उतरी जैसे नैनों की राह सोने की कोठी की तस्वीर।

दिन निकलते - निकलते वह तांगा जोत कर निकल जाता| पहले तो थोड़े दिन कुछ संकोच और ग्लानि उसके हृदय में काटती रही, पर धीरे - धीरे उसे एक आनन्द आ घेरने लगा| गद्दी की झूल हर रोज धो लाता, घोड़े का रातब जब घोलाता तब हृदय का प्रेम आँखों की राह उसमें मिला देता| तोप दगे तक वह घोड़े को खुर्रा करता, मालिश करता, उसे सहलाता, यहाँ तक कि घास को छाँट कर इस तरह सुन्दरिया के आगे जमा देता कि घोड़ा हिनहिना कर कभी - कभी खुशी जाहिर किये बिना न रहता|

लगाम की कला उसने इस तरह सीख ली, जिस तरह कोई जवानी की देहली में कदम रखते - रखते रस की रीतियाँ जान जाय| मया शंकर अब बड़ी - बड़ी भीड़ों में इक्का यों हाँकता है जैसे पानी की रेल अपना रास्ता बिखरे हुए पदार्थों में बना ले| सुनी सड़क पर तो सुन्दरिया इशारों में बातें करता है, ऐसे उड़ता, मानो सड़क बग़ल में दबा कर भागा जा रहा है|

शाम का समय था| पास ही की मसजिद में शाम की पुकार हो चुकी थी| सवेरे के पक्षी लौट चुके थे और मया आज निराश - सा लौट रहा था कि सड़क पर मालिक मिल गया, रोक कर बोला - यह चिट्ठी लो, रातब ले जाओ!

मया नीचे उतर पड़ा - क्या बात हुई?

वृद्ध ने शान्ति के साथ कहा - दुनिया है, बेटा! जादू का खेल समझा जा सकता है, दुनिया का खेल समझा नहीं जाता|

और वह सफेद दाढ़ी वाला, कुछ कुबड़ा मुसलमान कुछ हँसा - कल शायद मैं इस दुनिया में न रहूँ|

घर जाओ तब सब बता दूँगा| यह कह कर वह धीरे - धीरे आगे बढ़ गया| विमूढ़ - सा मया कुछ पल वहीं खड़ा रहा| फिर जैसे सुन्दरिया उसे इस विचित्र दुनिया में खींच लाया| और जब वह निर्दिष्ट ठिकाने पहुँचा तो जैसे आसमान से धरती पर गिर पड़ा| वह सीताराम की दुकान पर रातब का पर्चा लिये खड़ा था और धरती ज्यों की त्यों थी! सीताराम को फुर्सत कहाँ थी कि देखते कौन कहाँ खड़ा है| तांगे वाले उन्हें घेरे खड़े थे| एक के बाद एक रातब तोला जा रहा था| फैले हुए गमछों और चद्दरों में ढेर लगते जाते थे और तांगें ठुमकते हुए चले जाते थे| मया, काटो तो खून नहीं, यों कुछ देर खड़ा रहा, फिर सुलेमान के पास जाकर बोला - यार!

सुलेमान उकता रहा था और सीताराम को सुना रहा था - अबे साली के बहनोई, तेरा यार कहाँ तक दिल जलाता यहाँ खड़ा रहेगा? कि मया को देख कर फुस - फुसाया - इस तोंदू ने भी यार, क्या परी फँसाई है?

मया ने चाहा, उसके कर्ण - रन्ध्र खराब हो जांय| बोला - दो रूपये होंगे?

सुलेमान ने उसके गले में हाथ डाल कर मुँह से चुमकारते हुए उत्तर दिया - दो रूपये की क्या बात है, मालिक यह जान हाजिर है|

पर कोई ताज्जुब नहीं कि जान - निसार करने वाला दो पैसा भी उधार न दे सके| मया हार गया, पर उसे एक धेला उधार न मिला| भाग्य - योग से आज बन्धी सवारी छोड़ उसे और कोई सवारी न मिली थी| वह चाहता था, सीताराम के सामने न जाय, कदापि न जाय| पर चारा न था| मया सीताराम के सामने जा खड़ा हुआ|

न मालूम क्यों वह अपने को पतित और दीन समझ रहा था| सीताराम आश्चर्य को तपाक से कण्ठ के नीचे उतार गये| और जैसे कुछ न हुआ हो, रातब तोल दिया| फिर मया जाने लगा तो बोले - बाप दादों को अब बहुत ही विश्वास मिलेगा, तुम पिछोले में डूब क्यों न मरे?

मया जैसे गिर पड़ेगा, पर यह व्यंग उसके लड़खड़ाते हुए पैरों का आधार हुआ| वह नामोशी, हीनता की भावना और हृदय की धड़कन जैसे काबू में आ गई; बोला - तन को दिन - रात की चक्की में पीसता हूँ; लूटता नहीं हूँ, समझे?

हम तो चोर हैं, डाकू| पर मूँछें ऊँची किये हैं| घोड़े की पूँछ न उमेठी, न उमेठेंगे| ओहो, तांगा क्या हाँकते हो, कहीं का राज चलाते हो| मियाँ गिर पड़े, पर टाँग ऊँची ही रही? सीताराम ने जैसे अन्तिम आघात किया| पर उनका शस्त्र भौंथरा निकला| मया के अन्तरात्मा की किरण अब बादलों को भेद कर चमकने लगी थी| बात यह है, जीवन का परिश्रम ही हृदय की सच्ची ताकत है| सीताराम भी दिन उगते - उगते दूकान के ताले का स्पर्श अपने ललाट से करते हैं और देर रात तक खाता लिखा करते हैं| रूक्मिणी दिन में दस दफ़ा ऊपर से नीचे आ जाती है| पर सीताराम को पल भर की भी फुर्सत कहाँ थी? शहर भर के अधिकांश तांगे वाले भंवरे की तरह उनकी दुकान पर मंडराया करते हैं| सीताराम ने बाजार के युद्ध में सर्वथा नई कला और शस्त्र को जन्म दिया था| गोकि यह सूझ उसी रमणी - रत्न रूक्मिणी के प्रतिभाशाली मस्तिष्क की थी| एक कुशल शासक के समान सीताराम ने उस सूझ को मूर्त रूप दिया था| औसत उधार का परिमाण निकाल कर दूनी कीमत की वस्तु वसूल कर लेते; बस फिर महिने - महिने चुकाये जाओ| किश्तों में चुकाये जाओ| तांगे वालों के लिये यह आशा कम न थी| वे खुद भूखे सोना पसन्द करते, पर घोड़े भूखे रह जाँय, यह उनसे बरदाश्त नहीं होता| और उदयपुर में ऐसी रातों की कमी नहीं है| सीताराम ने उधार - रातब की बोरियाँ क्या परोसी, मानो कुबेर की निधियाँ बिखेर दी| देखते - देखते सीताराम की दुकान उधार पेट पालने वालों का मन्दिर हो गई|

ऐसी श्रद्धा, ऐसी निधड़कता और ऐसी खुशी से भक्तजन मन्दिर में भी नहीं जाते, जितनी श्रद्धा से, निश्चिन्तता और प्रसन्नता से तांगे वाले सीताराम के यहाँ जाते हैं| पर सीताराम की इष्ट देवता अन्दर ही अन्दर इन विवश पेट भरने वालों का गला मोल ले रही थी| महिने ने अन्त में परचियाँ जब बंटती, तो गालियों की बौछारें होती| पर रुपया बरसता| कहीं सीताराम उधार बन्द कर देगा तो, घोड़े भूखे मर जायेंगे; तांगे अकड़ जायेंगे| मया यह जानता था| यह सत्य ऐसा प्रकट है कि उसे जान लेना पलक मारने के समान आसान है| बोला कहाँ नहीं मालूम, आपने तो यह

सदाव्रत खोल रखा है। और वह कूद कर तांगे पर चढ़ा, बोला - मैंने राम को धोखा नहीं दिया; न बाप - दादों को।

सीताराम ने जहर का घूँट पेट में उतारा - मैंने तो दिया है। इस सिर पर पगड़ी थोड़ी ही है।

मया समझ गया, उसके बाण तीखे और अचूक हैं, चाहा की झड़ी लगा दे गाण्डीव के तीरों की; पर जब्त कर गया। सुन्दरिया को इशारा किया कि पठ्ठे उड़ चल; आज दुश्मन चारों - खाने चित्त हैं। खब् खब् खब् खब् तांगा उस निर्जन सड़क पर आगे बढ़ गया।

सुन्दरिया जैसे उसके भाव समझ रहा था। क्या टापें भर रहा है, वाह। और ऊपर आसमान मानो हीरों से जड़ा हुआ है।

* * *

रात को मया ने सोचा, तो क्या पता था कि वृद्ध बाबा, उसका मालिक दूसरे दिन न उठेगा? वास्तव में वह कब्र में ही रात को जैसे सोया था। सिरहाने एक ख़त पड़ा मिला कि तांगा - घोड़ा वह मया को भेंट दे जाता है; और सम्पत्ति उसने एक मक़तब के हवाले की थी। एक अंजुमन और चिड़ियाखाना भी चलाया जाय और ऐसी भी उसमें अपने मौलवी दोस्त को आज्ञा दी थी। ज़िन्दगी से ऊबकर ही वह यों मरा था, ज़हर पीकर।

वह भेद जो उसने मया को बताने को कहा था, अब कपट की तिजोरी में बन्द है, और मया के आँसू भी सुख गये हैं।

मया भी समय के साथ अपने वृद्ध मालिक को भूल गया।

अब वह खुद मालिक है। एक घोड़े में दूसरा जोड़कर अब 'रॉयल मेल' दो घोड़ों का हो गया है। शहर के पोस्ट - ऑफिस में नौकरी लगी है। डाक स्टेशन ले जाता है।

सपने उभरने लगे हैं और कलेजे के धक्के बढ़ने लगे हैं। मया अवसर पाता और तांगा गाँव की ओर फैंकता। पार्वती और गजानन जी से मिल आता। पेट के रोग से पीड़ित गजानन शहर चलकर दवा करवाना चाहते हैं, पर पार्वती ज़िद किये बैठी है कि वह मया के यहाँ न रहेगी। मया अड़ा बैठा है कि वह उन्हें अलग न रहने देगा।

ऐसे कौन बड़े नवाब हो गये हो जो तिगुना खर्च कर सकोगे? पार्वती ने कहा।

बिक जाऊँगा, फिर? मया की मर्दानगी जाग गई थी।

पार्वती हँसी; वे स्वच्छ अनार दाने से दाँत मया की आँखों में जैसे बिजली पोत गये। बोला - आखिर मैं भी तो मनुष्य हूँ। मेरे भी तो दिल है। दुनिया में दो पैसे बटोर

पाया हूँ तो क्या नहीं जानता इन चरणों की बदोलत यह कर पाया हूँ| और अब भी इनके आशीर्वाद के बिना आगे चलने की हिम्मत नहीं| तुम मान जाओ|

पार्वती ने उसे घूर कर देखा| कुछ न बोली| गजानन जी ने अपनी बन्द आँखें खोल कर कहा - तुम दोनों के झगड़े का निपटारा मैं किये देता हूँ| मुझे रोज सवेरे घुमा आया करो, मया| है न ठीक?

मया ने मंजूर कर लिया| जाने लगा, तो पार्वती ने गरज कर कहा - सुनो, एक शर्त पर ही यहाँ सबेरे ही सबेरे देहली में घुसने दूँगी|

मया घूम कर खड़ा हो गया| वह रमणीय मुखड़ा प्रसन्न प्रभात के विहँसित अरविन्द की तरह खिल रहा था| बोला नहीं| चुप - चाप वह उस रूप - सुधा का आँखों के अधरों से पान करता रहा| पार्वती ने दृढ़ होकर कहा - एक गिलास दूध पीना पड़ेगा, समझे?

ठठा कर मया तांगे पे सवार हो गया| आज जन्म - जन्म के पुण्य उदित हुए थे|

इक्के - दुक्के बादल चन्द्र के घूंघट बने हुए थे, वसन्त की मदोन्मत्त हवा इठलाने के सिवाय और जैसे कुछ जानती ही न थी| मया का कण्ठ खुल पड़ा - भर दे रस - गगरी, मोरी भर दे रस - गगरी ....|

गायन, मस्त गायन और मस्त, वह शहर में यों पहुँचा, जैसे एक मौज - भरी तरंग ने उसे उछाल कर वहाँ पहुँचा दिया हो|

तांगा - स्टैण्ड पर गज़ब की भीड़ डटी हुई मिली| चर्चा और खलबली, चिन्तातुर चेहरों पर जैसे नाच रही थी| मया को देखते ही सुलेमान ने कहा - कहाँ थे हज़रत, साले मौत तो झपटी आ रही है अब भी कूचे में बेहोश पड़ा है?

मया ने पूछा - क्या बात है?

'बात क्या है?' सुलेमान ने दस पते की गालियाँ मुनिसिपैल्टी को सुनाई और बोला - टैक्स दूना कर दिया है| कुछ खबर है मियाँ? अब पड़ेगी बे भाव की| खुदा के बच्चे ने दस वर्ष न मूता, नाज़ को भी दिल जलाने का खब्त सवार हुआ है| ऐसे मौके पर हुकुम हुआ है, तांगों में रबड़ लगाओ, रेट के माफ़िक किराया लो| घोड़ा इस दाम से नीचे का नहीं जोत सकते| मैं कहता हूँ, तबले से एक - एक घोड़ा क्यों नहीं दे देते?

परिस्थिति बिगड़ चुकी थी| पहले ही तय हो चुका था| हड़ताल घोषित हो चुकी थी| सवेरे और शाम के बीच में दुनिया बदल चुकी| मया तांगा घर छोड़ आया| सुन्दरिया को घास - घर में छोड़ आया - खा तेरी इच्छा हो उतना| वह ताजगी, जवानी, जोश और साहस, जो उसे पार्वती के मधुर उलाहनों और कटीली भाव - भंगियों ने प्रदान किया था, एक क्षण में बिन्दु से समुद्र हो गया| भीड़ में घुसने भर

की देरी थी, जीवन के इस गड्डे और प्रसन्न - प्रवाह ने सबके साहस को पंख हीन कर दिया। दृढ़ता के साथ वह पास के कोट पर जा चढ़ा और बोला - हम हड़ताल इसलिये नहीं कर रहे हैं कि हमें राज के अफसरों से दुश्मनी या चिढ़ है; या हम पब्लिक को दिक करना चाहते हैं, हम गरीब हैं; महनत करते हैं; खाते हैं: और बेबसी की जिन्दगी काट रहे हैं।

उद्विग्न भीड़ का हृदय अन्दर ही अन्दर एक दैन्य के कम्पन से हिला।

मया का स्वर और गम्भीर हुआ। हम कहते हैं, हम पर कृपा न की गई और हमारे दुःख - दर्द दूर न किये गये, तो हमारे बाल - बच्चे, हमारे घोड़े भूखों मर जायेंगे।

ऐसे अंग्रेजी ठाठ में क्या रक्खा है, जब रियाया को मण्डी में मक्का भी नसीब नहीं होती। इस तनहाई में नाच - मुजरे नहीं शोभा देते, उसी प्रकार सरकार को हमें खर्च में उतारना ठीक नहीं ....।

इतने ही में कोतवाल की कुमुक ने उसे सावधान किया - नीचे उतर आओ, नहीं तो चमड़ी उघड़ जायगी।

भीड़ ने पहले भय से फिर क्रोध से पुलिस के दस्ते को देखा।

मया का ब्रहमाण्ड जैसे खुल गया। वह गरिमा जो जनता के प्रतिनिधि के हृदय में हिलोरें लेती है, उससे उदित हो गई थी। जैसे आकाश का अग्नि - तत्व सूर्य में केन्द्रित और प्रकाशित है, वैसे ही मया में उस दुखियारे समाज की ताक़त, वेदना और गिरा समा गई, जड़ पकड़ गई। वह अधिक ऊँचे स्वर में बोला - भाइयों, आप लोग शांत रहो। हम तो अपने मालिक को अपने दुःख - दर्द सुनाना चाहते हैं और उनको दूर करवाना चाहते हैं। मार - पीट और बलवा हमारा काम नहीं। पुलिस डंडे भी चलावे, तो खोपड़ियाँ आगे कर देना। मैं तो कहता हूँ, आप सब मुझ पर विश्वास रख कर घर जाइये। मैं जीतूँगा तो भी आप लोग जीतेंगे, मैं जेल जाऊँगा, तो आप भी जायेंगे।

इन्सपेक्टर साहब आ पहुँचे। खूनी आँखें; खूनी दिल; आव देखा न ताव, जमादार को हुक्म दिया - इस लौंडे की खाल हन्टरों से खींच लो।

क्षणों की बात थी, मया हन्टरों की मार से मरोड़ खाने लगा और बाकी लोग जड़वत् खड़े देखते रहे। जो धमनियाँ भट्टियाँ धधकाने का हौंसला रखती थी, वे पानी से भरी निकली। वे दिल जो मरने मारने को तैयार थे, जीर्ण - शीर्ण निकले। सब मया को मार खाते देखते रहे; क्योंकि वह खुद हिम्मती न थे; पाक दिल न थे। वे सत्य और न्याय चाहते थे; पर खुद उनसे कोसों दूर थे जैसे खुद बँधा हुआ दूसरों की रस्सियाँ नहीं काट सकता, वैसे ही इन तांगें वालों की दशा थी।

* * *

हड़ताल! हमारी आँखों के तारे को मारा; हमारे कारवाँ को पीटा; हमारे रहनुमा को सीकचों के पीछे बन्द कर दिया| मर जायेंगे, पर तांगा न चलायेंगे| एका हो गया; तांगे वालों में संगठन हो गया| पर लारियाँ जब तांगा स्टैण्ड पर आ रुकीं, तो यारों का सबर काफ़ूर होने लगा| उधर सीताराम को कोतवाली बुलवाया गया| उसे साफ सुना दिया गया - जो रातब बेचा तो काठ में कस दिया जायगा| पहले तो सीताराम ने उज्र किया; पुकार की - हूजूर, यह भी कोई न्याय है| मैं गरीब लुट जाऊँगा न| सैंकड़ों का उधार है, मालिक! पर जब कोतवाल साहब ने अपनी सिद्धियों का आह्वान किया तो सीताराम के होश ठिकाने आ गये| लम्बा मजबूत जूता उसकी आँखों में काल सा दिखाई दिया| उसकी सूरत से ही उसका सिर मारे वेदना से भन्ना गया| चुपचाप मुचलका लिख आया - जब तक सरकार इशारा न करे, रातब न बेचेगा| शाम को जब तांगे वाले अपने 'अन्तिम आश्रय' पर पहुँचे तो मन्दिर के पट बन्द मिले| सेठ जी बीमार हो गये - ऐन मौके पर उस कम्बख्त बिमारी ने आ घेरा| अब क्या हो? उधर लारियों ने उनके गरदन पर पहिये फेर दिये थे| मया हवालात की कोठरी में शेर की तरह गुर्राता - 'मुझे ठूँस तो दिया है, पर आग लग जायगी| देखे जाओ, क्या - क्या गुल खिलते हैं| यों मुझे जेल में बिठाना हँसी - ठठ्ठा नहीं है|' पर जब सुना कि एक - एक कर तांगा सजा - धजा स्टेण्ड पर आ खड़ा हो रहा है तो जैसे मया के उस महान् अहंकार की एक - एक ईंट खिसकी पड़ती थी| वह बल और हौंसला जो शहीदी नशे के रंगे थे, धीरे - धीरे ठण्डे पड़ने लगे| खुमार उतरता सा दिखाई दिया|

लोगों ने साश्चर्य देखा, तांगे, रबर - टायर, साफ - सुथरे अपटूडेट तांगा स्टेण्ड पर खड़े हैं, मानो वाइसराय की प्रतीक्षा में राजे - महाराजों को कारें सजी खड़ी हों| सब के सब चुपचाप आती - जाती सवारियों से बातें करते; मुँह से कोई कुछ न बोलता| इशारे, झुकी पलकें और बन्द होंठ मानो इस करारी हार की आलोचना कर रहे थे|

कहो यार, कैसा रहा? सुलेमान ने निश्चिन्तता से बीडी फूंकते हुए उत्तर दिया - भैंस के जब पाड़े पैदा होते हैं, तो समझ लो उसका सत्यानाश सामने है| हम लोग नामर्द हैं, सब के सब| मर्द एक था, मेरा यार| जो उफ् किये बिना हन्टर खाता रहा| साले वे जो बढ़ - बढ़ कर बातें करते थे, कहाँ गये लड़की के बाप? खुश राम झेंप कर कतरा गया| वह लोगों को उभाड़ने में अगुआ था; पर सबसे पहले कोतवाली जाकर मुचलका यही लिख आया था|

कोर्ट ने फैसला सुना दिया| मया को एक हज़ार की जमानत पर रिहा किया जाय क्योंकि वह पहला गुनहगार है, इस कारण उस पर यह कृपा की गई थी| यदि जमानत और दस दिन में जमा न की जाय, तो मया छः महिने की सादी कैद काटे| न्याय के मन्दिर में कोई देवता तो न्याय देता ही नहीं| न्याय तो मनुष्य देता है| फिर इस न्याय को सुन कर पार्वती नाराज हो गई| वह सूख कर जैसे काँटा हो गई थी| गजानन अपनी बेटी का दिल जानते थे| एक तो बाप,

दूसरा सहृदय बाप| पर विश्वनाथ के शिवलिंग का तेज समाप्त हो चुका था| कल आखिरी दिन है, नहीं तो फिर छः महिनों के लिये मया इस दुनिया से काट लिया जायगा जिसमें रहने का उसे पूरा अधिकार था| मया आशा और निराशा के तूफान में जा पड़ा था| वह क्यों धोखेबाजों के लिये जेल सहे? वह क्या फकीर था कि थोड़ी सी विसात पर रोता? उसका तांगा तो पहले ही शहर भर में बेजोड़ है| जैसे रथ हो| सुन्दरिया की होड़ इन्द्र का घोड़ा भी क्या करेगा? दमा का सघा टांगों का लोहा खूबसूरत| वह क्रोध में औसान भूल कर इस बात के लिये तैयार हो गया कि सीताराम से जमानत दिलवा दे| सूअरों की नाक काटने का और इलाज ही क्या था|

वह जब सीताराम की दुकान के पास पहुँचा तो रूक्मिणी बैठी रातब तोल रही थी| धानी रंग की महीन साड़ी पहने, काले बालों के कसीले पट्टों में वह चन्द्र - वदना, मन्द मुस्कान और चुस्त फुर्ती से घण्टों का काम पलों में कर रही थी|

सीताराम गठरियाँ बँधवा रहे थे, पैसे गिन रहे थे| मया ने पुकारा| रूक्मिणी ने कहा - बँधा लो, भाई साहब पधारे हैं|

मया रोष में अन्धा, प्रतिहिंसा का भूखा हो रहा था| दीन स्वर में बोला - दादा - मैं जान गया, दुनिया मेरी नहीं है| इस समय मेरी ज़मानत देकर मुझे घर क्यों न बुलाओ? भाभी के पैरों की धूल सर पर चढ़ाऊँगा|

रूक्मिणी बोली - धूल तो पार्वती की बड़ी मंहगी है, बाबू| यहाँ तो कीचड़ लगा है|

सीताराम ने कहा - जो राज का दुश्मन, वह मेरा भी दुश्मन है| तुम तो धर्म नहीं जानते हो| तुम्हें न अक्ल है, न अनुभव| माथे तो मेरे पड़ेगी| मैं खुले आम लुट नहीं सकता| भरी पूरी दुनिया लिये बैठा हूँ|

रूक्मिणी ने वार किया - ऐसी सती जीते बैठे हो न, तो क्यों नहीं सूरज थाम देते|

मया के कलेजे पर यह बात ऐसा जम कर बैठा कि मानो वह जाग उठा हो| प्रतिहिंसा की कीलें, जिनसे उसकी आत्मा का कफन जड़ा जा रहा था, खुल गईं| अपने उस सघन अन्धकार में उसे एक किरण दिखाई दी| पार्वती! वह मर्द है| वह अपनी कमजोरी से ऊपर उठेगा| अपनी पार्वती का सम्मान! प्राण देकर भी वह करेगा| बोला - भाभी, सती तो शूरवीर को ही मिलती है| मैं यह जाता हूँ|

उस दुर्भेद्य अँधेरी कोठरी में मया गीता का एक श्लोक ललकार रहा था कि गजानन का मुँह सींकचों के पास दिखाई दिया - बेटा?

मया सींकचों के पास आया - काका?

गजानन को क्षण - क्षण भारी पड़ रहा था, बोले - चलो, मैं ज़मानत दाखिल करवा आया हूँ, पारु ने अन्न जल छोड़ रखा है|

मया हँसा| अपनी गरिमा के पहाड़ को यह झरना पहचान गया था| बोला - काका, पारु से कह देना, मैं उसी के लिये यहाँ बैठा हूँ| भाभी को मालूम हो जाय कि मेरी पार्वती सती है|

और मर्द के जीवन में तो ये सुख - दुःख आते ही हैं| मैं दुनिया में सब कुछ सह सकता हूँ, पर मर्दानगी पर कलंक नहीं सह सकता|

गजानन चुप|

मया ने कहा - काका, मेरी सुन्दरिया पार्वती के हवाले है| उसे भर पेट रातब खिलाना| ऐसा न हो कि वह भूखा रह जाय|

2

आज और कल

प्रवीण सवेरे - सवेरे उठा तो ऐसा मालूम हुआ कि वह इस दुनिया में जबरदस्ती ढकेल दिया गया है| नित्यकर्म से निवृत होने तक उसकी यह भावना अत्यन्त तीव्र रही, आखिर वह ऐसे कुल में पैदा ही क्यों हुआ, जो नवाब साहब के कृपा के भार में इतना डूबा हुआ है| अपने तन - बदन के कहे जाते जो यह सम्बन्धी है, उनमें वह कितना बेगाना, कितना अकेला है विचारों से, भावों से, कार्यों से वह जैसे सारे समुन्दर से अलग एक टापू - सा उस विशाल कुनबे में स्थित था| और इसीलिये कभी - कभी वह अपने जीवन से इतना खिन्न, इतना निराश, इतना डूबा - सा रहता था| आज सुबह ही सुबह तो समाचार - पत्र के एक समाचार ने उसके अन्तःकरण की अग्नि की राख फूँक कर भभका दिया| वह देर तक बैठा बजरंगपुर वालों के निश्चय की तारीफ करता रहा और अपनी आत्मा की बेड़ियों को मानो कातर दृष्टि से देखता रहा - गिनता रहा| इस पृष्ठ का वह सनसनी - भरा समाचार - पत्र मानो उसके लिये कोरा - कट्ट था| आखिर वीरों का शंखनाद सुनाई पड़ा ही| उसके जीवन में ऐसे शंखनाद सुनने के कई प्रसंग आये थे| पर वह कानों में अँगुली डाल देने के लिये मजबूर किया गया| छोटी - छोटी अँगुलियों के छोरों ने आत्मा के सिंहनादों को मानो निविड़ चुप्पी में बदल दिया था - प्रवीण कर रहा था उस समय अपने ही अन्तरात्मा के साथ अत्याचार|

ठीक तो - वह उठा और चुपके से अपने कमरे में चला| देखा - साढ़े सात बज रहे थे; पौन घण्टे बाद नौकरी पर| लिखना चाहता था; जैसे किसी ने हृदय में प्राणों की आग लगा दी हो, यों वह बेचैन - सा होकर आराम कुर्सी पर लेट गया|

कुछ देर वह मन के अँधेरे पर अत्यन्त तरंगित समुद्र के किनारे यों खड़ा रहा कि सविता द्वार के बीचों बीच आ खड़ी रही| 'रुपया चाहिये|' उसने ध्यान से प्रवीण का चेहरा देखते हुए कहा|

प्रवीण ने हाथ लम्बा कर टेबल का दराज खोला और अठन्नी निकाल कर फेंकी - रुपया नहीं है; इससे काम चलाओ|

अठन्नी देखी, तो सविता झल्ला उठी - या तो तरकारी और तेल मंगवाऊँ या केवल घी ही| कुर्सी से उठने का आलस है| माँ है नहीं, नहीं तो तुमसे क्यों मुफ्त में सर खपाती?

प्रवीण को ऐसा लगा, सविता जान - बूझकर उसे चिढ़ा रही है| इस समय वह सविता द्वारा एक प्रकार का समर्थन चाहता था; जिसे हम सहानुभूति कह सकेंगे, अवश्य ही|

जिस संघर्ष में उसकी आत्मा दोनों ओर से चीरी जा रही थी| उस संघर्ष में उसे छद्म ही छद्म एक शहीदी का रस आ रहा था, बोला - तुम्हारी सिवाय सुपारी - तम्बाकू के और भी कुछ माँग है?

सविता को इस व्यंग की ध्वनि समझने की फुर्सत न थी, पास खिसक आई, बोली - अबकी मैं सियालकोट अवश्य जाऊँगी| प्रवीण ने मन ही मन अपने होंठ काटे; मन ही मन जैसे बाल नोंचे| बोला - मेरी बात का क्या जवाब है? सिवाय तेल - नौन के और भी कुछ तुम्हें चाहिये?

सविता ने कहा - तुम जानो - मैं यहाँ हरगिज़ न रहूँगी| मुझ से यहाँ की ठण्ड बरदाश्त न होगी| इस बार तो मर जाऊँगी तब भी जाऊँगी|

प्रवीण का धैर्य यों बह चला, जैसे बाढ़ में फूस की झोंपड़ी| बोला - अच्छा, पधारना| और सिर धुन कर आराम कुर्सी पर करवट बदलने की चेष्टा करने लगा|

सविता ने जाते - जाते कहा - अब बदलना मत| खीझ तो रहे हो, पर मैं जाऊँगी| और वह जैसी आई थी, वैसी ही चली गई| केवल मन में हल्की थी| एक क्षण भर के लिये वह जैसे मन के विमान पर चढ़ सियालकोट के अपने मकान पर पहुँच गई| अम्मा से मिली, बहनों से मिली, सखियों से मिली|

प्रवीण ने बाइसिकिल उठाई और चला; जैसे फ़रजियात किसी के यहाँ बैठने जा रहा हो| इस समय वह आँखें मूँद कर अपने अथाह को देखना चाहता था| अपनी अन्तरात्मा को साक्षात् करना चाहता था| जो द्वन्द्व उसमें हो रहा था, उसका भ्रम, उसके घाव वह अपने दुखी ह्रदय में डूब कर बुझाना चाहता था|

आती - आती ठण्ड का सुनहला प्रभात; शहर के बाहर की सड़क - डामरपुती और कुछ दूर पर जाकर स्थित खेतों की पंक्ति| सरसराट वह साइकिल पर चला जा रहा था| क्या तरकीब करूँ की मैं सत्याग्रह में मिल सकूँ? न मिला तो दुनिया को क्या मुँह दिखाऊँगा? जनता क्या कहेगी, क्या सोचेगी? प्रवीण! उसके अन्तरात्मा की बलवान पुकार उठी - कहीं डिगा तो समझ ले सदा के लिये चाँस गया|

पैडल पर जम - जम कर पैर पड़ने लगे| मैं जाऊँगा जरूर! जरुर!! उसने उचक - उचक कर पैडल मारना आरम्भ किया; और फिर स्वच्छ नील गगन में दूर - दूर तक

प्रणाम करते हुए खेतों के ऊपर जैसे एक दृश्य चित्रित हो उठा| एक जमघट हजारों का खड़ा है| वह भी उसमें है| एक वीर मंच पर खड़ा - खड़ा राष्ट्रीय गीत गा रहा है| झण्डा उसके हाथ में है| केसरिया वस्त्रों में सजा वह मर्द हाथी की तरह झूम रहा है कि पुलिस आती है, लोग सकपकाते हैं; डरते हैं - भगदड़|

झण्डाधारी गिरफ्तार होता है, वह कहता गया है - झण्डा गिरने न पाये| पर अचल शान्ति रहती है| सहसा भीड़ चीर कर वह शेर की चाल चलता आगे आता है और वन्दे - मातरम् के गगन - भेदी नारे के साथ झण्डा हाथ में धरता है - यह झण्डा हमारे मुक्ति - संग्राम का निशान है|

प्रवीण का रोम - रोम बागी हुआ, आँखों में प्रकाश| अब साइकिल अत्यन्त धीमी, साँस मन्द| वह जैसे भाषण देने लगा - राज्य सदा प्रजा का है और रहेगा| ईश्वर की भूमि और उसके सन्तानों की अपनी सम्पत्ति और गुलाम समझने का किसी भी मनुष्य को अधिकार नहीं है| और नवाब साहब को यह मालूम होना चाहिये, वे दिन हवा हो गये जब मनुष्य ने राजा को भगवान का अवतार माना था| वह ईश्वरत्व का प्रतिनिधि तभी हो सकता है, जब वह डाकू न हो, पर सन्त हो, त्यागी हो| अब वह जमाना आ गया है, जब ये राक्षस प्रजा के शत्रु - तलवार के घाट ....

कि ब्रेक आप - से - आप लगी, स्कूल का दरवाजा बन्द था| हेडमास्टर ने उसे देखा तो बोले - मिस्टर, आप हमेशा देर से आते हैं|

प्रवीण ने स्कूल की घड़ी देखी और बोला - घड़ी आगे है|

बूढ़ा हेडमास्टर ठनका - अजी, सब इसी घड़ी से आते हैं|

प्रवीण ने कहा - मेरा मिनट - मिनट कीमती है, जनाब! मुझ से यह नहीं हो सकता कि आध घण्टे पहले यहाँ आकर बैठ जाऊँ|

हेडमास्टर में भौहें चढ़ा कर कहा - मैं हुज्जत पसन्द नहीं करता| आपको स्कूल की घड़ी से आना होगा| आज आप पन्द्रह मिनट लेट आये हैं, दर्ज कीजियेगा|

लेकिन स्कूल के कोई आत्मा भी है? - वह सहसा पूछ बैठा|

हेडमास्टर ने अब तेवर चढ़ा लिये, बोला - आपका क्या ख्याल है?

नहीं है, रत्ती भर भी नहीं है| - वह बोला - जहाँ रटाई, मार, भय और केवल परीक्षाओं का साम्राज्य हो, वहाँ आत्मा कैसे होगी? मैं इसे बूचड़ खाना समझता हूँ|

सव्यंग हँसकर हेडमास्टर ने कहा - आपके रिमार्क एजुकेशन - मिनिस्टर को पसन्द न आयेंगे|

न आयें, मुझे किसी की पसन्दगी - नापसन्दगी की चिन्ता नहीं है| वह अपनी क्लास में चला गया|

लडकों ने उसे देखते ही, कहा - मास्ट 'सा' ब, शिवपुर में सत्याग्रह होगा, आप जायेंगे न?

मैं? क्यों? मैं पढ़ाऊँ कि जेल में जाऊँ? अन्तःकरण पर करोति चलाते हुए वह बोला - मैं तो तुम लोगों को पढ़ाऊँगा, तुम में देश - प्रेम भरूँगा, तुम्हें देश की सेवा के योग्य बनाऊँगा|

खादी, पहनने वालों को पुलिस गिरफ्तार कर लेगी| एक लड़का बोला - तब आप क्या करेंगे?

तब मैं भी जेल चला जाऊँगा| वह बोला - आज पढ़ना भी है या नहीं? मैथिलीशरण जी खत्म कर दें ....

एक खद्दरधारी लड़का बोला - आज तो बातें ही होने दीजिये| सबने सहमति दी कि आज लोक - परिषद की बातें हों; कांग्रेस की बातें हों; हर हिटलर की बातें हों और बातें तो चल ही रही थीं; केवल उनका रुकना - भर था; पर वे द्रोपदी के चीर की भाँति बढ़ती चली गईं| प्रवीण का रुँधा हुआ मन इस वार्तालाप से कुछ तसल्ली पा रहा था| एक प्रच्छन्न भय - कि एजुकेशन - मिनिस्टर क्या करेंगे, उसकी मानस में यों रेंग रहा था जैसे रस्सी के साथ तिनका|

[२]

सविता अड़ बैठी; वह मर जायगी तो भी सियालकोट जायगी| प्रवीण ने पहले क्यों कहा था कि अब की पीहर चली जाना| अब, जब उसका मन माँ - बाप पर बन्ध गया है, खत लिख दिये हैं, सब तीर छूट गये हैं, प्रवीण ना कह रहा है| कम - से - कम वह बरदाश्त न करेगी| बोली - आप अब ऊपर से नीचे गिरो, मैं तो जाऊँगी|

प्रवीण ने माँ की ओर देखा, बोला - तुम क्या कहती हो माँ? मुफ्त में रेलवे को आने - जाने में ५०) रूपये देने पड़ेंगे| इतने रूपये की औषध जो शरीर में जायगी, तो वह ताजा हो जायगी| मुन्नी के टाइम भी कुछ खाया न पीया|

माँ ने यह कह दिया - मैं इस पचड़े में नहीं पड़ती|

सविता ने झल्लाकर कहा - अब आप भी किनारा कर रही हैं|

प्रवीण - ज़िद हो तो बात अलग है - और उठ आया| रविवार होने से छुट्टी थी और वह चाहता था कि सविता के साथ बैठ कर भावी जीवन का निश्चय कर ले, कुछ समझ ले; पर सविता को तो पीहर जाने की रट लगी थी| वह खीझा हुआ अपने कमरे में आ रहा| और करता भी क्या? उसके तन - बदन में आग सी लग रही थी| आखिर इसके क्या माने हैं? मुँह से निकला वह होकर रहेगा? नहीं होगा यह|

उसकी इस धमकी को दोपहर की चुप्पी में सुना था उसकी अन्तरात्मा ने| यह क्या है? यह भी हिंसा है| आखिर क्यों सविता को रोक रहे हो? क्या तुम्हारा काम अड़ा रहता है? अन्तःकरण की इस आवाज ने बहुत देर उसे शर्मिन्दा किया था; अन्धकार को जीवन में अनेकों बार उसे उजाला दिया था|

और इतनी हया उसमें बाकी थी कि वह अपने मन को घूर - घूर कर देख ले| सविता का शरीर तुम्हें इतना अतार्किक, इतना हिंसक बना रहा है? और शरीर का उपयोग तुम कैसे कर सकते हो? दुनिया को ऋषि - मुनियों की व्यवस्था न पालने के लिये उलाहना देते हो और खुद? उसकी आत्मा ने जैसे उसके गाल पर जलता हुआ तमाचा दे मारा - ढ़ोंगी! धोखेबाज!

कि उस वृक्ष - घटा को दो भागों में चीर, हवा के लचकीले पट पर धीरे - धीरे प्रखर सूर्य की तेजोमयता धारण किये एक विश्व - विख्यात मूर्ति उसकी ओर जैसे आ रही हो| हाँ, हाँ तो| वह जैसे स्पष्ट, सजीव यह अनुभव कर रहा था| और जो संगीत उसकी देवी पद - ध्वनि से हो रहा था, जो दिव्य बन्धन उसके वरद हाथ सत्याग्रही, देश - व्रती को बाँध रहे थे, उनसे उसकी आत्मा नंगी और मुक्त थी|

वह गहरी आह खींच कर लेट गया|

जैसे वह अपने मन के अथाह और अन्धकारपूर्ण समुद्र में उतर रहा हो| एक के बाद एक, यों भयानक कामनायें भयानक जानवरों के समान उसके मन में बसी हुई थीं|सबसे प्रमुख थी यश की भावना| यह जो वेदना उसके कलेजे में आज - कल हो रही थी, निरीह लीडरशिप के अवसर के विनाश की आशंका से पैदा हुई थी| जब वह कामी है, अब्रह्मचारी है, भोगी है, स्वार्थी है; तब वह भारतीय स्वाधीनता - युद्ध का सिपाही कैसे हो सकता है? वह जब एम. ए. होना चाहता है, वकालत करना चाहता है, बंगला चाह रहा है, तब वह उस फ़कीरी को कैसे अपना सकता है, जो भारतीय मुक्ति - यज्ञ प्रत्येक बलिदान के लिये आवश्यक है|

नहीं, अभी कुछ और ठहरो! ठहरो! अब वह हँसा; मूर्ख! इसी दम से प्रारम्भ कर| एक उल्लसित बल के भाव ने, प्रभात के अंश के समान मन के टकराते हुए बादलों को दूर कर दिया| और वह उठ बैठा, कि उसके पिताजी ने पुकारा - प्रवीण!

प्रवीण को मालूम न था कि उसके चाचा वहाँ जमे हुए हैं| देखते ही भाँप गया कि आज हाइनेस में रंग जमा है| कुछ - न - कुछ हुआ अवश्य है| वह मूर्तिवत् आ खड़ा हुआ|

उसके पिताजी का मुँह जैसे तेजाब से जल गया हो, यों विकृत हो रहा था; बोले - कहो, जो कहना हो, यह रहा; मैं तो कुछ न कहूँगा इसे| मुफ्त में अपमान कौन करवाये|

चाचा साहब ने अपनी ही मूँछों की ओर देखते हुए कहा - मैं तो इसका मुँह देखना तक नहीं चाहता| मैंने कह दिया; हाइनेस ने फरमा दिया है, अगर लोक - परिषद में मिला, तो नौकरी से निकाल दिया जायगा|

सुना? - प्रवीण के जन्मदाता गर्जे|

प्रवीण के मन में जैसे एक के बाद दूसरा यों तीर लग रहा था| उसे ताज्जुब हो रहा था कि वह क्या देख रहा है, सुन रहा है? तीस रूपट्टी क्या दे रहे हैं, मन, वाणी, आत्मा, शरीर सब कुछ खरीद लिया है? उसने मन ही मन अपने को कोसा, देख लो दुनिया ...

कि चाचा ने अधीर होकर कहा - इस नीच के कारण हमारी इज्जत धूल में मिल जायगी|

मुझे तो मेरी नौकरी की चिन्ता हो रही है| प्रवीण के पिता बोले|

चाचा ने पुनः कहा - मानेगा तो नहीं; पर कह देना ठीक है| कृपा कर उन बदमाशों के साथ मत लगना, नहीं तो दर - दर मारे - मारे फिरोगे|

वे बदमाश नहीं हैं| - प्रवीण ने अब कहा|

तब कौन है? - दहाड़ कर चाचा ने पूछा - एक बार नहीं हजार बार बदमाश, लुच्चे, शैतान, सालों को उत्तरदायी शासन चाहिये| जूते मिलेंगे, जूते|

जेल में पकड़ कर ठूँस दिये जायेंगे| - पिताजी उछले|

प्रवीण ने उत्तर दिया - मुझे समझ में नहीं आता, आप लोग इतना क्यों उछल रहे हैं? आप लोग तो उत्तरदायी शासन उन्हें नहीं दे रहे हैं|

सामने सवाल - जवाब करता है? चाचा ने पैंतरा बदला| बी. ए. क्या हो गया अपने को लाट साहब समझता है - पिताजी ने जोड़ा|

प्रवीण ने मारे क्रोध के कहा - वे दिन लद गये हैं, जब धूर्तों, लालचियों, प्रजा के शत्रुओं की बातों को 'बड़ों का अनुभव' बतला कर मनवाया जाता था| समय की आँखें आज कहीं अधिक सूक्ष्मता से सच्चाई देख रही है| बदमाश, लुच्चे, शैतान वे हैं, जो गरीबों के रक्त से मौज उड़ाते हैं| व्यभिचार, रिश्वत, घमण्ड, तुच्छता, नीचता और बर्बरता के जो घर हैं| ढ़ोंग के अवतार, उन्हें आज शैतान माना जाता है ....|

चाचा साहब जैसे थिज गये, पानी ठण्ड में जैसे जम गया हो, और पिताजी कुर्सी पर यों बैठे रहे, जैसे कोई पद - भ्रष्ट| प्रवीण एक साँस में सब कह गया और पुनः अन्दर बाहर दोनों मुरब्बियों की मुख - रूपी तोप से गालियों और अभिशाप के वचनों के गोले बरसते रहे| और समय आगे बढ़ता गया|

रात को प्रवीण जब कुछ देर से घूम कर लौटा, तो माँ ने उसे अपने पास बिठा कर कहा - तुम लोक - परिषद में हो क्या?

अभी तक तो नहीं हूँ| वह बोला|

तो मेरी बात मानो, वह बोली - तुम यहाँ से बाहर चले जाओ - और बाहर कांग्रेस का काम करो| यहाँ कुछ भी नहीं रखा है|

पर प्रवीण ने तारों भरे आकाश को बड़ी देर तक देखा था, अन्धकार में लीन दुनिया को भी देखा था और अपने मन के तम और दिन के द्वन्द्व को भी उसने जीवन सागर के किनारे खड़े होकर सुना था| बोला - मैं अब किसी की परवाह नहीं करता| मैं धैर्य और सत्य के मार्ग पर हूँ|

थोड़ी देर तक माँ चुप रही, फिर बोली - यह नेटिव स्टेट है, यहाँ न कायदा है, न कानून| तुम जानते हो, आज उनको अलग कर दें तो कल खाने के साँसे पड़ेंगे| इतना विस्तार किसकी भीड़ में डालोगे|

ईश्वर की - वह बोला|

माँ हँसी, बोली - आज ईश्वर कहाँ से आ टपका? अब तक ईश्वर - विश्वर कुछ भी न था| क्योंकि गाँधी जी कहते हैं, तुम भी कहने लगे? प्रवीण, यह सरासर आत्म प्रवंचना है|

आत्म प्रवंचना? - वह जैसे चाँटा खाकर बोला - कैसे?

कैसे? - वह भगवती बोली - तुम्हारी यह सारी उछल - कूद यश की लिप्सा है| तुम, मैं कहती हूँ, देश - सेवा के लिये अभी योग्य ही नहीं हो| तुम में अभी तक क्रोध है, हिंसा है, द्वेश है| पतितात्मा देश की सेवा का साहस नहीं कर सकता| गाँधी जी को लिख कर पुछवा दूँ?

प्रवीण चुप, जैसे किसी ने मुँह पर मोम लगा दिया हो|

माँ ने कहा - जेल में जायेंगे अभी| तुम्हें पहचानता कौन है? तुमने अब तक जन - सेवा का ऐसा कौनसा काम किया? व्यर्थ बेवकूफ़ी करने से क्या होगा? देश - सेवा, जेल में जा बैठना नहीं है|

सोते समय सविता ने कहा - तुम्हारा दिमाग आज - कल खराब हो गया है|

प्रवीण चुप, वह चुप - चाप मन के मौन तीर पर बैठा था|

जेल में ही जाना था, तो शादी क्यों की? बच्चे क्यों पैदा किये? वह बोली - देखती हूँ कैसे जेल जायेंगे|

प्रवीण ने हताश होकर सविता की आँखों में देखा| निश्चित् तिथि को बजरंगपुर में कुछ उत्साही व्यक्तियों ने सत्याग्रह छेड़ दिया| मानो वर्षों से इसी की टोह में थे| एक ने झण्डा लिया और लोक - परिषद की जय बोली, गिरफ्तार हो गया| यों एक के बाद दूसरी गिरफ्तारियाँ होने लगीं| और प्रवीण एक छद्म - साक्षी के समान यह युद्ध देखता रहा| पीछे सी. आई. डी. के आदमी लगे हैं, इसी भाव में उसे कुछ सन्तोष मिलने

लगा। लोगों ने खद्दर पहनना छोड़ना शुरू किया। प्रवीण ने बाल भी इधर - उधर न किया, यही उसके लिये काफ़ी तसल्ली देने वाली बात थी। जैसे एक तूफान आया हो, यों लोगों के सर लाठियों से फूटने लगे, बेड़ियों की झनकारे बजने लगी और प्रवीण अपने घर में आग की लपटों पर जीने लगा, लोगों की निगाहें इशारे में पूछती - आप? बाहर? प्रवीण एक रहस्यमय उत्तर देता - चुप्पी।

आन्दोलन बुल - बुलों की तरह उठा, और दब गया। नवाब साहब ने पुलिस को सहस्त्रार्जुन बना दिया और उसने जो समझ में आया किया। सारे राज्य - भर में चुन - चुन कर खद्दरधारियों को पकड़ लिया गया। जैसे आँधी आई हो। यों यह व्यक्तिगत सत्याग्रह शुरू हुआ और शान्त हो गया।

पर प्रवीण ने देखा कि उसकी जीवन आशाएँ आकाश के मन्दिर की तरह नष्ट हो गईं। उसके सभी मित्र जेल में थे - सभी। केवल वही बाहर था। बाहर। वह साइकल पर घूम सकता था, हर कहीं आ जा सकता था, जो मर्जी आये खा - पी - पहन सकता था, किताबें पढ़ सकता था, पर जेल के बाहर रहकर उसने अहर्निश अग्निजीवन बटोर लिया था। यह आग इतनी विचित्र थी कि बूझाये न बूझती। वह लोभ और राग के पानी से कुछ देर ठण्डी तो अवश्य होती, पर पुनः भड़क उठती।

सविता मना करने पर भी चली गई और प्रवीण मन मार कर स्टेशन पहुँचा आया। उसके विद्रोह की विजय हुई। सविता ने साफ़ कह दिया था, वह उसके विचारों को फ़ालतू समझती है - बिल्कुल वाहियाद? न तो वह खादी पहनेगी, न उसे इस बारे में सहानुभूति ही है। प्रवीण ने अपनी पराजय, अपनी कमजोरी दीपक के समान देख ली।

सुबह - ही - सुबह वह उठ कर धूप में बैठा था कि एक 'बेबी कार' आकर उसके सामने रुकी और एक सम्भ्रान्त महिला ने अन्दर बैठे - बैठे ही कहा - मैं श्रीयुत् प्रवीण चन्द्र जी से मिलना चाहती हूँ।

वह मैं ही हूँ। - प्रवीण साश्चर्य उठ खड़ा हुआ। घर में पधारिये। नहीं, मैं इसी ट्रेन से जाऊँगी। - वह श्रीमती बोली - मैंने 'कमल' में आपका लेख पढ़ा है। मैं यहाँ आई तो किसी ने बतलाया, आप भी यहीं बसते हैं। सोचा, मिलती चलूँ।

एक मन्द मुस्कुराहट! प्रवीण अपने सम्मान को समझ मन - ही - मन झेंपा, बोला - बड़ी कृपा की।

कृपा? नहीं! कृपा तो आप लोग करते हैं। आपकी एक कहानी ने मेरा जीवन ही बदल दिया।

प्रवीण का वह महीनों का द्वन्द्व जैसे क्षण में गायब हो गया।

यह तो आपकी गुण - ग्राहिता है। उसने विवेक किया, पर रोम - रोम एक प्रच्छन्न खुशी के मारे फुला हुआ था।

उसने कहा - मैं तो मैं, मेरे पति को भी आपकी दो एक रचनाएँ काफी पसन्द आईं| अच्छा तो मेरी यह तुच्छ भेंट स्वीकार कीजिये|

और उसने छोटी सी चाँदी की दावात और सोने की कलम प्रवीण के हाथों में रख दी - यह आपकी 'जीवन और मृत्यु' के लिये| सच्चा साहित्य वह है, जिसमें अपनी आत्मा का प्रतिबिम्ब मिल जाय| है न?

वह सोत्साह बोला - अवश्य| वह साहित्य ही क्या जिसमें अपने जीवन की झंकार न हो| आपने मेरी उस कहानी को समझा|

वह हँसी और बोली - ऑल राइट, गुड मार्निंग| याद रखियेगा - यह मेरा पता| और छोटा - सा सुनहला विज़िटिंग कार्ड उसे दे, वह जैसी आई थी, वैसी ही चली गई| और प्रवीण खुशी - खुशी, पर ताज़ुब में रंगा इस भेंट को जैसे आँखें फाड़ - फाड़ कर निरखता रहा, कि सामने श्रीमती विमला देवी आती दिखाई दी|

प्रवीण की वह तन्मयता गायब हो गई अब? इस देवी के पति सबसे पहले जेल यज्ञ की बलि हुए हैं और उसने वादा किया था कि वह उनके पीछे उनके कुटुम्ब की देख - भाल करता रहेगा| आज दस दिन से वह उधर गया ही नहीं|

देवी जी ने नमस्ते किया और बोली - उसका प्रबन्ध हुआ?

नहीं - मारे शर्म के उसने सिर हिलाकर 'ना' कहा|

तब! - देवी जी ने निराश होकर कहा - मैं आपके भरोसे रह गई| मुझे अपने लिये कुछ नहीं चाहिये| उन तीन गरीबों के घर में रोज का दाना रोज आता है|

प्रवीण गाय - मारा - सा खड़ा रहा|

देवी जी ने फटकारा - आपको ना कह देना चाहिये था|

प्रवीण ने कहा - प्रबन्ध तो मैंने कर रक्खा है| आप घर पहुँचिये, मैं लेकर आया| एक सूक्ष्म, पर दिव्य संकल्प उसके स्वर में गूँज रहा था|

दो तीन मिनट देवी जी चुप - चाप खड़ी रहीं; फिर चुपचाप हाथों से नमस्ते कर चली गईं| और प्रवीण ने साईकिल सम्भाली| क़लम दावात लिये और सीधा अपने धनी मित्र के पास पहुँचा| वह इस समय अपनी सबसे क़ीमती वस्तु का त्याग करेगा| मोह और त्याग इन दो भावों का संघर्ष तब तक होता रहा जब तक वह मि. मसीह के यहाँ न पहुँचा|

मसीह अभी - अभी सो कर उठे थे; और चाय पी रहे थे| प्रवीण की बुलाहट पाकर उसे अन्दर ही बुला लिया|

चाय की रकाबी एक ही घूँट में खाली कर देते हुए आप बोले - कहो हज़रत कैसे आ टपके इतने सबेरे? हूँ - हूँ - हूँ!

प्रवीण ने अधीरता - पूर्वक कहा - मैं एक काम के लिये आया हूँ|

और उसने अपना काम सामने रख दिया| मसीह ने उलट - पुलट कर चीजों को देखा और बोला - कितना चाहते हो?

कम - से - कम पचास| - वह बोला|

पचास! माई गुड लॉर्ड! - दस पंजे पचास! फिर गालों को फुला - फुला कर आपने दो - चार फुफकारें कीं और बोले बहुत मंहगी, बहुत - बहुत मंहगी, जनाब! कान्ट ....

प्रवीण के हाथों से जैसे जादू का डंडा निकला जा रहा हो, बोला - आप कितना दीजियेगा?

'फ़ोर्टी' चार और दस, चालीस! तुम तो जानते हो, मैं चालीस के अंक से मुहब्बत करता हूँ| बम्बई की रेस में मेरा शेरिडन चालीसवां था| - मसीह ने एक बिस्कुट मुँह में दबाते हुए कहा|

प्रवीण चालीस की नोटें जेब में दबा कर जब विमला देवी के यहाँ पहुँचा तो जैसे पुण्य के बल से स्वर्ग के दरवाजे आ खड़ा हो| पर वहाँ रंग ही दूसरा था| विमला देवी अपने घर के सामने खड़ी थीं; बच्चे पास ही में खड़े हुए थे और इन्सपेक्टर साहब घर की तलाशी ले रहे थे|

ज्यों ही वह परिस्थिति समझा, त्यों ही तलाशी खत्म हुई और दो - चार पुस्तकें, पत्र तथा दो एक अख़बार हाथों में लिये इन्सपेक्टर साहब बाहर आये| प्रवीण को देखते ही बोले - आदाब - अर्ज़ है| मुझे आपकी भी तलाश थी|

प्रवीण धक्| बोला - कहिये|

इन्सपेक्टर ने कहा - ये सुबह आपके यहाँ आई थीं?

हाँ!

क्यों?

यह मैं नहीं बता सकता|

अच्छा! वह मुस्कुराकर बोला|

उस शाम को विमला देवी बच्चों सहित गिरफ्तार कर ली गईं और प्रवीण को नोटिस दे दिया गया कि आया वह हाइनेस में जाकर माफ़ी माँगे या उसे नौकरी से निकाल दिया जायगा| प्रवीण के पिताजी को कह दिया गया, नौकरी से हाथ धोओ या लड़के से कोई सम्बन्ध मत रखो|

घर पहुँचते - पहुँचते मानो धरती - कम्प आ पहुँचा हो|

पिता, मामा, चाचा, भाई, बन्धु, अड़ोसी - पड़ोसी सभी का भयत्रस्त, क्षुब्ध और समय - सूचक वह जमघट था| प्रवीण को देखा तो जैसे एक साथ दसों दुनाली उसकी

ओर घूमी हों, यों सबकी आँखें उस ओर घूमीं| सवाल - जवाब, डाँट - डपट से जब बड़ों से छुट्टी मिली, तो एक पहले से तैयार माफ़ीनामा उसके सामने रखा गया - हस्ताक्षर कर दो|

प्रवीण ने पूछा - आखिर किस बात की माफ़ी मांगूँ?

किस बात की? क्यों? हाइनेस चाहते हैं, और किस बात की?

चाचा ने कहा| प्रवीण ने अनन्त आकाश की ओर देखने की चेष्टा की और पुनः कहा - मुझे नौकरी की चिन्ता नहीं है|

पर हमें तो है! - उसके पिताजी बोले|

आपके लिये मैं अपनी आत्मा का पतन नहीं कर सकता| - उसने हार कर कहा| उसकी आत्मा ने उसे साफ़ कह दिया - डिगा तो सदा के लिये गया| इस समय जैसे एक छद्म ताकत उसकी रग - रग में बहने लग गई| - आप लोग मुझे अधर्म सिखाते हैं| सत्य और न्याय से मुँह मोड़ने के लिये यों मजबूर कर रहे हैं|

चाचा का क्रोध अन्तिम डिग्री तक पहुँच गया था| हाथ का डंडा प्रवीण के कन्धे पर जमाते हुए उन्होंने कहा - नालायक!

सबका निकन्दन निकालने पर तुला है, दुश्मन कहीं का? वेणीशंकर, यह साँप बड़ा किया है तू ने? छाती का रक्त पिलाकर ....

प्रवीण अचल खड़ा रहा, बोला - मुझे मार डालिये, पर मैं अधर्म और अन्याय न करूँगा| जब मैंने गुनाह ही नहीं किया, तो ईश्वर से भी माफ़ी न मांगूँगा|

चुप रह, सूअर? - चाचा साहब गरजे|

और उसी चुप्पी में प्रवीण आधी रात तक अपने कमरे में कुछ लिखता रहा| वे जले दिल के उद्गार थे, गाड़े हुए सपनों के बाग थे, रुंधी हुई नदियों का तट - तोड़ बहाव था| शान्त कोलाहल शून्य रात में यों उसने एक अन्तिम कहानी लिखी| पत्र लिखा -

आखिर ये जिन्होंने मुझे पाला - पोसा, बड़ा किया, ये मुझ से यही चाहते हैं कि मैं अपनी आत्मा का खून किये जाऊँ? यही न? तब क्या ये स्वार्थ ही के लिये मुझे चाहते हैं? अपने भोगों की अबाध स्थिति के लिये ही तब क्या वे मुझे अपना चिर - साधन बनाना चाहते हैं? हा ईश्वर! क्या इस दुनिया का सत्य यही है? यही है संसार का अन्तिम बोध - पाठ? तन - बदन, एक लहू के सम्बन्धों का यही तकाजा है क्या?

उसके इस सनातन प्रश्न का उत्तर कौन देता? कौन?

प्रवीण का हृदय जैसे किसी निर्मम ने कुचल दिया| वे जर्जर पर स्नेह के सुनहले से तन्तु यों टूटे, जैसे कमल नाल के तन्तु टूटते हैं| हे भगवान!

वह उठा, दो - एक पुस्तकें कुछ कागज़ - पत्तर की गठरी दबाये वह सबको सोता छोड़कर निकल आया - सघन अन्धकार में| कहाँ? वह क्या जाने? इस जगत के मार्गों का बनाने वाला जाने कि उसके मूर्छना - मूढ़ पैर किधर जाँय?

* * *

सविता वापस भी लौट आई, पर प्रवीण वापस न लौटा| वह हाहाकार - जो उसके जलते हुए पद चिन्ह छोड़ गये, आँधी की तरह उठा और वापस थम गया| कुछ दिन, कुछ मास, प्रवीण के नाम के घाव स्वजन - स्नेह जन अपनी छाती में खाते रहे और फिर तो वे घाव मानो घड़ी की टिक - टिक के समान हो गये| एक बसन्त, एक पतझड़, यों तीन बसन्त, तीन पतझड़ भी थे, जैसे तीन नई दुनिया किसी खिलाड़ी ने सर्जी और पुनः बिगाड़ डाली| पर प्रवीण न आया| और सविता की पुतलियाँ जैसे अपनी घर की दीवारों के ऊपर के आसमान और उसके तारे जान गईं, समझ गईं| समय के अद्भुत और जादुई रोग़न ने सबके हृदय पर एक विस्मृति का पक्का लेप कर दिया, पर सविता के हृदय की दाह पर वह जम न सका|

लल्लू ढ़ाई बरस का हो गया| उसकी बहन ने रोटी बेलना सीख लिया| साड़ी पहनना सीखा, बरतन माँजना सीखा, कपड़े धोना सीखा, खिचड़ी बनाना वह सीख गई और लल्लू उसके लम्बे - लम्बे बाल कसकर खींचना सीख गया, पर प्रवीण ज़ालिम प्रवीण न लौटा| सविता की आँखों से कभी - कभी एकान्त में ही एक आध आँसू बिखर पड़ता|

और समय की बढ़ती स्थितियों के साथ स्वयं उसने क्या नहीं सीखा? प्रवीण की उस अन्तिम (?) हाँ अन्तिम ही तो - वार्ता ने उसके पर्दों को हटा दिया| उसकी दो - एक सखियों ने उसके अज्ञान को यों धो दिया, नल की धार जैसे कीचड़ सने पैरों को धो देती है| वह स्वराज के गाने सीख गई; यहाँ तक कि झण्डे का उसका एक गीत, जो जी भर कर रोने के बाद उसके उल्लास पूर्ण प्राण से निकला था, लोक - परिषद ने अपना गीत बना लिया|

एक दिन लोक - परिषद ने आज्ञा दी, अपने विदेशी कपड़े लाओ, होली होगी| और सविता ने अपने सभी विदेशी वस्तुएँ ठेले में भर लीं| सास - बहु दोनों ने जाकर हज़ारों का माल भस्मी - भूत कर दिया| सौ - सौ रूपये की साड़ियाँ यों जलीं, जैसे बेकारी की आग में दस - दस हज़ार का एम. ए. का एक ज्ञान - पट्ट|

प्रवीण के गृह त्याग ने बुढ़ऊ को सदा के लिये चुप कर दिया था|

और एक दिन घट्टी पीस कर सविता आँगन में आई, उसने देखा, लल्लू ने एक मकान बनाया है और उस पर एक झण्डा गाड़ रहा है| दस - पाँच बालक उसे छोटी - छोटी सीकों से मार रहे हैं और उसकी बहन वन्देमातरम् गा रही है| सविता ने दौड़ कर लल्लू को छाती से लगा लिया|

उस मूक, पर अथाह अश्रु प्रवाह में कितने स्वर्गों की शान्ति थी| कितना गहरा आन्दोलन था उस सिसकने में| कितनी वेदना बुझ रही थी उस विचित्र वर्षा - ऋतु में आज सविता को क्या न मिला? क्या न मिला? कल तो उसके पास कपड़ों से भरे ट्रंक थे; गहनों का भारी कलमदान था; खुमार था; अज्ञान का वह घमण्ड था, जिसे दुनिया इज्जत समझती है| और आज उसके पास सिवाय इन आँसुओं के और क्या था? और इन आँसुओं की दिव्य निधि पाकर उसने क्या नहीं पा लिया था?

वह नहीं देख रही थी; पर द्वार पर एक युवा सन्यासी नयनों की इस स्वर्ग - गंगा का उतरना देख रहा था, अपने ब्रह्मचारियों के साथ भिक्षा का खप्पर लिये|

3

यह और वह

और वह चुप - चाप बैठा पढ़ता रहा| जो कुछ उसे कहना था, उसकी गहरी और स्थिर आँखों ने कह दिया; उसके गम्भीर और चमकीले ललाट पर उसके मन का सारा इतिहास लिखा हुआ था| आँखें हों, तो पढ़ लो| उसकी समस्त भाव - भंगिमा से तेज टपक रहा था; वैसी शान्ति, वैसा सौम्य उसकी भवों में भरा था कि तेजशंकर की कलम फ़ैसला लिखते - लिखते हिल गई| कितना चाहते थे| वे कि अमुलख अपनी सफाई दे; कुछ तो कहे| यों निर्दय होकर वह पुस्तक न पढ़ता रहे; पर अमुलख की ज़िद वे जानते थे| मन ही मन एक हाय भर कर वे रह गये| उन लम्बे तीन घण्टों के दरम्यान अमुलख ने केवल एक बार गरदन उठाई थी और कहा था - हम एक दूसरे को आज से नहीं, बचपन से जानते हैं| साथ घूमे हैं, साथ पढ़े हैं और मुझे जो कहना था, मैं जनता से कह चुका| आपको वह सब कहना - सुनाना किस काम का होगा? एक मित्र की भाँति, सच्चे दोस्त की तरह मैं इतना तो कहना चाहता हूँ कि अगर आप में हिम्मत हो, तो अन्याय और जुल्म का साथ मत दीजिये| इस भारी कुर्सी से उतर, मेरे साथ कठघरे में आ खड़े होइये|

इस समय मैं जो पुस्तक पढ़ रहा हूँ, उसमें नई दुनिया का सपना चित्रित है, मजिस्ट्रेट साहब|

पर स्पेशल मजिस्ट्रेट साहब ने दिल कड़ा किया और फ़ैसला सुना ही दिया - ६ महिने की सादी कैद| फ़ैसला सुना कर तेजशंकर उठ गये और अपने निजी कमरे में जाकर आराम चेयर पर जा पड़े, जैसे कमर से किसी ने दो टूक कर दिये हों|

प्रमिला ने चुप - चाप चौखट पर खड़े हुए, सरे बाजार, हाथ पैरों में हथकड़ियों - बेड़ियों से जकड़े हुए अमुलख को देखा| जेल की ओर वह जा रहा था|

बेड़ियों का एक संगीत सा उठ रहा था, जिसने देखा, सहम कर खड़ा रहा गया, सुना, उसने मन मसोस लिया| वह करता भी क्या| असंगठित, पर त्रस्त प्रजा मन ही

मन सराहना कर रह जाती है| वह रास्ता नहीं रोक सकती, वह चुप - चाप एकान्त में भीत स्वर में कानाफूसी कर सकती है| गजब अन्धेर है! पर प्रमिला यह जानती थी, इन वचनों से होना - जाना क्या था?

प्रमिला को सोता छोड़ कर अमुलख चला गया था| उसकी छाती पर पिन किया हुआ एक पर्चा मिला, पढ़ा, सन्न हो गई| कुछ बात, न चीत! आखिर मुझ से कुछ कहते तो सही| क्या मैं मार्ग रोकती, जादू कर देती, जो यों भाग गये? मन ही मन पहले तो वह खीझ उठी, यह तो एक तरह का धोखा है, और क्या? पर नहीं, यह धोखा नहीं| परचे की उन तीन पंक्तियों ने मानो कहा, अन्तरात्मा के सामने लाचार हूँ, प्रमी तुम शिक्षित हो, सन्नारी हो| निभा लेना| अन्तरात्मा की पुकार? अच्छी बात है; सर पर जो आ पड़ी है; उसे वह अवश्य निभा लेगी| उठा लेगी यह विपद, जो आज सबेरे ही सबेरे उसके सिर पर झूम उठी थी| काली स्याही में लिखी अमुलख की उज्ज्वल पंक्तियों ने उसे संध्या समय तक कुछ आश्वासन दिया| आखिर विवाह का यह मतलब तो नहीं कि ऐसे प्रसंगों पर एक दूसरे से बन्धे रहे| और मुझे अमुलख से यों नाराज होने का हक ही क्या है? क्या मैं उससे बिना पूछे सिनेमा देखने नहीं जाती? अजीबगढ़ रियासत की तीन करोड़ जनता के लिये अमुलख का यों बिना पूछे भाग जाना कुछ कम धन्य भाग्य नहीं है, प्रमिला! उसके एक सहयोगिनी ने चुपके से उससे कहा, पर उसने न तो अमुलख की तारीफ़ में भाग लिया, न उसके व्यवहार का विरोध ही किया| दिन भर वह स्कूल में अपना नियमित काम करती रही| लड़कियों ने हड़ताल करने की कोशिश की, तो उसने समझा दिया -

व्यर्थ भावुकता में न बहो| शाम को लौटी तो राका के लिये खाना बनाया और खुद कशीदा काढ़ने बैठ गई| एक - एक डोरा भरती जाती थी और भविष्य के चित्रों की कल्पना करना चाहती थी| अवश्य वह संघर्षों से पूर्ण था| कहीं उसे स्कूल की प्रबन्ध - कारिणी अलग न कर दे| वह मैनेजर को जानती थी| उसकी नीति को जानती थी| तब क्या होगा? ऊपर आकाश न नीचे धरती, सुई रुक गई और ललाट पर पसीना आ गया| वह राका को लिये कहाँ मारी - मारी फिरेगी? उसका हृदय रोष से भर गया| तेजशंकर, तुम्हें क्या हो गया? अपनी बहन का भी तुम्हें लिहाज न आया? राका दौड़ती - दौड़ती आयी - पिताजी अब तक नहीं आये माँ? प्रमिला ने जैसे सुना ही न हो| उसने एक बार राका की बड़ी - बड़ी पलकों को देखा और जल्दी - जल्दी बोली - भूख लगी है कि नहीं?

राका भोजन करने बैठी तो पुनः पूछा - एक बार पूछा, दो बार पूछा, तीसरी बार पूछा| आखिर हार कर प्रमिला को जवाब देना ही पड़ा - अब वे ६ महिने तक नहीं आयँगे|

क्यों? मन ही मन राका ने भय - भीत होकर पूछा - वे कहाँ गये हैं? प्रमिला ने मानो हृदय पर विजय पा ली, बोली - जेल चले गये हैं, बेटी, जेल में, महल में गये हैं| क्यों, जेल में क्यों गये हैं? राका ने सब कुछ समझ लेने की चेष्टा करते हुए पूछा|

प्रमिला ने उत्तर दिया - सरकार ने भेज दिया| अब तू काका मामा के यहाँ न जायगी न? ऊधम करेगी तो वे तुझे भी जेल भेज देंगें! पर सात बरस की राका कुछ तो समझने लगी थी; बोली - झूठ बोलने से हाथ में थोर उग जायेंगे| पिताजी सत्याग्रह में जेल गये हैं| यह सत्याग्रह क्या है माँ?

चुपचाप जीम ले; बन्द कर अपनी चपर - चपर| और वह उठ खड़ी हुई| अँधेरी रात थी; स्वच्छ सितारे थे|

राका के प्रश्न ने मानो एक प्रतिध्वनि पैदा की, यह स्वाधीन होने वाली एक जाति की सन्तान की जिज्ञासा है| प्रमी यह समझ गई| पर उसे तेजशंकर पर रोष आ रहा था| रंगा हुआ सियार कहीं का| क्लब में बड़ी हाँका करता था, बड़ा बना फिरता था, कला, संस्कृति; न्याय पर लम्बे - लम्बे लेक्चर दिया करता था| न्याय देने वाला बना है? मारे क्रोध के वह अपने आप को रोक न सकी| भाई बना था, दोस्त बना था -

तेजशंकर ने उदास मन को हरा करने के लिये, रेडियों का वाल्व घुमाया ही था कि सिंहनी के समान स्फूर्तिवती प्रमिला उसके सामने जा खड़ी हुई|

तेजशंकर ने जल्दी से वाल्व बन्द किया और हड़बड़ा कर बोले - प्रमी बहन! प्रमिला कुर्सी की पीठ पकड़ कर खड़ी रह गई; कुछ क्षण उसने तेजशंकर की ओर देखा और बोली - मैं आपको धन्यवाद देने आई हूँ|

'प्रमी बहन!' तेजशंकर ने रेडियो बन्द करते हुए कहा| पर प्रमिला ने शान्त रोष के साथ पुनः कहा - मजिस्ट्रेट साहब, मैं आपके पत्र, आपकी बातें, आपके भाषण सभी कुछ, आपको वापस करने आई हूँ| और वह हँसी| मैं आपका अपमान नहीं करना चाहती| तेजशंकर के घायल दिल पर एक और चोट लगी; बोले - तुम शान्ति से मेरी सब बातें सुनो| फिर मेरा दोष पाओ, तो जो चोर का न्याय, वह मेरा न्याय|

प्रमिला ने बड़ी कठिनता से जैसे आँसू रोके, बोली क्या सुनूँ आपकी बात? खूब दोस्ती निभाई आपने| यह तो ठीक है, स्कूल में चालीस रूपये पाती हूँ, नहीं, हम दो अनाथों का क्या होता? सुबह ही से जो पहाड़ी झरना उसने रोक रखा था, वह आँखों की राह फूट निकला| न्याय की वेदी पर कितनी ही नदियाँ बहीं हैं| पर अन्याय की काली चट्टानें अब तक न बहीं|

तेजशंकर उठ खड़े हुए, बोले - यह तुम्हारा घर है, प्रमी बहन| तुम अपने को अनाथ न समझो! ओह - "धन्यवाद" और वह पिछले पैरों वहाँ से लौट चली|

मजिस्ट्रेट पत्थर की मूर्ति बने जहाँ थे तहाँ खड़े रहे| उनके मन में स्मृतियों के स्नेहसागर क्षुब्ध हो उठे| उनका दिल न्यायालय में भी रोया था और घर पर भी| क्या करूँ? लात मार दूँ इस नौकरी पर? यह सरासर आत्महत्या है| ओह ईश्वर! मैं क्या करूँ? उनका अन्तःकरण वीणा के तने हुए तारों - सा सजीव हो गया और उससे जो ध्वनि उठती थी, उसे वे आज सुबह से सुनते आ रहे थे| पर चारा न था|

चुपचाप वे सोफे पर जा लेटे; अभी तक जैसे प्रमिला की सजल आँखें उनके सामने थीं; अभी तक उसके वचन उन पर वार कर रहे थे, पर यह भावुकता बलवती साबित न हुई। दिल जोर लगा - लगा कर मानो थक गया था। परिस्थितियों की ठोस बन्दिशों के बीच उस नदी की तरह जिसकी लहरें टकरा - टकरा कर लौट आती हैं, तेजशंकर की अन्तरात्मा संघर्ष कर रही थी। परिस्थितियों की बेड़ियों में वे ऐसे जकड़े थे कि टस से मस न हुआ जाता था। लन्दन गये, कर्जा लिया, मकान बनवाया, बाँड लिख दिया और तब कहीं जाकर बार एट - लॉ हुए। आज उसी छुरी से उन्हें यों न्याय की, स्नेह की, अपने तन - बदन के मधुर सम्बन्धियों की हत्या करनी पड़ रही है। उनका आदर्शवाद संकल्पहीन निकला। बेहथियार सिपाही की भाँति ऐन मौके पर वे हाथ मल - मल कर रह गये। अपने ही हाथों द्वारा बाँधा नागपाश इन्हें इस समय खाये डाल रहा था। अमुलख को जिन आँखों से कठघरे में देखा, वे चाहते थे; वे आँखें फूट जातीं, जिन हाथों से अपने मित्र को सींकचों के पीछे बन्द किया, चाहते थे, वे टूट जाते। धर्म की बहन प्रमी और दो शरीर एक मन अमुलख।

रात भर तेजशंकर करवटें बदलते रहे। नींद कहाँ? बार - बार निश्चय करते, कल राजा साहब से जरुर कहूँगा, हुजूर। यह अत्याचार न कीजिये। प्रजा को थोड़ी सत्ता दे दीजिये। इसमें हुजूर का तो नाम दुनिया भर में फैल जायगा। बिगाड़ कुछ नहीं। हुजूर तो जहाँ हैं, वहीं रहते हैं। अवश्य वे साफ - साफ सलाह दे देंगे। देखें, कौन सा सर उतार लेता है? क्या स्टेट के इतने बड़े, जिम्मेदार अफसर का यह कर्तव्य नहीं है कि वह अपने मालिक को सच - सच राय दें? क्यों नहीं है? ....

दूसरे दिन दरबार में पहुँचे तो अफसरों की नुमाइश लगी थी - एक ठठ लगा था। तेजशंकर को आते देखा, तो कुछ ने एक स्वर से उनका अभिवादन किया - पधारिये, पधारिये!

स्टेट - पुलिस - सुपरिंण्टेडेण्ट, जो आधी रात तक जगा था, शराब के खुमार से जिसकी आँखें फूली हुई थीं, स्वभाव का जालिम पर आशिकाना तबियत का, राजा साहब का एक हाथ था, बोला - हुजूर आपकी तारीफ फरमा रहे थे।

रेवेन्यू - अफसर जो अव्वल दर्जे का पेटू था, कपड़ों का शौकीन और भंग भवानी का भक्त था और जो चालाक इतना कि किसानों को बातों में लुभाने में बे - सानी था, बोला - हाँ साहब, बड़ी हिम्मत दिखलाई कल तो! मित्र तक को न छोड़ा। कसौटी थी और क्या?

एजुकेशन मिनिस्टर ने अपने अमेरिकन टो जैसे नथुनों में रुमाल रगड़ते और चश्मों में काले कीड़ों - सी लालची और मतलबी आँखें टिमटिमाते कहा - कमाल था, ज़नाब! मानो डेनियल ने न्याय दिया हो।

एक बड़े प्रभावशाली जी हुजूरिये ने, जिसे शेरों के शिकार में अजहद आनन्द आता था, यों शराब और गोश्त को न छूता, पर गुस्सैल इतना कि चमड़ी उतर आने तक

पिटवाता रहे, जिसके आगे न कोई सभ्य था न आदमी, लम्बा - ताज़ा और जिसके चील के बच्चे की पाँख जैसी दाढ़ी भी थी, कहा - मैं होता तो कम से कम दो बरस की कड़ी कैद देता। साले राज्य लेने चले हैं। मुझे जो हुज़ूर कह दें तो एक - एक की चमड़ी उघड़वा लूँ।

ब्रिचिस में डटे, कुछ नये ख्यालों का दिमाग में हल्का रोगन किये एक्साइज - कमिशनर भी वहीं बैठा था, बोला - दमन करने की एक कला होती है। सख्ती का असर कभी - कभी उल्टा हो जाता है।

तेजशंकर मानो डूब रहे थे, यह सहारा पाया, तो जैसे तर गये, बोले - मैं तो सदा से कठोर - हृदय रहा हूँ, ख़ास कर ड्यूटी अदा करने के मामले में। न्यायासन कुछ ऐसी ही जगह है, जहाँ व्यक्तिगत भावनाओं की कुछ नहीं चलती। चलती भी हो, तो न चलना चाहिये। पर मैं आपसे सहमत हूँ। दमन नरम होना चाहिये, ताकि आन्दोलन में संकल्प - बल न बढ़ पाये। ऐसे आन्दोलनों की यही तो मुश्किल है! जितना दमन बढ़ाइए उतना विरोध भी पक्का होता है।

तेजशंकर कह तो गये, पर जैसे बहुत कह गये हों, उन्होंने पुलिस - सुपरिंण्टेडेण्ट की ओर देखा। वह तो मन ही मन कट रहा था, बोला - आपका मतलब है उन्हें हलवा - पुड़ी खिलायी जाय, बेड़ियों की जगह फूलों की मालाएँ पहनायी जायें! गज़ब, सरासर वाहियात बात है। आप तो देखते जाइए, मैं क्या - क्या करता हूँ। एक - एक को जेल न कर डालूँ, तो मुँह पर मूँछें मत समझना।

एक उधार माँगे हुए गुजराती अफसर भी बैठे थे, मन में भीरू और स्वार्थी, पर ऊपर से डींग हाँकने में सबसे तेज, बोले - मैं भी तो दीवानगिरी कर चुका हूँ। रियासतें मथ डाली हैं इतनी उमर में, पर मजाल, जो रया आँख तक उठा दे। आओ, बैठो, बोलो, कहो क्या कहना है, क्या चाहिये? हाँ, भई होता है, करते हैं, देते हैं। यों बरस के बरस निकाल दिये। भई, मुसद्दियों की बातें ही और होती हैं -

इतने में राजा साहब के पधारने की सूचना हुई। सब उठ खड़े हुए। दरवाजे की ओर मुँह बाये, कोरनिश करने के लिये तैयार सब खड़े हुए थे, इस तरह मानो भिखमंगे सदाव्रत के इन्तजार में खड़े हों। ताजा यूनिवर्सिटी से निकला और नौकरी की फ़िराक में आने वाला रेवेन्यू - कमिश्नर का लड़का अपने मन में ठीक यही महसूस कर रहा था।

सर पर मोठड़े का साफा, हीरे की कलंगी, हाथों में पहुँचियाँ और गले में नीलम का हार धारण किये राजा साहब अपने आसन पर सुशोभित हुए। चारों ओर सलाम की एक कवायद हुई और फिर अखण्ड शान्ति छा गई। राजा साहब ने तपाक से तेजशंकर को पास बुलाया और हँस कर कहा - हमने बात सुनी। बहुत खुश हुए। यह लो .... और एक पहुँची उतार कर तेजशंकर के फैले हुए हाथ पर रख दी। रेवन्यू - कमिश्नर के लड़के ने देखा, प्रत्येक चेहरे पर छद्म ईर्ष्या प्रशंसा का रूप लेकर जल उठी, अग्नि - लपटों के समान लालच और लोभ सभी के चेहरों पर भभक उठा। सब के सब वाह

- वाह करने लगे, पर अन्दर ही अन्दर तेजशंकर ने जैसे सबको छुरियों से एक साथ घायल कर दिया हो|

तेजशंकर पहुँची क्या हथेली पर अंगारे लिये खड़े रहे| यन्त्रवत् अभिवादन किया और यन्त्रवत् वहीं के वहीं जैसे गड़ गये| मानो वे संवेदनाओं के यन्त्र थे, मूर्तिकार द्वारा निर्मित एक पोला ढ़ाँचा हो| मित्र के स्नेह ने बिजली के तार के समान धक्का मार कर मानो प्रेरणा की - फैंक दे नीच! फैंक दे - पर तेजशंकर ज्यों - के - त्यों खड़े रहे| राजा साहब ने घूर कर उनके मुँह की और देखा और पुनः बोले - मेरे सभी खैरख्वाहों को चाहिये कि तेजशंकर से सबक लें|

जो हुक्म, जो आज्ञा, पृथ्वीनाथ! दसों कण्ठों से ध्वनियाँ उठीं|

यह खबर सारे शहर में ऐसी फैली जैसे किसी साधु का चमत्कार हो| प्रमिला उस समय बैठी जेलर को पत्र लिख रही थी, वह अमुलख से मिलना चाहती थी| यह सुना तो आग लग गई| समझ रही थी, उसकी फटकार खाकर तेजशंकर अवश्य ही पश्चाताप करेंगे| पर यह क्या? मजे में पाँच - सौ की सौगात लिये चले आये| शर्म जैसे घोल कर पी गये - मर क्यों न गये तुम जहर पीकर तेजशंकर, वह जैसे मन ही मन चिल्ला उठी| उसका रहा - सहा उत्साह टूट गया| क्या आज मेरे आँसुओं से अपनी गरीबी धोना चाहते हैं| मेरी आह से अपने दिन चमका रहे हैं!

अब उसे दुःख हो रहा था, दीदी के साथ राका को तेजशंकर के यहाँ क्यों जाने दिया? पर, यहाँ भी उसका बस न था| बहुत मना किया राका को, कि राका मामा के वहाँ न जा| दिन भर राका मचली, रोई भी, परन्तु उसने रोक रखा| कभी डाँट देती, कभी भुलावा देती, कभी आश्वासन देती, पर अमुलख की ज़िद्द उसकी बेटी में भी उतर गई थी, गयी तभी मानी! शैतान कहीं की!

तेजशंकर ने राका को देखा तो गोद में उठा लिया, बोले - दिन भर कहाँ रही रे? यहाँ आज मदारी का खेल हुआ था|

झूठ! राका ने महा दुखी होते हुए कहा - झूठ बोलने वाले के हाथ में थोर उगते हैं|

तेजशंकर ने उसे छाती से लगाया और कहा - अच्छा यह बता आज दिन में क्यों नहीं आई?

राका ने मन - ही - मन माँ को नोंच लिया, बोली - वह माँ है न, उसने मुझे न आने दिया| कहती थी कि काका - मामा जेल भेज देंगे| पिताजी को भेजा न?

तेजशंकर के दुखते हुए हृदय पर जैसे लोहे का मुक्का पड़ा| राका तो सीधी दीदी के पास गई, पर तेजशंकर ने लपक कर कपड़े पहने और अमुलख के घर का रास्ता लिया| कल्याणी ने बहुतेरा पूछा कि कहाँ जा रहे हो, कब आओगे? पर जैसे जबान ही न थी, तेजशंकर घर से निकल आये| तुम मुझे इतनी नीची निगाह से देखने लगी प्रमिला! मैं बता दूँगा इतना नीच नहीं हूँ, इतना बेहया, इतना पतित नहीं हूँ| मानो

उन्होंने निश्चय कर लिया, प्रमिला के सामने ही वे इस्तीफा लिखेंगे और उसी के हाथ में दे देंगे, वह खुद जाकर दीवान साहब को दे आये| फिर तो कुछ नहीं? यों चले जा रहे थे, मानो जिन्दा भस्म होने जा रहे हों| उनकी परिस्थितियाँ अन्धकार की शक्ल के समान इस प्रकाश के सामने विलीन हो गयी| मजमून सोच रहे थे और भविष्य की समस्त आशंकाओं, अस्थिरताओं तथा सारे अमंगलों को मानो ईश्वर के सहारे जूतों से कुचलते हुए चले जा रहे थे|

ए. एस. पी. ने साइकल में ब्रेक लगाई, उतरा और साइकल को कमर का सहारा देकर अटेंशन पर एक सलाम दे रुआब से खड़ा हो गया, मुँह में बड़ी हिकमत से जमाये हुए, पान को सम्भालता हुआ बोला -

शुक्र है खुदा का, जो श्रीमान रास्ते में ही मिल गये| नहीं, तो मैं हुजूर की कोठी पर जा रहा था|

इस समय? तेजशंकर मानो थप्पड़ खाकर खड़े हो गये|

- जी, हुजूर को तकलीफ तो नहीं देना चाहता था, पर मैं ठहरा चिट्ठी का चाकर| सुपरिंण्टेडेण्ट साहब ने हुजूर को यह जरूरी हुक्म भिजवाया है| दस वारण्ट चाहिये गिरफ्तारी के| क्या कहूँ अन्दर परमीला देवी और कुछ बदमाश शहर में आग फैला रहे हैं| अभी गिरफ्तार न किये गये तो कल झण्डा निकल जायगा|

जैसे कोई भीषण बलवा होने जा रहा हो, इस प्रकार वह छैला जवान घबरा रहा था|

तेजशंकर भूल गये, राजा साहब का हुक्म था, वारण्ट इशू करने का, पूछ बैठे - प्रमाण?

यह तो हुजूर जाने! ए. एस. पी. ने लापरवाही से उतर दिया|

तेजशंकर के पैरों तले की धरती मानो खिसक जायगी| वापस लौटे| क्या करूँ? संकट पर संकट, कैंची पर कैंची, ओह भगवन्! अँधेरा आँखों में भर गया| वे जान गये कि यह षड्यन्त्र है, उन्हीं को ज़लील किया जा रहा था| सुपरिंण्टेडेण्ट ने उस दिन की बातों का कस कर बदला लिया| हाय, वह कौन साइत थी जब यह स्पेशल मजिस्ट्रेटी मिली| न्याय - विशारदों के भाषणों को सुन कर वे यह समझ रहे थे - न्यायाधीश का आसन दुनिया के और आसनों से पवित्र है, गरिमामय है| समाज में आज जिस रौशनी की जरूरत है, वह न्याय की रौशनी है| ऊँचे मनसूबों की मीनार, यह धक्का न झेल सकी - गिर पड़ी| तिल भर भी अन्याय न करूँगा, न रिश्वत, न पक्षपात, पर अब तक कभी न सोचा कि जिन न्याय - शास्त्रों से वे समाज के पापों के दैत्य का मुकाबला कर रहे हैं, वे किन हड्डियों और किस लोहे के बने हैं? जीवन और सभ्यता की गूढ़ और मूल समस्याओं के प्रकाशमय स्वरूप का वे निरन्तर विरोध कर रहे हैं, वे अब तक यह न देख सके, इस समय तृप्त चाकू से जैसे किसी ने उनके विवेक की आँखें खोल दी| उन्हें दिखा जिस भूमि पर न्याय का आसन

रखा है, वह भूमि ही अन्याय की है| आराम कुर्सी पर बैठ कर उन्होंने आँखें मींच लीं और ईश्वर को पुकारा|

पर इस समय मन का महल भी सूना पड़ा था| आज जैसे वहाँ कोई न था जो उनकी पुकार का उत्तर देता| ऐसी निर्जनता, ऐसा अँधेरा कि वे सहसा भीत हो उठे, बोले - जो करो खूब सोच समझ कर करो|

ए. एस. पी. ने मन - ही - मन खुश होते हुए उत्तर दिया - हुजूर इसमें भला कभी जल्दी हो सकती है? केस तो साफ है और कुछ निकल जाय तो दस जूते मैं खाऊँ|

तेजशंकर चुप हो गये| दो - तीन बार सुपरिंण्टेडेण्ट का पत्र अच्छी तरह से पढ़ा| आज रात ही को सब गिरफ्तार हो जायें| तेजशंकर जैसे फाँसी के मंच पर जा रहा हो| उठ कर मेज पर जा बैठे| बोले - अच्छा तब!

वारण्ट की जगह उन्होंने इस्तीफा लिखना शुरू किया| आत्मा के नाम पर, ईश्वर के नाम पर, उन्होंने अभी पंक्तियाँ लिखी ही थीं, कि अन्दर कोहराम मच गया| दीदी दूसरी मंजिल से नीचे चौक में आ गिरीं| कुर्सी छोड़ कर वे तीर की तरह अन्दर लपके| राका और दीदी में बाबू को कौन खाना खिलावे इस बात के लिये झगड़ा हुआ, दोनों गुत्थमगुत्था लड़ पड़े| परिणाम में दीदी का पैर लड़खड़ाया और वह नीचे आ पड़ीं|

दीदी बुरी तरह गिरीं, तेजशंकर ने उसी क्षण छुट्टी की रिपोर्ट भिजवा दी और दीदी की सेवा - चाकरी में जुट गये| नामी डॉक्टरों ने दीदी की चिकित्सा शुरू की| परिणाम यह हुआ कि तीसरे दिन दीदी होश में आई! पर उसका दुःख दुश्मन से भी देखा न जाता था| प्रमिला को उसी रात स्वयं सुपरिंण्टेडेण्ट ने जाकर गिरफ्तार कर लिया| राका हेड मिस्ट्रेस के यहाँ भाग आयी और तेजशंकर अब उसे एक जाँघ पर बिठाये दीदी के पास बैठे रहते| कल्याणी ने अपने दुःख से हार कर देवताओं को गालियाँ और उपालम्भ देना प्रारम्भ किया, पर तेजशंकर के हृदय में एक अजीब सहन - शक्ति का प्रादुर्भाव हो गया था| उनकी पुकार का यह ईश्वरीय उत्तर था| वारण्ट उन्हें इशू न करने पड़े| छुट्टी पर चले आये और बाल - बाल बच गये| दीदी के दुःख से जो वेदना छाती में होती थी, वह उस धर्म - संकट की वेदना से कहीं हल्की थी| इस समय उनका हृदय अंगारे पर रखा था, तो उस समय वे चिता पर बैठे थे| उनकी आँखों में संसार के प्रति एक उदासीनता थी| आज सब उन्हें नीच, लालची, पिट्ठू कह रहे थे| दुनिया की निगाह में वे मनुष्य न थे और दीदी के गिरने को तो वह एक दण्ड मानते थे, जो आवश्यक था| ऊपर से दुनिया संवेदना प्रगट करती, पर मन में खुशी थी| तेजशंकर आज न जाने क्या बल और क्षमता पा गये थे| अन्तरात्मा के दरबार में उनके मुँह पर कालिख लगते बच गयी|

प्रमिला जेल की लारी में बैठी तो राका उससे चिपट गयी| बड़ी कठिनता से हेड मिस्ट्रेस उसे छुड़ा पायी| राका काका - मामा के यहाँ अवसर देख कर भाग आयी|

तेजशंकर ने उसे छाती से लगा लिया| खिलौनों के पहाड़ से खड़े कर दिये - दुकान लगा दी| वे राका को रिझा कर, उसे छाती से चिपका कर, अपना आत्म - सन्तोष करना चाहते थे| अमुलख और प्रमिला से मानो वे इस प्रकार क्षमा माँग रहे थे| दीदी अच्छी हो जाय यह - वे कितना - चाहते थे| वह गिरी, भगवन् की इच्छा थी, वह उठ बैठे, यह उनकी इच्छा थी| अपने पतन का फल वे बरदाश्त कर चुके थे, अब चाहते थे कि ईश्वर उन पर कृपा करे और राका को छाती से लगा कर वे अपने आप को इस कृपा के लिये समझाने लगे थे|

एक पखवाड़ा बीत गया| दीदी को बुखार चालू हो गया| तेजशंकर समझ गये, भगवन् उनको क्षमा नहीं करना चाहते| वे मन - ही - मन रो कर रह गये| जीवन का सारा सुख, हुलास, आनन्द जैसे डॉक्टरों की दवाइयों में जा बसा| रुपया इस प्रकार बहा रहे थे जैसे पानी हो| नौकरी पर जाते सुपरिंण्टेडेण्ट कहते सो कर आते| परसों विवश होकर लाठी चार्ज के लिये कहना पड़ा| सुपरिंण्टेडेण्ट को बहुत समझाया, ज़िद्द न करें, धीरज से काम लें, पर वह गोलियाँ चलवाने पर उतारू था|

वाकई पुलिस के पढ़ाये हुए दस - पाँच गुण्डों ने किसान - प्रदर्शन में हुल्लड़ किया, अफसरों पर पत्थर फैंके, जिससे दो - एक कांस्टेबल घायल हुए, सुपरिंण्टेडेण्ट के घोड़े की टांग में भी एक पत्थर लगा और वे नीचे गिर पड़े| उनके गिरते ही हुल्लड़ और तेज हुआ| परिणामतः गोलियाँ चल गयीं| तेजशंकर काठ मारे खड़े देखते रहे और एक के बाद एक इस प्रकार पचपन लाशें गिरीं|

पर झण्डा न गिरा, झण्डा न गिरा!

तेजशंकर घर आये तो दीदी जीवन की अन्तिम घड़ियाँ गिन रही थीं| उनके सुख - सन्तोष और स्नेह का लघु दीपक बुझ गया| तेजशंकर यन्त्रवत् सब काम करते रहे| श्मशान गये, दिन भर संवेदना प्रगट करने वालों से मिलते - जुलते रहे, मानो मृत्यु उनके लिये इतने सोच की चीज न थी कि जिस पर आँसू बहाये जायें|

पर जब राका उनकी छाती से चिपट कर दीदी के लिये जी भर कर रोती तो वे चिल्ला उठे - चुप रह बेटी! चुप रह नहीं तो मैं भी मर जाऊँगा और वे बुक्का फाड़ - फाड़ कर रोये|

फिर तेजशंकर ने कुछ दिनों के लिये चारपाई पकड़ ली| पड़े - पड़े वे राका से खेला करते, कभी ताश, कभी गुदगुदी, कभी कहानी, कभी क्या? कल्याणी तो राका का मुँह तक देखना नहीं चाहती थी, उसका बस चले, तो वह उसे झाड़ू मार कर घर से निकाल दे| पर तेजशंकर पहाड़ की तरह बीच में खड़े थे और तेजशंकर ने राका को दीदी के रिक्त स्थान पर बिठा लिया था| उस दिन रो लेने के बाद उनके मन का भार हल्का हो गया| मानो जन्म - जन्म के पाप भुगत लिये हों| दीदी की भस्म मुँह पर लगा वे मानो प्रायश्चित कर चुके थे| दीदी की भस्म सारे शरीर में मल कर वे अब हिम्मत

के साथ अन्तरात्मा के दरबार में जा खड़े हुए थे| अब उनका सिर नीचा न था, नसें बे - ज़ान न थीं, दिल की धड़कन में ग्लानि न थी|

पर कल्याणी का दुःख किनारे तोड़ रहा था| तेजशंकर उसे समझा कर हार गये थे, अब डाँटना शुरू किया था| परन्तु दुखी मातृ - हृदय उदार होने के बजाय अधिक कठोर और संकीर्ण होता गया| दीदी का मुख निहार कर वह फूली न समाती थी| माता का हृदय अपने लाल को फला - फूला देख कर ही संसार के लालों पर निछावर होता है, अपने कलेजे के टुकड़े को खो कर वह दीन, विरक्त और प्रतिहिंसित हो उठता है| वर्षों के व्रत - उपवासों के बाद उसकी कोख फली, पर निर्मम विधि ने यों लूट ली| कल्याणी का दिल जल कर खाक हो गया|

राका रात - दिन उसकी आँखों के सामने रहती, मानो कोई दुश्मन प्रतिपल उसे रौंद रहा हो| उसकी शोकाग्नि विषम होती गयी| राका पानी माँगती तो तेजशंकर उसे दूध देते| कल्याणी यह देखती तो तड़प उठती| वह उसे ज़हर देना चाहती थी| उसकी रही - सही सद्भावना नग्न प्रतिहिंसा में बदल गयी| जब तेजशंकर ने राका के झगड़ने पर दस रुपयों की एक मोटर ले दी तो बोली - अब हद हो रही है, इस कलमुँही ने घर इस तरह सर पर उठा रखा है, जैसे बाप का घर हो|

तेजशंकर ने कहा - अधीर क्यों होती है, अमुलख दो - तीन दिन में छूट जायेगा|

कल्याणी ने कहा - मेरी ओर से वह भाड़ में जाय| मैं एक पल भी इस घर में तब तक नहीं रह सकती, जब तक यह राण्ड यहाँ न मरे|

तेजशंकर ने स्पष्ट कहा - कल्याणी!

मैं अब आपका यह अत्याचार सह नहीं सकती| वह बोली - ओह आपने मुझे मार डाला|

तेजशंकर ने बेबाक होकर पूछा - मैंने तुम पर क्या अत्याचार किया?

अत्याचार नहीं तो क्या है? इस हत्यारी को आँखों की ओट तक नहीं करते| इसे कीड़े पड़े, मेरा सब सुख हर गयी| मुझे मार क्यों नहीं डालते?

तेजशंकर जैसे गोली खाकर खड़े हो गये| पर वे चिढ़े नहीं, अनन्त सहानुभूति से उन्होंने कल्याणी को हाथ पकड़ कर पास बिठाया, बोले - देखो, मैं तुम्हारी भावना समझता हूँ| पर गरीब राका को दोष मत दो| अपनी बेटी की मौत यो ही लिखी थी| भगवान् जिलाता है, भगवान् ही मारता है| राका को कोसने से क्या होगा? कहीं वह सुन लेगी तो गज़ब हो जायगा| मैं घुटनों के बल तुम्हें मनाता हूँ, अपना हृदय उदार करो| कल्याणी, यह समझ लो कि ईश्वर ने हमें सस्ता ही छोड़ दिया|

कल्याणी की आँखों से महिनों की आग पानी - पानी होकर बह उठी, बोली - तुम तो पुरुष हो, पर मैं स्त्री हूँ| मेरा ऐसा दिल होता तो मालूम होता|

तेजशंकर अपने आप ही व्यंग से बोले - यह न समझो कल्याणी कि संसार में केवल तुम्हीं माँ हो| वे गोलियाँ जो चलीं थीं उनकी याद करो| उनमें कितनी माताओं के लाल भुन गये! जानती हो, वे गोलियाँ किसने चलवायी थीं? मैंने! मैंने!!

और वे सहसा कठोर हो गये| भीषणता पूर्वक पुनः बोले - इस हत्यारे ने| आह, अब भी तुम राका को घर से निकाल देना चाहती हो?

कल्याणी अलग हट गयी, उसका हृदय काँप गया| आँखों के आँसू थम गये और अज्ञात आशंका से उसका मन भर गया| बोली - निरपराधों को यों, यों!

तेजशंकर ने ललाट मुट्ठियों से कूट लिया, बोले - मैं पागल हो जाऊँगा क्या?

कल्याणी के हृदय में एक साथ मानो पचपन मातृ - हृदयों का रुदन फूट पड़ा| उसके मन में मानो अनन्त मौन भर गया| दीदी के पीछे जैसे यह झूर रही है, वैसे सब की सब अपनी लालों के लिये झूरती होंगी! ओह! ईश्वर कितनी माताओं का सुख लूट गया! कितनी रमणियों के माथे का सिन्दूर व्यर्थ गया!! उसकी कठोरता, विषमता सामूहिक मातृ - वेदना का सजीव अनुभव कर गल गयी, और एक अनन्त करुणामय वेदना उसके घायल हृदय में जाग उठी| सुखी दिल दूसरे का दुःख जल्दी नहीं पहचान सकता| तृप्त और सुखी हृदय मानो कुन्द छुरी है, जिससे दूसरों के दुःख - दर्द नहीं कटते, पर दुखी कलेजा एक पल में दूसरे के दुःख को समझ लेता है| बरफ का टुकड़ा मानो पानी का स्पर्श पाकर गलना शुरू कर देता है| कल्याणी का यही हाल हुआ|

उसने देखा, घोर अनर्थ हो रहा है| मजिस्ट्रेटी के ओहदे पर बैठ कर तेजशंकर पाप और जुल्म से उसकी कोंख पथरीली, गन्दी और अन्धकारपूर्ण कर रहे हैं| सुख में हम पाप को नहीं देखते, दुःख में हल्का सा पाप भी भयानक दिखता है|

कल्याणी अब चाहने लगी वह भी भिखमंगी हो जाय, पर तेजशंकर अन्याय न करे| वह अपने कुल का और सुहाग का मंगल विपत्तियों से मर कर भी अक्षुण्ण रखना चाहती थी| एक दिन जब तेजशंकर घबराये हुए बाहर जाने लगे तो वह रास्ता रोक कर खड़ी हो गयी - सुनते जाओ!

तेजशंकर आवश्यकता से अधिक गम्भीर थे, बोले - कहो|

कहाँ जा रहे हो? कल्याणी ने उनके ललाट पर चिन्ता की रेखाएँ देख ली थीं|

तेजशंकर बोले - आज पुनः रक्तपात होगा शायद| लोग रात से ही जेल के दरवाजे पर जमा हो रहे हैं| जुलूस निकालना चाहते हैं|

तो निकालने दो, इसमें क्या हर्ज है?

कुछ नहीं| तेजशंकर बोले|

क्या होगा तब? - कल्याणी ने भयभीत होकर पूछा| क्या होगा?

क्या होगा? - तेजशंकर ने दो - एक चक्कर काटे और बोले - यही तो सोच रहा हूँ कि क्या होगा?

वचन दो कि गोली न दागोगे - कल्याणी ने कहा|

नौकरी छोड़ दूँ? तेजशंकर बोले - कल्याणी, इस समय मैं मौत चाहता हूँ|

और वे जल्दी से मोटर में जा बैठे|

जेल के दरवाजे पर जनता का महासागर हिलोरे ले रहा था| अधिकारी प्रण किये बैठे थे कि अभियुक्तों का जुलूस नहीं निकलेगा, और जनता भी अड़ी बैठी थी कि दम रहते जुलूस निकाल कर ही छोड़ेंगे| सीमा पहुँच चुकी थी, वह जुलूस निकालेगी और जरुर निकालेगी| लाठियाँ, कोड़े और गोलियाँ खाकर उसकी संकल्प - शक्ति जाग उठी थी| भूखा, जो मिले वह चबा जाता है| जनता इस अवसर को हाथ से नहीं खोना चाहती थी| सितम ढाह कर पशुबल जम्हाई ले रहा था और गुर्रा रहा था| पशुबल ज्यों - ज्यों संगठित होता जाता है, त्यों - त्यों केन्द्र से बिखरता जाता है, तब सत्य का बल मार खा - खाकर अडिग हो जाता है| अजीबगढ़ के महिनों के सितम ने जनता के सर फोड़े, कलेजे गोलियों से बीन्धे, अब प्रजा की अन्तरात्मा तेजोमय हो गयी थी| पीसकर हिना रंग लायी थी, जनता आज चट्टान की तरह जम गयी थी| कुछ हो जाय, अपने सूरमाओं के दर्शन कर लोचनों को धन्य करेगी, उन्हें फूलों से बाँध लेगी तब चैन पायेगी| अब तक के भय - बन्धन सत्य का अचूक झटका खाकर इस प्रकार गिरे जैसे आँधी में पत्तों का महल| सात्विक भय, लोह के जंग की भाँति प्राणों का मोह खा गया| सुपरिंण्टेडेण्ट ने यह देखा तो कट गया| अमुलख को जी भर कर कोस आया| आग लगाने वाला वही तो था| आज इतने महिनों का परिश्रम वृथा हुआ जा रहा है, इस बदमाश के मारे! प्रतिहिंसा के मारे उसका कलेजा जल उठा| एक गूढ़ इशारा| परिणाम ये हुआ कि गोरखे चले आ रहे थे| मशीनगनें चढ़ी आ रही थीं|

तेजशंकर कभी राजा साहब को मनाते, कभी सुपरिंण्टेडेण्ट को, पर अन्त में निराश जेल में लौट आये| रेजिडेंट के पास वे जा नहीं सकते थे और उसे क्या पड़ी थी कि बीच में पड़ता| उनके आगे इस समय अपार निराशा थी|

अमुलख ने तेजशंकर की बातें सुनीं, तो हँस कर बोला - यदि आपकी प्रतिष्ठा में बट्टा न लगे, तो मैं जनता को बिखेर सकता हूँ|

सुपरिंण्टेडेण्ट जल गया, अमुलख के आत्म - विश्वास और जनता के अधिकार ने उसे बौखला दिया| कुछ कहना ही चाहता था कि तेजशंकर ने उसका हाथ पकड़ अलग कर दिया|

सबेरे के बाजू के सूर्य की किरणें इस जवाहर पर पड़ीं| एक तुमुल कोलाहल उठा, दिशाओं को हिलाता हुआ| पर एक दुबला - पतला हाथ आकाश में उठा - शान्ति से बिखर जाइये, मैं जुलूस में आना नहीं चाहता|

तेजशंकर पास ही में आ खड़े हुए, उन्होंने देखा - एक हल्की हलचल आरम्भ हो गयी है| इसी बीच सुपरिंण्टेडेण्ट को पहाड़ी स्वर सुनायी दिया - तीन मिनट में भाग जाओ, नहीं तो गोलियों से ढेर कर दूँगा|

लपक कर अमुलख सुपरिंण्टेडेण्ट के आगे आ खड़ा हुआ - भाइयों, मैं घुटने टेक कर प्रार्थना करता हूँ कि बिखरिए ....

सुपरिंण्टेडेण्ट की एक आँख हिली| भीड़ में गोखड़े के नीचे खड़े हुए सिपाही की रिवॉल्वर क्षण भर में हमहमाती हुई निकली और एक पल में गोली अमुलख की ओर लपकी|

तीर की तरह तेजशंकर ने अमुलख को धक्का दिया और आगे बढ़ आये| वह निर्भय गोली उनकी छाती चीरती हुई हृदय में शान्त हो गयी|

एक शीर्ष, पर समर्थ चीत्कार उस स्तम्भित वायु - मण्डल में गूँज उठी|

4

चिउंटी

लोग कहते हैं, जीवन प्रेम करने की पाठशाला है, तो कौनसी नई बात कहते हैं? विशनस्वरूप कुलश्रेष्ठ यह बात बहुत पहले ही से कहते आ रहे थे| कालेज में कभी लेख लिखते, आप घुमा फिराकर प्रेम का विषय ले आते| प्रोफेसरों को उनकी इस अद्वितीय विशेषता से न जाने क्यों क्रोध आता था, परन्तु प्रेम का पागल पुजारी इन उल्टे दिमागों की परवाह न करता, जब खाली घण्टा आता, लायब्रेरी की ओर जाते - जाते आप कहते - मोहिनी, तुम्हें मेरे सिद्धान्त पर घृणा तो नहीं आती? मेरे लेखों को देख - देख कर डी. सी. जल मरता है|

मोहिनी सफेद, चमकीली साड़ी को हवा में बलैयाँ लेने से रोकते हुए कहती - बन्दर क्या जाने अदरक का स्वाद| सिद्धान्त का अध्ययन करना और बात है, और उसका शहीद बनना दूसरी बात है| मुझे गर्व है, कि मेरा एक अभिन्न मित्र मजनूं के आदर्श को लेकर चल रहा है|

कुलश्रेष्ठ चलते - चलते ठहर जाते, जैसे सहसा एक मुक्त तान सुन कर मृग रुक जाता है, कहते - मजनूं मेरे संसार की तस्वीर है, परन्तु मोहिनी, मजनूं को लैला की ही आवश्यकता थी|

मोहिनी जुल्फों - काली, घनी, रेशमी जुल्फों को ठीक करती कहती - यह तो है ही| आदर्श भी तो एक कला है| आप इसे न मानेंगे, किन्तु माने बिना आप भाग भी नहीं सकते| उद्देश्य ध्येय का केन्द्र बनकर जब सिद्धान्त का स्वरूप ले - लेता है, तब जो एक दिव्य मूर्ति - हमारी आकांक्षा की एक प्रतिमा - हमारे सामने आ खड़ी होती है, वही कला है| प्रेम के आदर्श मजनूं की कला लैला है|

कुलश्रेष्ठ इस ज्ञान - बानगी का स्वाद तो चखते ही, परन्तु बी. ए. में पढ़ने वाली इस सिद्धान्त - मूर्ति की सुघड़ाई भी देखते जाते| साइकिलों पर उचक कर बैठते हुए लड़के मूँछों में हँसते, हँसा करें, इसकी परवाह न तो विशनस्वरूप को थी और न मोहिनी को|

फिर लायब्रेरी तक जाते हुए दोनों में से एक भी, एक शब्द भी न बोलता| कुलश्रेष्ठ दबी आँखों से मोहिनी को देखते जाते, जब मोहिनी मिट्टी से ढकी सड़क पर चिउंटी - चांटी बचाती हुई चलती|

किताब पढ़ते - पढ़ते जब मोहिनी के सिर से साड़ी - रेशमी, बढ़िया और बहुमूल्य साड़ी - सरक कर चम्पा की अविकसित उलझी हुई कलियों की गुत्थी वेणी पर आ टिकती, तब कुलश्रेष्ठ का हाथ अलमारी की एक पुस्तक को आधी बाहर निकाल कर रह जाता|

कला - सौन्दर्य का वेश पहन कर उनकी आँखों को स्थिर कर देती और जब आँखें स्थिर होकर सुध - बुध भूल जाती, तब हाथ भी स्थिर हो जाता|

खेतों में चाँदनी बैठी थी| और बैठी - बैठी गेहूँ की बालियों में अपना हुलास भर रही थी| नीली पगडण्डी पर दिनकर के छपे चरण - चिन्हों में कान्ति भर कर चाँदनी न जाने क्यों तरंगों का गीत गाती थी, मैं अकेला था, मोहिनी! मेरे प्रेम की अद्‌भुत मोहिनी राकापति का यह वैभव बन गई थी| कुलश्रेष्ठ रात के बारह बजे, एक कुहनी पर शरीर का आधा भाग डाले पत्र लिख रहे थे - परन्तु मैं उस वैभव का उपभोग न कर सका| यह मेरा सौभाग्य था - तुम्हारे बिना मैं अपने मधुर जीवन की मधुरिमा कैसे लुटाता| एक गहरा विश्वास रख कर लौट आया| मेरे साथ - साथ उस आनन्दोन्मादमयी रजनी की समस्त निराशा भी लौट आयी| अब, जब संसार सो रहा है, मैं जग रहा हूँ और एक साधक की तरह अपने प्रेम की मूर्ति को गढ़ रहा हूँ| यह तपस्या कौनसा वरदान देगी - लिखने का अन्त ही नहीं है| जिस प्रकार तुम्हारे सौन्दर्य की मादकता का अन्त नहीं है| उसी प्रकार मेरी आकांक्षा का भी अन्त नहीं है| मोहिनी, मेरे उन्माद को भूल जाना| क्या बता सकती हो - तुम - हाँ, तुम कि मेरी इस आकांक्षा का कौनसा स्वरूप होगा|

सुबह जब साढ़े सात बज गये तो 'टाइगर' पूँछ हिलाता हुआ आया और खाट पर से आधे बाहर लटकते हाथ को लगा चाटने, तो चौंक कर विशन उठ बैठे - 'यू इडिएट|' 'टाइगर' को उसके दोनों अगले पैरों से पकड़ कर खड़ा करते हुए वे बोले|

पिछले पैरों पर खड़ा होने की असफल चेष्टा करता हुआ 'टाइगर' पहले तो इधर - उधर उछलने लगा, परन्तु जब विशन ने अधिक देर तक उसे झुंझलाया तो दाँत गड़ाने लगा|

माय लार्ड - कहकर 'टाइगर' को पटक दिया और चप्पल पहन कर उठ खड़े हुए| बरामदे में आये तो देखा जगत और विश्वेश्वर आपस में गालियाँ दे रहे थे| ओर लड़ रहे थे|

सूअर कहीं का - मेरा पैसा ला| जगत ने विश्वेश्वर के बाल पकड़कर कहा|

हराम के पिल्ले, जूता ले| विश्वेश्वर ने जगत की टांग पकड़ कर उसे खींचते हुए कहा|

कुलश्रेष्ठ ने जाकर दोनों को एक - एक चपत जमाई। इतने में नौकर ने आकर उनका लिखा हुआ पत्र दिया -

सरकार, बिछौनिया पर कागज पाया।

ओ, यस। कुलश्रेष्ठ ने लपक कर उसे ले लिया।

[२]

कॉलेज जाकर पत्र दिया। और बोले - इसे अभी मत पढ़ना - तुम्हें मेरे सिर की सौगन्ध है - मोहिनी।

मोहिनी ने आँखों में - दबी, रसभीनी - घातक आँखों में - हलाहल - सा नशा भर कर कहा - क्यों? क्या कविता है - अथवा किसी की छवि?

हाँ - छवि है। मोहिनी - मेरी लैला की तस्वीर है।

घर पर आकर मोहिनी ने पत्र खोला और एक साँस में उसे पढ़ गई। फिर रख दिया। रोज आकर वह जो पहला कार्य करत थी वह था साड़ी बदलना। फिर बालों को ठीक करना और होठों पर रंजन लगाना। आज उसने कुछ भी न किया। बैठक के कमरे में आकर बैठ गई और ताज़े आये हुए पत्र को देखने लगी। 'माधुरी' के पत्र उलट - पुलटकर - उसे फेंककर मन - ही - मन बोली - यही इन्हें गिने लेखक और वही ढीली टिप्पणियाँ।

इतने में कुलश्रेष्ठ आते दिखाई दिये। साइकिल पर थे। बड़े अच्छे लगते थे। सीधे बाल जमे थे। सफेद खादी का कुरता पहने थे। चमकीले कानपुरी चप्पल 'पैडल' के चारों ओर पोलिश की चमक फैला रहे थे। भुरभुरी मूँछें, लाल, भरे होंठों को ढके थी - और बड़ी - बड़ी आँखों पर अनीदार भोहें भावों से भरी पड़ी थी।

आकर मन्द मुस्कान से साथ बोले - क्या कहीं जा रही हो मोहिनी।

न - जरा पप्पा की राह देख रही थी।

थोड़ी देर तक कमरा - चौड़ा, ऊँचा, फर्नीचर से सजा हुआ कमरा - दीवार घड़ी की टिक - टिक से गूँजता रहा। फिर मोहिनी ने कहा - मुझे पता न था, आप इतने ऊँचे कवि भी हैं। पत्र पढ़ा, तो कपड़े बदलना भी भूल गई, परन्तु पत्र लिखे बिना भी काम चल सकता था।

कुलश्रेष्ठ ने देखा मोहिनी के गाल - भरे हुए, गुलाबी कान्ति से उभरते कपोल - कान तक लाल हो रहे हैं।

आनन्द और उमंग के नशे के मारे उनका युवकहृदय भी लाल हो गया।

[३]

घर वालों के भयंकर विरोध होने पर मोहिनी मिसेज़ कुलश्रेष्ठ हो गई| कुलश्रेष्ठ के पिताजी ने ज़हर खाने का प्रयत्न किया, परन्तु सफलता न मिली| बात यह थी कि वह आफ़ीमची तो थे ही| अधिक मात्रा में खा लेने से प्राणों पर बन आना असम्भव था| हाँ, माताजी ने मोहिनी का मुँह देखा, तो हिराकण चबाना भूल गई| जगत और विश्वेश्वर आफत और कलह का समस्त कारण अपनी अम्मा को समझते थे| वे अपनी दानी भाभी के लिये क्या न दे सकते थे|

भाभी कैसी अच्छी है| रोज एक आना देती है| बन्दा तो एक पैसे की बीड़ी लेता है और तीन पैसे का कलाकन्द खाता है| जगत ने घर की चारदीवारी पर झूमती हुई गूँदी पर चढ़ते - चढ़ते कहा|

और बन्दा तो दो पैसे का मसालेदार चना लेता का और दो पैसे का शरबत पीता है| विश्वेश्वर ने पत्थर उठा कर एक छिपकली की ओर ताकते हुए कहा|

ए कसाई! क्या करता है?

विश्वेश्वर ने चौंक कर देखा, कुलश्रेष्ठ और मोहिनी तांगे पर बैठ कर कहीं जा रहे हैं|

अन्त में जब मोहिनी के पिताजी ने अपना एक बंगला कुलश्रेष्ठ के नाम रजिस्टर्ड करवा दिया और पचास हजार रुपया मोहिनी के नाम बैंक में जमा करवा दिये तो श्यामाचरण कुलश्रेष्ठ भरी सभा में कहने लगे - देश की उन्नति के लिये अन्तर्जातीय विवाह आवश्यक है| जहाँ दिल मिले, वहाँ जीवन भी सरस और सौन्दर्यमय हो जाता है|

अखबार वालों ने 'आदर्श पति - पत्नी' की तस्वीर छापी| सम्पादकों ने टिप्पणियाँ लिख कर यह बताया कि हमारे नव युवकों में ऐसी ही अदम्य, उत्साह और साहस की आवश्यकता है| और कॉलेज में एक दिन इस महान अलभ्य अवसर के उपलक्ष में छुट्टी रही|

[४]

अन्त में प्रेम की विजय हुई| मैं सफल हो गया, प्रियतमे| चाँदनी रात को अपने बाग़ के एक नीरव कोने में, एक रंगी हुई, पुतली के पैरों पर टिकी, बैंच पर बैठते हुए विशनस्वरूप बोले|

मोहिनी ने अपने हार को ठीक करते हुए एक फूल को तोड़कर कहा - क्या मैं बधाई दूँ? अच्छा, लीजिये रागरंजित 'कुसुम' इसे अपने पद्‌मपाणि में लेकर धन्य कीजिये|

कुलश्रेष्ठ ने विभोर होकर कहा - इस गलित से कुसुम को लेकर क्या करूँगा| कल्पवृक्ष मन्दारों से बनी एक कुसुम - बाला - बाला क्यों नवयौवना को इन आजानभुजों में भर कर सुखी होऊँगा|

मोहिनी ने एक अभिलषित पिपासा से पूछा - और यह नवयौवना कौन है? एक हाथ से सौरभ - सने हुए रेशमी पल्ले - उस दुग्ध - रंगी बनारसी साड़ी के पल्ले को पकड़ते हुए उन्होंने ने कहा - वह मुझे अपना हृदय - कुसुम दे रही है|

मोहिनी लजा गई| दुत्! आप तो प्रैक्टिकल कवि भी बनना जानते हैं|

हाँ - सुन्दरी! सुकुमारी! यौवनमय - जीवन प्राण!

कविता की, और कविता को मूर्तिमती भी कर दिया| समय आने पर पालने में इन्दुकुमार कुलश्रेष्ठ रबड़ की 'दुधनी' दबा कर दूध पीने लगे और कविता की अनन्य मूर्ति मोहिनी बीमार रहने लगी| कभी सिर दर्द, कभी चक्कर, कभी आँखों में अँधेरा| कुलश्रेष्ठ ने थोड़े दिवसों तक दौड़ - धूप की, परन्तु एक दिन डॉक्टर कुमुदकान्त चटर्जी ने मोहिनी को रबड़ की नलियों से जाँच कर, खून को काँच की पट्टियों पर लगाकर, फेफड़ों को देखभाल कर कहा - प्रिस्क्रिप्शन लिखे देता हूँ| दवा देते जाइये|

और सीढ़ियों से उतरते - उतरते उन्होंने कहा - मिस्टर कुलश्रेष्ठ! धैर्य रखना होगा| मुझे तो टी. बी. फर्स्ट स्टेज दिखाई देता है|

इज दैट! कुलश्रेष्ठ ने चौंक कर पूछा|

नर्वस न होइये - धीरे - धीरे ठीक हो जायेगा|

मोहिनी ने दुशाला ठीक करते हुए पूछा - क्या कहा, चटर्जी ने?

कुछ नहीं, यों ही कमजोरी बताई|

[५]

रात का समय था| सुनसान घड़ियाँ थीं| बरसने के बाद बादल अब चन्द्रमा के आस - पास मंडरा रहे थे| उस संगीत का समा बन्धा था, जो कवियों की भाषा में नीरव है|

मोहिनी सो रही थी और कुलश्रेष्ठ बैठे हुए अपनी साली से बातें कर रहे थे| बातें हो रही थीं और साथ - साथ कहानी भी लिखी जाती थी| यह कहानी प्रेम की कहानी थी - वही सिद्धान्त की कला, पुनः लैला बन रही थी|

चन्द्रिका तुम सुखी हो, मैं नहीं मानता| उस पन्द्रहवीं सदी के कट्टरपंथी से पाला पड़ जाय तो मेरा 'टाइगर' भी अपने को बदनसीब समझेगा|

लेकिन अब हो ही क्या सकता है? आप से कहूँ अगर इस प्रकार मुझे यहाँ बैठे देख ले तो घर से निकाल दे| चन्द्रिका ने भयत्रस्त नेत्रों से कहा| मानो पुराणपंथी जुगलकिशोर उन दोनों को देख ही रहे हों|

तब तुमने जानबूझकर मेढ़क क्यों निगला?

धुन भी तो क्या चीज है| जीजी ने अन्तर्जातीय विवाह किया, तब मैं भी क्यों चूकती| अदा से हँसकर चन्द्रिका ने कहा|

कुलश्रेष्ठ ने कुछ उत्तर न दिया| उठ कर सुराही से पानी ग्लास में उँडेलते हुए बोले - पानी पियोगी?

यदि श्रीमान् कृपा - कटाक्ष कर प्रदान करेंगे तो - चन्द्रिका ने गरदन - कपोती - सी गोल ग्रिवा - घुमाते हुए कहा| उधर खुली खिड़की से चन्द्र किरणों का एक झुण्ड हास्य भरी उन लम्बी आँखों में, जो प्रथम ही हीरों के समान, कनपट्टियों तक खिंच कर, चमक रही थी अमृत - मदिर, मधुमय अमृत - बनकर बस गया|

कृपा कटाक्ष क्यों, हुक्म दीजिये, घण्टों पहले पानी लिये हाजिर रहूँ| पानी का ग्लास भर कर चन्द्रिका ने कहा और पानी का ग्लास लेने के लिये हाथ बढ़ाया| कुलश्रेष्ठ दूर - दूर हटते गये - चन्द्रिका भी हाथ बढ़ाते झुकती गई|

अन्त में वह उठ खड़ी हुई, तो कुलश्रेष्ठ ने कहा - यों न जीतियेगा|

यों ही जीतूँगी| आप से कितने ही जीतकर छोड़ दिये हैं|

अच्छा! कह कर कुलश्रेष्ठ पास ही के कमरे में फुदक कर चले गये| चन्द्रिका भी कुलश्रेष्ठ को हराने के लिये उनके पीछे हो ली और झपट कर ग्लास लेने के लिये आगे बढ़ी त्यों ही कुलश्रेष्ठ ने उसे पकड़ लिया|

देखिये मेरा हाथ छोड़ दीजिये, और सीधी तरह से पानी दे दीजिये| नहीं तो ....

नहीं तो - कुलश्रेष्ठ ने थर - थर काँपते हुए, कुण्ठित, अवरुद्‌ध कण्ठ से कहा - नहीं तो क्या करोगी?

नहीं तो जीजी से कह दूँगी, कि आप मुझसे .... चन्द्रिका आगे न बोल सकी| कुलश्रेष्ठ के बाहु उसे धीरे - धीरे अपनी ओर खींच रहे थे|

और वह पढ़ी - लिखी विवाहिता, वह धीरे - धीरे उनके वक्षःस्थल की ओर खिंची जा रही थी|

सहसा इन्दु चिल्लाकर रो उठा - अम्मां - माँ आ - आ माँ -

मोहिनी चौंक कर उठ बैठी - चन्द्रिका, जरा इन्दु को .... ऐं| यह क्या?

स्थिर दृष्टि से अधखुले किवाड़ों से मोहिनी ने देखा और सिर पकड़ लिया - हाय भगवन्!

[६]

इन्दु सो गया| माँ का दूध पीकर भला ऐसा कौन होगा, जो निश्चिन्त होकर न सो जाय, परन्तु उसे नींद न आई| जलन और घृणा से वह रात भर तड़पती रही|

सुबह होते ही कुलश्रेष्ठ ने आकर पूछा - रात को नींद तो ठीक आई न?

मोहिनी ने कुछ जवाब न दिया| विशन ने फिर पूछा - क्यों? क्या तबियत ज्यादा खराब है?

मोहिनी ने इन्दु के बालों को ठीक करते हुए कहा - मैं बहुत अच्छी हूँ| कुलश्रेष्ठ ने पास ही की कुर्सी पर बैठते हुए कहा - यह तो मैं देख रहा हूँ| सूम की तरह मुँह चढ़ा कर सो रही हो| बीमारी का क्या दोष| जरा खुश रहो - अभी ठीक हो जाओ|

मोहिनी ने दीवार की ओर करवट बदलते हुए कहा - मैं अपनी तबियत की मालिक हूँ| खूब जानती हूँ कि मुझे क्या करना चाहिये|

तभी तो आज डेढ़ वर्ष से सोई पड़ी हो| कुलश्रेष्ठ ने तीव्रता से कहा|

मोहिनी ने स्थिर, तेज और आवेश मिली हुई दृष्टि से देखते हुए पूछा - तब आप समझते हैं, मैं ढ़ोंग कर रही हूँ, क्यों न?

कुलश्रेष्ठ - ढ़ोंग की कौन कहता है? गले पड़ जाओ तो दूसरी बात है|

मोहिनी - मैं आपके गले क्यों पड़ने लगी| अब मैं हूँ ही कौन? अब तो ....

कुलश्रेष्ठ के कान खड़े हो गये - दिल धड़कने लगा| पूछा - अब तो?

सहसा चन्द्रिका ने अन्दर आते हुए पूछा - आज मुँह - हाथ नहीं धोना है, क्या जीजी?

परन्तु जीजी ने न जाने क्यों उसकी ओर नहीं देखा और चद्दर से सिर ढक कर बोली - जी नहीं|

कुलश्रेष्ठ झुंझला कर उठ खड़े हुए बोले - ऐसी आदतों से जो ठीक हो जाओ तो मूँछ मुड़वा दूँ|

मोहिनी ने चद्दर के अन्दर से उत्तर दिया - मूँछ तो मुड़वा चुके| अब रह क्या गया है| मूँछें तो मर्दों के होती हैं|

कुलश्रेष्ठ ने दहाड़ कर कहा - मोहिनी!

मोहिनी ने वैसे ही कहा - क्या कहते हैं?

कुलश्रेष्ठ - जरा जबान सम्भाल कर बोलो| मैं नौकर नहीं हूँ, जो मरजी में आता है, बक देती हो| अपने पति का सम्मान न कर सको, तो कुछ नहीं, परन्तु अपनी बहन

का सम्मान तो करो| तुम्हें शर्म नहीं आती| इतनी दूर से जो देवी तुम्हारी चाकरी करने आई, उसका तुम इस प्रकार अपमान करती हो|

मोहिनी - मैं देवी जी को साष्टांग प्रणाम करती हूँ| मुझ पर प्रसन्न होकर श्रीमती ने बहुत कृपा की| अब चाहती हूँ कि वृथा कष्ट न कर जगदम्बा अन्तर्ध्यान हो जाय|

कुलश्रेष्ठ ने हाथ की मुट्ठी को दूसरे हाथ की हथेली पर पटकते हुए कहा - क्या तुम पागल हो गई हो?

जी, नहीं| लिहाफ में से मुँह निकालते हुए मोहिनी ने कहा - बहुत स्वस्थ हूँ| मैं पागल - बेसुध नहीं हुआ करती| पागल होने वाले न खुद सोते हैं और न दूसरों को सोने देते हैं|

कुलश्रेष्ठ ने कठोर दृष्टि से मोहिनी की ओर देखा| उसमें कठोरता के साथ सन्देह, भय और प्रश्न सूचकता मिली हुई थी, और चन्द्रिका का यह हाल था, कि काटो तो खून नहीं|

[७]

चन्द्रिका चली गई| जाते समय कुलश्रेष्ठ से मिलने गई, तो उन्होंने कहा था - पत्र लिखती रहना और फिर जब वे उसके हाथ को पकड़ कर उसकी ओर झुके, तो उसने अस्फुट स्वर में कहा - अब भी सम्भलिये| क्यों पीछे नहीं लौट जाते|

असम्भव है| कुलश्रेष्ठ बोले थे|

हाँ, असम्भव था उनका पीछे लौटना| इधर पुनः कविता का सुन्दर निर्माण होना भी असम्भव था|

मोहिनी ने कहा - हाँ एक पत्र आया था|

कुलश्रेष्ठ ने चाय की रकाबी टेबल पर रखते हुए पूछा - आया था से क्या मतलब? किसका था?

मोहिनी - आपका|

तब मुझे क्यों नहीं दिया?

उसे मैंने पढ़ने के लिये रख छोड़ा है| मोहिनी ने गम्भीरता से कहा|

मेरा पत्र पढ़ने का तुम्हें क्या अधिकार है? कुलश्रेष्ठ ने त्योरियाँ बदल कर पूछा|

क्यों नहीं है? आपको दूसरी स्त्री का हाथ पकड़ने का क्या अधिकार है? मोहिनी ने लाल होकर कहा|

कुलश्रेष्ठ - झूठ है| सरासर झूठ है|

मोहिनी - झूठ है| देखिये, यह रहा आपका - प्रेम पत्र|

कुलश्रेष्ठ ने झपट कर पत्र ले लिया और टुकड़े - टुकड़े कर पूछा - हाँ, हाँ तो क्या कर लोगी? जाओ, फाँसी पर लटकवा देना|

मोहिनी - फाँसी पर लटकवाने वाली मैं क्यों होऊँगी? मेरी बला से| तुम जानो और तुम्हारा काम जाने| मैं तो यों ही बीमार हूँ| एक दिन आँखें बन्द कर लूँगी, परन्तु कहे देती हूँ, तुमने मुझे भयंकर धोखा दिया है| यदि ऐसा जानती तो -

कुलश्रेष्ठ - तो मुझसे शादी न करती, क्यों न? और मुझे भी जो मालूम होता कि तुम रोग का घर हो, तो तुम्हारी ओर देखता तक नहीं|

मोहिनी ने घायल शेरनी की भाँति कहा - मैं पत्र लिखने नहीं आई थी| मैं सब समझती हूँ| मुझे पता न था, इतना पतित हो सकता है|

कुलश्रेष्ठ - देखो - मर्यादा के बाहर मत जाओ|

मोहिनी - एक बच्चे के बाप होकर जो दूसरों की स्त्री का जीवन भ्रष्ट करता है - वह मानव - समाज की, उसकी आत्मा की, मर्यादा भंग करता है| आप तो मजनूं बनने जा रहे थे न| बताऊँ, आपके वे झूठ - पत्र| आज मेरा शरीर बीमारी से जर्जर है, इसीलिये मैं वह चिउंटी हो गई, जो काटा करती है| जरा शर्म से मुँह क्यों नहीं नीचा कर लेते| यह इन्दु भी समझता है, दूसरों की वस्तु को छूना भी पाप है|

कुलश्रेष्ठ ने कुछ उत्तर न दिया| उठ कर कमरे के बाहर चले गये|

[८]

आमों के दिन थे| चन्द्रिका ने बढ़िया आमों का एक पार्सल भेजा था| कुलश्रेष्ठ एक - एक आम को देखते और कहते - जगत! इसे खूब इफ़ाज़त से खाना|

दुपहरी होने आई थी| मोहिनी भोजन कर रही थी| कुलश्रेष्ठ ने रकाबी भर कर आम की फाँकें उसके सामने रखते हुए कहा - जरा चख तो लो|

क्षमा कीजिये|

इन्दु पास ही बैठा रबड़ की पुतली को लोटे में तिरा रहा था, आम देखा तो बोला - आम खायेंगे| आम खायेंगे|

मोहिनी ने इन्दु को अपनी ओर खींचते हुए कहा - नहीं, इन्दु! उसे मत छू|

इन्दु कब मानने वाला था| बोला - क्यों न छुऊँ| हम खायेंगे - उन्हें खायेंगे - बाबूजी!

कुलश्रेष्ठ - उसे तो खाने दो| उसे क्यों रोकती हो?

मोहिनी ने इन्दु को दूध का कटोरा देते हुए कहा - ले मलाई वाला दूध पी| उन आमों में तो चिउंटी लगी हुई है| छिः ऐसे सड़े आम कोई खाता है?

इन्दु ने दूध का कटोरा मुँह से लगाते हुए कहा - उनमे चींटी लगी है, माँ! क्यों? न, हम ऐसे सड़े, चींटी वाले आम नहीं खाते|

कुलश्रेष्ठ ने होंठ काटे, हाथ मले और तीव्र दृष्टि से मोहिनी की ओर देख कर बाहर चले गये|

5

मोती

जेतून पटेल मरे, तो पीछे कर्ज का पहाड़ छोड़ गये| मोती सिर कूटकर रह गई| जमींदारी तो थी, पर उससे क्या करती? अकेली खेत पर भी जा नहीं सकती, क्योंकि साथ में कोई न होता और न वह खेतों को छुड़ा ही सकती थी| जेतून रसिया थे| जितना आता पानी की तरह उड़ा देते थे| सोना धुँआ होकर वायु में उड़ जाता, यहाँ तक कि मोती के हाथ की चूड़ियों की पाती तक गिरवी रख दी| फिर भी जेतून न तो अफ़ीम ही छोड़ सके और न गांजा - दारु| जब - जब मोती उन्हें कहती, दारु क्यों पीते हो? तो वह गरज उठते हमारी मरजी है| मरजी दुनिया में किसी बादशाह से कम नहीं| जा, जा, तुझे इससे क्या मतलब? मोती ने यह सब सहते - सहते कम से कम ज़िन्दगी के दस वर्ष काट दिये| यों तो जेतून ने पैंतीसवीं में शादी की थी, परन्तु पहले से ही सब कुछ गवां बैठे थे| जब जेतून यमराज के भैंसे पर सवार हुए, तब मोती की ओर एक बार देख भर लिया था| उस दृष्टि का अर्थ मोती ठीक - ठीक समझ गई थी| कवियों की ध्वनि और कविता के सहारे करुण भाव उसमें नाच रहे थे| पापी के प्रति क्षमा प्रदर्शित करने की लालसा और संसार के दुखों का अनुभव साहित्य बनकर उनकी आँखों में रम रहे थे| मोती समझ गई थी कि उसके स्वामी उससे दया चाहते हैं और आने वाले दिवसों की पवित्रता चाहते हैं| एक बार बहुत पहले, जब जेतून की संज्ञा प्रलय की घड़ियों के पूर्व होने वाली उल्लासमयी शान्ति की भाँति सजी थी, बड़े दुलार से उन्होंने मोती के हाथ को थपकाया और बोले थे - प्यारी, मैं पुराना पापी हूँ| गर्दिश का मारा हूँ| अब अपनी कालिख का बोझ सिर पर लादे और उसकी छाया दुनिया में छोड़ कर मैं जा रहा हूँ, और तू मेरी होकर दुनिया में अकेली ही रह जायेगी| जेतून ने समझा था, मोती की आँखों में वियोग के आँसू उमड़ आयेंगे और वह बुक्का फाड़ - फाड़ कर रोएगी परन्तु उसने शान्ति से कहा - नाथ! हरि - भजन करो, जीवन के बीते दिवसों की याद करने से कोई लाभ नहीं| जो कर चुके, वह कर चुके| आने वाली घड़ियाँ बीत जायेंगी| भगवान को हृदय में रमा लो नाथ, जिससे भव में बार - बार घूमना न पड़े| जेतून ने हाथ छोड़ दिया और गहरी आह निकाल कर बोले - आज दस वर्षों से तुम्हें देखता आ रहा हूँ| तुम में दुनियावीपन बहुत कम है| तुम में ज्ञान ही ज्ञान है| मोती! तुम वास्तव

में मानव जाति के सहरे का मोती हो| जेतून के ये भाव साहित्य में झूमते - झूमते उनके अनेकों रसिक अनुभवों की साध थे| इसके बाद मोती ने उस अन्तिम दृष्टि के सिवाय जेतून को बोलते नहीं सुना - और सदा के लिए ....

जेतून के मरते ही लोगों ने तगाज़ा शुरू किया|

भिक्खू कलाल ने आकर कहा - बहु जेतून दादा के हाथ के अक्षर हैं| इतने दिन तक पीते रहे, पर पैसे देने का नाम तक नहीं| कोई चार सौ के करीब होंगे|

मोती ने कहा - लाला, मेरी सौ की कण्ठी गहने पड़ी है, जो? उनके मरते ही आ धमके, मेरी छाती पर| क्या इतना सबर भी नहीं था| जाओ, कण्ठी छोड़ती हूँ| मेरे पास रूपये कहाँ हैं? चाहिये तो कटोरा भर खून ले जाओ|

भिक्खू की हिम्मत न पड़ी कि आगे कुछ बोले|

साहू छोगूमल ने आकर कहा - दादा क्या मरे, मेरी तो सबसे बड़ी धरा उजड़ गई| दादा बड़े जीव थे| बहू, शोक मत करो|

हाँ ....

मोती समझ गई थी कि हजरत पूरे बने हुए हैं| बोली - साहू जी, उनके देवलोक जाने पर मुझे रंज नहीं है| और रंज करके करूँगी भी क्या? मौत तो सबके माथे है, पर उनका एक पैसा मैं न चुकाऊँगी| सारे खेत गिरवी रखकर भी नहीं? जाओ कागज़ात फाड़ डालना और खेतों से बाकी का रुपया पैदा कर लेना|

साहू जी मुँह लटकाए और अन्दर से बांसों उछलते हुए घर आये और परसाद बांटा|

मियाँ असगर अली आये और बोले - बहू! जेतून भैया गरीब का दो सौ रुपया उधार ले गये थे .... क्या ....

मोती ने डपट कर कहा - तो तुमने भी खूब मजे लुटे हैं| रात - दिन मडूडे के बजार में कौन साथ घूमता था? गाँव भर की बहू - बेटियों को कौन लाता था? मियाँ ज्यादा बात की तो हेकड़ी भुला दूँगी| उनकी घड़ी किसके पास है? जाओ तुम्हें बखसीस दी| पर याद रखना, दोस्ती मतलब के लिये मत करना और मत बताना कि तुम नीच हो|

असगर ने ये बातें तो मुश्किल से सुनी होंगी| उसको इन बातों से बढ़कर जो चीज देखने को मिली थी - वही उसके लिये काफ़ी थी| हद से ज्यादा थी| वे आँखें गड़ाये हुए थे और आँख, नाक, मुँह आदि को इस तरह देख रहे, मानो बिल्ली बेखबर चूहों को देखती हो| बोले - या परवरदिगार, बहू! तुम भी कैसी बातें करती हो? भला मैं कब ऐसा कहता हूँ कि तुम मुझे वे दो ही सौ दो|

मोती समझ गई कि हज़रत ने यह बात क्यों कही| वह मनुष्य की वासना से परिचित थी - मनुष्य की आदतों को जानती थी| वे बेहया हो जाते हैं| बोली - अच्छा, अब आप तशरीफ ले जाएँ|

असगर चला गया, पर अपना दिल वहीं रख गया। उसकी कुटिलता उसके साथ गई, परन्तु निशाना साध कर। असगर की लालसा जागृत हुई और मोती को अपने हृदय में बन्द करने को व्याकुल हो उठी।

[२]

अन्त में मोती ने घर का घर तक दे दिया? एक के बाद दूसरा लेने वाला आता ही गया, पर मोती ने धैर्य न छोड़ा। हँसती रही और ठामड़े - ठीकरे, कपड़े - लत्ते, घर - बार तक दे दिया। जब कुछ न रहा, तो रसोई घर में गई। सारे बदन पर राख लगाई और स्नान कर लिया। फिर कपड़े पहने और बाहर निकल आई।

लोग देखते रहे कि मोती नीचा मुँह किये जा रही है। काली साड़ी और काला ही घाघरा पहिना था। मुँह पर वह शान्ति थी, जो आनन्द की बिजली होती है। टूटे हुए हृदय की अमिट निराशा की दृढता थी। मोती के लिये अब न घर था, न बार था।

लोग कहते - जेतून दादा की बहू पागल हो गई है। भिखारिन होकर माँगती फिरती है। जेतून ने ऐसा थोड़े ही जाना था कि उनकी स्त्री इस तरह धर्म डुबो देगी।

पनिहारिनें फबतियाँ उड़ातीं, सुहागिनें आपस में कहतीं - राँड होना किसी को न मिले। बुरी गत हो जाती है। मोती यह सुनती तो मन - ही - मन हँसती और मन - ही - मन रोती। हँसने और रोने में उसको अधिक अन्तर न दिखाई देता था। बालक के रोने की भाँति उसके हृदय में कसक उठती और उसके दिल में भी आनन्द की धारा बह उठती। उसने जीवन को कितने ही रंगीन कपड़ों में बन्धा देखा था और वह उसको अपनी नग्नावस्था में देखना चाहती थी।

आखिर गाँव में रहना मोती के लिये एक पहेली हो गया। असगर आता और उसके पाँव पड़ता - आरजू - मिन्नतें करता, दुनिया भर के लालच दिखाता। वह खुद भी तरह - तरह के कपड़े पहिनकर आता और उसको भी वैभवों के जाल में बुन देने का कसमियाना वचन देता, परन्तु मोती ठोकरों के बिना बात न करती - जा, जा - नादान कुत्ते। दुनिया के तमाशे में मैं तेरी बन्दरी बनकर नाचना क्यों पसन्द करूँगी? मैं जानती हूँ कि तुम मतलबी हो। मतलब निकलने पर मुझे जहर देकर मार डाल सकते हो! असगर खुदा के लिये मुझे तंग मत करो। मैं स्त्री हूँ। अपने अस्मत की कीमत जानती हूँ। अपना धर्म जानती हूँ। तुम मेरे भाई हो और मैं तुम्हारी बहिन - लो - बोलो, मुझे घर ले चलते हो? मेरे लिये दुनिया के सब धर्म एक हैं - सब मनुष्य मेरी आत्मा की मूर्ति हैं। बोलो असगर मुझे बहिन की तरह अपने घर ले चलते हो?

असगर तो उसे उस गुच्छे की तरह चाहता था, जो सूँघने पर एक ओर रख दिया जाता है, बोला - रिश्ते तो दुनियावी झंझट है। दिल की मोहब्बत ही खरी चीज है। तुम परी हो और मैं वह बुलबुल हूँ जो तुम्हारे तराने गा - गाकर जंगल में रोता है।

मोती ने एक दृष्टि से असगर को देखा| खसखसी दाढ़ी, सुरमेदार आँखें, कुटिलता से भरी हँसी और यौवन| मोती ने देखा, असगर की तृष्णा उसे भून डालेगी - दुनिया में घास की तरह बेच आयेगी, बोली - असगर, गाँव के पटेल के पास जाकर कह दूँगी कि तुम मुझ से छेड़ किया करते हो|

असगर ने दाँत किटकिटाए और एक ओर चल दिया|

मोती ने पैर पानी में डाल दिये और हिलाने लगी - पानी चक्कर खाता हुआ नाचने लगा| मोती ने देखा नीले जल में वह काई की तरह फँसी है और अनेक मछलियाँ उसको खाने के लिये इधर - उधर मंडरा रही हैं| उसने देखा कि डूबते सूर्य की हल्की लाल किरणें उस काई में, पानी में, बुदबुदों में और उसके तरल प्रतिबिम्ब पर इतरा रही हैं - उसने ध्यान से देखा, खूब ध्यान से सोचा, मानो किरण ने उत्फुल्ल होकर कहा - मैं स्वच्छ हूँ - स्वतन्त्र हूँ| इन बातों से परे, परम पवित्र हूँ|

मोती ने मुँह हाथ से ढक लिया और फूट - फूट कर रोने लगी|

[३]

मोती ने घासफूस की एक कुटिया बना ली और उसी में डेरा डाल दिया| सुबह - शाम तम्बूरा बजाती और भीख माँगती निकलती| उसके रूप पर लोग फ़िदा थे| गाँव के शहरी लौंडे अक्सर भजन सुनने के बहाने उसे बुलाते और कहते - मोती, कोई गज़ल याद है?

मोती हँस देती - बाबू! गज़लों के दिन गये, अब तो होली के दिन हैं, कहो तो गा दूँ|

हाँ, हाँ, वही - रसिया तोरे - लौंडे चिल्ला उठते, और एक दूसरे को आँख मारकर कहते - यार दान और दक्षिणा का लुत्फ़ अब उठा लो|

मोती भी जैसे उनको चाहती हो - बाबू यौवन के लिये खरी कीमत कौन देगा?

एक चिल्लाता - मैं दूँगा, मोती - बाप की सौगन्ध|

दूसरा - क्या चाहिये मोती? कहो तो आज ही दो हज़ार रूपये नज़र कर दूँ|

परन्तु मोती कहती - मेरे यौवन की कीमत न धन है - न वैभव| मेरा यौवन दूसरी ही बात चाहता है| वह शराब से नफ़रत करता है, बीड़ी - सिगरेट से उसको घृणा होती है| ये रेशमी और मखमली कपड़े उसे नहीं सुहाते| सिर में तेल, आँखों में सूरमा और शरीर में लचक उसे नहीं सुहाती|

लौंडे देखते और मन्त्रमुग्ध होकर कहते - तब तुम क्या चाहती हो मोती?

मोती की आँखों में तेज हिलोरे लेने लगता| उसकी लाली फैल जाती, चेहरे पर दिव्यता जैसे उमड़ - उमड़ कर रह जाती| एक विलक्षण प्रतिभा और कम्प उसके रोम -

रोम में झूमता दिखाई देता| वह कहती - सुनो मैं चाहती हूँ कि तुम मुझसे प्रेम करो, पर कभी मुझे छूओ मत| मैं चाहती हूँ कि तुम मुझे अपना हृदय दो, पर कभी मेरी ओर आँख उठा कर देखो मत| कहो बाबू मेरा फाग सुनोगे?

मोती का फाग दुनिया के बाजार के बीच जलती होली होता| वह गाती - आँखें, नाक और होंठों के ऊपर का चमड़ा जल जाओ| गढ़े हुए शरीर की गठन और लचक भस्म हो जाओ| आँखों की शराब, जिगर का लालच और अवयवों की तृष्णा नष्ट हो जाओ| एक दूसरे के प्रति ईर्ष्या, संकुचित स्वार्थ और द्वेष की कालिमा दूर हो जाओ| जगत में विलास की होली जलो और खूब जलो| ढीले पड़े हुए स्नेह के बन्धन प्रेम की गाँठ में पुनः जकड़ जाओ| साकी से कहो कि वह अपने सदियों के अनुभव की शराब तैयार करे, और जागृति से कहो कि, वह जीवन का प्याला तैयार रखे, और तुम - साकी! खूब मद और आनन्द से उसे उसमें डुबो दो| जगत में प्रेम और धर्म, प्रेम के रिश्ते और प्रेम का बाँध बने| युवकों! होली के दिन गाओ पर सत्य और तेज, प्रेम और सेवा की रट लगाओ| ....

पढ़े - लिखे युवक सिर धुन - धुन कर यह गाना सुनते| वह सोचते मोती में यह ज्ञान, यह आग कहाँ से बरस पड़ी? - मोती तुमने यह कहाँ सीखा?

मोती कहती - भोले बाबा की वाणी में बोलती हूँ? मेरे गुरु भोले बाबा हैं| बाबा ने मुझे यह फाग सिखाया है|

इस पर वह कहते - मोती! एक बार और सुना दो|

मोती गाती - धरती से जैसे आग भभकती

[४]

गाँव के पटेल ने यह बात सुनी, तो चिन्ता में पड़ गया| उसे पता था मोती पढ़ी - लिखी है| जेतून उसे बनारस के पास से शादी कर लाये थे| मोती का बाप सरकार से जूझा था और अन्त में उसे दर - दर का भिखारी बन जाना पड़ा था|

मोती भी साथ फिरा करती और पिता के भजन सुनती| अक्सर अकेले में उसका बाप कहा करता - मोती देश के लिये घर - बार दफ़ना कर मैंने चिर शान्ति पाई है| जो वतन के लिये भिखारी बनते हैं, वे ही खरे धनवान होते हैं| उनके पास समुद्र की तरह दिल, मृत्यु की तरह साहस और सूर्य की तरह तेज होता है| बेटी, गरीबों की चाकरी में सन्यास लेना मैं अपना महाभाग समझता हूँ| ऐसी कितनी ही ज्वालायें उसके स्वर्ग - गत पिता के हृदय में जलती उसने देखी| एक दिन जेतून उसके गाँव में आ निकले, तो मोती को देख कर रीझ गये| मोती का बाप बीमार था| जेतून दिल देकर सेवा करने लगे, मोती के आँखों में जेतून बस गये| उसके वीर और संयमी हृदय में जेतून ठीक उसी तरह खिल उठे, जिस तरह दीपक का उजाला सरलता से सराबोर चेहरे

पर| मोती ने जेतून को अपना आराध्य बना लिया| और जिस दिन मोती के बाप ने आँखें मीचीं, करुणा से काँपते हुए, उसने मोती को जेतून के हाथ में दे दिया| यह बात स्वयं जेतून ने अपने दोस्तों से कही थी|

पटेल ने घोड़े पर ज़ीन डाली और मोती की झोंपड़ी की ओर चला|

मोती भाँग घोट रही थी और भोले बाबा ध्यान कर रहे थे| पास में राख के ढेर में पालतू कुत्ता मीठी नींद खींच रहा था, घोड़ी को देखते ही चौंक उठा| एक पानी की मटकी, गुदड़ी और दो - तीन बरतन रक्खे हुए थे| पटेल को देखते ही मोती ने आसन बिछा दिया|

पटेल ने साँस धीमी पड़ने पर कहा - मोती! जेतून को मरे आज दो साल से ज्यादा हो गये और तुम भी बदल गई| पर तुम्हारे ये ढंग देखकर मुझे बहुत दुःख हुआ| तुम भीख माँगती हो, गाती - फिरती हो| इससे जेतून दादा की आत्मा स्वर्ग में दुःख पाती होगी|

मोती ने निर्भीकता से कहा - 'पटेल, जिस दिन से वे मरे, मेरे कोई बन्धन न रहा| मेरा एक बन्धन रह गया है, जो मेरा धर्म है| बाक़ी कुल की लाज और उनकी आबरू उन्हीं के घर की राख में छोड़ आई हूँ| पापी पेट के लिये दो टुकड़े चाहिये, सो भीख माँगती हूँ|

पटेल ने देखा, मोती के स्वर में लोहा है - एक ऐसी असाधारणता है, जिसको समझना उसके लिए टेढ़ी खीर है, बोले - पर गा - गा कर जवानों को भड़काती हो, सो?

मोती ने सिल धोते - धोते कहा - विधवा होना खरी तपस्या है - खरा त्याग है, पटेल मैं बेवा हूँ| दुनिया में मेरे लिये केवल उनकी याद की पूजा करना काम है| भाई! मैं भाग्य से बेवा हुई हूँ - दुनिया में धर्म की शिक्षा देना, मेरा काम है, क्योंकि मैं सन्यासिनी हूँ| भगवान् ने जो बातें हमको भेंट की है - उनके लिये भूले हुए को कहना कोई भड़काना कह सकता है?

पटेल ने देखा, हजार कहो, मोती के ऊपर असर नहीं हो सकता| मोती में उसके लिये लज्जाहीनता थी, बेहयापन था, गँवारपन था, बोला - मोती, इसका फल जेल होगी - फाँसी होगी|

मोती ने उल्लास से कहा - तभी मेरा बेवापन सफल होगा|

भोले बाबा ने पटेल को विजया के लिये बहुत कहा, पर पटेल एक से दो नहीं हुए और चल दिये| बाबा ने दुलार से कहा - बेटी तेरे बाप की कीर्ति में अब धब्बा नहीं लगेगा| मोती तुम वह रत्न हो, जो दुनिया में बहुत कम मिलते हैं|

मोती की आँखों में आँसू भर आये|

[५]

धीरे - धीरे मोती के पास सुबह - शाम युवकों का जमघट लगने लगा| मोती के शब्दों में जो ज्वाला थी, जो ओज़ था, वह बरबस ही उन्हें खींच लाता था| मोती उनके साथ दूर - दूर तक घूमने चली जाती| उन्हें एक - से एक बढ़कर गीत सुनाती और कहती, भाइयों! दुनिया में कौन नीच और कौन ऊँच है? जिन्हें तुम दिन में महात्मा मानकर पूजा करते हो, वे रात में दानव हैं| जो राजा हैं, उनमें से कितने ही भिखारी होकर गायब हो गये, पर उनके सितम हमारी छाती पर मूँग दलते हैं| स्वार्थ दुनिया का तोहफ़ा है| जीवन का हर एक पल पवित्र है| उसका हर एक विचार इच्छा की ज्योति से दिव्य है| इन लहरों में, पर्वतों में, इन गरीबों में, दुखियों में और इन राक्षसों में उसी की अनुकम्पा अनेकों रंगों में व्याप्त है| एकता हमारा लक्ष्य है, प्रेम हमारा धर्म है और सन्तोष हमारी साध है|

धीरे - धीरे मोती गाँव के लिये देवी हो उठी|

एक दिन मोती चौराहे पर बैठी गा रही थी कि कलेक्टर साहब आते दिखाई दिये| लोग खेत पर थे| दोपहर का वक्त था| गाँव में कुत्ते तक सोये पड़े थे| लू चल रही थी| चारों ओर सूखी पत्तियों के ढेर पड़े हुए थे| कलेक्टर ने घोड़ा ठहरा दिया और पूछा - गाँव का पटेल कहाँ है?

मोती ने शान्ति से कहा - शहर गये होंगे!

कलेक्टर ने जवाब सुना तो, माथे पर सिकुड़न पड़ गई - जाओ, उसे हमारे पास हाज़िर करो|

मोती न हिली न डुली, बोली - कोई पैदल तो हो नहीं| घोड़े पर बैठे हो तो जरा आगे क्यों न चले जाओ, साहब|

इसके क्या मानी? कलेक्टर ने रोब गालिब करते हुए कहा - भिखमंगी होकर अकड़ती है - हरामज़ादी|

मोती ने झपट कर साहब का हाथ पकड़ लिया - साहब! सीधे चले जाइये| गालियाँ देते लज़ाते नहीं| तुम टोप लगाये हो, पढ़े - लिखे हो, गुलामी के कीड़े हो - इसलिये हमें गालियाँ देते हो - क्योंकि हम भिखारी हैं| इसलिये नीच हैं| हरामज़ादे हैं| मालूम होता है कि तुम पढ़े - लिखे होकर भी पशुहो| मनुष्यत्व को नहीं जानते|

हिन्दुस्तानी साहब ने आश्चर्य से देखा कि उनके सामने एक भिखारिन खड़ी है| हाथ में कमण्डल है और एक झोली| कपड़े फटे हुए हैं और शरीर चू रहा है| बोले - तुम कौन हो?

मोती कहकहा मारकर कह उठी - साहब, मैं भिखमंगी हूँ, गरीब हूँ और दया की भूखी हूँ|

तुम्हारे माँ - बाप हैं?

मोती ने आकाश की ओर हाथ उठाया - हाँ, हैं। जिसने तुम्हें और मुझे बनाया है, जिसने तुम में और मुझ में आत्मा की ज्योति जलाई है, जिसने प्रेम की दुनिया - यह घोंसला बनाया है, जिसमें तुम और हम जीवन और मृत्यु के पंखों को समेट कर बसेरा करते हैं - साहब।

कलेक्टर क्रिश्चियन थे। बोले - तुम कहाँ तक पढ़ी हो?

मोती ने निर्दोष हँसी हँस कर कहा - साहब! सब कुछ जान कर भी कुछ नहीं जानती।

इतने में पटेल आते दिखाई दिये। कलेक्टर को देखकर झुक कर सलाम किया और बोले - हुजूर, यह पागल है। इससे क्यों सर खपाते हैं। सरकार, यह जेतून अहीर की बेवा है।

परन्तु कलेक्टर ने कुछ जवाब न दिया, उनकी आँखों में करुणा उमड़ आई। बोला - खुदा ने तुम में जो भाव भरे हैं, वे एक दिन चमकेंगे। बेवा! तुम्हारा ज्ञान हमारे ज्ञान से बहुत ऊँचा है। तुम देवी हो।

मोती की आँखों से आँसू झरने की भाँति बहने लगे। बोली - साहब मैं बेवा हूँ, पर अनाथ नहीं हूँ। अगर आपको समय मिले तो एक बार आना। भोले बाबा तीरथ गये हैं। लौटने पर आपको उनसे मिलाऊँगी।

मोती चली गई तो, साहब ने पटेल से कहा - तुम्हारे गाँव में यह कब से रहती है?

पटेल ने घी की धार ही नहीं, पीपा तक उलट दिया। आदि से अन्त तक बातें कह दीं। कलेक्टर एक चित्त सुनते रहे। अन्त में बोले - तुम उसकी कीमत क्या जानो। देखना - तुम्हारे भाग्य से वह गाँव में रहती है - कहीं चली न जाए।

आज न मोती ही है, न वह भला मानुस बूढ़ा कलेक्टर ही है। केवल भोले बाबा अपनी कुटिया में रहते हैं। लोग जाते हैं, तो भोले बाबा जी खोल कर मोती की कहानी सुनाते हैं और कहते हैं - वह बेवा थी, दुनिया में ईश्वर की दूत थी। क्या हुआ, जो पश्चिम की लड़ाई में सेवा करते - करते एक छोटी सी गोली ने उसे बींध डाला। क्या हुआ, जो उसको दुनिया पागल मानती है, पर उसमें तेज था, वह आँधी थी, जिसमें धूल - धक्कड़ नहीं था - केवल उस गाने की झन्कार थी, जो भगवान गाते हैं। ईश्वर करे, मोती जैसी देवियाँ बार - बार जन्म लें।

6
साख

सारे गाँव में मियाँ गाज़ी ही एक ऐसे थे, जिनको सबसे ज्यादा मुर्गे, तीतर और कबूतर पालने का गौरव दिया जा सकता था। पीढ़ियों - दर - पीढ़ियों से गाज़ी खाँ की चौपाल में मुर्गों की लीद, तीतर और कबूतर की चरक के ढेर जमते आ रहे थे। मियाँ गाज़ी जब गांजे की खुमारी में होते तो कहते - ससुरा गाँव भी देखे कि उस्ताद गाज़ी की यह दौलत किसी दिन नुमाइश की चीज होगी। आज नहीं तो कल, कल नहीं तो परसों, एक - एक मींगणी में से कोहिनूर पैदा होगा। यह गाज़ी के सिखाये - पढ़ाये कबूतरों की चरबी है - चरबी, कोई खा ले, तो बुड्ढे से जवान हो जाए।

बुड्ढे रौनक अली हुक्के की नली में लखनवी दम भर कर कहते - परवरदिगार, रात - दिन इन परिन्दों के पीछे जिन्दगानी धूल करते हो, न कुछ दूसरा काम है, न धंधा। अब मैं तो खुदा के इकबाल पर बैठा हूँ, जितनी जल्दी उठ जाऊँ अच्छा है - पर फिर तुम्हारा क्या होगा?

गाज़ी इस पर झल्लाते - आप भी कैसी बात फरमाते हैं! आज कल जमाना अफलातून हुनरों का है। गुलामी में धरा क्या है? बन्दे को ज़लूल हुसैन कारिन्दा साहब चौधरी बना रहे हैं। बस, अब फतह का डंका बजा ही समझो। अब्बा, खुदा के दरबार में गाज़ी खाँ के लिये एक बहुत बड़ी सल्तनत की कुर्सी खाली रखी गई है। इन्हीं परिन्दों के परों पर बैठ कर बन्दा खुदा के घर जाएगा।

रौनक अली इसका कुछ उत्तर न देते, केवल गारे के गामटी पीकदान में 'थू' करके शान्ति से हुक्के को गड़गड़ाते रहते। जब गाज़ी कबूतरों को चुगाने, तैराने और उड़ाने में सुबह काट देते, तीतरों के नर - मादा में अदल - बदल कर तरह - तरह के बच्चे पैदा करने की सोचते, आसमानी और तपकी रंग के कबूतरों के जोड़ का रंग कैसा होगा, इसकी कल्पना कर खिल उठते। खाकर पैर फैला देते और मजे की नींद लेते। बहुत हुआ तो कभी उठ कर ज़लूल खाँ की चौपाल में जा बैठते। कारिन्दा किसी को डाँटते तो आप कहते - साला है ऐसा ही। जो बेभाव के पड़ें तो मजा आवे। आप अब की बार

बन्दे को चौधरी बना दीजिये| बस, फिर देख लीजिये कि दोपहर में आपकी कच्ची नींद तोड़ने वाला हराम का पिल्ला गाँव में बचा नहीं रहेगा|

पनघट के पास एक चबूतरा था| एक साईं बाबा ने अड्डा जमा रखा था| तीसरे पहर वहीं बैठते| एक ओर गांजे की दम खींचते और दूसरी ओर आँखों से जहर उगलते| किसी पर इशारे का तीर फैंकते तो, किसी पर खाँस कर सन्देश भेजते| कभी कोई ग़ज़ल का टुकड़ा बोलने लगते| पनिहारिनें आतीं और साईं के हजार ककड़ी के पेड़ों में पानी डालतीं| एक ओर सैतूत का पेड़ था, अनार के भी दो पेड़ थे| छोटा सा बगीचा था| सारे गाँव में यदि कोई रमणीय जगह थी तो बस यही| यहाँ भंग घुटती, गांजा धूँए में बदलता और अमल की मिबानी बँटती| थके हुए किसान शाम को आ बैठते और थोड़ी देर के लिये अपने दुःख भूल जाते| बड़ी रात तक चहल - पहल रहती| गाज़ी मियाँ के लिये इससे बढ़कर और कोई स्थान न था, जहाँ बैठ कर अपने कबूतरों का वर्णन करते, मुर्गों की मजेदारियों के किस्से कहते| तीतरों के रंगों और भोलेपन की कहानियाँ बयान करते|

साईं बाबा बड़े रंगीले जीव थे| सदा हँसते रहते| गाँव की विधवाओं और बहुओं के प्रति उनकी सहानुभूति बहुत थी, कहते - गाँव में रहते साईं को बरस होने आए, जिसमें खुदाई दिल यहाँ की औरतों में ही पाया| बाकी आदमी तो आधे उल्लू हैं| दिनभर खेत में पड़े रहते हैं, हुकुम कर देते हैं कि खेत पर रोटी ले आना| उन्हें क्या पता कि रोटी कितनी मुश्किल से बनती है| मियाँ गाज़ी भी उनकी हाँ में हाँ मिला देते|

एक दिन चौराहे पर बैठे - बैठे मियाँ गाज़ी ने कहा - देबू, मेरी जोड़ियों को चाहे बम्बई भेज दो, चाहे सात समुन्दर पार, पर शर्त, जो घर आकर न रह जाएँ तो|

देबू ने कहा - रहने भी दो, यार तुम्हारे जोड़े मुझसे छिपे थोड़े ही है| है तो वे ही न जिन्हें मैं आँख उठा कर भी देखना पसन्द नहीं करता|

देबू मन की आँखों से देखने लगा कि गाज़ी के तेवर किस तरह चढ़ते - उतरते हैं| उसे पता नहीं था कि गाज़ी अपने जोड़ों की नालायकी सुनते ही गुर्रा उठते हैं| बोले - यार, इस तरह बढ़ - बढ़ कर बातें करने से क्या फायदा, अगर हिम्मत हो, तो मैदान में उतर क्यों नहीं पड़ते? हो जाय जोड़ों से जोड़ों का मुकाबिला|

गाज़ी अपने कुल की, अपने अब्बा की और स्वयं अपनी बुराई सुन सकते थे, पर अपने परिन्दों की बुराई सुनते ही आग लग जाती थी| ये वे परिन्दे थे, जिनकी आँखों पर जन्नत की हूरें चढ़ - चढ़ कर उनके पास आया करती थीं, ये वे परिन्दे थे, जिनकी चोंचों में वे अपने प्यार के कागज दिया करती थीं और वे आशा के दरिया पर उड़ते हुए, उनकी छाती पर उन्हें रख देते थे| बोले - यहाँ कहाँ डरने वाले हैं, देबू बड़े कबूतरबाज बनते हो, तो उतर पड़ो| देखो कौन हारता है?

चढ़ाने वालों ने खूब मजबूती से कसा| मियाँ गाज़ी की आशायें कसी जाकर, केवल आगामी फ़तह के लिये संगठित हो गईं|

देबू खिल उठा - ठीक है, आज वर्षों की शान पर पानी फिरेगा| मियाँ अकड़ के मारे जमीन पर पाँव नहीं रखते|

दोनों जने तन - मन से जुट गये| कबूतरों के अलावा उनका संसार नीरस और निरभिमान बन गया| गाज़ी के एक काबर - चीतरा जोड़ा था, सारे हौंसले इसी पर टिके थे, जब कि देबू अपने आसमानी जोड़े पर फ़तह और आन के किले जीतने की सोच रहे थे| अन्त में, दोनों जोड़े उड़ाये गए| पास में सात कोस पर गाँव था, वहाँ जाकर छोड़े गए|

गाज़ी आसमान की ओर आँखें करके बैठ गए| देबू घर में जाकर लेट गया| दिन भर बीत गया, पर आकाश में दोनों में से किसी भी जोड़े का कबूतर न दिखायी दिया| पल - पल में आकांक्षा आकर पूछती कि विजय की माला कहाँ है? गाज़ी झुंझला कर कहते - जान क्यों खाए डालती हो, अभी बादल छाये हैं| फटते ही 'तह' पर काबर - चीतरा दिखाई देगा, उसकी चोंच में फ़तह की चौरस रक्खी पड़ी है|

रात पड़ गई तो पास के वृक्ष पर लालटेन लेकर जा बैठे| सुनसान रात्रि में निस्तब्धता आतुरता को बढ़ाकर हज़ार गुना कर देती है| हृदय की धड़कन आशा के गीत गाती है| आँखें - झोंके खाती हुई नींद, आशा की शराब ढरकाती रहती है| गाज़ी इसी युद्ध के निशान हो रहे थे| चाँदनी तो थी ही नहीं कि चाँद की ओर देखकर ही दिल में झनझनी पैदा करते, अँधेरी रात थी| तारों में उनके दिल के लिए परिन्दों की फड़फड़ाहट के अलावा और कुछ नहीं था| कवियों की वेदना और लेखकों का प्रकम्पन उन्हें ढूँढने पर भी दिखायी न दिया| अन्त में, बहुत रोकने पर भी नींद आने लगी, तो गज़ल गाने लगे| परन्तु सोचा, कहीं कबूतर 'तह' पर न आ गया हो| पीछे जा बैठे|

धीरे - धीरे हवा बहने लगी, पूरब में गुलाबी दर्पण लिए प्रकाश आने लगा| दुनिया के पापों का प्रतिबिम्ब उसमें मँडराने लगा| पक्षियों का करलव किसी उनींदें गीत की तरह उनके हृदय में कम्पन करने लगा| गाज़ी सोते बैठे थे| सहसा देबू ने पुकारा तो नींद खुल गई| बोले - क्या जोड़ा लौट आया?

हाँ| देबू ने कहा - मियाँ, तुम्हारा जोड़ा रास्ता भूल कर न जाने कहाँ चक्कर खा रहा है, ये देखो, मेरा जोड़ा 'तह' पर बैठा है|

गाज़ी ने जोड़े को देखा तो आपा भूल गये| आँखें स्थिर हो गईं| होंठ फड़फड़ा उठे| नीचे उतरे और बोले - अच्छा, देबू, इन्हें अभी 'तह' पर ही रहने दो| कहीं मेरा जोड़ा आ जाय|

देबू बोला - जाता हूँ, पर दोस्त मन नहीं चाहता| पछाड़ बुरी होती है|

गाज़ी ने हँसकर कहा - यार! आखिर मैं भी आदमी हूँ| जा - मेरी साख पर ही छोड़ जा| मेरा जोड़ा इन्हें देखेगा, तो आ जायेगा|

इधर देबू ने चौराहे पर आकर अपनी फ़तह की बांग ललकारी| उधर गाज़ी ने पत्थर उठाया, निशाना ताका और दे मारा| कबूतर ने उड़ने की चेष्टा की, पर 'तह' के बांस की फांक में पैर की नेवर फँस गई| एक लगा, तो वहीं ढेर हो गया|

गाज़ी हँसे और चल दिए|

[२]

देबू ने संध्या को आकर देखा तो आँखें फट गईं| मादा ढेर हो गई थी और नर का कहीं पता न था| दौड़े हुए गए तो गाज़ी पजामा सी रहे थे| गाज़ी ने देबू को देखा, तो बोले - अरे देबू आज शाम को कैसे आ धमके?

देबू ने घबराए हुए स्वर में कहा - मेरे जोड़े की मादा 'तह' पर ही मरी पड़ी है|

गाज़ी की आँखों में भय आने लगा, पर दुनिया को काइयांपन के चश्मे पहिन कर जीतने की फिराक में रहने वाले गाज़ी मौका जानते थे| उठ खड़े हुए| बोले - देबू, गज़ब हो गया तब तो|

दोनों जने 'तह' के पास पहुँचे, तो आपस के भावों की नदी में तैर रहे थे| एक के दिल में कँपकपी थी, वह उछाह भी था, जो दूसरों के रोने, कटने और गिरने पर होता है| वह अन्दर ही अन्दर हँस रहा था, कि बच्चा कैसे खड़ा है, जैसे सातवें पाताल में से ढूँढ़ कर निकाली हुई मूर्ति हो| दूसरा भी काँप रहा था, पर हाथ की मुट्ठियाँ बन्ध रही थीं| आँखों में भय भी था, तो तलाई भी मौजूद थी, वह हाय भी विद्यमान थी, जो अधर्म की फ़तह पर पैदा होती है|

देबू ने गाज़ी के मुँह की ओर देखा तो गाज़ी ने देबू के दिल की ओर अन्त में 'तह' पर से मादा का मुर्दा उतार कर देबू ने गाज़ी के पैरों में पटक दिया और बोला - गाज़ी! तबाह हो गया| यह कबूतर का जोड़ा शहर के एक बड़े रईस के यहाँ का था| उनका रखवाला मेरा चचेरा भाई है| कुछ दे - दिवाकर लाया था| अब क्या मुँह दिखाऊँगा?

गाज़ी के सहस्त्रों अन्तर्पटों में उल्लास का मद बह उठा| मुँह से भय उड़ गया, क्योंकि अब प्रतिद्वन्द्वी के उठने की सम्भावना न थी| एक दूसरे भार ने उसे कुचल दिया था, बोले - कोई दिन भर तो रखवाली करता बैठा न रहता, भई| मैं तो समझा था कि तुम जल्दी ही लौटोगे|

देबू ने अस्फुट से स्वर में कहा - वाह, मियाँ! खूब बदलते हो| क्या तुमने यह नहीं कहा था जोड़ा 'तह' पर रहने दो, जिससे काबर - चीतरा जोड़ा भी आ जाय?

गाज़ी ने भौहों को टेढ़ा करके कहा - नमाज़ के वक्त ऐसी दुगुल बाज़ियाँ मत करो, देबू! मैं क्या भड़वा था, जो सारे दिन भर यहाँ खड़ा रहता?

देबू धैर्य खो रहा था, बोला - तो तुमने क्यों कहा था कि मेरी साख पर जोड़ा रहने दो?

गाज़ी ने देखा, उड़ चलो, बोले - किस सूअर ने यह कहा था?

देबू ने हाथ से बताते हुए कहा - तुमने - और किसने?

गाज़ी ने लालटेन उठाई और बोले - मेरा खाना ठण्डा होगा। इस हुज्जत में जान क्यों डालूँ। भई, जाओ - घर जाकर रोना - धोना।

देबू ने गाज़ी का हाथ पकड़कर कहा - इस तरह जाने दूँगा, तब न। पहिले मेरी मादा ला दो। इस तरह मुझे डुबा कर साफ बचना चाहते हो?

गाज़ी ने देखा, देबू झगड़ा करने पर उतारू है, तो तानकर धक्का दिया और चल दिये। देबू गिर पड़ा, जब उठा, तो देखा गाज़ी ने घर में जाकर किवाड़ बन्द कर लिये थे। धूल झाड़ कर चुपचाप 'तह' की ओर देखा। 'तह' उसके दिल की तरह खाली थी। चिन्ता ने थोड़ी ही देर में उसके दिल में उतने ही छेद फाड़ दिये थे, जितने गाज़ी की उन मनहूस 'तह' की बाँसों ने बनाये थे। एक ओर मादा पड़ी थी। देबू बैठ गया और धीरे - धीरे उसको सहलाने लगा। वहीं धानी रंग में काली श्याही पड़ी पांखें थीं। वहीं रोमिल कोमलता उसमें भरी पड़ी थी, परन्तु देबू को वह अनन्त चेतना न मिली, जो उसकी दृष्टि में 'गटर - गूँ' करती हुई इस मादा पर बरस पड़ती थी। आज भी उसके दिल में वही प्रेम था - इसी मादा के प्रति, जब वह नवाब की हवेली के उस अँधेरे - उजाले दालान में बैठ कर - सैंकड़ों जोड़ों के बीच में इठला कर बैठी हुई - मादा को देखता और उसके गुणों को सोचता, तब जो उमंग उठती थी, वह उसे न मिली, स्नेह था, पर भावना बदल चुकी थी। जन्म की आशा और मृत्यु के बाद की अर्थहीनता उसकी दोनों आँखों में भरी थी। उसके और मादा के बीच में अब मृत्यु थी। आज सुबह तक दोनों चहक सकते थे - आनन्द से नाच सकते थे - पर अब वह जिन्दा था तो वह मृत्यु के घोड़े पर किसी परदेस की सैर कर रही थी। उसने धीरे से उसको उठा लिया और देखा, तो पैर के नीचे कुछ ठोसपन मालूम हुआ। देखा तो नुकीला पत्थर था। बड़ी देर तक उसे देखता रहा, अन्त में बोला - गाज़ी तुमने ही इस बेबोल पंछी का खून किया है। तुमसे इसकी जय न देखी गई! पर गाँव के आगे भी तुमने अपना खून किया है, अपनी साख बेचकर।

[३]

अन्त में नवाब ने नगले से कहा - बच्चा! वह जोड़ा तीन दिन में लाकर दे दो, नहीं तो हवालात भेज दूँगा। बेईमान कहीं के। मेरा डेढ़ सौ रूपये का जोड़ा इस तरह हड़प कर कैसे पचाओगे?

नगले ने गिड़गिड़ा कर कहा - हजूर! मैंने कहीं नहीं उड़ाया है। यहीं कहीं होगा। जी के समान उसे रखता रहा।

इस पर नवाब ने कहा - जानता हूँ, सूअर कहीं का| उस जोड़े पर कई - एक की आँखें गड़ी थीं, पर इस तरह उसे उड़ाकर बैठा नहीं रह सकेगा| बस जाओ, मैं ज्यादा नहीं सुनना चाहता|

नगला घर आया, तो देबू उदास बैठे थे| बोला - दादा, जोड़ा लौट आया कि नहीं?

हाँ - नगू पर हाथ नहीं आ सकता| देबू ने शान्ति से जवाब दिया| आँखों में तलाइयाँ भर आईं| बोले - नगू! एक बे - बोल पंछी की हत्या करवा कर कौन मुँह से दुनिया में रहूँगा|

नगले ने जब सुना कि मादा का शव देबू ने गड्ढा खोद कर हजार ककड़ी की क्यारी में गाड़ा है, तो उसके हाथों की मुट्ठियाँ बन्ध गईं, बोला - दादा, आप को इससे क्या? पर अब?

देबू गड़े जा रहे थे, बोले - अब क्या करूँ, नगू?

मैं नीलाम ही जाऊँगा, सरेआम बिक जाऊँगा और क्या? आबरू पर पानी फिरेगा और हवालात में ठूँसा जाऊँगा| नगले के होंठ फड़क रहे थे|

देबू ने उसकी ओर देखा, तो उठ खड़े हुए बोले - नगू! तुम्हें इस होली की चिता क्यों बनाऊँगा? कसूर मेरा है| मैंने होड़ बदी थी और मैंने ही उसकी साख पर कबूतर को 'तह' पर छोड़ा था|

जब देबू घर में चले गये तो, नगले ने जाकर खटिया बिछाई और जा बैठा - साले गाज़ी की हड्डी - पसली ठीक न कर दूँ तो अहीर का पूत नहीं| साला, तुरकड़ा, पंछी पर भाटे फैंकता है| कभी कबूतर पाले भी हैं जो टक्कर लेने चला था? और इस बुड्ढे को क्या धुन सवार हुई थी, जो कबूतरबाजी करने पर उठ खड़ा हुआ? चले थे होड़ लगाने! खुद के घर में तो भुँजी भाँग भी नहीं है, और नवाबों के जोड़े उड़ाने की सोची| और मुझे क्या हो गया था, जो जोड़ा लाकर चुपके से दे दिया| अब भुगतना तो मुझे पड़ेगा| उसको क्या? एक बेटी है जो फिकर है| बाकी सब मर खुटे| और यहाँ क्वाँरे बैठे हैं| मुझ से छोटे लौंडे तो दो - दो बेटों के बाप हो गये और मैं अभी यों ही बैठा हूँ| पनघट पर जाता हूँ तो खिल्ली उड़ती है| चिलम पीने चौराहे पर बैठता हूँ तो फबतियाँ कसी जाती हैं और दोस्तों में जाता हूँ, तो ताने कसे जाते हैं| सोचा था कि अब की उनाले में जरुर ही शादी कर लूँगा -

इतने में देबू ने आकर कहा - नगू! यह लो जोड़े के बदले में| आज दिन तक जिसे सपने में भी मैंने किसी को नहीं दिया, तुम्हें दे देता हूँ| यह मेरे जवानी के उगते दिनों की याद है| जमना की माँ जब पानी भरने निकलती तो मैं उसे जी भर कर देख लेता था| कितनी साध से ये जेवर बनवाये थे| बस, तीन दिन पहिने और फिर कौन पहिनता? मैंने इन्हें आँसुओं से धो - धो कर मेल से बचाया है| पर आज तुम्हें दे देता हूँ| बेच - बाँच कर जो आवे, नवाब को दे देना| समझे!

नगले ने जेवर देखे तो आँखें चमक उठीं - इतना माल! चार जोड़े कड़े, दो हँसलीं, दो बाजू और चार चूड़े, ऊपर से दो तमणिये| कोई पाँच सौ का नकद माल होगा| बोला - काका, लेते जी तो नहीं चाहता, पर क्या करूँ - हवालात तो कैसे जाऊँगा?

देबू जेवर को फेंक कर चल दिये, तो नगले ने थोड़ी देर देख कर बड़ी सावधानी से उन्हें उठा लिया और अपने सन्दूक के नीचे गड्ढा खोद कर एक हांडी में बन्द करके गाड़ दिया| पेटी को ठीक कर ऊपर बैठ गया और आनन्द - विभोर होकर कहने लगा| कभी गाता कि खेतों में जाकर खूब खेत जोतेगा, और जब दुपहरी हो जावेगी और सूरज भगवान खेतों में आग बरसावेंगे, मेरी घर वाली सिर पर रोटी बाँध, हरी छींट के घाघरे पर पीले रंग की चूंदरी ओढ़ कर आवेगी, तब मैं मुँह पर खसम का गुस्सा और रौब भर कर बैठूँगा, कहूँगा - दुत्! आज इतनी देर क्यों की? कभी ललकारता कि जब शाम होगी और बटोही गाँव के मन्दिर में बाबा की चौपाल में, और साईं गुरु की फुलवारी में गांजे की चिलम भरेंगे, तो डांड लेकर घर लौटूँगा, जल्दी से उपले भरूँगा| क्योंकि अमावस्या की काली अम्बर अँधेरी में मेरी फूल सी घरवाली थर - थर काँपती होगी| है! है -! करूँगा और जुगाली करते डंडों को रास्ते में से उठाऊँगा| यहाँ तक कि उसकी भावी पत्नी की तसवीर उसके सामने आ खड़ी हुई| खेत, डांड और वह घोर अँधेरी रात, सब|

नगला ने दूसरे दिन नवाब के आगे जाकर पचास रूपये रख दिये और रोने लगा - माई - बाप हो, हजूर, गरीब हूँ| बड़ी मुश्किल से इतने जुटाये हैं, सरकार!

नवाब उस वक्त रंग में थे| अगले दिन जलसे में गये थे तो बड़ी रात तक रंग -रेलियाँ लूटते रहे थे| गुलाबजान का नाच था| आँखों में अभी तक उसके हचमचाते यौवन के उभरे आ रहे थे| कानों में नेवरी की रिमझिम और बेवफा आशिक के प्रति उलाहना देती हुई माशूका के लिये शब्द गूँज रहे थे - मेरे दिल के टुकड़े - टुकड़े कर तूने खंजर बनाया और तेरी उल्फत में पहली उमंग से थिरकते हुए सीने में भौंक दिया| बोले - अच्छा सूअर| अपना काम देख|

[४]

दो बरस सूखी पत्तियों के ढेर की तरह उड़ गए| पर देबू को किसी ने चौराहे पर तुनतुनी लिए न देखा| जमना ने छः - सात महिने तो रो - रो कर नदियाँ बहाईं, पर जब बुआ ने शादी कर दी, तो रोना - धोना भूल गई| ससुराल से आई तो चाल बदल गई| आँखों में अमी के साथ मद भी छलछलाने लगा| पहले चलती तो बचपन और शैशव लड़ते - झगड़ते चलते, पहले देखती तो हृदय का स्त्रोत असंख्य नाद की तरह बहा देती, अब बचपन को यौवन के गज ने शैशव से साथ ही कुचल दिया - सरल हृदय में सरल उमंगें नहीं रहीं| उनमें रस के कितने पुट लग चुके थे|

नगले ने भी घर - बार बसा लिया था| नवाब की नौकरी से भाग आया था| दुलहन मिली| चारों पदार्थ पा लिये थे| अब चौराहे पर जाते तो अभिमान से चिलम पीते| गाते तो नये - नये स्वाद और नई रातों की माझम घड़ी में सिसकने, इतराने और त्यौरियों की कथा कहते - कहते - दुलहिन ऐसी मिले - पद्मनी हो| पाँवों से कंकू की नदी बहती हो| चाल में जोबन नाचता हो और घर में जाते ही रोशनी फैल जाती हो| खेत में जो ऐसी ताकत दे जिससे दिन ढलते - ढलते भी खेत जोतते रहें| और रात को नींद न आती हो, तो झोली भर - भर लावे| ऐसी दुलहिन मिले, पद्मनी हो| रोज पनघट की ओर निकलते, तो खंखारने के बहाने ठहर जाते, जूते में जमा गर्द को झाड़ने में लग जाते| नगले के लिये अब कहीं डर न था|

* * *

एक दिन चौराहे पर मियाँ गाज़ी बैठे - बैठे कहने लगे - वे भी दिन थे, जब मैंने अपना चितकबरी जोड़ा देबू के जोड़े से लड़ाया था| सात कोसे उड़ता - उड़ता वह आ गया था और देबू की हिम्मत न पड़ती थी कि उससे दूसरी बार मुकाबला करेंगे|

साहू कुब्बे बोले - वह तो कहता था कि उसका जोड़ा 'तह' पर पंख फैलाये बैठा था|

गाज़ी समझ रहे थे, कि दो वर्ष जितना समय बीत चुका है| अब उस कबूतरबाजी के पराक्रम गाने में क्या हानि है| वह भूल रहे थे कि स्मृति का दफ्तर अजीब है| साहू का ताना सुना, तो बोले - रहने भी दो, उसका जोड़ा क्या खाकर जीता होगा? यहाँ तो बरसों से हथेली खुदवाते आ रहे हैं|

साहू बोले - रहने भी दो, बढ़ - बढ़कर क्यों छमक रहे हो| उस दिन मैंने तुम्हें और देबू को रात के बारह बजे झगड़ते देखा था| मैं बीमार था, शायद दस्त लग रहे थे| ढूंढे पर जा रहा था| सब बातें सुनीं| देबू को तुमने नहीं कहा था, कि तुम्हारी साख पर जोड़ा 'तह' पर रहने दो| फिर देबू ने इस बात को सुझाने पर तुमने कैसी बात बदली थी? गाज़ी मैं तो यहाँ तक जानता हूँ, तुम्हीं ने जोड़े की मादा को ....|

सहसा नगाड़ा बज उठा| बात वहीं रुक गई| गाज़ी भी उठे और चल दिये| घर के पास पहुंचे ही थे कि एक अपरिचित साधु ने अलख पुकारा| साधु ने उनके कन्धे पर हाथ रक्खा और झंझोड़ कर बोला - गाज़ी! पहचानते हो?

गाज़ी ने आँखें फाड़कर देखा, तो सहम गये| आँखें नीची हो गयीं| साधु बोला - गाज़ी! उस दिन की रात याद है, जब तुम मुझे ठुकरा कर अन्दर चले गये थे और मैं मादा के मुरदे को छाती से चिपकाये बैठा रहा था ....?

गाज़ी ने साधु का मुँह अपनी हथेली से बन्द करते हुए कहा - देबू! मेरी इज्जत तुम्हारी साख पर है|

साधु ने कहा - गाज़ी! तुम्हारी साख पर मैं देबू से देबीनन्द बना हूँ| अब तुम मेरी साख पर क्या बनना चाहते हो| कबूतरबाज? अच्छा तो मैं एक शब्द भी न बोलूँगा, लेकिन यार अच्छा हो, तुम अपनी कबूतरबाजी भूल जाओ, मैं भूल जाऊँ कि मैं साधु हूँ|

अँधेरी रात थी| परन्तु चाँद की हलकी रेखा गगन में विलास की धुँधली फैला रही थी| दोनों जने एक ही खटिया पर बैठ गये| गाज़ी ने कहा - तो फिर क्या करना होगा?

देबू बोले - आज दो - दो साल से गाँव - गाँव में घूमकर मैंने सबक़ सीखा है कि हम अपनी साख को भूल जाएँ और देश की साख पर किसी ऐसे से होड़ लेवें, जो हमें तलवार के बल पर धमकाता हो|

गाज़ी ने देखा, देबू की आँखों में आग भरी थी| बोले - ठीक है, देबू पहले तुम और मैं अपनी साख एक कर लें मुझे रह - रह कर दुःख हो रहा है कि मेरे कारण ....|

देबू ने गाज़ी को बाहों में भर लिया और बोले - तुम्हारे एक ही पत्थर ने मादा को ठण्डा किया और उसी ने देबू के दिल को भी तोड़ दिया| अब मुझ में इतना बल आ गया है कि उस छेद की राह से इतना ज्ञान तो फैल चुका है कि राम और रहीम की साख एक है, जिस पर हम ऐंठते हैं - अकड़ते हैं और कीर्ति और यश के जोड़े लड़ाते हैं|

गाज़ी भी रो रहे थे और देबू भी - परन्तु दोनों के आँसुओं के द्वारा घायल साख को शान्ति मिल रही थी| वह तो एकता के खेत में उगी थी, एकता के आलिंगन के आँसुओं का पानी चाहती थी|

देबू ने रोटी पकाई| जब खाने बैठे, तो एक पींजरा निकाला| गाज़ी ने पूछा - इसमें फिर क्या है?

देबू बोले - वही नर है, उसी जोड़े का, जिसको मैंने तुम्हारी साख पर छोड़ा था|

गाज़ी ने कुछ नहीं कहा, चुपचाप देखते रहे|

7

कुत्ता

मनुष्य की आँखें नवरंगों से भरी हुई कटोरियाँ हैं और पलकें कूचियाँ| नहीं तो, मिट्टी, हवा, पानी और प्रकाश से बना हुआ यह संसार चित्रों का चलता हुआ, मनोरम सिनेमा न दीखता| जिस प्रकार चितेरा अपने चित्र को समाप्त करके बड़े ध्यान से उसे देखता और आनन्द के घूँट पीता रहता है, उसी प्रकार से नयन चितेरे ध्यान से, क्षण - क्षण में रम्य, सरस और कटु बनते हुए संसार को चित्रित कर, उसके मधुर विष को पीते रहते हैं| विमलेश ने पान की पीक थूकते हुए कहा|

कामता प्रसाद अवस्थी ने दो मक्खियों के समान मूँछों पर चुटकी प्रसारित करते हुए कहा - आप हमेशा संसार का नैराश्यपूर्ण चित्र खींचते रहते हैं - मैं तो कम - से - कम यह नहीं पसन्द करता| आखिर वह कौनसी बात है, जिसने आपको इतना दुःखी बना रक्खा है? बन्दा तो, खुदा कसम दुनिया में एक पल को भी निराश नहीं देखता| मुझे तो समय भी मिले हाय - हाय करने के लिये!

विमलेश ने विश्वास रख कर कहा - आप अभी अकेले हैं न| इसीलिए संसार का सच्चा स्वरूप नहीं जान पाये हैं| यहाँ तो मायाजाल में जकड़े पड़े हैं| बीबी, बच्चे और घर 'पागलपन' की समस्त दवा बटोर रक्खी है| आपके स्थान पर मैं होता, तो दिखा देता, कि मनुष्य का जीवन कुत्ते का जीवन ही है, शादी करके मनुष्य कुत्ता हो जाता है|

अवस्थी ने पान की डिब्बी निकाल कर उससे एक पट्टी निकाली और उबासी लेते हुए बोले - शादी करके मनुष्य - मनुष्य बन जाता है| मुझे देखिये मैं कुत्ते की मानिंद घूमता रहता हूँ, जो पालतू नहीं है| शादी उस सज्जन की तरह है, जो हम जैसे कुत्तों को पाला करती है| मैं तो अपनी आदत से लाचार हूँ| शादी करें तो किससे करें, दिल की मुसीबत ठिकाने लगने नहीं देती| मियाँ शादी कर पछता क्या रहे हो - वह अपना भाग्य मानो - नहीं तो दालमण्डी में ठोकरें खाते फिरते|

विमलेश ने आह भरकर कहा - शादी कर सुखी हो सकता था दोस्त| पर कब?

अवस्थी बोले - तब, जब हमारी बातें मानी होतीं|

तुम्हारी?

विमलेश ने घृणा से उत्तर दिया - तुम्हारी बातें मान कर ही तो यह आफत ढोयी है| तुम नये - नये लौंडे थे - तुम्हारे भाषण सुनकर मैं कूद पड़ा| ख्याल न किया, यह अथाह सागर है, डूब जाऊँगा| एक तो जाति - पांति से गया और दूसरे जीवन की शान्ति और ज्योति से हाथ धो बैठा, बुरी सायत थी वह जब मैं तुमसे मिला था, अवस्थी|

अवस्थी ने उठते - उठते कहा - जी भर कर कोसो, मुझे इससे कोई मतलब नहीं| मैंने तो राष्ट्रीय हित के लिए अपने सद् विचार व्यक्त किये थे| अन्तर्जातीय विवाह और प्रेम - विवाह के स्वप्न भी देखते आ रहे थे| नहीं तो बलिवेदी पर लटक जाने की प्रेरणायें हम तुम हमेशा पाते हैं, फिर भी क्यों नही लटक जाते|

विमलेश ने कुछ उत्तर न दिया|

[२]

विसेसरगंज से अस्सी तक का लम्बा रास्ता कटा, विमलेश को न तो इसका ज्ञान था - न इस ओर कुछ ध्यान ही| अपने आप इक्के, तांगे, बग्घी और मोटर से बचता हुआ वह जब घर पहुँचा, तो दरवाजे पर ताला पड़ा हुआ मिला, अतः वह चुपचाप नीचे उतर गया| सड़क पर उतरते ही पड़ोसी कमलाप्रसाद अखौरी टक्कर खाते - खाते बचे|

विमलेश ने क्षमा माँगते हुए पूछा - काका, मेरे घर से कूँची - बूँची आई है क्या?

मेरे हरिकेन के पीछे रक्खी है| बहु ने कहा कि काका, यदि वे आवें तो यह कागज और कूँची दे देना| मैं बैठा - बैठा हिसाब लगा रहा था - पौने तीन आने के पैसों का अन्तर आ रहा था| तुम होते तो झल्लाकर इस अन्तर को भाड़ में डाल देते, परन्तु पौने तीन आने के पैसों के लिए मैं पौने तीन करोड़ का पाप खरीदता रहता हूँ| सस्ते में उन्हें छोड़ देना मेरे लिए असम्भव है| आजकल एक पाई सोने की मोहर हो रही है| यह हिन्दुस्तान ऐसा हो जायेगा, इसकी जरा भी खबर मुझे लग जाती तो ....

विमलेश ने कूँची लेते - लेते कहा - और कुछ कहा था - उसने?

और? अखौरी ने कपड़े उतारते हुए कहा - और तो कुछ नहीं कहा| पर मैंने दुनिया देखी है| खासकर खँखारने गया, तो देखा, मोटर में बैठी जा रही है| तुम्हें बुरा तो न लगेगा| मैं युवकों से कुढ़ता हूँ| आज के नौजवान बुड्ढों को देखते ही मारक मन्त्र जपते रहते हैं| तुम्हें पसन्द न आयेगी यह बात, पर मैं तो यही कहता हूँ, हम लोगों

का मनोबल निर्बल हो जाना ही ठीक हुआ। नहीं तो हम खूसटों की मौत दिन में हजार बार आ जाती है।

विमलेश ने बात बदलकर कहा - काका, आप गाँव कब जा रहे हैं?

अखौरी ने जनेऊ कान पर चढ़ाते हुए कहा - अभी तो देर है - तेरस तक जाऊँगा। आजकल जमींदारी में क्या रक्खा है। भांग की खेती करो, तो चार पैसे मिल जायेंगे। काश्तकार मिलते हैं, तो गवर्नरी रूआब में रंगे - बैल मिलते हैं, तो छप्पनिये की निशानी बने हुए। यह भारत तो ससुरा सिर से पैर तक गया बीता है। जहाँ देखो वहाँ अखौरी को तो यही बिगड़े रंग रंगे दिखते हैं।

विमलेश ने कुछ उत्तर न दिया। अखौरी ने किवाड़ बन्द करते - करते कहा - ऑफिस में छुट्टियाँ हो गईं?

अभी नहीं।

कब तक होंगी?

अभी तो बीस - बाईस दिन की देरी है।

[३]

कागज पढ़ा, तो विमलेश की आँखों में ललाई आ गई। बिजली की रोशनी में उसका क्रोध, दुःख और ग्लानि में डूबी हुई आँखें संसार का घृणा, व्यामोह और नीचता प्रदर्शित करता हुआ चित्र खींच रही थीं। हाथों को पीछे कमर पर बाँधे हुए वह चक्कर काटने लगा। और दिन जब क्षोभ के मारे उसकी अन्तरात्मा जलने लग जाती, तब वह कुर्सी पर बैठकर सामने राधा - कृष्ण की तसवीर लगे हुये कलेण्डर को देखा करता।

पर आज वह बात न थी - और दिन तो कान्ता उसे कोसकर, उसे अपना जीवन का कलंक, पाप, पश्चाताप और अपने विगत कर्मों का फल कहकर अपने दिल का गुबार निकालती, परन्तु आज तो वह पत्र लिख गई थी - तुम्हें देखते ही मेरा रोम - रोम घृणा से भर जाता है। तुम्हारी नीचता ने मुझे कहीं का न रक्खा। मैं क्या जानती थी कि तुम पापी हो। पापी - तुम्हारे साथ रहते - रहते मैं भी पापिन बन गई हूँ। मैं जानती हूँ कि इस प्रकार से तुम्हें कोसना मेरे धर्म के विरुद्ध है परन्तु पवित्र परमेश्वर के रूप में देखना मेरे लिए असम्भव है। बने हुए तुम! कितना धोखा दिया है तुमने। उन दिनों तुम देवता की चाल चुराकर देव बने हुये थे, परन्तु मैं तो कहीं की न रही। अपने आदर्शों से गिर कर मैं तुम्हारे छद्म - वेश पर मोहित हो गयी।

आगे वह पढ़ कर क्या करता? ठीक है - वह घूमते - घूमते बड़बड़ाया - ठीक है, मैं धोखेबाज हूँ। मुझे अपनी धोखेबाजी का फल मिलना ही चाहिये। व्यभिचारी था, पर

तुम्हें ब्रह्मचारी बन कर ठगा। वासना को प्रेम का प्रदर्शन कह कर तुम्हारे साथ दग़ा किया। आज तुम चली गईं - ठीक ही किया -

वह कुर्सी पर बैठ गया, परन्तु कलेण्डर पर आँखें न जमीं। दाँत पीसकर खुद ही दोनों गालों पर जोर से थप्पड़ मारने लगा। ले - सूअर - ले। अपने किये का फल भोग। पापी - नीच - ले।

रात भर वह उसी कुर्सी पर पड़ा रहा। तरह - तरह के स्वप्न आते रहे। एक बार वह बादलों से घिर गया जैसे सारी देह बन्ध गई। दूसरी बार उसे मालूम हुआ जैसे वह अंधड़ से उड़ा जा रहा है। उसे दिल में भय और रोम - रोम में कम्प मालूम हुआ। उसे मालूम हुआ, मानो वह अनन्त सागर के तट पर खड़ा है। खड़ा ही क्यों, यह लो। किसी ने उसे धक्का दिया। घबरा कर उसने आँखें खोल दीं। तीन पर सात मिनिट हो गये थे। उसे मालूम हुआ, वह किसी के द्वारा सागर से डूबते हुए बचा लिया गया था। परन्तु दूसरे ही क्षण उसे मालूम हुआ, अच्छा होता वह उसी अपार समुद्र में डूब जाता।

[४]

कान्ता ने सिविल मैरिज की थी, अतः सिविल तलाक का हक भी उसने प्राप्त कर लिया था। परन्तु भारतीय हृदय ने एक बार तो तलाक को पसन्द न किया। परन्तु एक दिन, जब वह अपने घर में बैठी दीनबन्धु पाठक को पत्र लिख रही थी, यह भाव आया, क्यों न मैं तलाक के लिये दरख़्वास्त दूँ - ठीक है। आनन्द, आशा और कुछ ग्लानि में एक क्षण भर, डूब कर उसने लिखा - आप और मैं पहले भी एक थे - अब भी एक हैं। आप के साथ मैंने अन्याय किया है। आपकी उस लम्बी चुटकी को मैं विश्वासघात समझ गई। परन्तु अब मैं अपनी भूल का पश्चाताप कर रही हूँ। मैं चाहती हूँ कि - कलम आप से आप रुक गई। कोई बोल उठा - तुम्हारा विवाह हो चुका है - इस जन्म में एक ही बार विवाह होता है। तुम्हारी माँ ने - तुम्हारी साथिनों ने, तुम्हारी सम्बन्धिनियों ने एक ही बार विवाह किया। देखो, जिसे तुम अपना अधिकार मानती हो, वह पशुता मिला हुआ स्वार्थ है। परन्तु फिर उसी समय एक गर्जती आवाज सुनाई दी - यह सब वृथा है। मनुष्य जन्म से स्वतन्त्र है। सुख और सन्तोष ही उसकी स्वतन्त्रता के लक्ष्य हैं। ठीक है - एक पापी, धोखेबाज, व्यभिचारी के साथ मैं थोड़े दिन तक रही हूँ। क्या हुआ जो दो वर्ष हो गये उसके साथ रहते - रहते? - एक बच्चे की माँ हूँ तो भी क्या हुआ? मैंने जिस सिद्धान्त पर विवाह किया है - उसी के अनुसार तलाक दे दूँगी। मैं मनुष्यत्व की भूखी हूँ। मैं भूखी हूँ विशेषताओं की। उसमें विशेषताएँ छोड़कर मनुष्यत्व भी नहीं है। कह दिया, मैं पापी हूँ - तुम देवी। बस मैं चुप हो जाऊँ। पर यहाँ जो होली जल रही है। वह सरासर धोखा है - अन्त में पत्र लिख कर वह सो गई।

शाम को उसका उत्तर भी आ गया - मुझे बहुत खुशी है कि तुमने अपनी गलती मन्जूर कर ली। मुझे तुम्हारा प्रस्ताव मन्जूर है। मैं कई कारणों से तुम्हें आज मिल नहीं सकता। मुझे 'सर्वेंट ऑफ इण्डिया सोसाइटी की बैठक में जाना है - क्लब में भी पार्टी है -

तलाक के लिये अर्जी लिखते हुए एक बार फिर दो आवाजों में लड़ाई हुई - एक बार फिर कलम रुकी।

[५]

अदालत में जाना विमलेश के लिये श्मशान जाना था - और जा भी कैसे सकता था। अतः एक लिफाफे के रूप में वह अदालत जा पहुँचा।

पत्रों में जब छपा, तो सम्पादकों को टिप्पणियाँ लिखने में मजा आ गया। एक ने लिखा - कवि को वह दर्द मिल गया, जो अब से उनकी कविता में छ्हरेगा। आखिर कविता क्या है? दिल के अनुभूत दर्द का गाना। अपनी कान्ता के द्वारा ठुकराये जाकर मानव - हृदय युगों तक रोता रहता है। फिर यह तो एक स्वयं समस्या है। प्रेम की डोर का इस प्रकार टूटना हमें तो वीणा के तारों के टूटने - समान ही दिखता है।

दूसरे ने कल्पना की - यह तलाक युवकों के मन की उस समस्या का नग्न चित्र है, जिसे बड़े - बड़े उपन्यासकार अनेक कथानकों के रूप में सुलझाने की चेष्टा करते आये हैं। विमलेश जी के उस अभूतपूर्व विवाह की बधाई का नोट लिखते समय यदि हमें यह खबर होती कि तलाक की खबर भी छापनी पड़ेगी, तो हम अभिनन्दन देना उचित ही नहीं समझते। भारत का समाज - सुधारक यदि मानवी - समाज - स्वातन्त्र्य का यही स्वरूप अंकित करता है, तो हम उससे सहमत नहीं होते। समाज की मर्यादा एक दूसरे के स्वार्थ की रक्षा मात्र नहीं है। वह हृदय और आत्मा के विकास की समस्या भी हल करती है। यूरोपीय सुधारक कदाचित् हृदय और आत्मा के अस्तित्व तक में विश्वास नहीं करता। वह यही समझता है कि उसे भूख लगती है - ठण्ड लगती है - गर्मी लगती है - उसे वासना की आँधी सताती है ....।

तीसरे ने मज़ाक उड़ायी - विमलेश जी को दुःख होना तो न चाहिए। हमारी राय में आप गंगा के किनारे जाकर भंग छाना करें - अथवा इंश्योरेंस कम्पनी की मैनेजरी छोड़ कर कफ़नी पहिन लें।

विमलेश ने इन टिप्पणियों को पढ़ा तो आँखें भर आयी - संसार इतना हृदयहीन है। मैं तो लुट गया - उसे मेरी लूट पर अपनी समस्याएँ सुलझाने की पड़ी है। एक हृदय टूट जाता है, उसे हँसी आती है - जैसे बच्चे के हाथ से छिटक कर खिलौना टूट गया हो। एक असमर्थ मनुष्य का नन्हा - सा संसार लुट जाता है - उसे उस विध्वंस से भावी जीवन - भवन के लिए जैसे ईंट - पत्थर मिल जाते हैं।

[६]

कामताप्रसाद अवस्थी ने कहा - विमलेश, ऐसे धक्के तो बिलकुल मामूली हैं| कर ले दूसरी शादी और मौज कर| नहीं तो, जिस तरह मैं रहा करता हूँ - रहा कर|

विमलेश ने उसकी ओर दया की दृष्टि से देखा| बोला - अवस्थी, यदि इसीलिए मुझे मिलने आए हो, तो भाई अपना समय न बिगाड़ो| तुम्हें दोष न दूँगा| तुम्हारे मण्डल में मिलकर मैंने सुधार करना चाहा, आज नानी याद आ रही है| यह छोटा - सा 'बैग' देखते हो| उसमें मेरी एक मात्र सन्तान के कपड़े भरे हैं| पर आज न तो वही है - न उसे जन्म देने वाली उसकी माता| केवल मैं हूँ| तुम्हें क्या कहूँ - वह 'बैग' मेरे लिये कफ़न बन गया है|

दोनों घूमते - घामते विश्वविद्यालय की ओर निकल गये| नगवा तक पहुँचे थे कि एक मोटर धूल उड़ाती हुई निकली| दीनबन्धु पाठक एम. ए., पी. एच - डी. ड्राइव कर रहे थे| और मिसेज़ दीनबन्धु पास ही में एक अमेरिकन कुत्ते को लिए बैठी थी| सहसा सामने से दो बैलगाड़ी - दो - तीन इक्के आते दिखाई दिये| एक क्षण के लिए मोटर रुक गयी|

विमलेश ने कान्ता की ओर देखा - कान्ता ने एक बार उसकी ओर देखा - फिर बगल के कुत्ते की ओर देख कर बोली - मोटर क्यों ठहर गई?

दीनबन्धु ने सिगार जलाते हुए कहा - बैलगाड़ी लड़ गई दीखती है -

कान्ता ने कहा - इस कुत्ते से मैं तंग आ गई हूँ| कभी शान्त तो बैठता ही नहीं - ऊँचा - नीचा होता ही रहता है|

विमलेश ने इतना ही सुना - मोटर उसी समय आगे चल पड़ी| घर आकर वह अपनी पुरानी कुर्सी पर बैठ गया, और आप - से - आप उसकी दृष्टि कलेण्डर पर लग गई| राधा और कृष्ण हृदय से हृदय मिलाकर खड़े थे| - आधी बंशी कृष्ण के अधर पर थी और आधी राधा के| फूलों के झुण्ड में दोनों इस प्रकार खड़े थे - एक बांसुरी पर एक गीत गाने के लिये|

परन्तु दूसरे ही क्षण वह कलेण्डर एक दूसरे ही दृश्य में लीन हो गया - वह इस प्रकार था:

नगवा के पास वह खड़ा है - एक मोटर भी खड़ी है| उसमें कान्ता और दीनबन्धु बैठे हैं| फिर कान्ता ने उसकी ओर देख कर अपने बगल के कुत्ते की ओर देखा, जैसे वह इस प्रकार देख कर कह रही हो - तुम सड़क पर पड़ा रहने वाला कुत्ता हो|

वह सिहर उठा - छोटी - सी सिहरन ने प्रलय कर दिया| वह जैसे छाया मूर्ति की तरह उठा - उस नन्हे से 'बैग' को उठा लिया और अस्सी घाट पर आ पहुँचा|

एक क्षण वह घाट पर खड़ा रहा - फिर शराबी की भाँति नीचे उतरा - एक बार पैर फिसला - सुदूर मन्दिर से गूँज कर आती हुई 'राम राम जपु, राम राम जपु।' की मन्द बलखाती हुई ध्वनि आयी, परन्तु उसी क्षण अन्धकार में सोता हुआ एक कुत्ता भौंक उठा।

हाय! मैं कुत्ते से भी बदतर हूँ। वह बोला।

गंगा की शान्त, शीतल, सन्तापमोचिनी धारा ने बुदबुदों की भाषा में कुछ कहा, परन्तु उसे समझता कौन?

8

धरती और आकाश

सहसा पूर्णिमा के चेहरे पर एक हल्के विषाद की रेखा अंक गई, मानो साँवरे मेघ - खण्ड में धूएँ की पतली कूँची पोत दी गई हो| डाँडों को कन्धों पर उठाये नाविक के समान अभिनय करते जाते सुधीर की बात का जवाब उसने केवल हँसकर दिया और गंगा के सामने, किनारे पर जलती हुई एक चिता की ओर देखने लगी| मनोरम संध्या काल था, कुछ नारंगी बादल घटा - टूटे क्षितिज की ओर और धनुष की तरह गये हुए बनारस शहर में घनाघन घण्टों का एक तुमुल संगीत! पर पूर्णिमा अपनी मधु - रजनी के इस अन्तिम दिन, सहसा मलीन हो उठी, मानो रह - रह कर कोई पुराना दुःख बिच्छू - सा दिल में डंक मार रहा था|

सुधीर ने नैय्या पर कूदते हुए कहा - देखा गेलाप! सिनेमा देखा फिर किस दिन के लिए है? - कम ऑन, डार्लिंग! गेलाप!

पर पूर्णिमा ठीक किनारे पर आ रुकी, अध - बीच घाट से अटखेली कर, उसे चूम, गुदगुदा अब कलोलें हँसोही - हँसोही उसके लाल चरणों की वन्दना के लिये दौड़ी आ रही थी| पूर्णिमा मानो सकुचायी|

सुधीर ने अभ्यासवशात पतवार देखी - भाली| हँसले जाँचे और बोला - काफी मजबूत है यह नैय्या, पूनों! और फिर वह न जाने क्यों मन्द - मन्द विहँस उठा|

हाँ! एकाकी, विजन - विजन - सी अब पूर्णिमा मानो बोली - तरंगित यह नदी और मजबूत नाव| ठीक तो -

क्यों? खेवनहार की ओर इशारा है क्या? हा, हा, हा!

अथाह गगन में देख, एक भारी भरकम जलद की ओर देखते हुए वह बोला - पूनों, आज जब तक चन्द्रमा अपना समस्त अमृत इन लहरों को न पिला दे, तब तक हमारी यह नाव बहती रहेगी! तुम पथिक, मैं नाविक, ऊपर आकाश, नीचे धरती! वर्षा का भय, पर मृदुल संगीत और मस्त हृदय! पूर्णिमा, न आज का भय और न कल की चिन्ता| - है न? संसार के कष्टों के लिये हम कर ही क्या सकते हैं?

फिर उसने मूक - सी, मूढ़ - सी होती जाती पूर्णिमा का आँचल पकड़ कर खींचा। पूनों मानो स्तब्ध - सी खिंची चली गई। सुधीर के वचन मानो उँगली गड़ा - गड़ा कर उसके अतीत के पर्दे कँपाने लगे। एक दीर्घ हाय मन - ही मन उसका कलेजा हहरा गयी।

उछैना बड़ी कठिनता से अपनी हँसी रोक सका। उसने सुधीर के हाथों से डाँड लेने की एक वृथा - सी चेष्टा की।

सुधीर ने नकारात्मक सिर हिलाया और अधिक भावप्रवण होता हुआ बोला - तुम मुझे धारा और लहरों की गति - विधि बताना, बस! तुम्हारा नाम?

दुबले - पतले, उम्र में प्रौढ़ उस नाविक ने संकोच को सहज करते हुए उत्तर दिया - उछिया, सरकार! हजूर की किरपा से कमा खाता हूँ। और फिर उसने सुदूर तीर के किसी वृक्ष की ओर देखते हुए कहा - हुजूर - सा राम सब दिन थोड़े मिलता है। सुधीर समझ गया, यह परिश्रमी हृदय क्या अनुभव कर रहा है।

बोला - पूनों, दिन भर पढ़ते - पढ़ते थक गया। पर इस समय मन उड़ा जा रहा है। तुम भी न मालूम क्या सोचती पड़ी रही! क्या हम बारह ही दिनों में वृद्ध हो गये! हा, हा, हा!

और उसने हँसेलों में डांडे भरा दिये। उछैना ने एक धक्का मारा और डोंगी तरंगों में। पूर्णिमा के अन्तराल में जैसे एक कम्प कुनमुना गया। उसने कुछ लहरों को नाचते। एक दूसरे से मिल एक ओर बह जाते देखा और मन - ही - मन अपने अतीत का एक साम्य उसने खोजना चाहा। - हूँ? आज वही अतीत क्या इन तरंगों के समान किसी और ही तट की ओर बह रहा है? पूर्णिमा! कितनी निश्चिन्तता, कितनी मस्ती, इन कलोलों में है और तू? ओह, जीवन - समुद्र में मैं एक अभागिनी तरंग हूँ।

सुधीर ने पहला डांड मार कर कहा - हनीमून की प्रथा स्वीकार कर हमने जीवन को अवश्य ही मधुर बना दिया है, पर मैं नौका - विहार उसका एक अनिवार्य अंग बना देना चाहता हूँ! इससे बढ़कर जीवन के लिए मुझे कहीं अच्छी और सुन्दर उपमा न मिली, प्रिये!

पतवार पर बैठे हुए उछैना ने दबी दृष्टि से पूर्णिमा की ओर देखा। उसके मन में एक कल्पना उठी, उसके ऐसी मेहरिया हो तो? - तो! वह अपने इस कल्पना की अवश्यंभावी निरर्थकता को देख मानो निराश और कुछ उद्विग्न हो उठा। उसे मढ़िया बाबा की एक उक्ति याद आयी - बौना चाँद को चूमने चला है। उसने इसी भाव से प्रताड़ित हो पतवार घुमा दी। नाव ने और नयी तरंगे चूमीं - नयी दिशा निहारी - कुछ डगमगी, कुछ डोली।

छाती निकाल - निकाल कर उसने हाथ मारने शुरू किये। पूर्णिमा कुछ देर सुधीर के उन्नत, प्रशान्त और भावलिप्त ललाट को देखती रही, फिर उसकी दृष्टि क्षितिज पर जा जमी। नाव चली जा रही थी। कुछ डोलती, कुछ रमती। सुधीर डूबता हुए सूर्य को देखता हुआ डाँडे चला रहा था - उछैना जरा ललकार तो दे। वह सहसा बोला।

मानो गंगा के गहरे अन्तरपट को चीर कर एक उदासीन संगीत निकला| उछैना पतवार भी घुमाता और गाता भी जाता था|

दिन नीके बीते जाते हैं - हाँ, पूर्णिमा! जीवन के ये सुख के छके दिवस बड़े मजे में, आनन्द में - हास - विलास में बीत रहे हैं| उसने नाचती लहरों तथा प्रमत्त से सुधीर के बाहुओं और उदासीन आती - आती रजनी की छवि के समान गाते हुए पुरदर्द नाविक की ओर एक बार फिर देखा|

अब मानो सभी लहरें, क्षितिज को गुदगुदा कर गा उठी - दिन नीके बीते जाते हैं| पूनों, तुम्हारा वह पाप आज इस तन्मय पल में मानो एक अहर्निश जलने वाली ज्वाला है| उसे मालूम हुआ कि आज उसका आनन्द उस जलते हुए वीरान में सूख गया है|

सुधीर ने मौज में, एक हाथ से ही नैय्या खेते हुए कहा - प्रिये! इस समय मैं पूछता हूँ कि संसार में कौन सी कामना हमारे सामने ठहर सकेगी? कौन - सा सपना मुँह दिखा सकेगा? कौन - सी स्मृति अपनी बरछी चला सकेगी? इस समय - उसने प्राणों को नयनों में भर कर उस धूमिल, साँवरी और तारों से प्रदीप्त होती जाती अथाह रजनी को चारों ओर देखा|

गंगा के नीले जल में तीन झिलमिल सुनहरी ज्योतियाँ मानो उसके हृदय को गुदगुदा रही थीं|

सुधीर ने पूछा - जानती हो, भवसागर में ये ज्योतियाँ क्या है?

पापिन! उत्तर दे! पूर्णिमा की मनसा ने चीत्कार कर कहा - भवसागर में ये ज्योतियाँ क्या है? - और सहस्त्रों गुना अधिक भारी होकर उछैना का वह गीत एक नया भाव लेकर उसकी आह में मानो जल उठा - दिन नीके बीते जाते हैं -

सुधीर दोनों हाथों को भींस कर बोला - एक पवित्रता, दूसरी आनन्द, तीसरी प्रेम! इस जीवन के अन्धकारमय सागर में ये तीन ही ज्योतियाँ हैं, पूनों! ये तीन ही तो ....

फिर वह कवि, वह विचारक, वह विशिष्ट क्रान्तिकारी चुप हो गया, जैसे कोई उसके मुँह से उसके ये दिव्य वचन छीन लेगा|

और पूर्णिमा सहसा मूर्छित - सी उसके कन्धे पर ढल पड़ी|

जल्दी - जल्दी कुटीर को वह लौटा| करीब आधा घण्टे बाद पूर्णिमा ने करवट ली| ललाट पर अपना मृणालदण्ड - सा बाहु रख दिया| पुस्तक के पृष्ठ को मोड़ कर रखते हुए वह खड़ा हो, दबे पाँव उसके पास आया - पूनों ....

टिक्, टिक्, टिक्, टिक् .... चुपचाप बेपरवाह, पर झूमते भाव से गर्भित समय बीत रहा था - पूनों! उसने पुनः पुकारा|

मन्द, आसमानी बत्ती में मसहरी मानो तारफीणी के जाले - सी मालूम होती थी| फरनीचर जैसे गतिमान अँधेरी आकृतियाँ, जो अब किसी के शाप के मारे जड़ हो गई हों|

पूर्णिमा ने एक ओर करवट ली और गहरा विश्वास ले कहा - बड़बड़ी, - हट जाओ!

सुधीर चौंक कर, धक्का - सा खाकर हट गया| टुकुर - टुकुर उसने उसके विवर्ण होते हुए चेहरे की ओर देखा|

सिर धुनकर पूर्णिमा ने एक हथेली अपनी छाती पर मारी, दाँत भींसे - पापी!

वह चीत्कार किसी हँसते हुए बालक के सहसा मृत्यु - समाचार की भाँति स्वप्न - मग्न गंगा के तीर की ओर लपका|

और सुधीर की आतुरता ज्वार की भाँति बढ़ी - सपना देख रही है! हो न हो, कोई भयानक सपना है| पीछे हाथ बाँध, वह स्तब्ध और श्वास स्थिर किये खड़ा रहा|

पूर्णिमा की छाती में एक युगान्तजीवी स्मृति पुनः सजीव हो रही थी| बाहर तन्द्रिल, मगन - मगन, आत्मविभोर शान्ति थी, वह शान्ति, जो संघर्ष का समतुलन है, प्रकाश ही प्रकाश है| और पूर्णिमा का कलेजा, मगन लाल मास्टर, एक पिशाच की भाँति कतर रहा था|

स्वप्न में ही पूर्णिमा आज से पाँच वर्ष पहले वहाँ, जा पहुँची| वही कमरा, वही कोच और वही कामी! वह जैसे स्वर्ग की सैर कर, इस नरक में आ पड़ी थी| एक अतीन्द्रिय शक्ति ने उसे अपने स्थूल, पलंग पर सोते हुए स्थूल, से अलग कर दिया और जैसे वह भूत के उस खण्ड को वर्तमान बना पाई - मगन लाल! अब क्या होगा? क्या व्यभिचार को छिपाने को खून भी करना पड़ेगा? जैसे अन्तरात्मा की यह चीख सदा ही अमर, हमेशा ही बुलन्द थी| सहसा हड़बड़ाकर कि कहीं सुधीर इसे सुन न ले, वह जगी|

पसीना - पसीना, धड़क् - धड़क् दिल, हाथ - पैर ठण्डे|

पूनों! शान्त! संयत होता हुआ एक स्वर गूँजा|

मन - ही - मन उसने उत्तर दिया और अनुभव किया कि भूत सपने में अमर है, वर्तमान में नहीं| फिर भय क्यों? जो हो गया सो हो गया|

वह उठ बैठी और सुदूर नन्हीं - नन्हीं उन्हीं तीन ज्योतियों की ओर देखने लगी| क्या वह प्रेम से पागल नहीं? क्या पवित्रता की प्यासी नहीं? क्या आनन्द उसका पल - पल का संगीत नहीं? वह अपने इस कारवाँ के लिये किस क्षण प्राण न दे देगी? किस अग्नि में, समुद्र में, गहरे खन्दक में वह बलि न जायगी| सुधीर के मंगल के लिए? फिर क्या एक पाप, एक अपराध जीवन में भगवान् क्षमा न करेगा?

और उसके बैठते हुए हृदय में कुछ सांत्वना का प्राण रम गया, आह के साथ - साथ आँसुओं से पलकें डबडबा गयीं|

सुधीर ने दूसरा सफेद लैम्प जलाया। जब सारा कक्ष प्रकाश से भर उठा, तो उसने घूरकर पूर्णिमा की ओर देखा - कैसी तबियत है?

पूर्णिमा की पलकें गिर गयीं।

वह पास आया, उसकी पीठ पर हाथ रखा, कुछ झुक कर बोला - क्या कोई भयानक सपना देख रही थीं?

हूँ! पूर्णिमा की कमर जैसे झुक गयी।

वह पास बैठ गया, अपना कसा और लम्बा बाहु उसकी कमर में भर लिया और अपनी ओर, पार्श्व से मिलाते हुए वह पुनः बोला - क्या बात है? बोलो मैंने फ्राइड पढ़ा है। मैं तुम्हारे सपने का मतलब बता दूँगा। डर क्यों रही हो? और उसने दूसरे हाथ से उसकी ठुड्डी उठा कर मुस्कुराते हुए उसकी आँखों में देखा, चाहा कि चूम ले। पर पूर्णिमा ने उसे रोक दिया। उसका समस्त साहस फूट पड़ना चाहता था। जैसे वह विष उगल देना चाहती थी। एक जीवित भुजंग को गले में उँगली डाल वह खींच कर बाहर पटक देना चाहती थी।

उसने सुधीर के चरित्र - दीप्त कान्तिमान प्रशस्त चेहरे की ओर कोई आधार पाते देखा।

सुधीर उठ खड़ा हुआ बोला - जो हम चाहते हैं, विचारते हैं वही सपने के रूप में प्रकट होता है। वे कहते हैं भूत और भावी भी यों दीप्त होते हैं। मैं निश्चित तो कुछ नहीं कह सकता पर इस मत को सहसा टाल भी नहीं सकता। लन्दन में एक बार मुझे सपना आया कि मैं बर्लिन की किसी सभा में विवाहित जीवन की एक फिलासफी पर व्याख्यान दे रहा हूँ और मैंने कुछ अर्से बाद दिया भी। तुम बड़ी श्रान्त मालूम होती हो। यदि कह सकती हो तो अपना सपना कह दो। मैं तुम्हारा भय शायद कम कर सकूँ।

पूर्णिमा अब बोली - मानो किसी जन्म का, जो मैं जी चुकी हूँ, मुझे एक सपना आया हो। बड़ा सजीव - मैं उसे पुनः देखना नहीं चाहती। और वह गले से झूम उठी।

प्रेम की उर्मी में उसने सहर्ष उसका आलिंगन किया।

कपोल पर कपोल शिथिल - सी, रग - रग में विकीर्ण वह बोली - आप मुझे सदा यों ही प्यार करते रहेंगे न?

- हाँ!

नहीं, कसम खाओ! बाहुपाश को अधिक मजबूत करते हुए बोली।

तुम्हारे सिर की सौगन्ध, बस! उसके ललाट से अपना ललाट भींसते हुए बोला।

निःश्वास लेकर वह अलग हो गयी और उसने सोते हुए गंगा - प्रवाह को सुदूर देखा। बोली - यदि कोई आकर मुझ से कहे कि आप भ्रष्ट हो गये हैं, तो भी मैं अपने प्रेम से उसे धो दूँगी। दोनों हथेलियों को भींसकर बोली।

- और मैं भी, पूनों, मैं भी! वह घूमकर उसके पास आया और हँसता हुआ बोला।

पूर्णिमा ने मानो निराश भक्त की तरह सहसा प्रगट हुए भगवान् की ओर देखा। उन चमकती, प्राणवन्त, गहरी पुतलियों में उसे एक महिमामयी की क्षमता भरी हुई मिली। भीत कपोलों पर निश्चिन्तता का गुलाबी रक्त दौड़ आया। पूछा - आप पाप - पुण्य मानते हैं?

सुधीर पलंग पर लेट गया और उसे पार्श्व में आवृत करता हुआ, कुछ मुस्कराता हुआ बोला - क्यों? यह प्रश्न इस समय क्यों?

- यों ही। पूर्णिमा ने अपनी आतुर, कम्पित - सी दग्ध कनखियों में किसी तारे की छवि भर ली।
- तो भी? कुहनी के बल हो, हथेली पर सर टेकते हुए उसने पूछा - पाप - पुण्य की समस्या पर मैं साम्प्रदायिक दृष्टि से विचार न कर, मनोवैज्ञानिक दृष्टि से विचार करता हूँ। आखिर यह तो तुम भी स्वीकार करोगी कि हम में उत्कर्ष के लिए बलवान प्रेरणा और उमंग है। हम अन्धकार से हट कर सर्वथा ज्योति की ओर जाना चाहते हैं। अब वह मानो उस गम्भीर समस्या पर तर्क - वितर्क करने के लिए तैयार - सा हो गया था।

पूर्णिमा ने कहा - समझी, हम अन्धकार के ही बने हैं, और हमें प्रकाश बनना है, यही न? उसका स्वर सूक्ष्म पर तीव्र आह से जला हुआ था।

स्प्लेंडिड (Splendid)! सुधीर उछल पड़ा और सहर्ष उसे बाहुओं भर लेते हुए बोला - उफ़! ब्यूटीफुल! डीअर! जीवन का एक नया अर्थ, नूतन मर्म तुमने मुझे दिया है! ....

उसने अटूट कुतुहलपूर्वक चाँदनी में पीले गुलाब से उस निर्भाव मुख की ओर देखा - जो अब तक रसोई करती थी। उसने मन - ही - मन सोचा - जो अब तक आज्ञांकित अनुचरी थी, जिसे सरल ग्रामीण युवती समझे हुए था, वह जीवन की इस मूलभूत समस्या को इस मौलिक बिन्दु से देख सकती है! ताज्जुब! उसे मिस नोरा की याद हो आयी। वह प्रखरतर बुद्धिशालिनी भी निश्चित जीवन को यों न देख सकी। अवश्य इसे कोई अनुभूति है। पूछा - तुमने इस छोटी - सी उम्र में क्या - क्या पढ़ डाला है?

वह केवल हँसी भर, मानो चाँदनी ने हँसकर अमावस्या को रंजित कर दिया। फिर बोली - पण्डिताई मुझ से कोसो दूर भागती रही और मैं उससे, पर मैं जीवन से दूर न भाग सकी। मैं तो उस बच्चे के समान हूँ, जो आग में हाथ जलाकर कहता है कि आग जलाती है।

सुधीर ने रिमार्क किया - वे कहते हैं, प्रत्यक्ष ही ज्ञान का एक और अन्तिम द्वार है। तुम शायद इसे न समझो, पर जीवन ही से जीवन के सत्य मिलते हैं, और -

और जीवन ही में उन पर जिया जाता है| बीच में अधूरा वाक्य छीन कर वह बोली|

ग्राण्ड! वह चिहुँका - पूर्णिमा, ऐसा मालूम होता है तुममें मार्मिक अन्तर - दृष्टि है|

वह सारी रात भर एक विजन लपट - सी मन - ही - मन जलती रही| मानो अँधेरे में एक वासन्ती - कुंज दावानल में झुलस रहा हो, जल रहा हो| दूधिया चाँदनी निखिल भू - मण्डल में फैल रही थी| पर पूर्णिमा के हृदय में मानो अन्धकार के साथ - साथ एक आँधी उठ रही थी| क्या उसने इस सज्जन को धोखा नहीं दिया, जिसने गिरी और हेय हालत से उसका उद्धार किया? क्या उसके साथ वह विश्वासघात नहीं कर रही? उसके इस पाप - पंकिल हाथ के लिये उसने अपनी माता, इष्ट - मित्र आदि सभी से कैसा मजबूत विद्रोह किया! ऐसे सत्पुरुष को वह अँधेरे में रख रही है| जिसने उसके लिये इतने त्याग किये, कष्ट सहे - यातना, लांछन अपमान उठाये उसके साथ क्या वह आज गहरी प्रवंचना नहीं कर रही! चारों ओर सुनसान है, पर कैसी आग है यह उसके हृदय में?

उसने पुनः करवट ली और अधखुली पलकों से निश्चिन्त सोते हुए सुधीर को मानो दया, भय और सकष्ट देखा - नहीं - अब अधिक नहीं| छिपा हुआ, रुका हुआ आँसुओं का पुरजोर नाला आँखों की राह बह उठा| पूर्णिमा, हृदय में दीपक होते हुए भी आज नयनों में कैसा सघन अँधेरा है?

अन्धकार? उसने मानो आप ही यह प्रश्न पूछा| कहाँ है अन्धकार, किस कोने में, कहाँ? चीत्कार करती हुई, एक लपट - सी वह मन के अनन्त राज्य में घूम गई! और जैसे एक जादू हो गया हो, चमत्कार! त्यों एक गुंजरित संगीत मन के नीलाभ - कुंज में होने लगा| वह स्वयं मानो गायक है, स्वयं ही श्रोता हो! एक क्षितिज से भी परे, ऊँचा वृक्ष उसने देखा, जिस पर सहस्त्रों जुगनूँ मँडरा रहे थे| मन के अँधेरे में, अन्धकार के वृक्ष पर यह दीपोत्सव कैसा? संगीत और यह मूक ज्योतिर्मय जुगनूँ - जाल! वह ठगी - सी इसे निहारा की, रात बाहर और अन्दर सघन हुई|

वह गहरी नींद में|

सुबह उठी, जैसे शरीर में दर्द हो रहा हो; नस - नस खिंच रही हो| परन्तु मन में हुलास भरा हुआ था - अचल विश्वास निश्चिन्तता| उसने प्रभात के उस स्वच्छ और सुनहरे समय में अपने ही गुप्त - सौन्दर्य और बल को देखा| जिसे वह अँधेरा समझ रही थी, वही अब प्रचण्ड प्रकाश बन रहा था|

आज त्रिकाल में, स्वप्न में - जागृति में, सुषुप्ति में, उसका कौन है और वह किसकी है? कुटिया की खिड़की पर झुकी हुई वह सुदूर गंगा के तट से मानो यह पूछ बैठी|

और उमड़े हुए कुछ घन - खण्डों ने, सिंह से मकानों तक फैली हुई हरीतिमा ने उसे उत्तर दिया| वह उत्तर, जिसे वह सुन न सकी, पर चट से समझ गई| उसके नयनों से जैसे एक सर्वोत्तम रूप प्रकाशित हुआ, कानों से मधुर वाणी, रोम - रोम से एक

अतीन्द्रिय स्पर्श पैदा हुआ और उस मूर्ति में समा गया| सभी फूलों ने उसे गन्ध दी, लहरों ने स्फूर्ति, तारों ने आभा, मेघों ने सरसता और रसों ने लावण्य| हाँ, ऐसी मोहिनी सूरत उसने इस सुनहले सबेरे में देखी|

कल शाम की अँधेरी दुनिया इस समय कैसी बदल गई? अन्धकार मानो भ्रम था, चिन्ता मानो व्यामोह था और वह कटु अतीत एक आँच| वह मानो कमजोरी थी, अज्ञान था| यह संसार इस समय कितना सुन्दर है, सरस है, और? - और संगीतपूर्ण है! प्रियतम! मैं तुम्हारी बाँदी हूँ| मन - ही - मन उसने सधीर के उन ज्योतिर्मय कमल - से चरणों में प्रणाम किया|

सुधीर ने पीछे से आकर उसके नयनों को मींच दिया| वह स्थिर खड़ी रही| अब वह इन हाथों के सहारे इस अँधेरे असीम जीवन - पथ पर चला करेगी| और, कितनी शान्ति है इस स्पर्श में| पर न जाने क्यों उसका दिल धड़क उठा|

सुधीर ने हाथों ही के बल उसकी गर्दन घुमाई, बोला - गुड मॉर्निंग!

सुप्रभात! वह बोली|

बिलकुल ठीक? सुधीर ने उसके कन्धे झकझोरते हुए पूछा|

वह मन्द - मन्द हँसी|

जब दोनों बड़ी दूर तक किनारे - किनारे घूमते निकल गये, तो उस निर्जन एकान्त में केवल लहरों की टक्कर, एक प्रकार का संगीत पैदा करती प्रतीत हुई| सुधीर ने कहा - शान्ति, प्रकृति का यह वातावरण आज शहर वालों को नसीब नहीं और वह मल्लाह अपनी डोंगी के सिवाय और कुछ नहीं जानता|

इसमें दोष किसका है? पूर्णिमा ने कहा - मैं समझती हूँ, हम - आपका| हमने उद्योगवाद को अति के साथ स्वीकार किया| फलतः, पैसों की झनझनाहट के सामने यह निर्विकार घोष अनुभूतियाँ नहीं देता| सबके लिये आतुर और तत्पर हृदय चाहिये|

मतलब, कवि का हृदय? सुधीर ने मानो बात की नस टटोलते हुए पूछा|

हाँ, वह बोली - वह हृदय, जो शकुन्तला के पास था|

सुधीर ने इन दो कर्णावलम्बी भौंहों को भारी और मूढ़ होते हुए देखा| जैसे एक तीव्र डंक कोई मार गया हो, यों पूर्णिमा ने पुनः कहा - यदि गेटे शकुन्तला की तारीफ न करता तो हम सुधरे हुए भारतीय उसकी चर्चा क्यों करते? पर शकुन्तला कितने हृदयों का स्वप्न होती आयी है? यह सफेद और काली दुनिया वहाँ कितनी लघु, कितनी वृथा हो जाती है|

और वह वहीं थक कर बैठ गयी| सुधीर रुमाल बिछा कर उस पर बैठा| बोला - तुमने जीवन का वह गम्भीर रुदन कहाँ से सीखा? ताज्जुब है, अब तक तुम स्थिर और

सहृदय परिश्रम करती आ रही हो, गाँव में जन्मीं, गाँव में पलीं, केवल मिशन स्कूल में पढ़ लेने से तुम एक ईंधन की तरह यों चेत गयीं!

पूर्णिमा ने एक निष्प्रभ पर अथाह मर्मभरी दुःखी दृष्टि से लहरों के आलोड़न से कुछ समझने का प्रयत्न करते हुए सुधीर को देखा|

सुधीर फिर बोला - अब तुम सुखी हो, सम्पन्न हो, हो न?

पूर्णिमा ने हाँ में सिर हिलाया, पर वह गंगा की सतह टटोल रही थी|

सुधीर ने घूरते हुए पुनः कहा - एक शिक्षित, आदर्शचेता और प्रेम से उर्मिल पति तुमने पाया| आज तुम प्रान्त की असेम्बली के एक प्रतिष्ठित सदस्य की जीवन - संगिनी हो| तुम और सम्पन्नता के वातावरण में तुम्हें ये भाव क्यों सता रहे हैं, पूनों?

सौ - सौ चीत्कारों में उसका हृदय बोला - पूर्णिमा!

और गंगा के तीर उज्ज्वल प्रभात की वेला में उसने देखा, एक स्थूल तरंग अकेली - अकेली एक ओर बही|

सुधीर ने उसकी पलकें जमाते हुए कहा - आधुनिक मनुष्य जब जीवन के नख - शिख को देख लेता है, तो वह केवल निराशा पाता है| वह भोग से थका सतत आकांक्षाओं से भ्रान्त अन्त में जी भर कर रोता है| व्यक्ति भी, राष्ट्र भी| पर पूनों, हम मध्यम मार्ग के हामी हैं|

एक गहरी आह उसकी छाती भेद कर बाहर निकली| रुदन मानो होठों के बाँध से उसने रोके रखा| सुदूर उसने पाल के बल जाती हुई, क्षितिज के पास, एक नाव देखी| काली, पर सम्मुख से सूर्य आतप से भरे सुनहले प्रकाश में चमचमाती हुई| अब लहरों की नीली छाती में सोने की लहरियाँ पड़ रही थीं और क्षितिज मानो नाचती धरा और आकाश की गतियों का एक तन्द्रिल उठाव - गिराव था| अनन्त और अथाह आसमानी आकाश के नीचे यह मूक - मूक क्या हो रहा है? पूनों ने सोचा|

सुधीर ने कहा - तुम क्षितिज की ओर देख रही हो? बोलो भी! तुम्हें जो दुःख हो, वह मुझ से कहो - मैं तुम्हारा मित्र हूँ|

मानो स्वप्न में वह अविश्वास कर रही हो, यों सुधीर को उसने देखा| अब सुधीर गम्भीरतापूर्वक क्षितिज को देख रहा था| उसके मन ने कहा - इस देवता से अपने कलंक कह क्यों नहीं देती? क्या इस निर्जन में हृदय की नहीं, यौवन की एक भूल को वह सुनहली लहरों में बहा न सकेगा?

और एक सर्वदा सनातन राग, एक मधुमय स्फूर्ति लिये उसने अपने में ही सुना - पूनों! अपने दुःख का कारण अपने साथी, पथ - प्रदर्शक, अपने देवता से कह दे|

सुधीर बोला - वैसे ही तल्लीन - सा बोला - पूनों, मैं तुम्हारे योग्य न ठहरा! जब तुम अपना एक मामूली कष्ट मुझ से नहीं कहना चाहतीं, तब मैं तुम्हारा मित्र कैसा? प्रिय कैसा? प्रेम और सेवा जर्जर आत्मा को कौन - सा सौन्दर्य नहीं दे सकते? बोलो, प्रिये! फिर मैं तुम्हें और तुम मुझे, हम इस जीवन के मार्ग पर कैसे आगे चल सकते हैं? तुम्हारा साथ तो प्रेम का, आनन्द का, निष्कपट का है, क्या मैं तुमसे यह कहूँ पूर्णिमा?

पूर्णिमा का वह राग अधिक बलवान हुआ, पर इस बाह्य - जगत में जैसे एक नीरवता प्रकट हुई।

कहो! वह कातर, स्व - दोष - दग्ध सरल, सहृदय विचारक बोला - पूनों, आज दिन तक मुझ में किसी ने अविश्वास नहीं किया। तब मेरी तुम, मुझसे कितनी दूर भागना चाहती हो? भाग रही हो न? नहीं, बोलो! तुम्हारा यह विवर्ण मुख मुझे कहीं का नहीं रखता। मैं तुम्हें विश्वास दिलाता हूँ, तुम्हारी व्यथा को मैं दूर करने की तन - मन - धन से चेष्टा करूँगा। मुझसे अपना हृदय खोलो।

सहसा पूर्णिमा उठ खड़ी हुई, पुतलियाँ नव कलियों - सी पिचकी हुईं, हँसोहे अधर, प्रफुल्ल मुखड़ा मानो वह सुनहली किरणों का सौन्दर्य और आनन्द पीकर उठी हो अथवा किसी देवता ने उसके निर्जीव बदन को छू दिया हो। सुधीर के हाथ को खींच उसे उठाती हुई वह बोली - चलो, घर चलें! हा - हा - हा - उठो!

सुधीर ने अवाक् यह देखा, म्लान संध्या यों सहसा रम्य उषा में कैसे बदल गई! पूर्णिमा ने पुनः वैसे ही उसे खींचा और बोली - उठो न! कितनी भूख लगी है मुझे! सूर्य देखो, अधबीच आ गया!

सुधीर उठ खड़ा हुआ। फुदकती - सी मगन - मगन, निश्चिन्त, मानो वह उल्लास ही उल्लास हो, यों आगे - आगे चली। पीछे - पीछे वह। बोला - तुम में यह आनन्द भी छिपा बैठा था, पूनों!

हाँ। मानो मधु - छकी कोयलिया कू - कू बोली - तुम्हारे बल पर।

सुधीर मानो खिंच कर उसके कन्धे से आ लगा।

पूनों ने विभोर, उसके कन्धे पर सिर रखा, बोली - ईश्वर ने लहरें नीली बनायीं पर सूर्य ज्योतिर्मय। जब लहरें ज्योतिर्मय हो सकीं, तो मनुष्य क्यों नहीं। जीवन के अँधेरे मार्ग पर हम प्रकाश बन कर चलेंगे, प्रेम का अमृत पीते, पवित्र - पवित्र!

और निर्जन में वह मस्त कण्ठ से गाने लग गयी।

रास्ता यों कटा, जैसे सुख की कुछ पलें।

हनीमून की समाप्ति पर ही प्रान्तीय असेम्बली का अधिवेशन प्रारम्भ हुआ। और वह प्रस्तावों में इतना दत्तचित्त हुआ कि रात को भी वहीं और दिन को भी वहीं! पर पूर्णिमा जैसे सारे घर में अकेली। श्रीपट्टम और सुधीर में चाय पीते विवाद, खाते समय

विवाद और खेलने जाते, तब भी विवाद! पूर्णिमा एक दिन तो मन - ही - मन, हँसी, मानो हमारी आज की राजनीति यों कोरी विवाद है| अपने भावों की बदलियाँ कुछ देर बिखेर वह यों सोचती, मनुष्य का कल्याण करने के लिए बातचीत और वाद - विवाद का यह दौरदोरा क्यों? इतनी सतर्कता, इतनी सावधानी, यह जमा - खर्च किस लिये?

उत्ताल हँसते हुए एक दिन सुबह सुधीर ने पूछा - हाँ, बताओ तो, किस लिए?

पूर्णिमा ने मिस विली की ओर देखा और बोली - मैं तो किसी विश्वविद्यालय की डिग्रियाँ प्राप्त नहीं हूँ| पर इतना तो समझती हूँ, जब तक हमारे स्वार्थ और उनसे उत्पन्न द्वेष हमसे दूर नहीं होते, तब तक यह समय का नाश जारी रहेगा|

मिस विली ने पूछा - मनुष्य क्या कभी ऐसा होगा? इसे मैं घोर आदर्शवाद कहती हूँ|

पूर्णिमा में जैसे कोई सुप्त अनुभव, अन्तर्दृष्टि जाग उठी हो - समष्ठि के कल्याण के लिए जो व्यवस्था, नियम और कर्म की बागडोर हाथ में लेते हैं, उन्हें सत्पुरुष, सत्यप्रतिज्ञ, सत्य - परायण तो होना ही चाहिये| उपरान्त वे सब त्यागी और उदारमना महात्मा ही होने चाहिए| जब तक स्वार्थी के हाथ में कानून और व्यवस्था की शक्तियाँ रहेंगी, तब तक सुराज नहीं हो सकता क्योंकि वर्तमान राजनीति अपने स्थिर, अस्थिर स्वार्थों की सत्ता और बढ़ौती की यन्त्रणा भर है ....|

सुधीर ने एक घूँट चाय का पिया और बोला - ऐसा कब हुआ है?

मानो एक गरिमा के साथ उसने उत्तर दिया - ऋषियों और महात्माओं द्वारा अतीत भारत में नियम बनते और उन कल्याण - जन्य मर्यादाओं की रक्षा तथा प्रचार होता था| राजा, जिसे मैं व्यवस्था का शक्तिमान केन्द्र कहती हूँ, वह इस धर्म का प्रचारक और उसके लिए समाज का शासन करता था|

मिस विली ने जैसे बीच ही में कहा - तो आप जनमत के विरुद्ध हैं?

पूर्णिमा हँसी, उसने सुधीर की मुसकान को घूरते हुए उत्तर दिया - मुझे राजनीतिक रूपों से मतलब ही क्या है? मुख्य है जीवन में आनन्द, सुख| और वह धर्म, सदाचार तथा स्वस्थता के बिना कैसे मिलेगा? मुझे आप जनतन्त्र, धनतन्त्र - कोई भी तन्त्र दीजिये और साथ में मृत्यु भी इनायत कीजिए, मैं कहाँ रहूँगी?

मिस विली ने मन्द - मन्द विहँस कर सुधीर की ओर देखा और सुधीर ने उसकी ओर| सुधीर ने कहा - तुम वर्तमान जीवन की जटिलता, बारीकी और संसार की बौद्धिक उन्नति पर विश्वास नहीं करती, पर हम भूत का पुनरावर्तन नहीं कर सकते|

मिस विली ने भी कहा - भारतीयों की इस मनोवृत्ति के पीछे केवल एक प्रतिक्रियात्मक राष्ट्रीयता का भाव है| पर अब हम सब एक अखण्ड मानव जाति में संगठित होने जा रहे हैं|

पूर्णिमा चुप, और सुधीर ने ताज़ी डाक का पुलिन्दा खोला| बोला - मैं इस सभ्यता के कुछ जन्मगत दोष महसूस अवश्य करता हूँ, पर जिन महान् व्यवस्था - स्वरूपों को इसने अब तक के संग के बाद विकसित किया है, उन्हें हम यों ही फैंक नहीं सकते| क्यों फैंके? मैं उस दलील में अवश्य विश्वास करता हूँ कि मनुष्य के कल्याण के लिये ही विज्ञान, धन और सब संस्थाएँ हों|

और पाँच - छः कागज पूर्णिमा को दिये - तुम्हारे! पूर्णिमा ने मानो शंकित धड़कते हुए हृदय से कागज लिये| एक फिरोजी लिफाफे पर उसकी आँखें जैसे स्थिर हो गयीं|

शाम को थका - मांदा सुधीर जब घर लौटा, तो देखा पूर्णिमा सो रही है| चारों ओर निराश हृदय के समान एक मन्द, उदास संध्या छायी हुई थी| सुधीर उसके पास आया और उसका कन्धा छू कर बोला - क्यों? फिर क्या बात है?

पूर्णिमा मानो सिकुड़ गयी| सुधीर का कोमल हाथ पंजे के दबाव - सा उसे मालूम हुआ|

कुछ बुखार, मन भारी, बीच - बीच में चौंक उठना - सुधीर ने मेजर जेटी को फोन करके बुला भेजा| और वह मोटे पेट वाला, उखड़ी मूँछों का धनी मेजर आकर कुछ देख गया, जाँच गया| दस रूपये के नोट जेब में रखते हुए वह बोला - डिप्रेशन और सप्रेशन फोबिया, कनसोल?

रात भर सुधीर ने पूर्णिमा की परिचर्या की, हथेलियाँ ठण्डी पड़ जातीं तो घिसता, हृदय धड़कने पर शान्तिपूर्वक सप्रेम उसे सुहलाता| इसी तरह रात व्यतीत हुई| पूर्णिमा ने आधी रात के करीब अवश्य एक बार आँखें खोल कर इधर - उधर देखा और पूछा - आया?

सुधीर ने पूछा - कौन?

कौन? - कौन? मूक पूर्णिमा पुनः सो गई, और अँधेरा सघन होता गया|

चहचहाहट के साथ - साथ आशा की मुखरता के समान किरणें प्राची में प्रकटीं और गगन का गगन सुनहला हो गया| सुधीर की आँखों में ताजी हवा ने तन्द्रा की बुकनी डाली|

ठीक साढ़े सात बजे होंगे, कि मट्टुवा अन्दर आया - सरकार, कोई हुजूर को पूछता|

सुधीर चौंक कर जागा, बोला - किसे? कौन?

मट्टुवा पुनः अपनी लम्बी नाक से बोला - हुजूर को! पूर्णिमा की ओर इशारा कर वह जैसे ठिठका|

आया! आया!! पूर्णिमा की वाणी उसके कानों में जाग्रत हुई| कौन आया है? जैसे विगत रात का सारा सम्बन्ध इस आगन्तुक के साथ हो| वह हफड़ - फफड़ चप्पल पहने बाहर चौक में आया|

देखा, तो लम्बा, दुबला, पतला, मजबूत और कठोर हड्डियों का बना, चमकीली भूरी आँखों का एक अधेड़ धनी कोच पर डटा सिगार फूँक रहा है|

सुधीर ने अप्रतिभ - सा होकर उसे सर से पैर तक देखा और कुर्सी पर पैर टेक कर बोला - कहाँ से तशरीफ लाये हैं आप?

सर की मैली कुचैली गाँधी टोपी को उतार उसे उँगली पर नचाते हुए वह बे - परवाही से बोला - आप के सुसराल के गाँव से| और पुनः सिगार के मुँह को चमकाते हुए उसने एक कश खींचा| फिर नाक से, मुँह से धुँआ निकाल कर बोला - धुएँ के इन बादलों के समान हमारी जिन्दगी है| मैंने फिलासफी तो नहीं पढ़ी, पर यह है सच|

और उसने सुधीर की आँखों में डूब - डूब कर निहारा|

सुधीर मन - ही - मन झुंझला कर अब कुर्सी पर बैठ गया, दोनों हथेलियाँ आपस में जोड़ उस पर ठुड्डी टेक कर वह बोला - श्रीमती पूर्णिमा देवी के क्या आप भाई होते हैं? पर मैंने आपकी चर्चा कभी नहीं सुनी| क्षमा कीजियेगा|

मगन लाल हँसा और बोला - मैं दुनिया के रिश्तों को नहीं मानता| आप मुझे पूर्णिमा का कुछ भी समझ लीजिये, भाई समझिये| यह सब मान्यता ही तो है| दूसरा कश| धुँआ लहरीला बादल बनकर उड़ा| उसे देखते हुए वह बोला - आज वह करोड़पति की पत्नी है न, महाशय! जीवन का रंग कैसा है, आप बता सकते हैं? सात रंगों में कौनसा - पूर्णिमा को काला रंग पसन्द है|

सुधीर न जाने क्यों उत्तेजित हो उठा - मैं देख रहा हूँ, आप अभी की गाड़ी से चले आ रहे हैं| मेरी पत्नी की तबीयत खराब है| यहाँ आपका इन्तजाम नहीं हो सकता| सराय में तशरीफ ले जाइए| कल काम हो तो मुझ से मिलिएगा|

मगन लाल ने आश्चर्य मन - ही - मन दबा दिया| स्थिर होकर बोला - चला तो जाऊँगा ही| जल्दी क्यों मचा रहे हैं आप? क्या पूर्णिमा की तबीयत कल से खराब हो गई? मेरा पत्र उसने पढ़ा होगा?

सुधीर के देवता मानो समाधि तोड़ उठे, बोला - आपका मतलब?

मैं सराय में जा रहा हूँ| वह बोला| फिर हँस कर बोला - मेरा मतलब छोटा - सा है, सीधा सा है, परसों जब आप को फुर्सत हो, सराय में मुझ से मिलिएगा| फिर वह सिगार का एक कश खींच कर बोला - सराय! वर्णमाला के ये अक्षर जिन्दगी का शब्द बना देते हैं|

सुधीर ने कोमल, पर तीव्रतापूर्वक पूछा - आप कहिए, पूर्णिमा से आपका कौन नाता है? मुझसे आप क्या चाहते हैं?

मगन लाल उठ खड़ा हुआ और एक लिफाफा उसके हाथ में रखा और एक दम बाहर हो गया|

लिफाफा खोल कर जो कागज उसने पढ़ा वह मानो दैव का एक व्यंगहास था| सारी दुनिया, सुनहली दुनिया, सुधीर के लिये न जाने कैसी हो उठी|

और फिर वह लड़खड़ा कर वहीं पास ही जा बैठा|

ओह भगवान्! उसके अन्तःकरण ने चीखकर, पुकार - पुकार कर कहा - क्या यह सब सपना है? सपना? उसने ध्यान से एक - एक कर फरनीचर, तस्वीर और लम्बे दर्पण को देखा| सब सच, ज्यों - के - त्यों| दर्पण में अपनी म्लान और हत् - बुद्धि भाव - भंगी देखी| इन नयनों के अन्धकार की आग थाह कहाँ थी? कहाँ? पूर्णिमा! मेरा जीवन किस काम का रहा अब? ओह!

फिर वह चक्कर खाकर उठा, अबोध झंझावात के झोंके - सा वह अपने कमरे की ओर भागा और अन्दर पहुँच हड़बड़ा - हड़बड़ा कर सोती हुई पूर्णिमा को उसने जगाया - उठो!

कठोर और क्रोध - जली पुकार से एक सपने पर टिकी पूनों चौंक उठी - हें!

यह लो! पढ़ो! लिफाफा उसके मुँह पर फेंक, वह जैसा आया था, वैसा ही कमरे के बाहर निकल गया|

दूसरा परिच्छेद

पूर्णिमा चुप, बोले तो वह क्या बोले! जिस सत्पुरुष ने उसके लिए इतना त्याग किया, कष्ट सहे - यातना, लांछन, अपमान उठाये, उसे क्या उसने धोखा नहीं दिया? उसने बारह बजे की सोती हुई जगती की ओर देखा और यों देखा की| अँधेरे के बने मकान, वृक्ष और मुक्त पसरी हुई निर्जनता, इतना सुनसान, पर कैसी आग है उसके हृदय में?

सुधीर घूमता रहा, बहुत देर तक इधर - से - उधर, और उधर - से - इधर घूमता रहा, मानो पैरों से पृथ्वी नाप रहा हो| अपने स्थिर से रक्त को यों खौला रहा हो - घूम - घूम कर, चक्कर खा - खा कर, वह मानो इस अन्धकार व जलाने वाले प्रकाश के परे रहना चाहता हो| द्वार से इठला कर खड़ी हुई अपनी जीवन - संगिनी की ओर बीच - बीच में देख लेता - मानो वह इस वास्तविकता को सपने में बदल देना चाहता हो|

और पूर्णिमा किसी गूढ़ ध्यान में तारों की ओर देखती खड़ी थी|

सहसा सुधीर उसके पास आया| नयनों में देखकर बोला - पूर्णिमा! मैं तुम्हारे एक पाप को क्षमा करना चाहता हूँ, दूसरे को नहीं| तुमने कहा तुम अबोध थीं, वह गुण्डा था, सूअर था - वह वैसा सब कुछ था, पर पूर्णिमा तुमने उस कमनसीब आत्मा का अन्त क्यों नहीं किया?

पूर्णिमा ने सिर धुना दिया, मानो काली आग उसके रोएँ - रोएँ में चक्कर मार गयी हो।

बोलो! सुधीर का स्वर तीव्र, ऊँचा, चीत्कार - युक्त होता गया, बोलो तुम स्त्री हो, अपने रक्त का दूध तुम्हारी छाती में होता है - ओह! अभागिनी! ....

कटकर, पछाड़ खाकर सुधीर ने गोल टेबल पर सर पटका - अब मैं इस यातना को सह नहीं सकता! ईश्वर, मैंने ऐसा क्या किया था जो आज यह दिन देखना पड़ रहा है।

फिर वह मछली की तरह व्याकुल होने लगा।

इस जीवन में प्रवंचना के सिवाय क्या है? उसके अन्तरात्मा ने चीखकर उसे सुझाया - धोखा, जाल - ललचाने वाला भयानक सपना है यह जीवन! और उसने सिर के बाल नोंच लिए - मेरे सामने से दूर हो जाओ, कहीं मैं कुछ कर न बैठूँ ....

पूर्णिमा केवल दो कीकियों में एक अग्नि - कण के सिवाय क्या थी? वह न हिली, न डुली तो सुधीर झपट कर उसके पास आया, उसके कन्धे झकझोर कर बोला - सुना तुमने! सुना?

ढीली, वह देह पत्ती की तरह हहर गयी।

सुधीर ने एक ओर चक्कर खाया - तुमसे ज्यादा क्रोध मुझे अम्मा पर है, क्यों न उनने मुझे तुमसे शादी करने से रोका! नहीं, आज कुल में दाग न लगता, यह जिन्दगी धूल न हो जाती! मैं तो मूढ़ था, मूर्ख था - क्रान्ति का शौक चर्राया, पर उस वृद्धा ने तो दुनिया देखी थी। फिर वह घूमकर बोला - तुम्हारी शालीनता दब्बूपना थी, तुम्हारी नम्रता भीति, तुम्हारा सुन्दरता विषैला रंग और तुम्हारी ज्ञान - भ्रष्टता पर केवल एक मुलम्मा था। सन्तों ने यों ही थोड़े कहा है कि स्त्री ....

पूर्णिमा ने सहसा जाग कर जैसे उसकी ओर देखा, बोली - पर मैं स्त्री जाति की प्रतिनिधि नहीं हूँ और पुरुषों पर मैं इस समय व्यंग करना नहीं चाहती। मैंने अपराध किया है, मुझे सजा दीजिये।

और वह मानो किसी भिखारिन का दग्ध आँचल हो, यों दराज के पास गई, खोल कर दुनाली निकाली और वापस फिरी। स्थिर नयन, सूक्ष्म श्वास - प्रश्वास और करुणामय भंगिमा! उड़ी - उड़ी भौंहें और कट - कट जाता कलेजा!

पास, खूब निकट आकर वह बोली - मुझे मार डालिए।

सुधीर ने स्तम्भित होकर यह देखा, पिस्तौल को देखा। बोला - फाँसी पर कौन लटकेगा? चली हो पिस्तौल देने! तुमने मुझे इतना नीच, इतना हेय, कायर - कमजोर समझा है क्या? ....

और उसने खींच कर पिस्तौल जमीन पर पटक दी।

पूर्णिमा लिखने की मेज पर गयी, एक चिट फाड़ा और कुछ लिख कर पुनः बोली - अब आप सुरक्षित हो जायेंगे, पर मैं नहीं चाहती, इस आग में आप को जलाए रहूँ| इस नसीब में यही लिखा था! पाप पाप ही है, चाहे फिर वह क्यों और कैसे किया गया हो| नहीं, मैं बचाव न करूँगी, भावों के रस से इस चट्टान को न धोऊँगी| मैं आपके सज्जन मन से अनुरोध न करूँगी, आपके बन्धनों से फायदा न उठाऊँगी|

और वह तैयार खड़ी हो गई| टिम - टिम तारे, हुई - हुई हवा और खोये - खोये वृक्ष, हारे - हारे जुगनूँ| सुधीर ने अपने गहरे अन्तराल में समस्त आकाश की नीरवता का अनुभव किया, समस्त जलन का| वह पसीना - पसीना, कोच पर जा पड़ा| पिस्तौल पर निगाहें जा जमीं - जैसे सारा कमरा उसके आस - पास खड़ा किया गया हो और धरती पर ये एक सैकड़ों वाणी में बोलने वाली वस्तुएँ हो|

यों निन्द्राहीन रात व्यतीत होने लगी| मृत्यु के लिये पूर्णिमा मन - ही - मन जड़ होने लगी, सुधीर पड़ा - पड़ा क्रोध पर अंकुश करने लगा| उसने जीवन को एक सीधी लकीर क्यों मान लिया था? सभी दिन उज्ज्वल, सभी रातें वासन्ती क्यों स्वीकृत कर ली थीं? यह भी एक प्रकार की कुन्दता, बुद्धि की मौत - आसक्ति और कामना का एक पहलू| उसे विलायत में की गयी अपनी घोषणाएँ याद आयीं| इसी समय अपनी लिखी पुस्तिका भी| तब स्त्री - पुरुष का वह समान सम्बन्ध, विचरण और विचार स्वातन्त्र्य, पाप - पुण्य का अपना - अपना उत्तरदायित्व, ओह! यह सब क्या निराकल्पनाकरण था? एक ही ठोकर में वह अभ्रक का भवन चूर - उसका संसार एक ही लपट में भस्म हो गया? नहीं, वह इस सजीव अनुभव से, इस विषम घटना से, इस यथार्थ से समस्त जीवन को देखेगा! मर भी जाऊँगा, तो मन्जूर, पर वह साधारण मनुष्य की भाँति घृणा और कायरता से छिन्न - भिन्न न हो जायगा! पाप! पाप!! यह पाप और पुण्य की चेतना क्या है?

इसी समय उसने देखा पूर्णिमा कमरे से बाहर चली गयी| उठ बैठा और वेग से उसके पीछे चला| सीढ़ियों के पास बनी जीने की पाल पर वह जा बैठी और आँखें बन्द और गर्दन कन्धे पर डाल दी|

और उसे मालूम हुआ, एक घना द्वन्द उस कोमल, स्नेह - स्निग्ध छाती में हो रहा है| वह ज्वाला उसके संवेदन - तीव्र हृदय में छू गयी, वह काट उसके हृदय की नसें कतर गयी| इस समय, जब वह बाह्य दुनिया से यों उदासीन, लगाव, माया और ममता - हीन है, तब यह नारी कितने सघन - चेतन से उज्ज्वल है, प्रदीप्त है? वह जो जगदीश का मन्दिर है, अन्धकार में डूब गया है, कितना जड़ है, प्राणहीन, प्रेरणाहीन और यह मानव का हृदय - मन्दिर?

जैसे उसे एक दीपक अखण्ड ज्योति में जलता मिला| वह बोला - पूर्णिमा! - और पूर्णिमा बेहोश|

बिछौने में पड़े - पड़े वह सोचता रहा - जीवन की कौनसी घटना स्वयं सुन्दर है, स्वयं असुन्दर है? स्वयं अच्छी, स्वयं बुरी? हूँ उसने उस नग्न पिस्तौल को देखा और जैसे एक भूला हुआ विचार सजग हो उठा| इसी पिस्तौल से वह एक सुन्दर पक्षी को मार सकता था, चोर की टाँग बेध सकता था, नीच राक्षस का हृदय छेद सकता था| चोर और साहूकार, सज्जन - दुर्जन, ऊँच - नीच, पवित्र - अपवित्र उन्नति की मर्यादा भर है और उन्हें इतना कटु तथा जड़ बना देना क्या जीवन को यान्त्रिक नहीं कर देना है? प्राचीनकाल में अपने सौ पुत्रों से अधिक को उस ब्राह्मण ने क्षमा न दी थी, तो यह बैठती - बैठती युवावस्था का विकार, विकार? उसकी विचार - धारा ने बहती हुई नदी के समान पलटा खाया|

क्या इन्द्रिय - भोग अन्तिम पाप है? जघन्यता और जिज्ञासा की चरम अभिव्यक्ति है? क्या आज पाप से यह मही सज नहीं रही? जो प्रतिष्ठित हैं, सत्यों के कर्ता और समाज के भर्ता हैं, क्या आज राक्षस नहीं हैं? धनिक धन देकर विज्ञान को संहार - क्रीड़ा का साधन बना रहा है| धार्मिक पुराने श्रद्धा और भक्ति के मनोभावों को लूट - खसोट कर आज माल - मलीदे खा रहा है, जब भूखे को रोटी नहीं मिलती, प्यासे को पानी नसीब नहीं? इस विचित्र दुनिया में, जहाँ सभ्यताओं के सभी नमूने मौजूद हैं, क्या मैं एक कर्म को पाप और दूसरे को पुण्य कहने का अधिकारी हूँ?

और जैसे भारी - भारी जंजीरें बज कर टूटने लगी! ओह! वह इतना निर्दय, इतना घातक क्यों हो गया? जब वह पतित को पवित्र और पवित्र को अधिक कल्याणभागी न कर सका, तो उसका जीवन धूल और मनन अपदार्थ है| इतने रूपये तब क्या तूने विलायत में भाड़ में झोंक दिये थे? सुधीर! यह तेरी कसौटी है, पार उतर!

सैकड़ों उत्क्रान्त तरंगें पकड़ कर एक अत्यन्त बलवान गिरा| उसके अन्दर से बोलती, गाजती आवाहन करती सुनायी दी|

वह उठा और छुई - मुई सी सोती हुई पूर्णिमा के सिर पर कम्पित हाथ रखा, दिल भर आया और एक सिसकी निकल पड़ी - ओह!

* * *

सर्वदा की तरह तीनों - अम्मा, वह और पूर्णिमा चाय पीने बैठे| बदलियों से भरा आकाश सारी धरणी को साँवरी आभा से भर रहा था, और सुबह - ही - सुबह प्रखर सूर्य मानो जम - जम कर किरण - शस्त्र से उन गजों के समान बादलों को छिन्न - भिन्न करना चाहता था| कमर को ऐंठा देने वाली हवा भी चल रही थी और उमस के पसीने में भिनास मिली हवा मानो भीगे आँचल की लपट - सी मालूम हो रही थी| पूर्णिमा ने प्रकाश और छाया का यह युद्ध देखा, ताप और शीत की यह सरगरमी निहारी और उस रिमझिम की ओर देखती रही - देखती रही|

श्रीमती पिट्टम ने टॉपिक छेड़ा - तो तुम शेख साहब की मिनिस्ट्री में जा रहे हो न? मैं उनसे मिल आयी हूँ।

सुधीर ने मानो यह सुन लिया, वह दबी दृष्टि से पूर्णिमा के भावों को निरख रहा था और जैसे प्रतीत कर रहा था कोई त्यक्त महारानी एक सुनहले सवेरे में स्मृति - रंजित बैठी हो। आह भरकर बोला - मिनिस्ट्री? क्या होगा वहाँ? मुझे कुछ नहीं मालूम -

श्रीमती पिट्टम ने उसकी अन्यमनस्कता ताड़ ली, सतर्क होते हुए बोली - देखो, प्रिय, तुम्हें ना नहीं कहना होगा। मैंने मुफ्त ही में उन्हें पार्टी नहीं दी - दो हजार मुझे खुचते न थे, आया ख्याल में? तुम्हें मिनिस्टर बनना ही चाहिये। अपने पिता की यह कामना पूर्ण करना ही चाहिए, यह तुम्हारा धर्म होना ही चाहिये। विवाह में कुछ न बोली, तो इस समय तुम्हें मेरा मान रखना ही चाहिए।

पूर्णिमा ने सोचा, वे फुहियाँ वह होती! उनमें से एक ही होती! तो - तो वह कितनी पूर्ण होती, पवित्र होती - आनन्द में होती? मानव - देह उसे जैसे कैद मालूम हुई, विचारों के सींकचों तथा बन्द कामना की अँधेरी में डूबी वह कितनी हीन और असहाय है? मानो स्वयं मगनता बूँद - बूँद बरस रही हो! ओह, उसने कल्पना की, कितने प्यासे फूल इसे अपना रहे होंगे? - और वह जैसे अधिक तल्लीन हो उठी।

सुधीर ने यह देखा, तो जैसे खीझ उठा। प्रेरणापान्न बनी हुई है! सौ चूहें मार कर बिलाई हज को चली है! पाप की कालिक से जिसका मन रंगा है, वह भी दया चाहती है, करुणा प्रदर्शित करती है! वह पूर्णिमा में एक परिवर्तन चाहता था, दासता - वह जागरूकता, जो कैदी को जेलर के सामने रखनी पड़ती है! उल्टे उस समय छन - छन कर कभी आ पड़ती हुई दिवा किरण में पूनों को यों अतीन्द्रिय - सी लगती देख, वह जैसे फिर उबल पड़ेगा। बोला - मेरे जीवन में अब कोई ऐसी कामना नहीं है, अम्मा! तुम्हें अब तक प्रतिष्ठा की भूख सता रही है!

श्रीमती पिट्टम ने प्रश्न और जिरह के भाव से कहा - क्यों? यह मनुष्य की स्वाभाविक प्रवृत्ति है। तुमने जुंग नहीं पढ़ा? अवश्य पढ़ो, और हो सके तो एडलर को भी देख लो। क्यों? पूर्णिमा तुम्हारे यहाँ इस पर कुछ नसीब होगा?

और पूर्णिमा ने चौंक कर देखा, एक भीषण संसार उसके आस - पास है। बोली - हूँ?

सुधीर हँसा - हा, हा - हा! - तुमने नाहक इनको डिस्टर्ब किया।

श्रीमती पिट्टम ने ध्वनि भाँपी, और तेज निगाह से दोनों को बारी - बारी जाँचा। फिर हँसती हुई बोली - कोई प्रेम - कलह, प्रिय?

सुधीर उठ खड़ा हुआ और मनोभावों को उड़ाता हुआ बोला - प्रेम - कलह! ना - मैं एक रात में वृद्ध हो गया हूँ। अच्छा, मैं स्टडी में जाऊँगा। रिंग मी, व्हेन रिक्वायर, हाँ! सुप्रभात!

और वह बेहताश - सा बाहर निकल गया| नस - नस में रुदन चकरा रहा था, रोम - रोम में ग्लानि, मन की उर्मि - उर्मि में हताशा और हृदय में जैसे धुँधली निराशा| तब, उसका वह सुनहला, प्रभात - कुसुम - सा रसीला सुन्दर विश्व क्या हुआ? वह रत्न की डोंगी में आदर्श की वंशी लिये जा बैठा था| साथ वह देवी थी जिससे प्रसूत हो - होकर शक्तिमयी हवाएँ बह रही थीं| वह चेतना, जहाँ से भरे - पूरे व्यस्त जीवन को विश्राम और सुख के घूँट पीने मिलते| वह सौन्दर्य, जिसके लिए उसे एक नयी अनुभूति चाहिये! और फिर उसका तीव्र गरिमामय व्यक्तित्व! वह सभी कुछ जैसे आज प्रलय के बाद की एक मीठी मर्मभेदी याद रह गयी! आज वह अकेला ही जीवन के पथ पर है, एक बीहड़ स्थान पर आश्रय - हीन!

ऐसा क्या हो गया है? वह कुर्सी पर जा बैठा| वर्ष व्यतीत हो गये उस बात को - वर्ष, एक, दो, तीन, चार - इतने वर्ष! काल की दाढ़ में ये कुसमुसे कुचला गये| उस हवा से वे दीपक बुझे, नये जुर्म! पर, यह दारुण व्यथा आज कहाँ से जाग पड़ी| उसने टेबल पर हाथ फैला दिये और सिर टिका दिया| पूर्णिमा भी तो बदल गयी, उसका अणु - अणु बदल गया है| वह, वह न रही, उससे भी भिन्न हो गयी, होती जा रही है फिर वह आज शेष कैसे रह गयी! ओह, तब पाप और पुण्य की जड़ें समय से भी परे कहीं और गड़ी हुई हैं? मानो गाण्डीव की टंकार - सा यह प्रश्न उसके सामने आ उठा|

गम्भीर विचार में, सोच में यों वह पड़ा रहा|

सहसा पर्दा हटाकर पूर्णिमा ने अन्दर झाँका| उदासीन शान्ति, चित्रों में थिर जड़ता, रंग - बिरंगी और जैसे पुस्तकें, बोलती हुईं|

और एक हवा का सुन्दर झोंका पर्दे उड़ा गया| भड़ाक् करता खिड़की का द्वार बन्द हो गया और सुधीर ने सिर उठाकर पूर्णिमा की ओर देखा|

और पूर्णिमा चुप! बोले तो वह क्या बोले? कुछ कहना वह चाहती थी, अनन्त - भाव अपनी ही वेदना में मूर्छित हो गये| डबक - डबक बड़री अँखियाँ भर आयीं|

सुधीर ने आँसू देखे, तो जैसे आग में घी पड़ा - रो कर तुम मुझे लूट लेना चाहती हो? उसने उँगलियाँ भींस कर - मुठ्ठी तथा दाँत भींस कर पूछा - तो मैं कहे देता हूँ, मैं पत्थर हूँ| पाषाण! सर पटक - पटक कर मर जाओ उस पर, वह न पिघलेगा| सुना तुमने?

पूर्णिमा की गर्दन नीची हो गयी, हिम्मत बाँध कर आया कलेजा मानो संकीर्ण हो गया|

सुधीर सहसा उठा और झपटकर उसके पास आया, कन्धा झंझोड़कर बोला - अपना भाग मानो कि मैं मध्य - युग का नहीं हूँ, नहीं तो आज न जाने क्या से क्या हो जाता| जिस देश में तुम - सी हीन स्त्रियाँ बसती हैं, उसकी उन्नति नहीं हो सकती, हर्गिज नहीं हो सकती!

और वह वापस कुर्सी पर जा पड़ा| साँप की तरह उसने लम्बी - लम्बी दो - तीन साँसे ले लीं - मेरी आँखों के सामने से हट जाओ! जाओ|

पर पूर्णिमा हिली, कुछ आगे आयी और उसके पैरों में गिर पड़ी| मूक दोनों हाथ बाँधे, जैसे मोम की एक पुतली ढेर हो गयी हो|

और सुधीर ने दोनों हाथों से उसे ढकेलकर कहा - गैट आउट! मैं तुम्हारा मुँह नहीं देखना चाहता! पापिन, तूने मुझे कहीं का नहीं रखा| तेरे लिये मैंने मिस विली को निराश किया| शर्मिष्ठा के आँसू सहे| पर काश, मुझे मालूम होता, तू कलंक का अवतार है!

फिर वह पागल - सा ठठा - ठठा कर हँसा| उठा, दराज से पिस्तौल निकाल ली और उसी तरह बोला - इसी समय उस दुष्ट नराधम की छाती बींध डालता हूँ! अब असह्य है यह सब!

पूर्णिमा धीरे - धीरे उठ खड़ी हुई और कमरे से बाहर निकल गयी|

सुधीर लपक कर बाहर निकला और घोड़े पर चढ़ ही रहा था कि शूटिंग ड्रेस में मिस विली कार चलाती हुई आयी - गुड मॉर्निंग! चलो!

सईस को घोड़ा थमा कर वह मूढ़ - सा कार में जा बैठा और कार पुनः लौट गयी| बरामदे के एक खम्भे के पीछे दब कर खड़ी पूर्णिमा ने झिलमिली से यह देखा|

दीवान खाने में शेख साहब और श्रीमती पिट्टम जनमत पार्टी के विरुद्ध अविश्वास का प्रस्ताव कैसे पास हो, किस - किस को फोड़ा जाय, दबाया जाय, मिलाया जाय आदि अत्यन्त महत्व की बातों पर गम्भीर वार्तालाप कर रहे थे|

* * *

उस कहीं घने, कहीं छितरे जंगले में बेबी कार भागी जा रही है| मिस विली व्हील पर यों हाथ चला रही थी, मानो सड़क पर शासन कर रही हो| सवेरे की खुशनुमा धूप उसकी तमखुई अलकों में एक विशेष चमक पोत रही थी और मांजरी आँखें एक तालाब की ओर देख रही थी|

बन्दूक दोनों घुटनों में दाबे दुनाली के मुँहाने पर गाल टेके वह कार के काँच में एक छवि देख रहा था| लाल रंग से रंजित होठों में दाड़िम - से दाँत कभी - कभी दिख जाते| कपोलों पर भी उसकी निगाह गयी और स्थिर हुई|

पर उसका अन्तर जल रहा था| बुद्धि की सांस्कृतिक कड़ियाँ, जिनसे उसने हृदय के भावों के पर भारी बना दिये थे, इस शान्त जंगले में मानो टूट जायेंगी! वह चुपचाप रहना चाहता था, पर जैसे किसी ने दिल की रस - धारा ही को जला दिया हो|

कार चलती रही - और वह जागृत विचार - शक्ति को शनैः - शनैः खोता चला गया| नहीं - समाज में पवित्र स्त्रीत्व की रक्षा करने के लिये ही पुरुष पैदा किया गया है| दण्ड! जो अपने धर्म से च्युत हो उसे कठोर से कठोर दण्ड दो! उसने मन - ही- मन दाँत भींसे| अक्षर - ज्ञान से चरित्र नहीं, बकवाद बढ़ता है| यही आज के स्त्री - पुरुषों का दोष है| ओह! नहीं! वह यह न करेगा|

गहरी आह लेकर वह मानो नया बल बटोर ही पाया था कि कार उस रमणीय सरोवर के पास घने बरगद के पेड़ के नीचे रुक गयी| सूआपंखी गर्दन को सम्भालती हुई, कैमरा तथा दूरबीन लेती हुई विली बोली - अब मैं मुँह के भाव पढ़ने में पटु हुई हूँ| आज आप अवश्य ही व्यथित हैं| चिन्तित नहीं हैं?

उसने बन्दूक पकड़ी और बेपरवाह चलते हुए उत्तर दिया - व्यथित? नहीं! चिन्तित? वह भी नहीं| मैं खुश हूँ|

फिर उसने कुछ पक्षियों को दूर - दूर पर अनन्त आकाश में उड़ते हुए पाया और बोला - मैं चाहता हूँ, मैं भी खो जाता|

विली खिंचकर पास आ गई| उसके सामने रुककर उसे रोकती हुई खड़ी हो गयी| घूरकर उसकी आँखों में देखा| बोली - थक रही हूँ| और मानो ईंटों का सहसा ढेर हो गया हो, यों वह सुधीर को साथ लेती हुई बैठ गयी| बोली - अब बताओ!

सुधीर ने प्रश्न और सहानुभूति ने प्रताड़ित, दुःख से भर्रा कर उसकी ओर देखा और पुनः उसने सुनहले आसमानी और हरे प्रसन्न वृक्षों को देखना शुरू किया|

विली ने कहा - आपकी व्यथा मुझे मालूम है - मिस्टर सुधीर! पर मैं कहूँ, वो है सदाशयी|

सुधीर ने जैसे सुना ही न हो|

वह पुनः बोली - आज आपके मनोबल की परीक्षा हो रही है| उस समय आपके आदर्श की थी! थी न?

उसने उसके दोनों कन्धों पर हाथ रख दिये| सुधीर की गर्दन झुक गयी| तड़ - तड़ आँसुओं की बूँदें कमीज का पल्ला भिगोने लगी| - विली प्रमत्त की तरह हँसी, सन्तुष्ट व्यंग में जो मुखरित प्रतिहिंसा की खुशी है - यह सब हृदय के शोलों की ज्वाला है! सच कहती हूँ|

सुधीर का क्रन्दन बढ़ा, दोनों हथेलियों से मुँह ढक कर वह हिचकियाँ लेने लगा| उसकी बन्दूक उसकी जाँघ पर पड़ी थी|

विली उठ खड़ी हुई| बन्दूक एक नन्हीं सुन्दर चिड़िया की ओर ताकी - और धाँय की गूँजती हुई आवाज में स्वर मिलाकर बोली - आदर्श तो क्या ईश्वर तक दिल की ज्वाला में जल जाता है| समझते हो तुम! मैं मिसेज सुधीर की ऋणी हूँ|

और वह दौड़ कर उस निर्जीव चिड़िया को उठा लायी| एक टांग से उसे पकड़ कर बोली - कितने सुन्दर इसके पर हैं! अपने ईवनिंग हैट में इन्हें लगाऊँगी|

सुधीर ने रुमाल से अपनी आँखें पोंछीं, बोला - यह सब व्यक्तिगत दुःख हैं जो अपनी ही कामनाओं से प्रगट हुए हैं, विली! तुम्हारी प्रतिहिंसा और उसका आनन्द भी उसका बदला हुआ रूप है| तुमने मेरी निर्बलता हर ली| पूर्णिमा को मैं अब हृदय से क्षमा कर सकूँगा!

उसने निशाना ताक कर एक बतक पर गोली चलायी, कुछ आवाज के साथ धुएँ का सीधा और हल्का बादल उड़ा| मन्द पर सजीव हँस कर वह पुनः बोला - निशाना खाली गया - अच्छा हुआ| विली, तुम्हारी और शर्मिष्ठा की भावनाएँ इतनी जलती हुई हैं, इसका मुझे अनुभव न था|

विली ने संयत मन तथा भरे हुए गुबार के साथ जिरह की - तुमने एक निकृष्ट स्त्री के लिये हमें ठुकरा दिया| शर्मिष्ठा! .... मैं गँवारा कर सकती थी, पर उस रसहीन के खातिर तुमने मेरी शिक्षा - दीक्षा, मेरा सब कुछ जिस पर किसी भी नागरिक को गर्व हो सकता है, ठुकरा दिया! है न? आज मूर्खता की उस चट्टान से तुम्हें ही सिर फोड़ना पड़ रहा है! मुझे मार्क्विस टेण्डरलैण्ड मिल ही गये हैं न? फिर वह खूब जी भर - भर कर हँसी|

रास्ते भर उसने विली की ओर नहीं देखा| सुधीर! सुधीर!! ये ही दो वाणी के प्रतिनिधि शब्द थे, जो उसे अन्तःकरण को चीत्कार में सम्बोध कर रहे थे! उचकती - मचकती गाड़ी चल रही थी और वह क्षितिज के पार पूर्णिमा की एक मूर्ति कम्पित कर रहा था|

दग्ध कैदी के हृदय की उदासीनता - सी संध्या चारों कोनों में फैल रही थी, मानो धरणी शोकाकुल हो| और सुधीर सोच रहा था - विली, शर्मी यदि ये आज भी पुनीत है, इतनी प्रतिहिंसा रखकर भी शुद्ध है, तो पूनों क्यों नहीं? पाप तब एक दृष्टिकोण भर है, पुण्य हितकर कार्य|

और उसने देखा अनन्त के पथ पर कार दौड़ी जा रही है| विली के ड्राइविंग में भी उसे उसके दिल की प्रतिहिंसा, परन्तु हर्षित मुखरता दौड़ती मिली|

कौन कहता है पूनों पापिन है? - उसने यह सुना| मानो अँधेरे में डूबती हुई क्षितिज की एक हल्की बदली ने उससे यह कहा|

कार रोको! वह चिल्लाया - रोको! .... और कूद कर वह नीचे हो रहा| आते - आते, पर शीघ्रतापूर्वक फैल जाते हुए अँधेरे में वह लम्बी सड़क पर दौड़ा| मानो कोई व्यथित मानसा उसे खींच, बुला रही थी|

मील भर के करीब बंगला था और वह भागा जा रहा था| कार के पास ठिठकी, चकित विली पुतली की तरह खड़ी हुई थी| पर सुधीर के पैरों में पर लग गये थे|

मूक अनन्त आकाश में एक पागल भूत - सा वह भागा जा रहा था| पूनों! पूनों!! वह अधिक तेजी से दौड़ा|

कठोर धरती पर उसे मालूम हुआ, अँधेरी तरंग के समान पूर्णिमा उसके चरणों में पग - पग पर गिरी जा रही है!

पूनों! मेरी प्रियतमे! ....

वह बेतहाशा भागता हुआ बोला - तुम्हें पापी कौन कहता है? कहने वाला स्वयं पापी है! मैं यह कहता हूँ - मैं|

ठीक दरवाजे पर रुका| उसने देखा, मगन लाल अन्दर घुस रहा है| हाँफते - हाँफते उसने कन्धा पकड़ा और खड़ा रख कर कहा - मगन लाल!

मानो किसी भूत ने पकड़ लिया हो, इस प्रकार मगन लाल डरा| उसके हाथ से छड़ी गिर गयी| सुधीर ने झुक कर छड़ी उठा ली, बोला - तुम इस मन्दिर में मत घुसो| मत घुसो! नहीं तो मारे घूँसे के नाक कुचल दूँगा| तुम .... इस समय भी अँधेरा है - तुम्हें रुपया चाहिये? ले जाओ! जाओ!

अँधेरे में ही उसने चैक लिखा, पचास हज़ार लिखे जैसे कौड़ियाँ लुटा रहा हो, सकष्ट हँसकर बोला - यह मत समझ लेना, मैं डर कर तुम्हें यह चैक दे रहा हूँ| पाप हमेशा सहा जाता है, पचाया जाता है| क्योंकि दिल ही से अमृत पैदा होता है - समझे! अब यदि मेरे पास आये तो गोली मार दूँगा| उसने मगन लाल के कन्धे झकझोरे|

मगन लाल मन - ही - मन ऐसा सहमा, ऐसा डरा जैसे किसी बैताल ने उसे ग्रस लिया हो| सुधीर ने चैक उसकी मुठ्ठी में भरा, फिर सिर धुनकर बोला - तुम मत समझना, मैं समाज की निन्दा से डरता हूँ| समाज पाप का महत्व नहीं जानता, वह उसकी निन्दा जानता है| पर मैं जीवन के नियम को जानता हूँ| जलते हुए सागर के समान यह जीवन है, मगन लाल! निन्दा से पाप की ज्वाला कम होती है| प्रतिष्ठा, पद, आत्मश्लाघा ही पाप की भट्टी की लकड़ी है, समझा तू, दरिद्री!

मुठ्ठी में ही चैक को टटोलता हुआ मगन लाल चिहुँका - हाँ!

तब जाओ! कन्धे से उसे घुमाते हुए सुधीर ने उसे सड़क पर धक्का दिया|

बार - बार गर्दन घुमा - घुमा कर उसने इंगित साधे खड़े हुए सुधीर को देखा और हर बार चाल तेज कर दी|

और सुधीर बँगले में|

शेख साहब सीढ़ियाँ उतर रहे थे - रुक कर बोले - तय हो गया| कानून और शिक्षा तुम्हें इनायत! एस. मिसेज सुधीर कुछ विल डिस्पोज्ड है| इसलिए सुबह आठ बजे मिलूँगा! फिर उन्होंने ही सुधीर का हाथ पकड़ कर शेक - हैण्ड किया|

सुधीर ने झुंझलाकर हाथ छुड़ा लिया और सीधा तीर की तरह अपने कमरे में पर्दा उठाकर उसने देखा, पूनों सो रही है| उदासीन और मूढ़ वातावरण मानो भाँवरियाँ भर रहा हो| धड़क - धड़क कर उसका हृदय काँप उठा|

वह पास खिंच गया| देखा, उसकी मेज - तस्वीर बगल में दबाये लॉकेट की छवि मुँह पर धरे पूनों सो रही है|

पूनो! उसने भर्राये हुए कण्ठ से पूछा|

पर वह शान्त निर्जीव पर्दा हवा के झोंके में केवल लहरा|

पूनों! वह पास आकर पूनों पर झुका| हाथ लगाकर उसे छुआ|

सहसा श्रीमती पिट्टम ने बाहर ही से कहा - ज़रा जी घबरा रहा था| सोने दो| यह कह कर सोयी है कि मुझे मत जगाना|

सुधीर के गहरे अंतस में जैसे भूकम्प हुआ| स्विच दबाकर उसने देखा, देखा, देखा - और एक चीख आप - ही - आप निकल गयी - पूर्णिमा! तुमने यह क्या किया?

और वह पछाड़ खाकर गिर पड़ा|

उस वाणी - हीन, पर भाव - क्रान्त रात में एक सूक्ष्म अक्षरों से लिखा सूक्ष्म विद्युत का पत्र मानो जागते हुए जीव के साथ - साथ तैर रहा था| अन्धकारमयी उन निर्जन घड़ियों में, जहाँ तीनों काल एक चीत्कार से मालूम होते थे, एक मूक पुकार रम रही थी - पाप का अन्त क्यों न हो? किसी भी तरह हो, पर होना अवश्य चाहिए| और सुधीर ने वह सारा पत्र किसी कदर पढ़ा ही| जिसका अन्तिम वाक्य एक लपट की तरह उसके मन को, बुद्धि को, अन्तःकरण को जला गया| प्रेम के गंगाजल के बिना जीवन का पंकिल घाट नहीं धुलता| मेरे इस गन्दे, काले जीवन का सारा गंगा - प्रवाह आपका प्रेम है| पर, अब स्वर्ग से प्रगट प्रवाह कहाँ? वह मेरी चिरन्तन ज्वाला शान्त करना नहीं चाहता| नहीं चाहता, इसलिए मैं मृत्यु की अग्नि में भस्म होना चाहती हूँ| यह दारुण दुःख असह्य है, प्रिय! ओह! मैं कैसी अभागिनी हूँ, शुद्ध प्रेम भी मुझे पवित्र न कर सका, निस्वार्थ सेवा भी मुझे न तार सकी - फिर इस बीहड़ जीवन की रात अकेले - अकेले कैसे कटती ....

अनन्त आकाश और कठोर धरती पर सुधीर सिर धुनता हुआ निस्पन्द खड़ा रहा| और रात व्यतीत होती गयी|

९
ध्वनियाँ और प्रतिध्वनियाँ

प्रथम परिच्छेद

रमेश ने आकाश की ओर देखा, जैसे वहाँ भी एक भीषण संघर्ष के लिए तैयारी हो रही हो| दिशाओं के कोने से उफनते हुए बादल अब एकाकार हो रहे थे और चौपाटी की रंग - बिरंगी दुनिया भी अधिक विस्तृत, अधिक मौज - छकी हो रही थी| साढ़े - छह के करीब बज चुके थे और सैर करने के लिए जोड़ियाँ यों टपक पड़ती थीं, जैसे पतझर में पत्ते| वह कभी तरंगों को, कभी तन्द्रिल क्षितिज को, कभी वर्तुलाकार बम्बई को और कभी इन सभ्य जोड़ियों को देख लिया करता|

पर उसका मस्तिष्क एक अँधेरे लोक में चक्कर काट रहा था| बेकार, चाचा की दया और कृपा पर जीता हुआ, बीबी और बच्चों का भाग सम्भालने में असमर्थ और यों विवश, हर तरह से मजबूर वह इस समय जैसे इस कोलाहलपूर्ण दुनिया में शान्ति का आधार, कोई मार्ग, कोई उपाय, खोज रहा था| पर आकाश में तारे चमकने लगे थे और अवनि - तल पर अँधेरा फैलता जा रहा था|

बड़ी देर तक वह सोचता रहा, भूत की अपनी कारस्तानी के इतिहास पर नजर डाल आया, भावी की स्वप्न - रश्मियों की पंक्तियों को देखा और निराश करने वाले वर्तमान की अग्नि में जलता रहा| पर सिवाय वर्तमान की चेतना में जलने के उसे मिला क्या? वह एम. ए. और एम. एससी. जितना विज्ञान का ज्ञान रखने वाला, प्रतिभा - सम्पन्न युवक यों अपने आप में डूबा हुआ, शून्य - सा चौपाटी पर बैठा रहा|

वह किसे दोष दे? चाचा को दे कि अपने को - किसे? अपनी किस्मत को कोसे कि समाज को? किसे भला - बुरा कहे? आज उन्तीस वर्ष की उम्र में इतना पढ़ - लिख कर वह यदि बेकार है, किसे इसके लिए जिम्मेदार ठहराये? वह आज की घटना पर सोचने लगा| आखिर उस रियासती डायरेक्टर ने क्या समझा था? मैं तीस रूपये में नौकरी कर लूँगा| जैसे न तो मेरे आत्मसम्मान है, न पेट है, न हया है| जैसे मैं मूर्ख

हूँ और मुझ पर दया - दान कर रहा हो और हज़रत खुद? खुद तो एक हज़ार माहवार कमाते हैं, जैसे योग्यता का अवतार ही हो| मध्य - युगीन घातक विचारों से गन्दा जिसका दिमाग हो उसे तो आज का समाज कीमती समझता है और जो मानव जाति आदि के बारे में उन्नत और प्रकाशपूर्ण विचार रखता है उसकी कीमत?

कुछ बूँदें बरसने लगीं और सहसा उसके मस्तिष्क पर छाता तना| चौंक कर उसने देखा तो मियाँ खुर्शेद पीछे घुटनों के बल मुस्कराते हुए बैठे हैं - ओह! तुम हो, खुर्शेद! आज तो बहुत दिनों में ....?

खुर्शेद कूदकर उसके कन्धे के पास आ बैठा| और बोला - अमां मुझे मरने की भी तो फुर्सत हो, जो तुम्हें दीदार दिखाता फिरूँ|

रमेश के हृदय में एक ईर्ष्या उठी - संदिग्ध, बोला - क्या चाँदी बरसाने में लगे हो?

चाँदी? खुर्शेद ने ठठा कर कहा - जी हाँ, चाँदी तो चाँद बरसाता है| इन दीदारों में वह सिफत कहाँ कि चाँदी बरसाएँ!

रमेश ने कहा - तुम तो बड़े निश्चिन्त मालूम होते हो| कली - कली खिली जा रही है| यहाँ हम से जरा पूछो कितने बीस पर सौ होते हैं?

खुर्शेद ने मानो व्यंग - भाव से उसकी ओर देखा और फिर ठठा कर बोला - ऐसे क्या मरे जा रहे हो? मैं तो तुम्हें लालचट् कश्मीरी सेब - सा देख रहा हूँ| कहीं सोशलिज्म की बीमारी तो नहीं लगी?

सोशलिज्म की बीमारी? रमेश मानो चिल्लाया - खुर्शेद, यह तो तुम हो, कहीं दूसरा होता, मुँह न देखता| जिस मन्त्र में करोड़ों गरीबों का उद्धार है, उसे तुम बीमारी बताते हो? धन्य हो ....

वह चाहता था कि खुर्शेद को एक लम्बा लेक्चर पिलावे, पर खुर्शेद ने बीच ही में कहा - ठहरो यार! मुझे जरा साँस तो लेने दो|

रमेश ने अब घृणा से कहा - क्यों? अभी तो सोशलिज्म हमारे युवकों के दिमाग में घुसा भर है कि तुम्हारी साँस बन्द होने लगी| हो न आखिर पूंजीपति के भतीजे| फकरुद्दीन मुबारक ने विगत नर - संहार के कफ़न बेच - बेच कर आज करोड़ों की मिल्कियत इकट्ठी कर ली है| बुड्ढा मरेगा, तो पल्ले तुम्हारे ही पड़ेगी|

और फिर वह स्पष्ट ही मारे ग्लानि तथा घृणा के मन - ही - मन हँसा|

खुर्शेद ने टांगें लम्बी की, छाता खुला ही एक ओर रख दिया और हथेली के बल पर सिर टेकते हुए बोला - या मेरे मालिक!

रमेश पुनः बहका - मालिक! जिनके पास पैसा है, वे ईश्वर, धर्म, संगीत, कला, सभ्यता वगैरह सब जानते हैं, मैं तो सब भूल गया, खुर्शेद!

और उसने हवा के झकोरों में मन्द - मन्द तरंगित समुद्र की तमःपूर्ण नीलिमा की ओर देखा| जैसे लहरों से एक ध्वनि उठी, एक प्रतिध्वनि गूँजी और वह किसी पूर्व - परिचित प्राचीन स्मृति - प्रवाह में बह गया| वह इस युग में, और वह भी इस भारतवर्ष में, क्यों जन्मा? क्यों? और एक विवशता की हाय उसके कलेजे से फूट निकली| चौपाटी की यह दुनिया क्या उसके इस दुःख को दूर कर सकेगी? - क्या? जीवन - समुद्र के उस पेंदे में वह बरबस ही उतरने लगा| बलात् ही जैसे उसने कल्पना के उस असीम तल को छुआ - और रमेश! आज प्रणों की सीपी में तुझे आँसुओं से पके कुछ रत्न ही तो मिल रहे हैं - जीवन की प्रत्येक उमंग आज तहस - नहस हो गयी|

खुर्शेद ने पुकारा - क्या सोच रहे हो, जी! यह देखो, मिस्टर सिम्पलटन आ रहे हैं अपनी मित्रा के साथ|

रमेश ने देखा, श्रीयुत् जीवनअली अपनी नवविवाहिता पत्नी के साथ सामने खड़े हैं| जीवनअली ने हाथ मिलाते हुए कहा - खुदा का शुक्र है कि तुम्हारे दर्शन हो गये| कॉलेज से क्या अलग हुए, सदा के लिए विलम गए|

श्रीमती जीवनअली ने होंठों में ही मुस्कराना ठीक समझा|

रमेश ने कहा - उसके कण्ठ में अब दर्द की मात्रा विशेष थी - भाईजान! आज जब मैं तुमसे मिल रहा हूँ, वह रमेशचन्द्र नहीं है, जो यूनियनों की मीटिंगों में आशावाद के भाषण देता फिरता था| जो साहित्य की समस्याओं पर डिबेट किया करता था| बढ़िया नाटक खेलना तो क्या, देखना भी मुहाल हो गया है| आज मैं एक निराशावादी, भाग्य के आसरे दिन - रात घूमने वाला जीव हूँ| मैं तो सुख का स्वाद भी भूल गया|

और फिर वह दुःखी हँसा|

श्रीमती जीवनअली ने जीवनअली से पूछा - अन्एम्ल्पायड?

जीवनअली ने अपनी पत्नी को जवाब देना चाहा, पर मियाँ खुर्शेद ने बीच में ही कहा - हाँ, जनाब! मैं और यह, दोनों! फर्क केवल इतना ही है कि रमेश रो - रो कर जिन्दगी काटना चाहता है, मैं हँस - हँस कर| बेकारी हमारी मस्ती थोड़े ही छीन लेगी| और फिर वह हँसा|

जीवनअली ने दोनों के साथ सहानुभूति, संवेदना प्रकाशित की, स्प्रिंग स्पेक्ट्स को नचाते हुए और छड़ी से पृथ्वी में छेद - सा करते हुए बोले - मैं देख रहा हूँ, यह कंडीशन ज्यादा दिनों तक नहीं रह सकती| कुछ तो वर्ड इकोनोमिक डिप्रेशन, कुछ मोनोपोलाइजेशन और कुछ गवर्नमेंट की पॉलिसी - यही सब तो जिम्मेदार है, बेकारी के लिए| मैं आप दोनों साहबान को विश्वास दिलाता हूँ, अबकी एसेम्बली में प्रश्न पूछूँगा| रुला न मारूँ कांग्रेसी प्रीमियर को, तो मेरा नाम नहीं जीवनअली! - रिमूव अन्एम्ल्पायमेण्ट आई से|

श्रीमती जीवन अली भी ऊब कर बोली - बेशक! नहीं तो लोगों के साथ एक तरह से धोखा ही होगा| तुमने नहीं देखा डीअर, इलेक्शन के समय क्या - क्या सब्ज बाग दिखाए गये थे? मैं तो मिस्टर संजीवन प्रसाद से सहमत हूँ कि कांग्रेस का ऑवरहाल होना चाहिए| आई फील पिंचड टू सी दीज अन्एम्ल्पायड| ओह! ....

और फिर पाउडर - पुते, स्टिक रंगे चहरे पर बनावटी चिन्ता तथा संवेदना की छाया - सी आ घिरी|

रमेश ने न चाहते हुए भी व्यंग किया - आप ठीक कहती हैं, पर कांग्रेस सरकार क्या करे? उसके पास वाकई ताकत भी हो, तो हमारा धनी - मानी वर्ग जरा सदय और सभ्य होना चाहिये| मैं तो यह देख रहा हूँ, हमारा समाज ही हिंसा और स्वार्थ पर बसा हुआ है| सम्पूर्ण क्रान्ति की आवश्यकता है|

खुर्शेद ने बेपरवाही के साथ कहा - इनकलाब! हुँ - वह भी तो एक बीमारी है| और फिर कहाँ - कहाँ इनकलाब करोगे?

जैसे - जैसे तारे अधिक हँसने लगे, वैसे - वैसे बातचीत भी खत्म हो चली, और संभ्रान्त, समृद्ध, दम्पति चमकती हुई कार में रवाना हो गये| मियाँ खुर्शेद भी साइकल पर चढ़ गुड नाईट कर चल दिये|

रह गया अकेला रमेश| जो धीरे धीरे घर की ओर चला| उस घर की ओर जो सुख का मृगजल था, जो पतन और अज्ञान, गरीबी और दीनता की क्रीड़ा - भूमि था|

वह चला, पर दिल मानो सागर - तट पर ही रम जाना चाहता था| आज निराशा, मौत और अन्धकार ही तो इस भारत के युवक के पल्ले पड़े हैं, उसने सोचा| हमारे इन गोरे शासकों ने हमारा रक्त, हमारा दिल - दिमाग, हमारा सब ओज और पुरुषार्थ छीन लिया| हमें कायर, दीन, सदा - गुलाम बना दिया! फिर स्वयं जैसे उस जग - उजागर भारत के प्रो - एतिहासिक काल में पहुँच गया, जहाँ आज का शोषण, आज का युद्ध, आज के दुःख, आज का अन्धकार न था| जिसकी अस्पष्ट और भावुक कल्पना भर सुखद थी|

और इस प्रश्न का उत्तर उसने जैसे तारों से पूछा| दिग्दिशाओं से एक ध्वनि, एक प्रतिध्वनि उठी - उसे नहीं मालूम!

घर लौटा, तो प्रमिला राह देखती हुई खड़ी थी| बोली - घड़ी में देखा, कितने बजे हैं?

रमेश ने उसके प्रश्न का उत्तर न दिया और कपड़े उतारता हुआ बोला - कुछ नसीब होगा?

प्रमिला ने ढकी थाली की ओर इशारा करते हुए कहा - चाचा बहुत बिगड़ रहे थे| आपने डायरेक्टर को क्या जवाब दिया? वह स्वयं चाचा से कुछ कह गया है|

रमेश ने मोजों को बूट में खोंसते हुए पूछा - आखिर क्या कह गया है? मुझे नौकरी नहीं करना उसकी| छुट्टी हुई| तीस रूपट्टी तो मजदूरी करके भी ले आऊँगा| फिर गुलामी क्यों करूँ?

प्रमिला ने असहाय होकर कहा - आप तो बातें करते हैं| घर में तो मुझे रहना पड़ता है| मुझे पीहर भेज दो| आज तो चाचा ने न बोलने का बोल दिया|

रमेश ने धैर्यहीन आवेश के साथ पूछा - मुँह से बोलोगी भी, क्या बोल दिया?

प्रमिला रो पड़ी - क्या बोलूँ, इससे तो मैं मर जाती, अच्छा था|

रमेश ने खाना खाया - न खाया|

प्रमिला ने सारी कहानी सिसकते, कोसते, आँसू पौंछते और उसकी भर्त्सना करते हुए कह डाली| किस तरह चाचा महाशंकर गज - गज उछले थे, किस प्रकार रमेश और वह सब उनकी छाती का भार बने हुए हैं| कितना कष्ट, कितनी साधना, कितनी हाय - तबाही उठा कर पढ़ाया - लिखाया और आज कमाकर वृद्धावस्था में उनकी चाकरी करना तो दूर, बेकार बैठा खा रहा है ....|

रमेश हृदय पर पत्थर रख कर सब सुनता रहा, सुनता रहा और वह कर ही क्या सकता था? पर प्रमिला ने साफ अपना इरादा जाहिर कर दिया, या तो वह कमाए या उसे मायके भेज दे|

बड़ी देर तक रमेश खीझता रहा| सोचता रहा - उद्वेग, चिन्ता और क्या करूँ, क्या न करूँ|

प्रमिला सो रही थी और शची भी| केवल वही जग रहा था| आज उसके कष्ट और संघर्ष में कौन साथी है? स्त्री चाहती है, वह कमावे और भरण - पोषण करे| नहीं तो मायके भेज दे| असमर्थ और असहाय के प्रति उसके दिल में अब न प्रेम है और न ही सहानुभूति ही| पर प्रमिला क्या करे? आज बारह - बारह महीने से जो व्यंग, उपालम्भ - ताने और अपमान वह सहती आ रही है, वह आखिर क्यों? क्या इस शर्म - भरी स्थिति के लिए वह स्वयं जिम्मेदार नहीं है?

पहाड़ों से टकरा कर लौट आने वाली ध्वनि - प्रतिध्वनि उसकी अन्तरात्मा से उठी - है - नहीं भी| समाज के किस दरवाजे की घण्टी उसने नहीं बजायी? किस दफ्तर में, किस आवश्यकता के आगे उसने अपने हाथ नहीं फैलाया? पर दर्शन और हिन्दी के साथ बी. ए. करना एक अपराध था तथा एम. एससी. पास करना दूसरा गुनाह| इस संसार में उसके लिए नौकरी न थी और जो थी, वह आत्म - हत्या की शर्त पर मिल सकती थी|

पर जिसके अपने आदर्श हैं, सपने हैं - वह तुच्छता, गन्दगी, बीमारी और दयनीय पराधीनता का वातावरण कैसे स्वीकार करेगा?

वह पड़ा - पड़ा सोचता रहा| नींद ऐसी गायब हुई, मानो संतरी की पद - चाप सुनकर चोर गायब है| उसने सोचा आज वह योरोप में होता तो? प्रमिला उसकी मदद कर सकती थी| खैर खुद तो अपना प्रबन्ध कर लेती, पर आज वह बाहरी दुनिया में ब्रिटिश - साम्राज्यवाद - सी पंगु और निरर्थक है| घर में विकृत, सड़ियल तथा आसुरी हिन्दू - जीवन से| हाँ - यही तो| प्रमिला सीना - पिरोना, कसीदा काढ़ना जानती है और कुछ फैशनेबल चीजें बना सकती है, पर कुल - मरजाद की राक्षसी चार पैसे पैदा नहीं करने देती| और स्वयं प्रमिला भी यह नहीं चाहती| चाहे कैसे? हिन्दू - जीवन में पत्नी का व्यक्तित्व सर्वथा पतिदेव पर निर्भर है| आज नारी का हमारे समाज में ज्योतिर्मय अस्तित्व कहाँ है?

उस नीरव रात में मानो ध्वनियों - प्रतिध्वनियों का तांता लग गया| रमेश की आदत थी, व्यक्तिगत दुःख को वह समाज के दुःख से जोड़ देता था| इसलिए अपनी बेकारी, समाज की बेकारी और अपनी परवशता मान ली, और एक बार और इस अँधेरी रात में आशा - निराशा, स्वप्न और आदर्श, अतीत और वर्तमान की भावनाएँ मानो वीणा - झंकार के समान उसके संतप्त छाती में बज उठीं|

इसी संघर्ष की चरमसीमा तक की वेदना की अनुभव ने अन्त में उसे तन्द्रा में बेहोश कर दिया|

दूसरे दिन वह बड़े सवेरे ही टहलने निकल गया| रात्रि के सन्ताप ने जैसे उसे कुछ बेपरवाह, कुछ शान्त और कुछ धैर्य - युक्त बना दिया था| आखिर चिन्ता करने से क्या होगा? और जो होगा, वह सामने आयेगा| यों वह भाग्यवाद की लाठी टेकता हुआ, हैंगिंग गार्डन की ओर निकल गया|

सुन्दर सबेरे में यह बेकार युवक किसी उपन्यास की कल्पना मालूम होता था| बाल बिखरे, कपड़े अस्त - व्यस्त, जूतों की लेसें खुलीं, जैसे रग - रग झटके खाकर शिथिल हो गया हो| पर मिस भानुमती ने देखा उस विवर्ण, उदासीन, चिन्तित और मार खाये हुए चेहरे में दो गहरी, चमकती हुई निश्चिन्त - सी आँखें उसकी ओर देख रही थीं|

गुड मॉर्निंग! हाथ की पुस्तक एक ओर रखते हुए भानुमती ने कहा - आज वर्षों में देख रही हूँ|

रमेश ने बेंच पर बैठते हुए उत्तर दिया - हाँ| तीन - एक वर्षों में मैं तो वृद्ध हो गया| आप विलायत से कब लौटीं? मैं समझता हूँ, आपने एम. ए. पास कर लिया है|

भानुमती ने सगर्व कहा - हाँ और आज कल डॉक्टरेट के लिए प्रयत्नशील हूँ| - आप?

मैं! रमेश हँसा भी, मुस्कराया भी और मन - ही - मन दुःखी भी हुआ - मैं बड़े मजे में हूँ| जी रहा हूँ|

कहीं नौकर हैं क्या? भानुमती ने जैसे यों ही पूछ लिया|

और उसका उत्तर रमेश ने दिया - मौत का नौकर हूँ|

भानुमती ने कहा - ताज्जुब! आप - सा प्रतिभाशाली वक्ता, लेखक और विचारक बेकार है| और मान लो, है भी, तो इतनी निराशा क्यों? दुनिया में काम करने वाला नहीं, आलसी और झूठी शान में बहने वाला भूखों मरता है| आदमी पेट नहीं भर सकता, यह खूब रही!

रमेश जल गया| कट कर बोला - आपके स्थान पर मैं होता तो यों ही उपदेश दे सकता था| देवी जी, जीवन आज इतना अस्थिर, इतना स्वार्थी और विपत्तियों से पूर्ण है कि डॉक्टरेट के लिए एक पल भी नसीब नहीं| हाँ, जो धनवान हैं, उनके लिए तो अवश्य यहाँ गुलच्छर्रे हैं|

भानुमती ने संयत स्वर से कहा - आप काफी उद्विग्न मालूम पड़ते हैं| मैं कोशिश करूँगी कि आप कहीं सैटिल हो जाएँ|

श्रीमती की दया मैं नहीं चाहता! वह बोला| दया के भार से तो मैं दब रहा हूँ - मेरी आत्मा अब यह बरदाश्त नहीं कर सकती|

और वह उठा| भानुमती भी उठी, बोली - मैं तो सदा ही आपके आगे अपराधिनी हूँ| पर यह तो कहिए, आप परसों हमारे प्रोग्रेसिव साहित्य संघ में भाषण देंगे?

भाषण! वह खिलखिलाकर हँसा - भाषण ही आज हमारी एक मात्र कर्मठता रह गयी है| पर उससे क्या होगा? समाज को बदलिए समाज को, अगर वाकई कुछ करना चाहती हैं तो, बोलने में क्या रखा है, कहिए तो अभी प्रारम्भ कर दूँ|

भानुमती ने अब चलित स्वर में कहा - मैं मानती हूँ, आज स्टेट और समाज दोनों ही विकृत हो गये हैं| पर परिवर्तन धीरे - धीरे होगा| चलिए, आप आन्दोलन कीजिए| असन्तोष प्रकट करने से क्या होगा?

रमेश ने घर लौट कर देखा, महाशंकर पूजा करते जाते थे और चाची को धमकाते जाते थे| चाची ही क्या, जो सामने आया उसे ही ले पड़े| वह चुपचाप अपने कमरे में खिसक जाना चाहता था कि महाशंकर ने उसे इशारे से अपने पास बुलाया, बोले - मेरे पास केवल बारह मिनट हैं तुम्हारे साथ बातें करने के लिए| बारह से तेरहवाँ, एक भी अधिक नहीं| दस मुवक्किल राह देखते हैं| मैं तुम्हारे साथ फालतू बातें - यानि आदर्श की बमचख न करूँगा| एक शब्द में, या तो तुम अब कमाओ या अपना प्रबन्ध करो|

रमेश ने चाहा, कुछ कहे, पर मुँह न खुला| महाशंकर ने फिर कहा - पुरोहित शादी करवा देता है, घर नहीं चला देता|

रमेश ने मन - ही - मन कहा - अभी जाता हूँ, इस घर का पानी हराम है|

महाशंकर ने अंत किया - मैं तो आदर्श की अपेक्षा व्यवहार ही को पहला स्थान देता हूँ। मेरे वकालत के अनुभव ने मुझे यही सिखाया है।

रमेश की अन्तरात्मा मानो किनारे तोड़ कर बह उठने वाले नद की तरह फूट पड़ी। उसे मालूम हुआ कि वह अब इस निर्मम संसार में अकेला है। चुपचाप वह अपने बिस्तर पर जा पड़ा। उसका मन सारे बम्बई में जैसे चक्कर काट रहा हो। कोई काम देखे! इस विषम, प्रतिपल दुखद जीवन से तो मौत अच्छी! - मौत? वह काँप उठा। मृत्यु के बारे में उसने काफी सोचा था, पर मौत का सजीव विचार उसे डरा गया। आत्म - हत्या! मन के नयनों के आगे शची घूम गयी! प्रमिला आ खड़ी हुई। दोनों की असहाय, दीन, निराश्रित दशा मानो सजीव हुई।

वह धाड़ मार कर रो उठा।

चाची ने पुकारा - रमेश!

रमेश का हृदय अब तो फट जायगा। उधर चाची अन्दर आयीं। - रो क्यों रहा है रे! मैं देखती हूँ, तुझे घर से बाहर कौन निकालता है?

और चाची ने उसे आश्वासन दिया - चल, उनकी तो आदत है। वकालत क्या चल रही है, कहीं के राजा हो गये हैं। इस सम्पत्ति में तेरा भी तो अधिकार है।

रमेश ने भर्राये हुए कण्ठ से कहा - मैं कुछ नहीं चाहता, चाची! नौकरी नहीं मिलती इसमें मेरा क्या दोष है?

यह तो भाग्य की बात है। इसमें कोई क्या करे! तुम पढ़े - लिखे लोग तो नास्तिक हो गये हो। चाची ने सप्रेम उलाहना दिया।

मैं मर जाऊँ तो अच्छा है। कातर स्वर में वह बोला। चाची ने फटकारा - दुत्! कायर कहीं के! केवल नौकरी न मिलने से मर जायगा। छिः, रमेश! मैं तुझे ऐसा गधा और भीरू न जानती थी। आदमी होकर मरने की सोच रहा था! धिक् है तुझे! इससे तो औरत होता तो अच्छा था।

और चाची तीर की तरह कमरे से निकल गयीं।

मानो चाची की भर्त्सना एक भारी वर्षा थी, एक बाढ़ थी जिससे रमेश के मन के गन्दे मार्ग धुल गये। यह तीर ठीक जा बैठा। मूरख! मूरख!! वह आप से आप बोला - क्या नौकरी ही अन्तिम ध्येय है? यही सब कुछ है? पत्थर झोंक, सड़कें साफ कर, खादी बेच, मल - मूत्र उठा, कुछ भी कर। नहीं तो, नहीं तो, इस शोषण और अत्याचार के विरुद्ध जिहाद कर।

प्रकाश की किरणें मानो विषाद, निष्क्रियता और कातरता के मेघों से छनछनाने लगीं। तोड़ डाल झूठी मर्यादाओं की बेड़ियाँ, गयी गुजरी धारणाएँ, प्रतिष्ठा और लोक - व्यवहार के बे बन्धन, जो आज के युवक को दकियानूसी, प्रतिघाती और संकीर्ण बना

रखते हैं, जो अज्ञान और अवैज्ञानिकता की मीनार हैं, जो स्वस्थ और सुन्दर जीवन के स्वप्न के लिए पाप हैं, तोड़ डाल! एक नया बल उसके रग - रग में प्रवाहित होने लगा|

रात कल्पना करते हुए आधी से अधिक बीत गयी और शेष रात उसने एक निश्चेष्टता में व्यतीत की| जैसे उसने फिलहाल जिन्दगी का हल पा लिया हो|

दूसरे दिन वह मिस भानुमती के क्लब में जब पहुँचा, श्रोतागणों का ठट्ठ दर्शनीय था| क्लब के रास्ते में साइकलों और कारों का एक ताँता लगा हुआ था और मुख्य द्वार जूतों से पट गया था|

एक सजीव और जाग्रत आत्म - विश्वास के साथ वह उस शाम बोल गया - साहित्य तो आत्मा के अनुभवों का श्रेष्ठ और सुन्दर अभिव्यंजन है| इस ओर आनन्दभरी आत्मा का झुकाव है| दिल ही की क्रीड़ा - भूमि में साहित्य - रचयिता खेलता है - रसमयी कल्पनाओं से सुन्दर सृजन करता हुआ, वह समस्त जीवन का अविनाशी आलेखन है| जीवन के सभी मर्मस्थल, सभी महान् परिवर्तन और वे पग - पथियाँ जो जीव को चिदानन्द में लीन करने ले चलती हैं, साहित्यकार की बपोती हैं|

और फिर उसने वर्तमान समय के साहित्य और उसके रचयिताओं के जीवन की भिन्नता और विरोध दर्शाया, उसने कहा - हम उन्नति करना चाहते हैं, पर उन्नति का दृष्टिकोण गलत और बे - माने का है| साहित्य की सृजनशक्ति का समाज के आत्मा की उदात्त भावनाओं से गहरा सम्बन्ध है| वह साहित्य नहीं, वह रचना नहीं जो समाज को पशु से मानव और मानव से देव न बना दे| जैसा साहित्य वैसा समाज और जैसा समाज वैसा साहित्य| पर साहित्य का ध्येय यदि महान् और ज्योतिर्मय है तो समाज का अन्धकार शनैः शनैः दूर हो जायगा ....|

इस प्रकार उसने राष्ट्रभाषा और भावी भारतीय सभ्यता पर भी अपने विचार प्रकट किए तथा तालियों की गड़गड़ाहट में वह अपने जगह पर बैठ गया| विरही जी ने नाक सिकोड़ी, मधुकर जी ने अपनी ललक अलकें सम्भालीं और पागल जी ने उदासीन मुस्कान भरी, मिलन जी भावशून्य ही उत्साहित दिखाई दिये|

दोपहर तक वह अपने कल के भाषण पर सोचता रहा| भानुमती की आलोचना और सभापति की टिप्पणी उसे कुछ खलीं| पर अपनी असाधारण सफलता पर वह मन - ही - मन साश्चर्य हँसा ही था कि प्रमिला आकर खड़ी हो गयी - कुछ काम मिला?

नहीं| उसका सिर हिला| और प्रमिला ने कहा - उदास और मरी - सी होकर वह बोली - जब तक ग्रह बुरे हैं, तब तक अच्छा दिन न उगेगा| और फिर उसने अपने पति की शान्त और बेपरवाह आँखों में देखा|

वह उठा, प्रमिला के हाथ को अपने हाथ में लेकर बोला - प्रमी, ग्रह - ब्रह कुछ चीज नहीं है| हमारा समाज ही बेईमान है| हम आज दूसरों का रक्त पीकर ही जीते हैं|

हम? प्रमिला ने हठात् पूछा

हाँ, हम भी। वह कुछ कठोरता - पूर्वक, पर सम्पूर्ण भाव प्रखरता में बोला - तुम्हारे पास कितनी साड़ियाँ हैं, मेरे पास कितनी कमीजें? कितने गहने हैं तेरे पास, बोल? दो जून हम - तुम मजे से खाते हैं, गुलच्छर्रें उड़ाते हैं, और -

उसने दूर तक जाते हुए एक भिखमंगे और एक मजदूर को बताया। बोला - देखा?

प्रमिला ने कहा - उनके कर्म?

अच्छी बात है, तब हमारे भी पुण्य कर्म खतम हो चुके हैं। वह बोला - प्रमिला, मुझे काम मिल गया है।

और वह प्रमिला को रहस्य में रख बाहर हो रहा। उसकी नस - नस में एक अद्भुत शक्ति, हृदय में अवर्णनीय जोश छा रहा था। वह आज जीर्णताओं के, दकियानूसियों के, अन्धश्रद्धाओं और बीत चुकी बन्दिशों के बन्धन काट देगा। वह अपनी आत्मा की आवाज पर, जीवन के मार्ग पर चलेगा। आज तक के कष्ट उसी की कमजोरी से पैदा हुए थे। वहीं नहीं चाहता था कि वह आगे आए। काम कहाँ नहीं है? कर्मी चाहिए - कर्मी? पर क्या वह कर्म के लिए तैयार था? नहीं। संसार में कर्मों का तो एक मेला लग रहा है। .... कर्म ही तो जीवन है, उसने सोचा - हाँ - हाँ - और वह द्रुत गति से एक बनती हुई विशाल इमारत के सामने आ खड़ा हुआ।

एक ध्वनि उसकी छाती से उठी और लुप्त आत्मा जैसे नयन खोलने लगी। एक पल वह झिझका, मन में चाचा की भयंकर मूर्ति, जाति वालों की कठोर आँखें और प्रमिला का विवर्ण चेहरा उसके सामने आया - पर मैं तो नयी दुनिया का प्राणी हूँ। मजदूर हूँ - मजदूर! ऐसे समाज में -।

और वह मैनेजर के सामने जा खड़ा हुआ।

गोल - गोल मुँह जिसमें डिबियानुमा आँखें चिपकी हुई थीं और खूँटों से दाढ़ी भर गयी थी। वैसा मुख उठा और उन दो पैसों को गिनने वाली आँखों ने उसे सिर से पैर तक देखा - कहिए?

रमेश ने एक ही साँस में अपनी कहानी कही और काम माँगा। थोड़ी देर तक उसने अपनी गोल ठुड्डी पर उँगलियाँ रगड़ीं और फिर बोला काम तो हमारे पास नहीं है।

रमेश ने जैसे अपने प्रिय का मृत्यु - संवाद सुना हो। फिर भी साहस के साथ बोला - मुझे काम देकर आप एक आदर्श स्थापित करेंगे, मैं कहता हूँ। मैं लेख लिख सकता हूँ, पर मैं दुनिया को बता देना चाहता हूँ, कि मैं बुद्धि का विलास करना नहीं चाहता। मैं करोड़ों गरीबों के साथ जीना चाहता हूँ।

मैनेजर ने हँस कर कहा - हमारा काम तो पैसे से चलता है, ज़नाब!

रमेश ने फिर कहा - पेपर वालों के पास कहीं यह खबर पहुँच गयी तो आपकी कम्पनी का नाम हो जायगा|

मैनेजर बोला - मुझे सोच लेने दीजिए|

जब उसने चूने का पहला ठेला भरा, तब जैसे यमुना में एक डुबकी मारी हो और जब उसे धक्का मार कर चलाया, तब जैसे गंगा - सागर की मौज भरी तरंगों में बह रहा हो| उसकी पुतलियों में प्रकाश और अँधेरों पर गम्भीरता का लेप हो गया था|

द्वितीय परिच्छेद

सुबह आठ से दोपहर के बारह और दो से शाम के साढ़े - पाँच, ये थे रमेश के काम करने के घण्टे, मजूरों पर आँख रखना, कारीगरों को जल्दी करने को उकसाना और खुद घुटाई करना, ये सब कामों में काम थे और रोज का एक रुपया तय हुआ था| पहले पन्द्रह दिन यों बीते, जैसे हनीमून के दिन हों| शाम को जब वह नहा - धोकर और पुनः अपना सूट पहन कर घर लौटता, तो एक सुखद थकावट से उसकी देह चूर - चूर होती और वह अपने कमरे में जा पड़ता| उसकी आँखों में शान्त गरिमा थी और हृदय में सन्तोष, बाहुओं में तरोताज़गी और बल की वह भावना, जो हर एक मजदूर के कलेजे में उफ़नती है| शाम हो चली थी और वह कमरे में कुर्सी पर पड़ा हुआ दिन भर के काम को सोच रहा था| मैनेजर ने आज उसे हाजरी - रजिस्टर और स्टोर - निरीक्षण का भार भी सौंपा था और कहा था कि अब उसको पैंतीस रूपये देते हुए भी हिचकिचाहट न होगी| वह सोच रहा था कि आज उसने अपने बाहुबल से संसार को बता दिया था कि वह उसका मुँहताज नहीं, उसका गुलाम और दबैल नहीं है| अवश्य आज वह उन करोड़ों नंगों और भूखों के साथ है, जो एक - न - एक दिन इस आज की नापाक समाज - व्यवस्था को उलट देंगे| अवश्य वह आज हिंसा, चोरी, रिश्वत, पाप और शोषण के गिरोह में नहीं है, वह - आज रक्तरंजित पुण्य का अंकुर अपनी छाती पर उगा रहा है, जिसके फूल ईश्वर के चरणों में दीप्तिमान और सुन्दर होंगे| वह एक भीषण क्रान्ति होते हुए देख रहा है| वह क्रान्ति, जो अमंगल और पाप को जला देगी, जो समाज को स्थिर, सुचारू और सुख का घर बना देगी|

सामने चाचा, अँधेरे में एक रौद्र छवि के समान उसे खड़े दिखायी दिये| वह हड़बड़ा कर उठ बैठा|

चाचा ने कहा - तूने मेरे कुल को डुबो दिया, लड़के!

और वे मुड्ढे पर जैसे कट कर गिर पड़े - तुझे और काम न सूझा, जो पत्थर और चूना ढोता है! कम्बख्त! तेरी बुद्धि मारी क्यों गयी है?

रमेश की छाती का संगीत थमा, मानो मजलिस में सहसा शेर कहीं से कूद आया हो|

चाचा ने भीषण होकर कहा - कल से जो घर के बाहर पैर रखा तो पैर काट डालूँगा, समझा? मेरे जीते जी यह न होगा, समझा तू?

पर रमेश की रग - रग में सहमा हुआ जोश उबल पड़ना चाहता था। - चुप्पी।

चाचा कुछ आगे झपट कर गर्जे - मुँह में जबान है कि नहीं?

बाहर खड़ी हुई शची ने मुँह से अपनी जबान निकाली, देखी और इत्मीनान से मुँह में पुनः दाखिल की।

अब रमेश ने कहा - यह तो आपकी ज्यादती है!

क्या कहा? चाचा ने रोमन पिता की भाँति आँखें निकाल कर प्रश्न किया। वे कोई उत्तर, कोई दलील नहीं सुनना चाहते थे। बोले - ब्राह्मण होकर शुद्र का काम करते लज्जा नहीं आती? डूब मर! बम्बई में समुद्र की कमी नहीं है! धिक्कार है तुझे! डोम कहीं के ....

रमेश ने सहसा तन कर उत्तर दिया - मजदूरी पाप नहीं है।

पर चाचा ने घूम कर भीषण गर्जना की - जबान बन्द कर। यह भाषण अपने पास रहने दे। बोटी - बोटी काट डालूँगा, समझा! जो घर के बाहर पैर रखा तो। और वह खड़ाऊँ बजाते हुए चले गये। रमेश असहाय आरामचेयर पर बैठ गया।

खाना खाने के लिये दो - तीन दफ़ा बुलावा आया, पर जैसे उसने सुना ही न हो। उसका अपना अपनत्व, तेज और सामर्थ्य मानो किसीने हर लिया हो। वह ताकत, जिससे उसने चूने का ठेला उठाया था, ईंटों की थापी लाया था, आज दिन तक घुटाई की थी, वह अडिग निश्चय, वह बल, वह आधार इस समय जैसे श्री - हीन हो गया। वह आँखें बन्द कर जैसे तन्द्रा में डूबा हो।

महाशंकर ने उसे कन्धे से हिलाकर जैसे जगाया - कितनी देर तक सब चौके में राह देखते बैठे रहें?

उसने आँखें खोल कर महाशंकर को घूरा।

भोजन कर लो! फिर इच्छा आये वह करना। तुम्हें कोई रोकने बैठा है? तुम्हारा जी चाहे तो विष्ठा उठाना, पर इस समय तो पधारो।

पधारो! रमेश तीर खाकर उठ बैठा, बोला - मुझे भूख नहीं है।

महाशंकर ने संलग्न उसे निरखा, फिर बोले - अन्न - जल हराम किया है क्या इस घर का?

रमेश - जो समझा जाय!

अच्छा! महाशंकर ने साश्चर्य और फिर साधिकार कहा - मैं बच्चा नहीं हूँ, रमेश! जरा होश दुरस्त रख कर बातें करो - मैं सब जानता हूँ कैसे क्या करना चाहिए। दुनिया देखते - देखते मुझे तुमसे दुगना समय हो गया।

मुझे मालूम है| रमेश ने सओज कहा - जिस दुनिया को आपने देखा है, वह क्या है| मुवक्किलों के जघन्य पैसों और क्लेशों का संसार! ज्ञान का अमृत देने से रहा - हूँ! और उसने सीलिंग की ओर मुँह फेर लिया|

महाशंकर को जैसे बिच्छू ने काटा हो, यों बोले - मैं तो पाप का पैसा कमाता हूँ, आप पुण्य कमा कर जायेंगे| मैंने पापियों की दुनिया देखी है, आप स्वर्ग घूम कर पधारे हैं मुझे मालूम है| ढोंगी और दम्भी कहीं के!

मैं विलास और शोषण की जिन्दगी से घृणा करता हूँ! रमेश ने कहा|

अच्छा! महाशंकर ने घूम कर उसका पतलून उठा लिया - यह तो स्वामी जी की कोपीन है| क्यों? और फिर जूते की ओर इशारा कर कहा - वह कमण्डलु! - वे मोजे, गौमुखी और ये कमरे के ठाठ सब कुटिया की चित्रकारी है| है न महाराज? माफ करो, भई! जो तुम्हें भोजन के लिए बुलाने आया|

वे चुपचाप कमरे से बाहर निकल गये|

रमेश की छाती में एक के बाद एक यों मानो दसों तीर गड़ गये| महाशंकर ने मानो गिरते - गिरते बचा लिया, चाँटा मार - मार कर जैसे उसकी बेहोशी दूर की| नेकटाई, जूते, कालर, हेज़लीन, पावडर, पतलून, शर्ट, जैकेट, ओवरकोट, पिन, क्लिप, हैण्डकरचीफ, न मालूम ढेरों ऐसी चीजें उसके पास थीं, इस समय नागिन बन कर उसको डस रही थीं! महाशंकर वकालत कर सैंकड़ों कमाते हैं, पर सादगी में एक थे, देशी और पुराने ढंग का वेश, क्या देश का धन नहीं बचाता था? और वह जितना कमायेगा| विलायती ठाठ में खर्च कर आयेगा| तब - उसकी अन्तरात्मा ने उससे पूछा - तब?

और तब वह उठा, कपड़ों का गठ्ठर तैयार किया और एक ओर रख दिया| कल वह उन्हें बेच आयेगा, बस! सादा और पवित्र श्रमजीवी वह बनेगा| उसे जैसे किसी ने पुकार कर कहा - विलास, फैशन और शान की मजबूरी से नहीं निभती| मजदूरी पुनीत पुरुषार्थ का जीवन है|

प्रमिला हमेशा के समय पर आयी, पर गुप - चुप अपने बिस्तर पर जा लेटी| शची आज नीचे नीलकण्ठ के पास ही रह गयी थी| रमेश ने प्रमिला की मुद्रा देखी, तो पूछा - क्या हुआ फिर?

प्रमिला चुप|

वह सजग हुआ, बोला - क्या मैं उत्तर पाने का हकदार नहीं हूँ?

प्रमिला ने मन्द, पर बेपरवाही से उत्तर दिया - कुछ नहीं| होना क्या था? काका मुझे कल मायके भेज देंगे|

रमेश ने कठिनता से धीरज धरा| बोला - यों क्यों नहीं कहती कि तुम स्वयं जाना चाहती हो!

यही समझो| वह निश्चिन्त होकर बोली|

आरामचेयर पर ही रमेश चुपचाप तारों की ओर देखता पड़ा रहा, और रात बीतती गयी| उसके द्वन्द्व, उसके दुःख, उसके सन्तापों से आज किसे सहानुभूति थी? स्वयं उसकी पत्नी भी उसके प्रति इतनी कठोर, इतनी बेपरवाह सिद्ध हुई|

दूसरे दिन शाम को जब वह घर पर लौटा, तो प्रमिला और शची दोनों ही मुरादाबाद चले गये थे| चाची ने आँखों में आँसू भर कर कहा - तेरे चाचा के सामने मेरी न चली|

वज्राहत - सा वह खड़ा रहा|

और तीसरे दिन सुबह जब वह नींव से मिट्टी भर - भर कर टोकरियाँ पटक रहा था, तब उसके नयनों से आँसुओं की कुछ बूँदें गिरीं और गीली मिट्टी में जा मिलीं| एक लम्बी और गहरी आह मानो उसकी छाती से निकली - कुछ नहीं, मैं न झुकूँगा| क्यों झुकूँ? क्या मैं पाप कर रहा हूँ? खून कर रहा हूँ? कुल की लाज, मान - मर्यादा मेरी आत्मा की पुकार के सामने क्या है? प्रमिला! होगा - बच्ची है, बेवकूफ है|

इतने दूने जोश से उसने टोकरी भरी कि मजदूरों में खलबली मची| राजों के हाथों में तेजी आ गयी| चक्की वाले ने बैल की पूँछ मरोड़ी और मैनेजर बाबू की सदा की सावधानियाँ हवा में गूँजी| रमेश ने सिर उठा कर देखा - ऐं! भानुमती!

और भानुमती ने भी साश्चर्य उसकी ओर देखा - रमेशचन्द्र!

मैनेजर बाबू ने कहा - ये महाशय कहते हैं मैं एम. एससी. पास हूँ, पर मैं मजदूरी कर जीना चाहता हूँ| मुझे तो यकीन नहीं होता कि ये एम. एससी. पास हैं| पर मैंने सोचा होशियार आदमी है, लिफ्ट देना ठीक होगा| बाबुओं को मजदूरी करते देख मुझे तो तसल्ली होती है| बीस दिन में चरबी उतर गयी! है न रमेशचन्द्र?

रमेश हँसा|

भानुमती ने मैनेजर की ओर देखा, तो वह खिसिया कर चुप हो गया| रमेशचन्द्र ने कहा - मैं यह मानता हूँ, कि बाबुओं के शरीर कमजोर हो गये हैं, पर वे भावी युग की आशा से भरे हुए हैं| मैं इसी मिट्टी में गल जाऊँगा - बला से! पर मैं नया शरीर धारण कर उसी महान् युग में वापस जन्मूँगा| तब मेरी बुद्धि, मेरा हृदय सभी कुछ दिव्य होगा|

भानुमती ने उसे बुलाया - रमेश बाबू! क्या आप मुझ से बँगले पर मिल सकेंगे?

अवश्य! और बिना देखे ही उसने मिट्टी भरना चालू रखा|

भानुमती जब चली गयी तो मैनेजर महोदय लपक कर रमेश के पास आये, बोले - यार! तुम तो आस्तीन के साँप निकले!

रमेश मुस्कराया|

बेचारे मैनेजर ने माफियाँ माँगी, आज़िज़ी की कि वह उसके खेमे में चला चले। पर रमेश ने कहा - सामने किरशनिया, पेमला, मगनिया, जोतू सभी तो काम कर रहे हैं। उन्हें भी निमन्त्रण दीजिए।

मैनेजर ने कहा - कहाँ वे और कहाँ आप!

क्यों? रमेश ने तीव्रतापूर्वक कहा - क्या मेरे हीरे की आँखें हैं? पुखराज की नाक है? क्या मेरे हाथ पारस के हैं? क्या बोलता हूँ, जिस धरती पर ये जियेंगे, मरेंगे, मैं भी वहीं जीयूँगा, मरूँगा।

शाम को बँगले पर जब वह भूत - सा पहुँचा, तो देखा, भानुमती बड़ी विकलतापूर्वक उसकी राह देख रही है। एक धुँधले आलोक - चित्र की भाँति, सजीव - सजीव। उसने बरामदे में पाँव रखा।

भानुमती ने छूटते ही कहा - राह देखते - देखते थक गयी बाबू!

रमेश - छुट्टी हुई और मैं आया।

छुट्टी! भानुमती ने अत्यन्त कष्ट के साथ कहा - आप यहाँ तक कर जायेंगे, मुझे पता न था। संयोग तो देखो, मेरे ही बँगले पर! फिर उसने सिर से पैर तक उसे देख कर पूछा - कपड़े तो बदल लेते।

वह सोफे पर जा पड़ा। बोला - रेशमी गद्दे के इस सोफे पर मिट्टी का अभिषेक होने दो, भानुमती! इसके रंग में जो गरीबों का रक्त है, वह दूर हो जायगा।

और फिर वह जी भर कर हँसा। हँसी बढ़ती जा रही थी और आँसुओं का वेग भी।

भानुमती उसके पास आयी। बोली - बालों में धूला ही धूला है, सारा शरीर गन्दा है! नहा लीजिए!

रमेश ने रुआँसी आँखों और हँसते अधरों से कहा - आज हम कोटि मनोज लजावनि हारे हो गये हैं, भानुमती! उस मन्वन्तर युग का देवता मुझ में निहार लो!

बहुत ठीक। भानुमती ने कहा - पर नहालो, उठो! आँसू आ - आ कर उसकी पलकों पर रुक रहे थे, गद्‌गद् और भारी छाती से वह बोला - मुझे पता न था, वह आपका बँगला है। नहीं तो मैं वहाँ काम न करता।

क्यों? क्या मुझ से घृणा करते हो? भानुमती ने पूर्ण - भाव मुस्कान के साथ पूछा।

जिन्होंने आज मानव - जीवन को नर्क बना डाला है, उनसे कौन प्रेम करेगा? वह बोला - मैं मनुष्य को प्रेम करता हूँ, अमीर को नहीं।

बहुत ठीक। तब मैं भी मनुष्य हूँ। वह बोली - चलिए नहा लीजिए। खाना ठण्डा हो रहा है।

खाना? वह हा - हा - हा कर हँसा - मैं घर - बाहर एक मजदूर हूँ| ऊपर आकाश तना हुआ है, नीचे पृथ्वी| फुटपाथ घर, और सस्ता ढाबा किचन परिश्रम - अनन्त और आशाहीन, अमीरों के विलास को जीवित रखने वाली काली मेहनत - यही हम मजदूरों का जीवन है|

भानुमती की चश्मा - ढकी आँखें पृथ्वी की ओर झुकी हुई थीं|

भानुमती! मैं जाऊँगा| वह उठता हुआ बोला - किरशनिया मेरी राह देख रहा होगा| बहुत दूर जाना है, तारापोल! उस गन्दी और तंग चाल में मनुष्य का हृदय एक सनातन आग में जल रहा है - हमारी सभ्यता कुछ कसाईपन है, साहित्य उसका उद्दीपन, संगीत मुर्दाभोजन के समय का चीत्कार! भानुमती! मेरा स्वाँस रूँध रहा है|

और वह तीर की तरह कमरे के बाहर निकल गया|

भानुमती ने भी खाना न खाया| महाराज दो थालियाँ सजा लाया, पर अपना मुँह लेकर वापस गया| और वह आधी रात तक कुछ सोचती बैठी रही| रमेश का व्यवहार उसके कलेजे को बेध गया| उसकी एक आन्तरिक दीवार, जिस पर रंग - बिरंगे चित्र मढ़े थे, इस धक्के से गिर पड़ी| सारी सम्पत्ति को उसने अपने जीवन में एक अभिशाप पाया| उसके अन्तःकरण में एक अति प्राचीन ध्वनि उठी - भानुमती! तू अकेली है, इस जीवन को यों ही निभा कर क्या करेगी?

उससे मालूम हुआ कि अन्दर उसके उसका जीवन वीरान है| तेज, आनन्द वह अमर स्वजन, जो सुख और सहज स्नेह का कारण है, वहाँ कहाँ था? वह जी ही नहीं रही थी| उसे आश्चर्य हुआ कि बुद्धि जीती नहीं, हृदय का प्रकाश जीता है| कोरी बुद्धि भार है, वह विष है, जो अन्दर - ही - अन्दर मारता रहता है| वह काँप उठी|

ओह नहीं! वह मरेगी नहीं, नहीं - रात बीती, दिन बीते| महीना भर बीत गया, वह अग्नि - शिखाओं का संघर्ष बनी रही| सहसा एक आग, दावानल से भी भीषण उसके मर्म में जल उठी थी| क्लब का काम सुस्त हो गया, मुँह पीला पड़ गया| उसे अब मालूम हुआ कि चैतन्य की आग कितनी तीव्र है? रमेश! फिर भी तुम्हें मैं न पा सकी| तुमने घर छोड़ दुनिया भर की थू - थू सही और धिक्कार सहा| पर अपने सिद्धान्त पर जी गये! और मैं? .... मैं विचार रही हूँ| विचार और कर्म का भिन्नत्व ही चरित्र की मौत है ....

आराम कुर्सी पर लेटी - लेटी वह सोच रही थी कि महाशंकर ने कहलवाया, वे मिलना चाहते हैं|

बुला ला|

महाशंकर अन्दर आये, तो बैठते ही बोले - अध्ययन में दस्तन्दाजी की, क्षमा किया जाऊँ| पर विपत्ति में साधारण मर्यादा टूटती ही है| श्रीमती! आपके मित्र रमेशचन्द्र की पत्नी का सहसा देहान्त हो गया है|

कब? भानुमती मानो बिजली के शॉक से चौंक उठी|

कल रात को तार आया| महाशंकर ने गहरे दुःख से कहा - हमारे घर की तो वह देवी थी| उसके सात वर्ष की बच्ची है| हरी - इच्छा! रमेश को कहीं देखा?

भानुमती ने सिर हिला कर जताया - नहीं|

महाशंकर ने लम्बे भाषण के बाद प्रमिला की मृत्यु का सारा दोष रमेश के मत्थे मढ़ा|

अन्त में भानुमती ने कहा - दुःख है, रमेशचन्द्र आपके घर में पैदा हुए - He is a misfit.

महाशंकर ने मुश्किल से पाँच मिनिट वहाँ और बिताये, उठे - क्षमा किया जाऊँ| वकीलों और खास कर बैरिस्टरों का एक - एक मिनिट कीमती होता है| (घड़ी देख कर) मैंने पौन घण्टा खो दिया, समझ लीजिए पाँच सौ रूपये खो दिये| नमस्ते!

फिर वे झुक कर यों गये, जैसे होटल का मैनेजर मेहमान के सामने से जाता है|

भानुमती उठी, कार ली और बँगले पर पहुँची| रमेश! पर रमेश वहाँ न था| वह सीधी तारापोल की ओर रवाना हुई| आज उसके हृदय में प्रकाश भी था, अँधेरा भी था और एक अज्ञात सुखद उमंग उसके कलेजे के पहाड़ से बूँद - बूँद झर रही थी| वह उड़ी जा रही थी| जिस जीवन के स्वप्न उसने सोचे थे, वे सब एक समर्थ साथी बिना कैसे पूरे हों? त्याग और कष्ट - सहन का जीवन वह अकेली जी नहीं सकती थी| नहीं, सूखी और निराशा, वह पोथियों के जड़ ढेर में कहाँ तक दब मरती? प्रमिला! तुम्हें स्वर्ग मिले, स्वर्ग!

किरशनिया की कोठरी के पास कार रुकी| देखा, रमेश चबूतरे पर बैठा हुआ बच्चों को पढ़ा रहा है| सुन्दर चमकीली कार के रुकते ही दुबले - पतले, मरे से बालक बन्दरों की तरह कूदे और कार के चारों ओर घिर गये|

रमेश! भानुमती? दोनों की आँखों ने साश्चर्य एक - दूसरे से पूछा|

यह क्या हाल बना लिए हैं हज़रत? वह ऊपर चढ़ते हुए बोली|

रमेश ने प्रसन्नता से कहा - दाढ़ी बढ़ गयी है, नाखून बढ़ गये हैं| चेहरा पिचक गया है| शरीर कमजोर हो गया है| और क्या हाल बना लिए हैं? कहिए? अरे जग्गू! टाट तो ला| मिसी बाबा आयी हैं|

जग्गू दौड़ कर गया, टाट उठा लाया|

रमेश ने कहा - आपकी यह रेशमी साड़ी खराब होगी|

भानुमती ने बीच ही में कहा - कोई परवाह नहीं| आप सबके तो जीवन इसी में खराब हो गये हैं|

पुश्तों के, सदियों के - वह सकरुण - सग्लानि से बोला - आज कैसे यहाँ? स्वर्ग की देवी को नर्क की याद कैसे आयी?

रमेश! भानुमती ने अपने कष्ट को छिपा लेते हुए कहा - एक बुरा समाचार सुनाने आयी हूँ| प्रमिला इस लोक में नहीं है|

रमेश दो क्षण जड़ - सा बैठा रहा| उसकी 'प्रमी' को एकदम क्या हुआ?

हाल सुन कर वह बोला - तब शची तुम्हारे जिम्मे भानुमती! मैं आज मुक्त हो गया| 'प्रमी' देवी थी, भगवान् उसे अवश्य ही दिव्य लोक देगा| क्या सोच रही हो?

भानुमती के तीखे और अनियारे नयन उठे और उसके मुँह पर गड़ गये - कुछ नहीं| आप अकेले हो गये -

अकेला? हा, हा, हा! वह उत्ताल स्वर में हँसा| उसका अन्दर - ही - अन्दर घुटता हुआ दुःख मानो हुर्र कर उड़ गया| बोला - अकेला यहाँ कौन है? मेरा कुटुम्ब आपने नहीं देखा? शाम को पधारतीं तो पता चलता| इसी मैदान में सब मेरे कुटुम्बी जमा हुए थे और इस पितामह ने उनको क्रान्ति के लिये सन्देश दिया था, कल! महीने भर की संगीन बीमारी में मानो एक जीवन का विष घुल गया| पत्थर के बादल दूर हो गए, मैंने प्रकाश पा लिया| मैंने क्या देखा, बताऊँ? मैंने देखा संसार में दुःख ही दुःख है| अमिरों का स्वार्थ उनका दुःख है, गरीबों का अज्ञान उनका दुःख है, संतोषियों और ज्ञानियों का ज्ञातव्य दुःख है| भानुमती! मैंने जीवन का मर्म देख लिया है| समानता और उद्योग की उस भावी सभ्यता में आध्यात्मिक दुःख भले ही रहे, पर हम ज्ञान, प्रेम और सेवा द्वारा व्यवहारिक दुःखों का निवारण कर पायेंगे|

भानुमती के कलेजे में एक टीस उठी और रोम - रोम में फैल गयी| घर चलो रमेश! यह शब्द आप - ही - आप मुँह से निकल पड़े|

वे दिन गये, भानु! वह बोला - आज मैं वानप्रस्थी हूँ| सन्यासी तो न कहूँगा, क्योंकि मैं इस जीवन से प्यार करता हूँ| मैं तो आनन्द और अमृत का दर्शन करना चाहता हूँ, जी कर| - घर? घर तो सारा संसार है|

यह क्षणिक वैराग्य कितने दिन तक चलेगा? भानुमती ने पूछा|

क्षणिक? उसने पूछा|

भानुमती ने सिर हिलाया ही था कि पुलिस की लारी आ - रुकी| और एक - दो - तीन मिनिट में कमजोर रमेश को गिरफ्तार कर लिया गया|

लारी के पास आ कर वह खड़ा हो गया| और बोला - भानुमती अब तो मेरा वैराग्य क्षणिक न होगा? ह, ह, ह! खैर, जेल से छूट कर सीधा तुम्हारी कोठी पर आऊँगा| मैंने यहाँ एक पाठशाला कायम की है| मेरे साथ वह शायद खत्म हो जायगी| तुम मदद करोगी?

भानुमती के आँसू अब कैसे रुकें?

लारी में बैठ कर वह बोला - भानुमती, मेरी शची अब तुम्हारी भी है| है न?

हाँ, हाँ| भानुमती ने सिर हिला कर कहा|

वह बोला - इस समय कोई मेरे कलेजे को चीर कर देखे, भानु! मैं दिव्य मानव - समाज का संगीत सुन रहा हूँ| मैंने कल इतना ही कहा था कि पापियों का नाश होना चाहिए| वर्तमान पापों पर स्थित है और पापों को पैदा करता है| .... इसका पुरस्कार यह मिला| हिंसात्मक भाषण! पर क्या यह जीवन आज स्वयं ही हिंसा नहीं बन गया है - होगा, तुम चलो| वन्दे!

धूल के गुब्बारों के सिवाय वहाँ अब क्या था? पर भानुमती को मालूम हुआ कि तेजोमय ध्वनियाँ, प्रतिध्वनियाँ उसमें सदा के लिये सो रही हैं|

वह मन्द गति से अपनी कार में बैठी और सौ रूपये का नोट बुढ़िया के हाथ में रखा - नमस्ते, चलूँ!

और वह बुढ़िया जीवन में पहली बार सौ का नोट देख कर स्तब्ध वहीं खड़ी रही|

10

मियाँ मजनूं

वही चाल, वही जानी - मानी वेशभूषा| डाकिया पन्नालाल उदयपुर की विभूति है| कमर की उभरी हुई हड्डियाँ, मटमैला जाँघिया, गंवार चमरौधे और आधी सदी की पुरानी फैशन का बन्द गले का कोट झाबर - झूल जेबों से विचित्र| आज पन्द्रह - बीस वर्षों से यह डाकिया दिल्ली दरवाजे के बाहर स्थित बड़े डाकघर से फर्राट निकलता है और अपना लम्बा हल्का सुबह - शाम खूंद आता है| ठीक समय, हर दरवाजे, हर रोज के समय पर| यहाँ तक कि वे दारु के जमे जमाये फारसी साहब अपनी पुरानी दीवाल - घड़ी यह खत है जनाब! की सधी - सधायी आवाज पर मिलाते हैं| शिष्ट सामान्य वर्ग को वे कहते भी रहते हैं, इस शहर में नियमित कोई है तो यही, डाकिया पन्नालाल! यह नियमितता का अवतार अपनी कमर पर वी. पी. पी. का थैला लादे, कन्धे पर कागज का थैला लटकाए और हाथ में छँटे हुए पत्र लिये जब हाथीपोल में घुसता, तो बालकों का एक झुण्ड चीख उठता - मियाँ मजनूं! लैला की दुम मियाँ मजनूं! लैला की दुम थी या नहीं, यह तो हमें नहीं मालूम, पर अवश्य पन्नालाल के जाँघिये में धोती की खोंस ऐसी प्रतीत होती थी, मानो किसी ने दुम को जुड़ा कर रखा हो| पन्नालाल इस अतिप्रसिद्ध विशेषण को पाकर उदासीन रहने की भरसक कोशिश करता, पर कभी - कभी लम्बी टांग उछल कर एकाध के जा लगती - मर गयी लैला और मैं दोनों| बदमाश! खुद ही को सुना कर डाकिया पन्नालाल फुर्ती से आगे बढ़ जाता|

इसी तरह सारे संसार को अपने थैले में दबाए यह पच्चीस रुपया मासिक पाने वाला डाकिया हर रोज कितने ही लोगों की कामनाएँ लिए सबके सन्देशवाहक के समान आता है, जाता है| कितना उदासीन, कितना विपन्न! मनीआर्डर है, रजिस्ट्री है, इंशोयर है, कंकू - पत्री है, मरण - मौत का समाचार है, अखबार है| रिपोर्ट, जरूरी डिस्पेच, बड़े दिन तथा दीवाली के सन्देशे और प्रेमियों के सुगन्धित लिफाफे हैं| सब कुछ है, पर पन्नालाल के लिए जैसे कुछ भी नहीं है| सैकड़ों नहीं हजारों ही कागज वह आज दिन तक बाँट चुका है, पर उसके पास केवल पाँच लिफाफे आये हैं| अब तो बरस बीत गये हैं, वे युग - युग के समान हैं, जब से पन्नालाल के नाम का एक भी कार्ड नहीं आया|

लाखों कागज जिसके हाथ से गुजर गये, उसके जीवन में केवल पाँच ही अपने पत्र थे, इससे अधिक उदासीन जीवन हम आप क्या चाहते हैं? बापू! पन्नालाल कहता - बापू साहब, यह लीजिए आपका गुलाबी लिफाफा। और फिर घूम कर जाता हुआ वह मन्द मुस्कुरा कर पूछता, मुँह मीठा कराओगे? बापू यानी प्रतिष्ठित धनवान, संस्कारी सज्जन, अपलक पर शून्य नेत्रों से मियाँ मजनूं को देखते खड़े रहते। प्रातःकाल की निर्दोष, पर काफी रमी हुई सुनहली धूप में, जिसे हवेली के पुराने छज्जे रोका करते हैं, पन्नालाल की फुर्तिली मूर्ति धुँधले, साफ गेहुँआ रंग का, एक गतिमान चित्र प्रतीत होती। गुलाबी लिफाफा वह आज वर्षों से ठीक दिन, ठीक घड़ी पर आकर वह उन्हें दे जाता। भगवान् जानता है, बुधवार - बुधवार वे बड़ी देर तक उसकी राह देखा करते। मुँह मीठा कब कराओगे? यह मृदु, पर मीठा रोष पैदा करने वाले वचन एक मीठी मरोर देने वाली मोड़ की तरह उनके अभागे हृदय के तल में घुस जाते।

और डाकिया, कागज़ है ज़नाब! कागज़ है ज़नाब! की पुकार लगाता हुआ हमेशा की तरह दर - दर घूमता रहता। थका - थकाया जब वह घर लौटता, तो रास्ते में मुबारक मिलता। खच्चड़ तांगे में अध - बूढ़ा घोड़ा जोते, मरा - मरा सा वह घर लौटता। सर पर रेशमी रंग - बिरंगा रुमाल कसे, उँगली भर लम्बी बीड़ी पीता, सारे शरीर को ऊबड़ - खाबड़ सड़क के हचकों पर डाले हुए वह शिथिल घर लौटता होता - दादा, आओ बैठो। पर दादा बैठे ऐसा सीधा जीव कहाँ था? घोड़े के रोज मालिश करो तब बैठूँगा, मुबारक! हामिद को मारना छोड़ दो तब बैठूँगा। कभी कहता, गुलनार कहेगी कि अब तुम जुआ नहीं खेलोगे, तब बैठूँगा। शिथिल मुबारक सहसा तेज - तर्राट हो जाता। अच्छा, मत बैठो, पन्नादादा! चल मेरे घोड़े चल। और निश्चिन्त मजे - मजे में चलते हुए कौंधिया की पीठ पर सड़ाक से हण्टर पड़ता, चल मेरे घोड़े सरपट चल।

हुचु हुचु - खड्डंग - खड - खड्डंग तांगा आगे बढ़ जाता। पन्नादा निर्विकार भाव से झूमते हुए अँधेरे में धीरे - धीरे ओझल होते हुए तांगे को देखता। मन्द, शनैः - शनैः मन्द होती हुई खड़ - खड़ की आवाज सुनता रहता। अपनी मौरूसी कोठरी का पुराना ताला खोलते हुए वह अपने आप ही कहता, पन्नादा क्या खाक बैठे तांगे में? पहाड़ भर तो कर्जा कर रखा है। मना - मना कर थक गया, लड़के को कि जुआ मत खेल। सौगन्ध दे - दे कर हार गया - पर सुनता कौन है? क्यों सुनेंगे भई, अब मेरी? और झट से ताले का दाँत निकाल कोठरी के अन्धकार में चारपाई पर जा पड़ता। बहू को पीटे बिना नहीं रहता। हामिद के कान उखाड़ता रहता है। मैं अब यह सब बरदाश्त नहीं कर सकता। कदापि नहीं कर सकता। इतने में काका दरवाजे पर दिखते, कहो, दा! बम्बई के बज़ार में ऊँट किस करवट बैठा?

आओ बैठो काका! टिमटिमी जलाते हुए पन्नादा कहते - अब बज़ार की क्या पूछते हो, काका! दम नहीं रहा। कागले उड़ते रहते हैं। ऊँट की बात ही क्या?

हा - हा - हा - हा कर ये दोनों समवयस्क हँस पड़ते। दिन भर की मौन वह कोठरी मानो सहसा आनन्द - मगन हो जाती। फिर चट - पट चूल्हा जलता, चाय बनती। चाय

की सुगन्ध रहस्यमय ढंग से उड़ी - उड़ी खातून मौसी के मोटे नथुनों में भर जाती, और वे अपनी तोंद सम्भालती - सम्भालती दरवाजे पर प्रकट होती - पनजी, आज देर से लौटे हो क्या भैय्या? नहीं तो, मौसी! पन्नालाल कहता - आओ, तुम्हारी ही तो कसर थी। अपना कटोरा ले लो। और खातून मौसी जब कोने की खूँटी पर टंगा अपना कटोरा लेती, तो काका मूँछों में हँस कर कहता - भाभी, भैय्या बड़े भागशाली रहे होंगे। तुम्हें पाकर उन्होंने सब कुछ पा लिया। शरीर क्या कमाया है, भाभी! दो - दो भैंसे हों तो भी बराबरी नहीं कर सकती। भाभी छूटते ही जवाब देती - और तुम्हारे जैसे हजार हिजड़े देवर मैदान में उतरें तो मुझे देखते ही भाग जायें। फिर एक स्वच्छन्द कहकहे में वह आल्हादपूर्ण वातावरण मानो अपनी मगनता में पूर्ण हो जाता। चाय की कटोरी, कटोरा और प्याला खतम होते - होते पूरा आध - घण्टा बीत जाता।

यह आध - घण्टा जगत की आलोचना में बीत जाता। काका तो मानो चलता - फिरता अखबार था। ऐसी - ऐसी खबरें सुनाता कि मौसी रश्क किये बगैर न रहती। उदयपुर में कोई समाचार - पत्र नहीं छपता। लेकिन एक बिना छपा, बिना सम्पादित जगदीश गजट निकलता है। लोग कहते हैं, उदयपुर के राजमन्दिरों की ठीक छाया में खड़ा हुआ जगदीश का प्रसिद्ध मन्दिर इस गजट का प्रधान कार्यालय है। जैसे किसी रम्य सुखद युग में सन्देश एक मुख से दूसरे मुख पर हौले - हौले आया - जाया करते थे, जगदीश गजट के समाचार मुखमासीत होकर नगर भर और फिर मेवाड़ भर में फैल जाते हैं। काका, मौसी मुबारक और ऐसे सैकड़ों पढ़े - बेपढ़े उस दिव्य अदृश्य गजट की खबरें बाँटते फिरते हैं। काका कहता - कुछ सुना, पनजी? पनजी चाय के गरमागरम पान से हरा होता हुआ यों ही कहता - यहाँ किस भंगी को सुनने की फुर्सत थी, काका?

काका जगदीश गजट प्रारम्भ करता - ये नये दीवान जो आये हैं न, मौसी, कांगरेसी दमखम रखते हैं।

मौसी की पचास वर्ष की आँखें चौड़ी हो जाती और पन्नादा सीधे बैठ जाते, क्या हुआ फिर? कौन बेईमान निकाल दिया गया?

काका निराश हँसता, मानो दीवान ने उसे पहले बुला कर राय ली होती, तो कोई गम्भीर भूल होने ही न पाती। कहता - कोई सुनता है, दादा! क्या कहें, राम को रोयें। ये दीवान साहब रंगरेजी ही बोलते और सुनते हैं। और फिर इधर - उधर देख बड़ी सावधानी से मन्द - स्वर में काका रहस्य खोलता - बनियों ने दबोच लिया है!

मौसी फिरंट थी, चीख उठती - सब जायगा इन बनियों का। मूँड़ीकाटो ने मक्की आठ सेर की कर रखी है। अब कोई पेट में पत्थर भरे तो है? तुमने देखा, पन्ना, यह कलदार तो यों ही गले पर छुरी फेर रहा है, ऊपर से अकाल! मण्डी जाने का अल्ला - कसम, कोई धरम नहीं। मैं परसों गयी, तो धक्के खाकर आयी। वह हवाल - दारिया तो सिवाय आँखें दिखाने के जैसे कुछ जानता ही न हो!

काका गहरे में हँस कर कहता - यही तो मौसी जमाने का फेर है, दिन था वहीं तुम्हें इशारे से बुलाता था।

मर खोजग्या! और भारी भरकम मौसी मधुर रोष से झुंझला कर उठ जाती। टम्बलर वापिस खूँटी पर लटक जाता और वह मौहल्ले की मौसी बड़बड़ाती हुई चली जाती। काका अपने पोपले मुँह में किलक - किलक करता और पन्नादा का कहकहा ऐसा गूँजता कि हामिद दौड़ कर आ पहुँचता - दा! दा! और फिर दा हामिद से उलझ जाता। ऊधम - मस्ती। हामिद और पन्नालाल में शरीर का फरक रह जाता। मानो दो सनातन बालक उस प्रकाश के हँसते धुँधले वातावरण में किलोल ही किलोल करते हों। काका झुंझलाता - अरे भई! कुछ तो गम्भीरता रखो। बच्चे के साथ बच्चा हुआ जाता है? अरे वह देख। वह परंड़े से जा भिड़ा, सूअर ....!

कि पन्नादा हामिद को परंड़े पर बिठा देता और सिर धुन - धुन कर गाता - रमैया की दुलहिन ने, लूटी बज़ार! हामिद के नन्हे - नन्हे हाथों को पकड़ उसके शरीर को झकझोरते हुए, नचाते हुए मियाँ मजनूं मानो हुमसता - भर जोबन में लुट गई रामा .... हामिद बोल तो, लुट गई करम की रेख, रामा! बोलता नहीं रे? लुट गयी दुनिया के खेल, रामा! ....

वह सरल, पर भारी ध्वनि एक संसार लिए मौहल्ले के पीछे इर्द - गिर्द घूम जाती। रात के संकुलित वातावरण में यह मन्द करुणा - भरा गान एकतारे और मजीरों पर देर तक ध्वनित होता रहता। लोग जान जाते पन्नादा के चबूतरे पर कीर्तन हो रहा है। कुछ निवृत हो कर शरीक होने लपकते और कुछ लोग मन - ही - मन एकतारे के गीतों को सुना करते। वे सभी गीत जाने - माने गीत होते। वैसे ही चीर परिचित, जैसे तारे, जैसे लहरें। शब्द अस्त - व्यस्त ढीले, छन्द अबन्ध। पर इससे क्या? दिन भर की मशक्कत और संघर्ष के बाद ये जाने - माने रस के ग्रामीण सोते इन मरभूखों को सींचते रहते। आज पन्नादा का चबूतरा न मालूम कितने पुरखों को यों ही सींच चुका है, कितनी जड़ें वह सींचेगा, किसे मालूम! जीवन की मौन सरिता के ये तरंगित उद्‌गार हमारे आँसुओं से सजल, हमारे मधुर हास्यों से मुखरित होते रहते हैं। झोपड़ियों और खपरेलों में सभी तरह की जिल्लतों का जर्जरित जीवन जीने वाले गरीबों का राम, उनका रहीम - उनके दीन - हीन सपने और उच्छ्‌वास एकतारों पर गमक, अथाह में खो जाते।

[२]

अभी तो पन्नादा ने कोठरी की सांकल को हाथ लगाया ही था कि हामिद ने पीछे से पुकार की - अम्मा बीमाल, दादा! बुला रही है।

मुबारक कहाँ है? ज्यों का त्यों हामिद के साथ होते हुए पन्ना ने पूछा। हामिद ने उछल कर उत्तर दिया - आये ही नहीं। अम्मा केती थी कि अब्बा मर गये।

पन्नालाल हामिद को गोद में उठा कर जल्दी - जल्दी मुबारक की देहली पर जा खड़ा हुआ, पुकारा - कमाल!

छोटा कमाल पेट के बल जमीन रेंग रहा था| उस छोटी तंग अँधेरी कोठरी में टिमटिमी धुँआ उगलती हुई जल रही थी| त्रिकोण - लम्बे त्रिकोण में छाया कोने के पहलुओं पर पुती हुई थी और गहरा उभार कोठरी में उबरा हुआ था| अन्धियारी कोठरी पर गुदड़े, दो - एक ट्रंक ताक में, इधर - उधर कपड़े और खूँटी से लटकती हुई फटे म्यान की तलवार! मन्द और मूक निर्जीव अन्धकार में मानो कोई प्रकाश की आँखों से जीवन की मौन पलें और चलायमान चित्र देख रहा हो| कमाल मुँह में पहुँचा लगाता हुआ, टिमटिमी के धुएँ तथा एकरस प्रकाश को देख रहा था तथा बीच - बीच में चीख - चिल्ला भी उठता था|

बेटी! पन्नादा का स्वर गूँज उठा|

और पन्नादा की बेटी मानो एक गहरी मूर्च्छा से उठ खड़ी हुई| कमाल ने देखा कि माँ जग गयी है, तो वेग से रो उठा| उसके पास भी जैसे दसों शिकायतें थीं| भूख अलग, एकान्त अलग, भय तथा उद्वेग की अज्ञात लहरें अलग, खातून ने कुछ घूँघट निकालते हुए कहा - हामिद, दादा के लिए बोरी तो बिछा|

पर हामिद तैयारी के साथ बिल्ली पर निशाना साध रहा था, बोला - नहीं है|

तेरा सर नहीं है, जंगली! खातून उठ खड़ी हुई| तू भी वैसा, तेरा बाप भी वैसा| दादा, ये दोनों ही मेरा खून चूस गये|

हामिद ने हाथ की चंटी उठाते हुए, ठोकने का उपक्रम करते हुए कहा - मालूँगा, छुअल!

खातून ने चक्की पर से बोरी उठा झटक कर बिछाते हुए कहा - मार ले, भई! तो जल्दी छुट्टी मिले| तेरा बाप तो मुझे लाते मार कर सबेरे से भाग गया है| अब तू बाकी का चुका ले| दादा, इस कमाल को रख लो और मैं तो गले में फाँसी लगाती हूँ|

खातून फूट - फूट कर रोने लगी| पन्नालाल इधर - से - उधर, उधर - से - इधर चक्कर - सा काटता रहा| सूखी टांगों में वैसी फुर्ती और त्वरा न थी, मानो लोहे के डंडे घूम रहे हों| खातून का रुदन गहरा होता जा कर मन्द और भारी हो गया| कमाल गोदी में लेटा - लेटा दूध पीता जाता था और माँ के रुदन से बीच - बीच में रो पड़ता था| हामिद सिटपिटा कर नीचे का होंठ फैलाये, हाथ की चंटी को वैसे ही उठाये, एक ओर जा खड़ा हुआ|

मुबारक भाग गया| खातून को पीटा और भाग गया| पन्नालाल ने कहा - मत रो बेटी, कुछ मुझे भी तो समझने दे| बात क्या हुई? हामिद, इधर आ तो बेटा!

मालूँगा हाँ| हामिद ने कहा और धाड़ें मार - मार कर रो पड़ा|

पन्नालाल ने हामिद को गोद में उठा लिया और चुप करते हुए पूछा - टाँगा ले कर गया है क्या वह?

हाँ, सादड़ी में किसी बनिये से कुछ उधार लिया था| न मालूम क्यों? हो न हो दादा, जुए की लत पड़ गयी है| क्या आज कल सवारियाँ उठ गयीं हैं? घर रुपया भी नहीं लाते| रात को आते हैं, तो आँखें फूली हुई होती हैं| ताड़ी की बू के मारे नाक सड़ती है| ऐल - फेल बकना, कुछ कहूँ - सुनूँ तो मार - पीट करना| दादा, मुझे अपने गाँव पहुँचा दो| और सागर के समान अथाह उस स्त्री - हृदय में आँसुओं की एक तरंग उठी|

समझ गया| लड़का हाथ से गया है| मेरे मन में कई दिनों से जैसे एक लपट उठ रही थी| तुझे क्या बुखार है, बेटी?

उस वक्त दुःखी बेटी ने सिर हिला कर जताया कि उसे काफी बुखार है| सबेरे से कुछ नहीं खाया| पन्ना दादा ने खातून के उस बीमार, पर सुन्दर - सुघड़ मुख की ओर देखा| वे अथाह हिरणी के समान भयकातर आँखें, उस स्पन्दनहीन से क्षुब्ध और भारी वातावरण में खातून पीड़ित, मूर्च्छित, विगलित नारी मूर्ति के समान थीं, पन्नालाल का हाड़ - हाड़ काँप उठा! वे दिन याद आये जब खातून की माँ संसार में थी, जब दिल में हौंसले पकाये वह मधुमत्त नवजवान कुंजर की तरह घूमता रहता था| खातून उसके धर्म की बेटी थी, उसके दिल की बेटी थी| खातून की माँ को वह पा न सकता था| सूनी मसजिद अपने कंगूरों को लिए बीच में थी, भारी - भारी घण्टा लटकाये मन्दिर बीच में था, समाज था, किले थे, कारागार थे, हिन्दुत्व था, मुसलमिनपन था, पर वह तो आज बीस बरस की बात है| खातून को वही तो इस मुबारक के लिए ले आया था| यह लड़का आज शौहरी जता रहा है| हज़रत को आज तुफैल सूझे हैं| कल तक तो मुँह पर से मक्खियाँ भी न उड़ती थीं| आज ताड़ी पी, जुआ खेल, गजलें गा कर यह निर्दय सत्यानाश पर तुला हुआ है| इसी खपरैल के नीचे मुबारक के बाप ने मुबारक का हाथ उसके हाथ में दिया था| तांगों की पाट आग में पिघला - पिघला कर उसने बुढ़ापा बुला लिया था| आँखें चली गयीं, तो मुबारक को सिखा - सिखा कर रोजगार चलाता रहा और एक दिन उठ गया| पन्नालाल ने आज तीन वर्षों से मुबारक को मार्ग बताया था| तांगा, घोड़ा, बीबी - बच्चे - यह छोटा - सा गुलजार, दादा न होता, तो न होता| किस मुश्किल से वह खातून की दादी और दादा को राजी कर पाया था| वही खातून आज इतनी दुःखी है| उसके रहते वह आज इतनी गरीब, इतनी रंजोगम से भरी हुई, इतनी अस्त - व्यस्त, इतनी तन्हा! पन्नालाल ने सिर धुन कर कहा - यह न होगा!

सहसा मुबारक सामने आ खड़ा हुआ| जैसे कहीं से फट पड़ा हो| आँखें चढ़ी हुईं, होंठ सूखे - मुँह पर नशे की उभर, उमस| बेपरवाह मस्ती से उसका अंग - अंग मानो बेखबर हो रहा था| सम्पूर्ण - सजग वह बोला - मैंने सब सुन लिया है, दादा! सब सुन लिया है| आँखें रखता हूँ, आया समझ में| और फिर वह यों हँसा जैसे कोई बड़ा भारी भेद उसने आखिर पकड़ ही लिया हो|

पन्नालाल ने उसे सर से पैर तक देखा और फिर खातून से कहा - बच्चे भूखे हैं न? ये लाट साहब पधारे हैं अभी सर पर सवार हो जायेंगे| मैं मौसी को बुलाये लाता हूँ|

मुबारक ने दोनों हाथों से रोकते हुए पन्नालाल से जवाब तलब किया - ठहरो! हम पूछता है, इस घर का मालिक कौन? तुम या हम?

जैसे किसी ने अचानक तीर मारा हो, यों पन्नादा मुबारक की आँखों में देख कर सहमा खड़ा रहा| मुबारक ने दाँत पीस कर मुट्ठी भींसते हुए गर्जना की - मैं दुधमुँहा बच्चा नहीं हूँ, सब समझता हूँ| आँखें रखता हूँ - दो नहीं, चार आँखें रखता हूँ| अब तक मैं जब्त किये रहा, गम खाता रहा| तुम सरकार के डाकिया हो और मैं तांगा वाला, इसी से - क्या मेरी इज्जत नहीं है?

खातून पसीना - पसीना हो गयी| मुबारक का स्वर अधिक भीषण, अर्थ अधिक स्पष्ट हुआ| वह जुआ खेलता है, तो क्यों खेलता है? पहले तो नहीं खेलता था| वह शराब पीता है, तो बताओ क्यों पीता है? घर उसे काटने दौड़ता है, तो क्यों? वह भी इन्सान है, दिल उसके भी है| खातून में हो हिम्मत तो जवाब दे| बोला - दादा, किसी का घर बिगाड़ कर तुम्हें क्या सुख मिलेगा? मैं नालायक, नीच, चोर, गमख्वार, नमक - हराम, मैं जमाने भर का बदमाश| फिर? पर यह मेरी बीबी है| यह मेरा घर है - आया समझ में?

और फिर वह खातून की ओर घूम कर चिल्ला - चिल्ला कर बोला - टुकड़े - टुकड़े कर डालूँगा, आया समझ में? इश्क करने के लिये भी कुव्वत चाहिये, बदजात?

दो - एक क्षण पन्नादा ने मुबारक को निहारा, फिर शान्त भाव से कहा - तुम ठीक कहते हो| अच्छा!

पन्नालाल धीरे - धीरे बाहर निकल आया| अन्दर खातून की चीखें, चिल्लाहट, कमाल का विपन्न रुदन और हामिद की दादा! दादा!! पुकारें| पर पन्नालाल न रुका, न मुड़ा, न घूमा| बालिश्त रास्ता काटे न कटता था| सारा मौहल्ला खातून की चीखों और विलाप से भर गया| लोग घरों में बैठे हुए एक निरपराध, बीमार स्त्री का पीटा जाना गँवारा कर रहे थे| पन्नालाल का ईश्वर उसे पीछे ठेल रहा था, पर यह गहरी नदी थी, भँवरों से भरी हुई| अब विश्वास और सत्य का वह आधार जिसने पन्नालाल को पन्नादा बना रखा था, एक भीषण ज्वार में मानो डूब गया था| क्या मुबारक झूठ कहता है? झूठ कहता है, तो यह उसे क्या हो गया? वह गुलाब की तरह खुला दिल एक पल में कहाँ उड़ गया? जैसे उसकी सारी चेतना किसी ने मूठ मार कर हर ली हो|

सोया तो जीवन की धारा अधिक गहरी हुई, स्मृतियों के झंखाड़ गम्भीर प्रतिध्वनियों के साथ खुल पड़े| मुबारक के अग्नि - भरे वचन जंग लगी हुई बुद्धि पर ताले लगा गये| पन्नालाल के जीवन में यह वह पल था, जब आगे बढ़ा हुआ वर्तमान किसी द्वीप

के समान डूब जाता है, और अतीत का रूँधा हुआ जल उस पर आ पसरता है। बीते दिवस किस कोष में दबे रहते हैं? भूखे, दीन, हीन, पर कितने उच्छृंखल, कितने सजीव वे होते हैं? हम दिन - पर - दिन वृद्ध होते चलते हैं, कामनायें बुझती जाती हैं। जोम और जोश की आँधियाँ - स्थिर ठण्डी होती जाती हैं। पर प्यासे दिवस कुचल - कुचल कर मन्त्र - मुग्ध साँपों के समान जीवन की निराशा की हल्की तान सुन कर डोल उठते हैं। पन्नालाल की भी यही दशा थी।

जब प्यासी स्मृतियाँ ताण्डव करती हैं, तब सूखा हुआ हृदय मार खा कर, हारे हुए पहलवान की तरह चित्त हो जाता है। पन्नालाल निर्जीव - सा पड़ा रहा। शरीर से लगा हुआ, पर दुनिया से कितना दूर, कितना तटस्थ? मानो, वह एक अबाध एकान्त हो, एक वैसा संजीवन, जो एकाकी हो खातून की अम्मा, वह, खातून! मुबारक - डाकिया पन्नालाल!

दूसरे दिन जब मौसी का 'रमझमिया' अपने चिरपरिचित स्वर कुकड़क्कू - कुकड़क्कू कुकड़क्कू बोल - बोल कर सोते हुए मौहल्ले को जाग उठने का आग्रह करने लगा, पन्नादा ने करताल उठायी। महीनों से करताल बिना झमके खूँटी पर लटक रही थी। ऐसी जरूरत ही कहाँ थी कि उसे झमकाने का काम पड़ता? पर आज तो उसे जीवन का बल चाहिये था। हृदय के अमृत - कूप का वह सनातन झरना सूख रहा था। उसे जीने का अमृत चाहिये था। जो विष वह आज बरसों से पी रहा था। इस समय वह बड़वानल होकर जीवन के नीरनिधि को भस्म कर रहा था। सघन वेदना थी। 'मेरे राम!' और मूक करतालें झमक उठीं, म्हारे तो गिरधर गोपाल, दूसरो न कोई! उधर पौ फट रही थी, उदयपुर के सदियों पुराने गढ़ - कंगूरों पर उषा की मुँहजोई ढुल - ढुल जाना चाहती और दूर - दूर तक वृक्षों की उल्लास भरी हुई घनघटाओं से सजी हुई पर्वतमाला आने वाली अरुणिमा की राह देख रही थी। संजीवन मन्द प्रभात - वायु का वाहन किये फूलों, जलों, धूलिकणों तथा पक्षियों के आनन्द मार्गों में बगर रहा था, छट - छट रहा था और इधर का एक चिर पुरातन, पर चिर नूतन मधुमय पद पागल - से पन्नादा के अस्त - व्यस्त कण्ठ से फूटा पड़ता था। वह आँसुओं से सींची हुई प्रेमवेली की प्रशस्त स्वीकृति थी, जगत को देख कर रोती हुई, आँखों की बस सनातन हँसी का उल्लेख था, जो भक्तों के दर्शन पर हृदय से खनक उठती है। मेवाड़ की उस अमरवधू की, उस कोटि हृदयों की, प्रेम - पुकार ने मानो इस सरल डाकिये को आज अभिभूत कर लिया था। साधो देख राजी भई, जगत देख रोई! अंसुअन जल सींचि - सींचि प्रेम बेलि बोई! पन्नादा नाच रहा था, पैर डगमग रहे थे, झूम - झूम रहे थे। अब मौसी भी आ - मरी थी और काका भी। अपने गधे को छोड़ कर जसिया धोबी भी मारे उछाह के ऊपर चढ़ आया था। अरे वाह रे मर्द! काका ने कहा - क्या समा बाँधा है। मैं कहे देता हूँ, अब शरीर हाथ में नहीं रहने का। पर पन्नादा को क्या पता था कि उसे दुनिया देख रही है? अब तो बात फैल गयी, होनी होय सो होई! गीत का सारा मधु - प्रवाह, नृत्य की सिगरी तन्मयता, गति, ध्वनि और ताल की सारी गमक, उजड़े हुए हृदय की सारी

बेपरवाही निराशा और ज्वाला मानो पहाड़ को भेद कर इसी एक पंक्ति पर आ टिकी थी और सब पूरे बल के साथ उसके रेशे - रेशे में रम गयी थी| एक पंक्ति पर जीवन भर का सुख - दुःख, जीवन भर की साधना मानो सिमट - सिकुड़ा कर सारी दुनिया से खम्भ ठोक रही थी|

या मेरे खुदा! मौसी ने अनन्त - अथाह आकाश में देखा और चौड़ी आँखों से पन्नादा को देखने लगी| काश, इस बीच चाय का एक कप मिल जाता तो मज़ा दूना हो जाता|

[३]

लोगों में बात फैल गयी कि दादा और भतीजा लड़ पड़े| जो वर्षों से ऐसे महान् प्रसंग की ताक में थे, उन्हें तो जैसे बिना माँगे ठकुरायी मिली| हमने तो आज जुग हो गये, यह छाती ठोक कर बता दिया था, कोई खेल है, तो मेरी बात उल्टी पड़ जाय? यह तो आज कल का जमाना ठहरा, नहीं हम तो सात समन्दर पार भी पूजे जाते| ज्योतिषी सुकुल ने अपने नवग्रह धाम में घोषणा की| खटीक खीमजी ने कहा - जुलम हो जाय, गरीबपरवर! जो सिरीमान की बात उल्टी पड़े| एकलिंगनाथ जानता है, मैं तो उस दिन की बाट देख रहा हूँ, जब मेरा माल रेजिडेंट की कोठी पर जाने लगे| पन्नादा नम्बर एक का छँटा हुआ है, महाराज! तीर नम्बर एक निशाने पर लगाया, पट्ठे ने!

सुगनचन्द साहू भी ग्रह - शान्ति का जोग पूछने आये थे, बोले - कलजुग में जो न हो थोड़ा| जात - धरम की आड़ तो रही नहीं| अब बहन - बेटी की मरजाद भी गयी| क्यों महाराज?

काका ने महीनों पहले लाटरी का टिकट सुगनचन्द साहू से लिया था| पर अब तक वह खुला ही नहीं| वार - तिथि तो आँखों की टिमकार के समान बीत रहे थे और भाग्य का दरवाजा अभी ज्यों - का - त्यों बन्द था| यह तो वह छाती ठोक कर कह सकता था कि इनाम उसी को मिलेगा| जगदम्बा हाजरा हजूर थी| लेकिन साहू जी आज - कल बता रहे थे और आज - कल रोज आती, रोज निकल जाती| आज सुबह साहू से समझ लेने का प्रण कर वह उसी की टोह में निकला था कि वह नवग्रह धाम में बैठा मिल गया - यह रहा लड़की का बाप! धमधमाता हुआ अन्दर चला गया कि कान में उक्त वचन पड़े| बोला - क्या पन्नादा की चटनी पीसी जा रही है? आज इस सारे उदयपुर को क्या हो गया, जो उस गरीब के पीछे पड़ गया? खातून उसकी बेटी है, मुबारक छोटा भाई और पन्नादा की आँखों में आज दिन तक किसी ने विष देखा और आज साहू जी, आप उपदेश दे रहे हैं? मेरी लाटरी का क्या हुआ? एक कलदार बड़ा मीठा लगा है न? व्यंग और घृणा से हँसते हुए काका ने अपनी सधी - सधाई आँखों से एक इशारा करते हुए कहा|

सुगनचन्द यों तो सहनशील और मौके पर मूँछ नीची कर देने वाला कुशल व्यापारी था। दुनिया के गलीकूँचे में सावधान और अपने ठिकाने पहुँचने वाला। पर काका ने तो उसके मर्म पर मानो अचानक आघात किया था, तिलमिला उठा। लाटरी का काका का कलदार क्या, ऐसे कई के कलदार उदयपुर - डाकघर उसकी कुबेर - मंजूषा में आराम पा रहे थे। तोल में डंडी मारने में उस्ताद और बही को कण्ठस्थ रखने वाला यह जमा - जमाया साहू मानो उखड़ गया। बोला - जा, जा दीवानी, फौजदारी तेरी इच्छा हो कर। जा, मैं तेरा रुपैया खा गया! महाराजजी, यह भी नम्बर एक भगत है। उधार ले जाना और वापस उसके दाम टेम पर चुकाना तो यह सीखा ही नहीं। काका, हो मर्दानगी तो जा दरखास्त दे आ। बिकवा न दूँ, तो मेरा नाम सुगनचन्द नहीं।

काका को मंजूर था कि वह साहू जी से उधार लाता है। उसका उत्तर था, वह अनेक तरह से उसे चुका देता है। लाटरी की टिकटें कौन घूम - घूम कर बेचता? कौन आसामियों के गरम दिमाग ठण्डे करता है? जब मैं दिन - रात तुम्हारा काम कर देता हूँ, तो उधार देकर तुम कौन सा ऐहसान करते हो? बोला - मैं तो हाकिम के यहाँ जाना ठीक नहीं समझता, साहू जी! इतना दिलेर तो मैं भी हूँ कि जो कहे वह मान लूँ। मुझे क्या साथ ले जाना है जो तीरथ करता फिरूँ? मैं धर्म करता हूँ, तो चौड़े करता हूँ, पाप करता हूँ तो सबके सामने। हो कोई 'जांटलीमेंन' जो कह दे, मैं पाप नहीं करता। तुम्हारे सौ - पचास अगले मास में चुका दूँगा।

साहू ने काका को नमता देखा तो सवार हो गया। काका नमता जा रहा था, और झुक - झुक कर तीर भी मारता जा रहा था, सब कोई जानता था, कि साहू जी अपनी विधवा भावज की मुट्ठी में है। तीरथ, दान - पुण्य तथा खुले पाप - पुण्य करने की दार्शनिक बात इस मर्म से गर्भित थी। सुगनचन्द ने अब सारा संयम खोकर कहा - काका सरे बाजार बिकवा दूँगा। मैं बनिया का बेटा हूँ।

काका ने जोश में कहा - तो यहाँ भी ब्राह्मण का जन्म मिला है। हो जाएँ दो - दो हाथ। पन्नादा, को बुरा कहते हो, पर उसके पैर की जूतियों की भी बराबरी करते न तब तो कोई बात थी। दिन भर घूमता है और जहाँ जाता है, सुख भोगता है। यह तो महाराज, यह मुबारक करमहीन है। उसमें एक सन्त का साथ निभाने की औकात ही कहाँ है। पन्नादा ही इस मौहल्ले में एक ऐसा आदमी है, जिसके साथ कोई निश्चित अपनी बहन - बेटी सात समन्दर पार भेज सकता है। और उठते - उठते उसने घोषणा की - बाकी सब कैसे हैं, यह काका से छिपा नहीं है। इन्द्री के गुलाम ससुरे!

जैसे बाणों की एक बौछार उतर आयी और फिर युद्धभूमि में शान्ति छा गयी हो, वैसे सब - के - सब चुपचाप बैठे रहे। काका ने शेरों की मूँछ खींची थी, वनराजों के सामने दहाड़ की थी, एक निरीह कुल नामहीन मूरख गन्दा और चंट व्यक्ति आज प्रतिष्ठित ग्रहस्थों और मोतबीरों को ललकार गया था। बात यह थी कि काका की फटकार उन्हें दिग्मूढ़ - सी कर गयी। काका सन्त न था, सन्त ये भी न थे। जीवन की रंगभूमि पर जो नाटक ये खेलते आ रहे थे, उसमें तेज न था, धैर्य था, गति न

थी - सड़ाँध थी| स्वतन्त्र कामनाएँ जीवन का पुनःनिर्माण नहीं करतीं| वे जोंक की तरह जीवन के रस को चूसती रहती है| काका में जो तामसी नैतिकता थी, अपने आपको ठीक - ठीक देख लेने की जो दृष्टि और साहस था, दूसरों के मंगल - सौन्दर्य पर मुग्ध होने की जो ललक थी, वह इसलिए कि पन्नादा के यहाँ वह अनिवार्यतः जा बैठा करता था| पन्नादा भी संसार का जीव था| मोह और लालसाओं से भरा हुआ - एकाकी और दीन| पर वह कामनाओं का मरकट न था, वह धारा के अधीन तैरने वाला न था| वह जानता था कि तरंगें कैसे दबायी जाती हैं, कैसे धारा पैरी जाती है, कैसे किनारे पहुँचा जाता है? कागज बाँटते - बाँटते उसने मानो दुनिया का कच्चा - चिट्ठा जान लिया था| और फिर कामनाओं के ढेर में, घटाटोप रंगीन बादलों में आज वर्षों से एक ज्वाला दहक रही थी, एक विद्युत रंगीन बादलों को मेघों में बदल रही थी| वह संसार में जीता हुआ न था, वह हारा खिलाड़ी था जो प्रेम की पहली बाजी ही हार गया था|

पन्नालाल को इस सारे काण्ड में मुबारक पर केवल एक बात के लिए रोष था| मुबारक मौहल्ले की इस गली से उस गली तक कहता फिरा, आखिर मैं भी मनुष्य हूँ| ज़ब्त करने की भी एक सीमा होती है, जर, जमीन और जोरू दबाये दबती हैं| पन्नादा लाख भले हैं, लाख उनके ऐहसान हैं, पर क्या उसके घर में बारूद का ढेर लगाना ठीक था? मैं कोई दूध पीता बच्चा तो नहीं हूँ| अपना फायदा - नुकसान समझता हूँ| मेरी मरजी होगी, वह करूँगा| जहन्नुम में जाऊँ मेरी मरजी, जन्नत में जाऊँ अपनी इच्छा| किसी को उससे क्या? आग में घी डाल कर दूसरों का घर जलाने वाले मुफ्त और मजे में तापने का ऐसा स्वर्ण अवसर कब चूकने वाले थे? मौहल्ले में दो दल हो गये| बड़े पुराने - पुराने बैर बूढ़े सर्पों के समान हृदय के बिल फोड़ - फोड़ कर निकले| किसी को पन्नादा की इज्जत से बैर था, किसीको उसकी बेफिक्री से| कोई सरकार बहादुर के यहाँ नौकरी करना चाहता था, तो कोई पन्नादा की वरदी पर जलता था| किसी ने धर्म की किश्ती पकड़ी, तो किसी ने कहा कलई खुल गयी| खातून कुएँ पर जाती, तो व्यंग छूटते| आज अधिकांश मौहल्ला एक हो गया था| कतल के ये दो आसामी - खातून और पन्नादा - दुनिया के होठों पर नाच रहे थे! यह एक लहर थी, जो बिना स्पष्ट भूमि और वायु के उठ रही थी| मौसी के आग लग रही थी, काका खाये बैठा था| बोला - दादा, अब मरजाद टूट गयी है| वह कमीन क्या कहता है, सुना?

पन्नालाल ने चाय का बर्तन नीचे उतारा और पूछा - क्या कहता है?

काका का मुश्किल से रुँधा हुआ क्रोध फूट - सा पड़ा - वह खटीक का बच्चा अब तो हद्द कर रहा है| कान के कीड़े खिर पड़े, दादा! तुम से क्या कहूँ?

मौसी ने कहा - दुनिया का मुँह राजा रामचन्द्र जी बन्द न कर सके तो हम - तुम कौन बिसात हैं? लोग तो यहाँ तक कहते हैं कि हामिद दादा के पेट का है|

पन्नादा की आँखों में आघात की किरचें पसर गयीं|

काका ने अपने छोटे - छोटे पंक्तिबद्ध दाँत पीस कर कहा - राणाजी के राज में यह जुलम, मौसी! एक - एक के सर धड़ से उतार लेने चाहिएँ!

पन्नालाल ने बात बदल दी - इधर हामिद दिनों से नहीं आता| बीमार तो नहीं पड़ गया? एक बात सुनी, काका?

मौसी ने पन्नादा की शून्य आँखों में देखा, तो कट कर रह गया| वह बौढ़म थीं, तरकारी बेचते - बेचते जीवन के कितने ही रम्य काल व्यतीत कर चुकी थी| पाप के रंगीन चश्मों में छहरी थी, पुण्य के संक्षिप्त और एकान्त अवसर भी उसने बाँधे थे| पर गरीबी की जिन्दगी का सारा सार उसके हृदय में जमा था| वह यह खूब जानती थी कि दादा कलंक के पत्थर की वेदना से इतना दीन, रुआंसा और खोया - खोया नहीं हुआ| उन स्नेह - रंजित आँखों में कलंक के बवंडर सह लेने की भरपूर ताकत थी, पर हामिद को न देखना वे सहन नहीं कर सकती थीं| बोली - क्या बात दादा? क्या सरकार गोमेंट जीत गयी? पर हिटलर करमफोड़ फिर कहाँ गया, दादा?

पन्नालाल ने जल्दी - जल्दी अपना 'कप' खतम किया, बोला - मैं लड़ाई में भरती हो रहा हूँ|

काका घुटनों पर ही उछल पड़ा - यह बेटी का बाप!

मौसी के मन की वेदना दूनी हो गयी, बोली - अकेले राम हो, जब चाहो झोली डंडा समेट सकते हो| यहाँ ऐसे भाग कहाँ? बेटों से तो अण्डे भी बेचे नहीं जाते| आज की बहुएँ तो पैर दबवाती हैं| सबेरे से शाम तक 'टोपला' सर पर धरे शहर भर में गला फाड़ती हूँ, तब चूल्हा दोनों जून हँसता है| गिरस्ती क्या है, एक बला है|

पन्नालाल ने निर्विकार भाव से कहा - मौसी, ऐसा न कहो| गिरस्ती बुरी नहीं है, जमाना बुरा है| बच्चों की किलोल जिस घर में नहीं, वह भी क्या घर है? वह तो श्मशान से भी बुरा है, श्मशान में भी चिता - अग्नि रहती है| यहाँ तो अँधेरा ही अँधेरा!

काका ने पूछा - तो क्या भरती हो गये, दादा?

पन्नालाल उठ खड़ा हुआ, हाँ, काका|

उस दिन जिस फुर्ती से पन्नालाल ने डाक बाँटी वह देखने काबिल थी| लोहे के पींजरे में बन्द कैशियर साहब ने हँस कर पूछा - आज गुलाबी लिफाफा है कि नहीं?

दो है सहाब! पन्नालाल ने उतर दिया - एक पुराना, दूसरा नया|

अच्छा! मनीऑर्डर - बाबू ने रसीद फाड़ते - फाड़ते कहा - दूसरा क्या तुम्हारे नाम का है, पन्ना?

हाँ, सरकार! पन्नालाल ने कागजों की अन्तिम ढेरी छाँटते हुए उत्तर दिया - भगवान् की भेजी कोई तो रीझेगी, सरकार!

हेड - डाकिये ने पूछा - विधवा विवाह तो नहीं कर रहे हो, उस्ताद?

पन्नालाल आज पहली दफा हँसा, वैसे बोला - सुना है, वह दो बार विवाह कर चुकी है, चार - पाँच बच्चे हैं।

कैशियर साहब ने आँख की गोली मारते हुए कहा - तब तो माल पर रीझे हो, चचा!

पर पन्नालाल को यह सुनने की फुर्सत कहाँ थी? जल्दी - जल्दी वह हल्का खूंद आया। बापू ने सदा की तरह रोकना चाहा, पर वह न रुका। बापू ने जल्दी - जल्दी लिफाफा खोला और पढ़ा, तो बाछें खिल गयीं। जन्म - जन्म की साध पूरी हो रही थी। देवी खिंच रही थी, शून्य निर्मम आकाश सघन श्यामल बदली से धीरे - धीरे उभर रहा था। यह वह धन्य घड़ी थी, जब साधक की शंकाएँ, ऊहापोह, विच्छेद और विरोध आप - से -आप गलने लगते और गहरे विश्वास का नीर फूटने लगता है। दौड़ कर पन्नालाल को पकड़ लिया - मेरी सौगन्ध, जो एक पैर भी आगे बढ़े तो!

सरकार! निरीह डाकिया खड़ा रह गया।

चलो, अन्दर चलो! विभोर बाबू बोले - इस समय मैं तुम्हारे पैर पूजना चाहता हूँ।

पन्नालाल ने उन मस्त, गद्गद् विभोर आनन्द - लीन आँखों में देखा और मन्त्र - मुग्ध साथ हो लिया। प्रभात की सुनहली में आज रस की भावना लगी थी, आज कम - से - कम एक के जीवन का मंगल - पर्व तो था। इस रंजन में पन्नालाल को ऐसा लगा मानो वह एक निरर्थक सूखा बादल है, जो उन्मुक्त स्वच्छ संगीतमय सबेरे अरुणोदय की लालिमा को ढक - सा रहा है। बापू ने सौ का एक नोट पन्नालाल के हाथ में घुसेड़ दिया - मेरे सिर की सौगन्ध, जो 'ना' कहा तो! अपने बच्चों को मिठाई, खिलौने - कपड़े मेरी ओर से।

पन्नालाल ने रुँधा हुआ समुद्र - किसी तरह आँखों में रोका - मैं तो अकेला हूँ। मेरे कोई नहीं है।

बापू सन्न से खड़े रह गये। कोई नहीं है? एक चक्कर काट कर बोले - अच्छा तो तुम्हारी जो इच्छा हो वह करना। पर यह तुच्छ भेंट वापस मत करो।

पन्नालाल की वह स्फूर्ति, वह विरक्ति मानो धुल गयी। वह जैसे ममत्व और प्रलोभनों का भण्डार था। उसे ऐसा लगा, जैसे उसका सारा जीवन बनावटी है। यों चाहे वह कहता फिरे कि वह अकेला है, पर क्या वह वास्तव में अकेला है? हामिद! हामिद!! उसकी बागी और स्वच्छन्द अन्तरात्मा पुकार उठी - बेटा हामिद! खाना खराब हो जाने पर भी जैसे भूख शान्त नहीं होती, पन्नालाल की वह जीवन - भूख ज्यों - की - त्यों थी। वह सब कुछ चाहता था, सब कुछ जो दुनिया में है, जो सुखद है, जो जीवन की सफलता है। उस निर्विकार से दिखने वाले मानस में एकदम कैसा तूफान आ गया? कितने मच्छ - कच्छ? कितने हंस? कितने ताण्डव? कितने वसन्त पराग सनी मन्द - मन्द हवाओं में बह कर उसमें न बिछे थे और कितने पतझर उसमें नहीं गल गये थे।

आज मन के सब बन्द दरवाजे खुल चुके थे, सब पर्दे उखड़ चुके थे| वह हामिद को बिना देखे न मानेगा| मुबारक गरदन माँगेगा, तो वह देगा, पर हामिद को देखेगा| भूत की तरह, वह उठा, चुपचाप| सारी दुनिया को अदृश्य बना कर वह मुबारक के घर की ओर चला| अँधेरी रात थी और सर्दी के नौ बज चुके थे| सुनसान था और वह भी जम कर बरसती हुई सर्दी में समाधि लगाये हुए| कड़ाके की सर्दी में एक काले कम्बल से बदन ढके पन्नालाल उल्टी राह से मुबारक के घर की ओर चला| उसकी हिम्मत न हुई कि वह सीधा चला जाय| कोई उसका पीछा कर रहा था| चौकन्ना, पर दृढ़ वह चला जा रहा था|

बच्चे सो गये थे और मुबारक अपनी चारपाई पर सर झुकाये बैठा था| खातून एक ओर खड़ी थी| टिमटिमी साक्षीवत् जल रही थी| एक निरीह चित्र - सा समा था| मुबारक के सामने भी प्रश्न था| तांगा - घोड़ा साहू जी ने बिकवा लिया| कर्जा पहाड़ की तरह ऊपर अरभरा पड़ा| थोड़े बहुत जेवर अब खत्म हो गये| सोना और चाँदी कुछ तो शराब में गले, कुछ भेंट चढ़े, कुछ कर्ज की आग में भस्म हो गये और कुछ पेट में, अन्न बन गये .... अब? अब नीचे धरती है, ऊपर आसमान है और बीच में गर्दिश की चक्की है| यह वह चक्की है, जो पीसना जानती है, चाहे पीसनेवाला अपने आटे से सबक की रोटियाँ बनाये या न बनाये| मुबारक ने एक भीषण प्रपात के समान भयानक विपत्ति को गर्जते हुए देखा, तो होश उड़ गये| मटकों ने कह दिया, हम में कुछ नहीं - थोड़ी - सी, खुशबू जरुर है| यह नयी विपदा तो न थी, पर तब खातून का जीवट कवच होकर गर्दिश के मुक्के सह लेता था| आज खातून वह खातून न थी| अपमानित, कलंकित, निरीह और गुलाम, एक लौंडी की तरह घर का काम - काज कर रही थी| आज निचो - निचो कर कमाल को पोष रही थी| आज मुबारक को मुसीबतों में फँसा देख कर मन - ही - मन हैरान थी| इस समय वह उदासीन सी खड़ी - खड़ी मुबारक की परेशानी देख रही थी| सुबह खाना न बना, मुबारक ने झल्ला कर कहा - पड़ोसी क्या मर गये थे? उधार जिन्स माँग लाती| यों क्या खपरैल उड़े जाते हैं?

खातून ने निर्मम होकर जवाब दिया - किस मुँह से लोगों के यहाँ जाऊँ?

मुबारक ने बीड़ी को ज़ोरों से फूँका और घूर कर खातून के मुँह की ओर देखा| उन दो निष्प्रभ - सी आँखों में नीरवता थी, पर साथ - ही - साथ कातिल व्यंग भी छिपा था| मुबारक ने तीव्र होकर कहा - मुझे क्यों न कहा? तेरा मुँह तो फरिश्ते की फूँक से साफ है| मेरा काला ही सही| कुछ तो समझना चाहिए था?

खातून चुप रही|

मुबारक उठा और भीषण स्वर में बोला - मैंने सूअर खाया था, लेकिन इससे क्या होता है? पाँच बरसों में ऐसा न हुआ कि चूल्हा न जला हो| बाहर दीन - दुनिया से परेशान, घर में जिन्दगी से हैरान!

खातून ने अब कहा - मैं जैसी हूँ वैसी बरत रही हूँ| मुझे नंगी कर अब कोई चाहे कि मैं उसके पैर पूजूँ, यह नामुमकिन है| इस समय झल्ला रहे हो, उस समय यह मर्दानगी कहाँ चली गयी थी, जब मुझे और दादा को जहन्नुम रसीद करने के लिए सारा मौहल्ला और आगे - आगे तुम घूम रहे थे? नाकिस ही सही, पर क्या नाकिस के हया नहीं होती?

मुबारक गर्ज कर बोला - नहीं तो क्या करती?

तीन बालिश्त की रस्सी का फन्दा खींच कर खत्म हो जाती| मानो वर्षों से दावानल में सिकी हुई एक पहाड़ी अब ज्वाला के स्वर में बोल रही थी - आखिर इस जिन्दगी में अब रखा ही क्या है? शौहर खुद उठ कर अपनी बीबी की अस्मत पर कलंक धरे, बाप से भी बढ़ कर जिन्दगी का पोसनेवाला कतल कर दिया जाय, जमी गृहस्थी शराब - कबाब में उड़ा दी जाय! इससे बढ़ कर मौत का और कौन - सा समा हो सकता है?

खातून का शब्द - प्रवाह आँसुओं के भूचाल से अस्त - व्यस्त हो गया| मुबारक तो जैसे काटो तो खून नहीं| क्रोध की स्वाभाविक हिलोरें उसे कँपा जरुर जाती थीं, पर मन में खातून का एक - एक शब्द उसे नीचे गिराता जा रहा था| घनघोर बादलों का जमाना बीत चुका था, यह सौदामिनी का समय था, जो विशाल मेघों को झुका देती है, जो उनके घमण्ड - गर्जन को तोड़ कर रख देती है| खातून क्या करती भी?

खातून ने कहा - दादा ने थोड़ी - सी निगाह फेर ली कि तुम बेज़ार हो गये| यार - दोस्तों से जाकर क्यों नहीं कहते कि पैसा दें? जिनके दम पर उस सन्त पर मेरा खून उछाल आये थे, अब जाइए न उन्हीं के पास| मर्द के बच्चे होंगे, तो आगे आयेंगे| तुम कितने कठोर, बेहया और एहसान - फरामोश हो गये, कभी सोचा? हामिद तक को दादा के पास नहीं फटकने देते थे| दस दफा उसे इसी बात के लिये पीट चुके! छिः - मैं यह सब देख गयी और जिन्दा रह गयी! लानत है मुझ पर!

बाहर पन्नालाल पसीना - पसीना हो रहा था| चीख न निकली यह ईश्वर की कृपा थी| दम साध कर वह अपनी कोठरी की ओर भागा - भागा, मानो सारे संसार से जान छुड़ा कर भाग रहा हो| अँधेरी ठण्डी रात में वह ऐसा मालूम हो रहा था, मानो कोई भूत भागा जा रहा हो|

अन्दर मुबारक के कदम मानो बिखर रहे थे, पैर टूटे जा रहे थे| अब केवल ऐंठ थी, जो उसे घुमा रही थी| पराजय की वेला भी घमण्ड से खाली नहीं है| मुबारक हार रहा था, पर अपनी ऐंठ छोड़ वह जीता कैसे रहे? बोला - मैं तो गँवार था, नालायक और एहसान - फरामोश था पर दादा तो महात्मा हैं| उन्हें क्या हो गया, जो मौसी के घर तो जा सकते हैं, यहाँ नहीं आ सकते? सन्त तो ज़हर पीकर भी अपना नहीं छोड़ते|

यह खूब रही! खातून ने झल्ला कर कहा - क्या दादा मेरे जैसे तुम्हारे जर - खरीद हैं?

मुबारक ने स्थिर खड़े होकर खातून की ओर देखा, देखा और खातून ने मुबारक की ओर, दिल के झाड़ - झंखाड़ इस दृष्टि से भस्म होने लगे| गर्दिश की चक्की ने विपदा के गड्ढे पाट दिये थे| अभिमान और बेवकूफी की हिलोरों पर अब जीवन का जहाज आ पड़ा था| दबकर गतिशील और कार्य - व्यस्त होकर दोनों अब जहाज को खेने लगे| दोनों के बीच जो एक दीवार थी, वह टूट गिरी, जब मुबारक ने सर पकड़ कर खुदा से मौत माँगी - या मेरे खुदा, मुझे उठा ले!

और वह चारपाई पर गिर पड़ा|

सुबह होते ही वह दोस्तों के घर जाने को निकला| कैरम, ताश, महफ़िल, मेले, थियेटर - सिनेमा और गली - कूचे के साथी एक - एक कर दरवाजे पर दिखे और मुबारक के दुःख में दुःखी होकर रह गये| किसी ने कर्ज की दुहाई दी, किसी ने चोरी की दुर्घटना सामने रखी, किसी ने उधार न देने की प्रतिज्ञा की घोषणा की, किसी ने बीबी से पनाह माँगी, एक ने तो कहा - वाह यह खूब रही| मैं तो खुद तुमसे माँगने आ रहा था, वाह यह खूब रही| हार कर मुबारक एक अन्तिम मित्र के यहाँ गया| मुबारक के तुफ़ैल का कट्टर विरोधी वह बोला - ये पाँच रूपये ले जाओ मियाँ! यह भी भाभी के मुँह के दे रहा हूँ| नहीं, तुम्हें तो पुलिस के हवाले करना चाहिये| तुम जैसों को गृहस्थ बनने का हक ही क्या है? जाओ, मैं तुमसे रंचमात्र सहानुभूति नहीं रखता|

पाँच अंगारे हाथ में लिए वह लौट ही रहा था कि काका रास्ता रोक खड़ा मिला| आँखों से इशारा कर वह बोला - कहो उस्ताद, क्या हाल है? यहाँ तो बेटी के बाप मरे पड़े हैं| कुछ सुना?

मुबारक ने हठात् कहा - काका, एक काम करोगे?

काका खड़ा हो गया, घूर कर उसे देखा और बोला - क्या? मैं तो अब परजा - मण्डल पाल्टी में जा मिला हूँ| खादी की टोपी सर पर जड़ी नहीं कि इन्सपेक्टर साब झुका नहीं| एक जुलम सुनोगे?

मुबारक ने दीनतापूर्वक कहा - काका! और झुक कर एक तिनका उठाते हुए वह पुनः बोला - यह दादा के पैरों पर रख देना| कहना मुबारक मरते - मरते भी उनके सामने नहीं आ सकता| दादा समझ जायेंगे, क्यों?

अरे, दादा क्या खाक समझेंगे? काका ने तिनका लेते हुए कहा - जुलम सुन - सुन कर उनकी मति भी मारी गयी है| मैं तो बेटी का बाप दंग रह गया हूँ| बारह बरस की लड़की और तीन बीसी का वर! अरर्-र्, जुलम का जुलम है| जानते हो, दादा ने मौहल्ले के लोगों को इकट्ठा किया है और धरना देने जा रहे हैं| चलोगे?

मुबारक ने सिर हिला कर 'ना' कहा और एक ओर मुड़ा| पर अभी वह दस कदम भी आगे नहीं गया था कि पन्नालाल पच्चीस - तीस व्यक्तियों के साथ गुजरते दिखा| सर पर सफेद टोपी, सफेद कुर्ता और घुटनों - घुटनों तक सफेद धोती| सब चुपचाप

पण्डित प्रथमनाथ की चौपाल की ओर जा रहे थे| साठ बरस का खुशहाल विनायकराम पिण्डदान की फिकर में एक कन्या का जीवन भ्रष्ट करने पर तुला हुआ था| मौसी आगे - आगे अपना 'टोपला' लिए खुले चौक गालियाँ सुनाती जा रही थी, लाकड़ा में जाय ये| हापिस के कुत्ते!

अरे मौसी, चुप रहो|

दादा, मैं चुप नहीं रह सकती| मुर्दे ने जाकर खुदा के घर से काली मूँछें तो माँग ली| जोबन सम्भालेगा, दाढ़ी जार! राण्ड आकर खसम करती फिरेगी न, करमहीन! राणा जी के राज में या खुदा, यह कैसा - कैसा जुलम होने लगा है| ये टोपी वाला क्या सो गया है| यह राण्ड का हिटलर फिर कौन है ....? मौसी हथनी की तरह हाथों की सूँड़ें हिलाती जा रही थीं और प्रथमनाथ की सात पीढ़ियों की कीर्ति बखान कर रही थीं|

मुबारक ने देखा, पन्नादा चुपचाप गर्दन झुकाये आगे - आगे जा रहे हैं| एक टक देखता रहा| घर लौटा तो निराशा घनीभूत हो गयी थी| देह चूर - चूर हो रही थी| जीवन भर पत्थर न फेंके थे| आज वह भी कर आया| सुबह का गया शाम को घर लौटा तो आठ आने कमा कर लौटा था| ये आठ आने कितने कीमती थे, यह वही जानता था| अँधेरे झंखाड़ घर में ये आठ आने सच्ची जिन्दगी की रोशनी जला देंगें| जिसे लेकर वह जल्दी - जल्दी घर पहुँचा|

ठीक देहली पर काका मिला, बोला - ससुर तुम भी लम्बर एक और वह भी लम्बर एक| लो! इतना कह कर एक गोल पत्थर उसने मुबारक के हाथों में थमा दिया|

दादा ने भेजा है?

हाँ! काका बोला - कहलाया है कि जब मैं मरूँ तो इसी से मेरी खोपड़ी फोड़ना|

अच्छा! अच्छा!! पत्थर लेकर वह दादा के घर की ओर दौड़ा! कुछ दूर खड़े रहकर उसने ज़ोरों से वह पत्थर बन्द किवाड़ पर दे मारा| अन्दर से आवाज आयी - कौन?

दादा! भरे हुए कण्ठ से मुबारक ने पुकारा|

किवाड़ खोल लो, भई! पन्नादा ने क्षीण स्वर में कहा - खुले पड़े हैं|

किवाड़ ढकेल कर मुबारक ने देखा, सारी कोठरी में अन्धकार भर रहा है| मुर्दनी - नीरवता है| बोला - चिमनी क्या हुई?

पन्नादा ने किसी भी तरह खाँसना रोका और करवट की चेष्टा करते हुए कहा - फूट गयी मुबारक!

नयी न लाये? वह दिशाभ्रमित - सा बोला| पन्नादा ने कोई उत्तर न दिया, तो मुबारक बोला - मैं अभी नयी लाता हूँ| तबीयत कैसे है?

पन्नादा ने फिर भी कोई उत्तर न दिया| मुबारक धीरे - धीरे खटिया की ओर गया और पन्नालाल के पैरों के पास बैठता - सा बोला - दादा!

हूँ? मानो सात पाताल फोड़ कर एक मन्द प्रतिध्वनि हुई हो| पन्नालाल गहरी नींद में अचेत था| आज महीनों से ऐसी निश्चिन्त नींद आयी थी| स्वप्नहीन, सघन, जीवन - दायिनी| जो महीनों का दर्द था, वह एक तिनके की नोंक से निकल गया|

मुबारक ने बाहर निकल कर पुकार की - हामिद! ऐ हामिद!! जरा चिमनी ला तो! गुंजार करता हुआ स्वर खातून के कानों में उछलता हुआ जा टकराया और थोड़े पलों के बाद शैतान हामिद चिमनी झुलाता हुआ दौड़ा आया| मुबारक का स्वर एक नवयुग का सन्देशवाहक होकर मानो मौहल्ले में गूँज - गूँज उठा| काका ने मक्की की रोटी हाथ से नीचे रख दी और लपका, मौसी ने अंटी रास्ते ही में बाँधना ठीक समझा|

चिमनी की रोशनी ने उस कोठरी में उजेला किया, तो सब उस प्रकाश में एक नयी दुनिया देखने लगे| दसों खिलौने थे| मोटर, एरोप्लेन, मेकेनी, गेंद - हॉकी, कैरम दसों| सारे झुण्ड पर लिखा था - हामिद को उधर चरखा था, पींजण थीं, अटेरन थीं, पूनियों का ढेर था, उस पर एक चिट चिपकी थी - खातून बेटी को| ठीक बीच में लोहे का छोटा सन्दूक रखा था| मौसी ने उसे खोल डाला - नोट, गोमेंट सरकार के नोट| उस पर लिखा था - मुबारक को| उस चिमनी के प्रकाश में मुबारक ने नयी दुनिया पायी|

दादा! वह पन्नालाल के शीतल चरणों से लिपट गया| दादा! ....

हूँ? पन्नालाल ने मानो पहाड़ों को भेद कर ऊपर आने की चेष्टा की - कौन?

काका घायल शेर की तरह सिर धुन रहा था - ससुर ने हम से भी न कहा, हम से भी नाता तोड़ लिया?

हामिद दादा की बन्द शान्त आँखों को देखता हुआ मूढ़ - सा खड़ा था|

सहसा पन्नालाल ने आँखें खोल दीं और मन्द स्वर से कहा - काका, किसका नाता? सब नाते बे - दम हैं| हामिद वह - वह गा तो! पेट पकरिके - गा तो!

मौसी समझ गयी कि वह धन्य बेला आ रही है जब दुनिया के रंगीन बन्धन टूटने लगते हैं, यह रहस्यमय हंस उड़ जाता है| वे विरले धन भाग हैं जो जमराज को राम का नाम सुनाते हैं| चीख उठी - पेट पकरि के माता रोवे! हाथ पकरि के भाई|

वह क्षीर्ण पुकार उठी, आँसुओं से लदी, भारी और पन्नालाल पर बेहोशी छाने लगी| चेतना की तरंगें मानो थक - थक कर लौटने लगीं| एक मन्द व्यापक सघन सम्भार मानो बादलों की तरह उस पर घटाटोप होने लगा और मौसी का मर्मवेधी स्वर उसको मंथित कर, उसे ऊपर - ऊपर उठाने लगा, लपटि - झपटि के तिरया रोवे, हंस अकेला जायी!

सब खड़े थे, दिग्मूढ़ बेबस खड़े थे| अभागिनी खातून भी खड़ी थी| मौहल्ला उड़ कर इकट्ठा हो गया था| आज कई एक साथी, मौहल्ले की गरिमा, अनाथों का सेवी, चलने की तैयारी में था| रोष और लांछन का रंचमात्र कीचड़ वहाँ न था| शत्रु - मित्र सभी चुपचाप भगवान् को मना रहे थे, पर घटमाल चल रही थी| गीत भी चल रहा था| हामिद थका, तो काका ने उठाया, काका थका तो खातून ने उठाया|

जब क्षितिज पर प्रभात के सुनहले पद्मचरण दिखे, यह नम्र हंस देह के पिंजरे से उड़ा - उड़ा!

11

करीमा तुई

नाथू जमादार सदा की तरह उस बड़ी हवेली के चबूतरे पर आ बैठा| अन्दर की बण्डी की जेब से उसने दो बीड़ियाँ निकालीं| एक करीमा तुई की ओर फैंकता हुआ बोला - भगवान् की सौगन्ध, तुई जमाना बड़ा बुरा आ गया! लोग अब न तो लँगोट के पक्के रहे, न जबान के| अब जी कर क्या करोगे, तुई? यहाँ तो छप्पन की अलाय - बलाय पीछे है, नहीं तो तलाब में डूब मरते देर ही क्या लगती है|

और फिर फुर्ती के साथ दियासलाई जला, बीड़ी चेता कर उसने माचिस तुई की ओर फैंकी तथा कस - पर - कस खींच कर पुनः बोला - भगवान् की सौगन्ध, कभी - कभी मन में ख्याल आता है, खुदा क्या बैठा - ठाला था जो मुफ्त में ही यह गोरख - धन्धा रच बैठा| बात यह है, तुई, अब लोगों की नियत में दम नहीं रहा| बरकत हो तो कहाँ से हो? तुमने तो देखा होगा तुई, बरसों लोग दुकान पर कपड़ा ढक कर चले जाते रहे, पर मजाल कि एक कण भी कभी इधर - उधर होता! और अब तो .... कुछ क्षण फिर उसने चुपचाप बीड़ी के काँपते हुए धुएँ को देखा और गहरी आह खींच कर बोला - इस संसार में गरीबों का कोई नहीं है| पहले तो इन ठाकुर - ठुकरों में दिल था, तब गरीबों की पूछ हो भी सकती थी, पर अब कहाँ? अब तो हाथ गरम किये बिना मिसल का नम्बर तक नहीं मिलता| तारीफ़ यह है कि महकमे खास में बिजली के पंखे लग गये हैं| म्हाँ मारूँ, यहाँ तो किस्मत के पंखे फिर गये हैं| हाकिम तो ठीक, चपरासी तक रिश्वत के बिना खबर नहीं देते|

और फिर विवश झुंझलाहट में उसने समाप्त किया, मुझे हरा कर जाओगे कहाँ, चैन से नींद निकाल लो तो जानूँ| फिर वह कूल्हों के बल घुटनों पर बैठ कर रौब के साथ बोला - मरद हो तो करो न्याय! तुम तो जानते हो तुई, वह गूँदिया - भैरू वाला मकान बपौती है| दुनिया जानती है - पर कल सुबह के ये हाकिम क्यों जानने लगे? अब कह रहे हैं, सबूत लाओ! सबूत लाओ! सबूत मसान में मिलेगा| भेजो खालसा वालों को जमराज के यहाँ - मेरे बाप दादों के पास| पूछ आएँ उनसे| सरकार की मोटर न रोक लूँ, तुई तो बाप की औलाद नहीं| मैं अपील करूँगा ....

तुई ध्यान - मग्न - सा बराबर कश खींच रहा था कि सिर पर टोपला धरे, कन्धे के बल झाड़ू उठाये, मैले - कुचैले कपड़ों में जगिया की बहू आती दिखायी दी| जमादार ने गर्जना की इन ड़ोमड़ों के दिमाग भी फिर गये हैं| मुझे यहाँ बैठे पूरा घण्टा हो गया और यह अब मरी है| अब भी तुम बरजोगे कि मैं इसकी चमड़ी न उधेड़ दूँ| जुलुम हो जाय, तुई!

मटमैली रुई की पूनियों से बिखरे हुए बालों में तुई का वह झुर्रियों से खुदा हुआ स्थिर चेहरा कुछ क्षणों के लिए जगिया की बहू की ओर मुड़ा|

नाथू ने पुकार की - पता नहीं था तुझे, कि दस बजे सब मेम्बरान आने वाले हैं? अब मरी है, मालज़ादी कहीं की!

जगिया की बहू ने जल्दी से झाड़ू फेरने का उपक्रम करते हुए कहा - आ तो रही हूँ, बा - साब!

जगिया कहाँ है? जमादार ने पूछा|

राम जाने कहाँ है? सर्र - सर्र झाड़ू फेरते हुए वह बोली - रात भर दारु पीकर उधम किया है| मैं तो तड़के ही उठी हूँ, अभी तक वह तो चित्त पड़ा है| दो - दो हल्के सम्भाल, अब तीसरे में आयी हूँ| क्या करूँ, बा - साब? गले में फाँसी खाई जाती, तो वह भी खा लेती|

तुई ने उस दुःखी और कातर महतरानी की ओर देखा और बोला - या खुदा! मेरे मौला!

जगिया की बहू ने कहा - सरकार नये - नये कानून बना रही है| शादी - बियाव, औसर - मौसर आदि सभी पर तो कानून बन गये हैं| क्या दारु का पीना सरकार नहीं रोक सकती? पर सरकार से कौन जाकर कहे? ऐसी हिम्मत किस में है? करे भी तो पुलिस गिरफ्तार कर ले!

किसको गिरफ्तार कर ले? रोशनलाल ने सहसा पूछा|

नाथू तथा जगिया की बहू ने अचकाचाकर देखा तो नगरसेठ सौभागचन्द जी के सबसे छोटे बापू चबूतरे पर खड़े हैं| जमादार अदब के साथ उठ खड़ा हुआ, और महतरानी ने जल्दी - जल्दी बुहारना आरम्भ किया| नाथू ने हँस कर कहा - कुछ नहीं सरकार! यह तो यों ही बकती है|

जगिया की बहू खड़ी रह गयी, बोली - बकती क्यों हूँ? मैं अब किसी से नहीं डरती| यों ही जिन्दगानी में कौन सुख उठा रही हूँ, सरकार! जो मौत से डरूँगी| मैं कह रही थी, कि सरकार दारु पीना बन्द नहीं कर सकती क्या? कोई जाकर महाराज से यह कहे| पर कहे कौन?

रोशनलाल ने सहसा कहा - तुम में हिम्मत हो तो तुम खुद कह सकती हो| पर वह दिन भी जल्दी ही आ रहा है, कि बिना कहे ही ये दुःख - दर्द टलने लगेंगे|

तुई ने चिल्ला कर कहा - या खुदा! या मेरे मौला! बापू - साब गरीब का किस्मत फूटा हुआ है|

इतने में लौंडों का एक दल वहाँ से गुजरा| किसी के हाथ में अंटियाँ थीं और चलते - चलते घुटने के सहारे गोलियाँ लड़ाई जाती थीं| किसी के हाथ में बैंत थे| चबूतरा, किवाड़, कुत्ता, गाय, भैंस जो सामने आ जाय, उसी पर वह जा पड़ती थीं| लड़ता, झगड़ता, ऐंठता - रगड़ खाता हुआ वह दल तुई के चबूतरे के पास होकर गुजरा| एक साथ तुई के नाम की पुकार हुई - शैतान की झुई - मुई! करीमा तुई!

मालदासजी की सेरी का मुहाना एक हलचल से भर गया| वायु - वेग से तुई लाठी लेकर, उठा और अपने राँटे पैरों को स्थिर कर, दाँत पीस कर उसने पुकारा - जहन्नुम में! तुई जहन्नुम में! लौंडों ने एक साथ तुई का चीखों - चिल्लाहटों से मानो पुनः मुजरा किया|

लाठी के सहारे आधा लंगड़ा और एक हाथ का टुंडा तुई उनके पीछे पड़ा, मारूँगा एक - एक को! सालों! जन्नत में - तुई जन्नत में! उधर सवेरा सदा की तरह हलचल से पूर्ण था, इधर तुई अपनी राँटी लड़खड़ाती हुई चाल से आगे बढ़ा चला जा रहा था| रोशनलाल खड़ा - खड़ा यह दृश्य देखता रहा| नाथू जमादार ने कहा - इन लौंडों से कौन जीते सरकार, जिनसे गधों की दुलत्तियाँ हार गयीं और पुलिस के जवान बेबस हो गये, उनसे यह जरखड़ तुई क्या जीतेगा? उल्टे दो - चार ढेले सर पर खायगा|

रोशनलाल ने सहज भाव से पूछा - पर यह तुई इस प्रकार चिढ़ता ही क्यों है? उसने देखा तुई के घुटनों के मोटे चमड़े से टकरा कर और खून की एक बूँद भी लिये बिना, कुछ ढेले अरभराकर जमीन पर अदृश्य हो गये|

रोशनलाल देर तक तुई को - एक साकार करुणमूर्ति - अपनी लाल गुदड़िया और तुर्की टोपी सम्भालते आगे बढ़ते देखता रहा और फिर चुपचाप अपने दफ्तर में आ बैठा| दो - तीन मुकदमों की आज तारीख थी, केस तैयार करने थे, पर जी न लगा| वकालात की सूखी प्रवंचनाओं से जीवन की यह दीनता कहीं अधिक रोचक और रमणीय थी| विचारों का एक तूफान उसके ताजे - संजीदा मन में फूट निकला, भिखमंगे और पागल किसी भी राज्य या जाति की असफलता की अकाट्य कसौटियाँ हैं| भिखमंगे उसी राज्य में होते हैं, जहाँ मूल में मनुष्य के प्रति कोई जिम्मेदारी महसूस नहीं की जाती है, जहाँ खाऊ - आर्थिक - व्यवस्था होती है, जहाँ शिक्षा - दीक्षा सभी के लिए न हो कर वर्ग विशेष के लिए होती है| पागल तो सामाजिक विषमताओं की कृतियाँ हैं, और क्या!

समाज की चौतरफा रूँध ही आत्मा को पागल बना देती है| रोशनलाल ने देखा, आज कौन भिखमंगा नहीं है? आज कौन पागल नहीं है? गुलाम यदि सुख से जीता है, तो मालिक से भीख माँग कर ही तो| क्या एक सोचने समझने वाला सहृदय व्यक्ति अपने वर्तमान रोमांचकारक आस - पास को देख कर पागल हुए बिना रह सकता है?

एक गहरी निःश्वास खींच कर उसने खिड़की से मकान के अन्दर देखा| सेठ सौभागचन्द, उसके पिता अपनी बैठक में जा रहे थे| दो चामरों - सी दाढ़ी मुँह के घेरे को बढ़ा रही थी, और भारी शरीर विगत - मध्य युग के धीमेपन की मूर्तिमान गति - विधि बना हुआ था| रोशन ने हठात् सोचा, वह अपने पिता से कितना भिन्न है, अपने बड़े भाई से कितना अलग है? राज्य के कुछ प्रसिद्ध खानदानों में उसका भी खानदान है| पर आज वह जैसे उस सारी अचलता को दूर फैंक देना चाहता है| पीढ़ियों तक उसके बाप - दादों ने दीवानगिरी की, पर इस देश का उद्धार वे न कर सके| गरीबी वहीं रही, अन्धकार वहीं रहा| व्यक्तिगत मानापमान और श्रेष्ठत्व स्थापित करने की कशमकश के अलावा इन महिपालों ने क्या किया? एक विचित्र रोष में सिक - भुन कर रोशन ने मानो अपने आप से कहा - मुझे अपने बाप - दादों के गम्भीर पापों का प्रायश्चित करना ही चाहिए|

रात गहरी हो रही थी| पूरे यौवन के साथ सर्दी नगर पर मतवाली होकर लुटलुटा रही थीं| अपने हृदय में एक गरमागरम तूफान लिए वह जब घर लौटा तो देखा तुई अपनी गुदड़ी पर बैठा हुआ है| जर - जर कन्था कम्बल ओढ़े वह तन्मय होकर सुमिरनी फिरा रहा था, और टीपू उसकी जाँघ से चिपका लेटा था| तुई की वे छोटी - छोटी अथाह आँखें आकाश की ओर उठी थीं| एक गूढ़ मौन चारों ओर फैला था| पर कितना सजीव था? कितना स्पन्दनशील? रोशनलाल एक धक्का खाकर खड़ा हो गया, पर तुई न हिला, न डुला| तुई! रोशन ने मानो स्वयं ही जग कर पुकारा, तुई!

टीपू ने किसी कदर स्वर पहचान कर अपनी आवाज रोकी| तुई ने उसी तरह उत्तर दिया - बापू साहब!

आकाश में क्या देख रहे हो? रोशन ने यों ही पूछा|

तुई ने गर्दन नीची की, हँस कर बोला - सोच रहा था, साँई ने सितारों की कैसी चमकती हुई गोलियाँ लटका रखी हैं?

रोशनलाल के रोम - रोम जाग उठे| बोला - तुई! क्या तुम ईश्वर मानते हो?

तुई की दीन उदासीन मुद्रा मानो दमक उठी| वह बोला - मानता ही नहीं उसे लिये - लिये फिरता हूँ|

कहाँ है वह? एक अतीन्द्रिय स्तब्धता में जड़ीभूत होकर रोशन ने पूछा - कहाँ है वह?

तुई ने अपने कलेजे पर मोटी शिथिल हथेली मारी - यहाँ बापू साहब, यहाँ|

रोशनलाल के कमरे में ग्रामोफोन की आवाज गूँज उठी| कमरे में पैर रखा, तो गुलाब कुँवर ने पूछा - इतनी देर तक कहाँ थे? मैं राह देख - देख कर हैरान हो गयी|

रोशनलाल ने उत्तर न दिया| चुपचाप कपड़े उतारता रहा| यह तुई भीख माँगता है, अशिक्षित है, पर जीवन के मूलभूत स्त्रोत में कितना अडिग विश्वास है? वह समझा

नहीं सकता - पर वह - उस पर जी सकता है| उसकी आँखों में तुई की वह शान्त, उदासीन और घोर मूर्ति खिंच - सी गयी थी| आज के सभ्य कहे जाने वाले दानव से तो यह भिखारी मानव अच्छा है| अन्तरात्मा मानो रह - रह कर पुकार उठी| उसे सी. आई. डी. की कतार याद आयी| पुलिस के अफसर याद आये| अदालत की वह दुनिया याद आयी, जहाँ न्याय के रेशमी धागों से स्वार्थ बुना जाता है, जहाँ न्याय की आराधना नहीं, न्याय का व्यापार होता है| उसे उस समय क्या - क्या न याद आया? अभी - अभी वह स्वाधीनता - दिवस की सभा से लौट रहा था| राज्य की प्रजा को उत्तिष्ठ और जाग्रत करने के लिए कुछ मतिमानों ने एक आन्दोलन संगठित किया| यह कहने के लिए कि उठो, जागो और अपना सत्व सम्भालो| पर राज्य ने अपने मजबूत लोहानी हाथों से इस नवयुग की जिह्वा पकड़ ली| संघर्ष के बाद आज प्रजा - मण्डल से प्रतिबन्ध उठा था और उस दिन सरकारी लाल सूचना को पढ़ कर उसने एक नये राज्य की कल्पना की थी| आज भी स्वाधीनता की प्रतिज्ञा को सुनकर रोशनलाल को रोमांच हो आया था| आज भी उसमें एक ग्लानिपूर्ण निराशा तथा क्षोभ बह चला था|

गुलाब कुँवर आकर ठीक उसके सामने खड़ी हो गयी| महीन लहरिया, गहरे गुलाबी रेशमी घाघरे पर पलौटा पड़ा था| आँखों में दर्शनीय काजल की रेखा थी| उस सुन्दर मुलायम ललाट पर, ठीक माँग के मुँह पर, रत्न - बोर स्थिर पड़ा था| कसे हुए केश - पक्ष थे, कसे हुए सहज लाल - लाल अधर| गहनों की जगमग से उसकी भयकारी कीर्ति हजार गुना बढ़ गयी थी| रोशन ने अपनी पत्नी की ओर देखा|

गुलाब कुँवर हँसी, बोली - थाल ज्यों - का - त्यों रखा हुआ है| उठो भोजन अरोग लो|

रोशन ने आँखें मींच ली, बोला - भूख नहीं है|

भूख क्यों नहीं है? गुलाब बोली - ऐसा हो सकता है? कुछ तो अरोगना पड़ेगा ही| और वह छमछम करती बगल के कमरे में चली गयी| रोशन खड़ा हुआ| धर्म - संकट था, आज २६ जनवरी थी, सुबह ही से उसने उपवास किया था, पर उपवास का कारण कहने की उसकी हिम्मत न हुई| किसी कदर दिन निकाला, पर इस समय बचने की कोई सूरत ही न थी| कितनी शान्ति आज उसे भूखे पेट मिली थी| वह न खादी पहन सकता है, न मुसलमान की छाया छू कर पान ही खा सकता है, हरिजन के प्रति कोरी सहानुभूति रख सकता है| वह स्वदेश की मुक्ति के प्रचण्ड यज्ञ में एक यव के समान भी तो आहुति नहीं दे सकता है| अब उसकी अन्तरात्मा दिन - प्रति - दिन कटती जाती थी| दिन - ब - दिन वह सोच रहा था कि उसका जीवन अकारथ है| उसे स्वदेश की मुक्ति के लिए कुछ करना ही चाहिए, किसी अन्धकारपूर्ण कोने में उसकी हड्डियाँ भी जलनी चाहिए| आज साहस कर उसने मन - मन्दिर का द्वार खोल ही तो डाला| वह मन से देश के कोटि - कोटि वीर भाइयों के साथ धधकने के लिए आतुर हो उठा और इसीलिए आज वह स्वाधीनता दिवस की सार्वजनिक सभा में भी शरीक हुआ था| भूखा तथा दिन भर का थका वह इस समय अन्तरात्मा के गहरे स्तरों पर तैर रहा था|

हल्का पर संयत मन! मन के अथाह पहाड़ को भी ढो लाता है| रोशन आज जीवन की दबी, रूँधी और मरी हुई साधों को बाहर लाना चाहता था| वह चाहता था कि राज्य भर के मंचों से अपनी अग्नि - भरी वाणी व्याप्त करे| एक विस्तृत सजीव क्रियाओं से पूर्ण क्रान्ति का वह केन्द्र - बिन्दु हो| वह चाहता था कि नेहरु के समान वह भी देश के एक कोने से दूसरे तक इन्कलाब की अग्नि प्रज्ज्वलित कर दे| पर वह एक ऐसे खानदान में पैदा हुआ था, जो अपनी स्थिति, पद - प्रतिष्ठा और जीवन के राज्य - तन्त्र पर अनुप्राणित था - रोशन क्या करता? कहाँ - कहाँ जाकर अपना सर फोड़ता? पुरानी मुगलाई रूढ़ियाँ, आचार - विचार, अचल विषमताएँ अपने दो हाथों से वह कितना उलीचे? एक गहरी श्वास छोड़ कर उसने बन्द आँखें खोल दीं, तो देखा चाँदी के थाल में गुलाब कुँवर चीजें परोस रही है| एक - एक बानगी रखती जाती थी और कटाक्ष करती जाती थी| माँसल जँघा पर उसकी एक कुहनी टिकी थी और झमक के साथ - साथ वह व्यंजन सजा रही थी| रोशनलाल ने असहाय होकर देखा और कहा - मुझे क्षमा करो, मैं आज भोजन नहीं कर सकता|

पर क्यों? गुलाब कुँवर की अपलक विवश हिरणी - सी आँखों ने पूछा|

रोशन उठा और चक्कर काट कर बोला - आज मैंने व्रत किया है|

गुलाब कुँवर हँस पड़ी| उसके दाड़िम - से दाँत झपक कर रह गये| बोली - आज कैसा व्रत?

वह पास आकर खड़ी हो गयी, बोली - मुझसे कुछ कसूर हुआ है? बोलो! अच्छा लो, मैं अंग्रेजी पढ़ूँगी, अब - बस?

रोशन ने साहस के साथ कहा - आज मैंने स्वाधीनता दिवस का व्रत किया है|

गुलाब कुँवर के हाथ से कचौरी गिर पड़ी| वह जानती थी कि ये खादी की टोपीवाले उसके प्राणवल्लभ पर डोरे डाल रहे हैं| आज ही ससुर जी कह रहे थे कि पुलिस ने रोशन के बारे में हुजूर में रपट की है| कुछ किताबें उसके पास हैं, जिनका रखना जुर्म है| वह रोम - रोम में काँप उठी, उसने सुना था कि गाँधी महात्मा का पंथ पकड़ने से जेल मिलती है, कोड़े खाने पड़ते हैं, चक्की पीसनी पड़ती है, घर - बाहर से नाराज होना पड़ता है| उसने सुना था कि राज्य में भी गाँधी महात्मा के चेले जोर पकड़ रहे हैं| पर उसे पता न था कि साँप उसके पैरों के पास है|

आँसू गिराती हुई वह बैठी रही और रोशन चक्कर काटता रहा| देश का अभिमान वह इस रमणी में कैसे पैदा करे? इस अशिक्षित विलासी हृदय में बलिदान का उत्साह कैसे भरे? मोती के समान मूक आँसुओं को देखता हुआ वह चुपचाप खिड़की पर आ खड़ा हुआ| उसने देखा करीमा तुई अब भी वैसे ही तारों की ओर देख रहा है| उसने सोचा, यह तुई कैसा मुक्त है? कितना स्वाधीन, कितना स्वच्छन्द? और वह आज कितना बँधा हुआ है? अपनी बेड़ियों से वह दिन के प्रकाश में जितना परिचित था,

उससे कहीं अधिक अन्धकार में वह अपने रंगीन बन्धन देख पाया| तुई और वह, जीवन की सरिता पर दोनों ही खड़े थे| अपनी - अपनी किश्तियों को पकड़े| उसकी किश्ती भारी - भरकम और घिरी थी, जबकि तुई का बजरा, जर्जर ही सही पर सभी यात्रियों के लिए खुला था| वह देर तक तुई की उस अचल सूरत को देखता खड़ा रहा| उसे पता न लगा कि कब गुलाब कुँवर उठ कर पलंग पर सो गयी|

अपना मुकदमा लेकर नाथू, सवेरे - ही - सवेरे दफ्तर में पहुँचा| पहुँचते ही उसने झुक कर लम्बा मुज़रा किया और बोला - सरकार इतना अधरम हाईकोरट में भी होगा, मुझे क्या मालूम था? मैं तो लुट गया हुजूर! कोरट को मैं कहता हूँ, इस करीमा तुई से पूछ लो कि उसने मेरे दादों को मकान में रहते देखा है या नहीं? पर कोरट तो मोतबीर का बयान चाहती है|

रोशन ने हठात् ही प्रश्न किया - तुई को तुम कब से जानते हो?

नगर के इस दरिद्रावतार को नाथू क्या सभी जानते हैं| सभी के कुतूहल की यह चीज करीमा जिधर निकलता, उधर ही कोलाहल मच जाता| करीमा तुई उतना ही हर ज़ुबान पर था जितना नगर का जगदीश मन्दिर और घंटाघर| राज्य के शिष्ट वर्ग में तुई पागल था, लीचड़ था, यों ही दयनीय और जीवन का व्यंग था| पर प्रसिद्धि में वह क्या किसी हुक्काम, नेता या सेठ - साहूकार से कम था? नगरसेठ की गगन - चुम्बी हवेली के ठीक सामने तुई का ऐतिहासिक निवास - स्थान था| तुई का चबूतरा बच्चे - बच्चे को मालूम था|

संचित मैला ढोती हुई शहर भर की भंगियों की गाड़ियाँ यहाँ आती हैं और बचा - खुचा कूड़ा - करकट लेकर चली जाती हैं| हलके - वार मेहतरों की जमातें यहीं हाजिर रहती हैं| यहीं अनेक रोग पला करते हैं| दो - तीन पुराने डोल साक्षीवत् सीमाओं की रक्षा करते हुए पड़े रहते हैं| ततैये, मक्खियाँ और मच्छर यहाँ के, युग के युग बिता चुके हैं| आते - जाते समय लोग नाक पर रुमाल दबा कर, हल्का - सा प्राणायाम बरबस ही कर लेते हैं| लेकिन वृद्ध जरखड़ तुई के नथुने मानो निर्विकार सधे हुए हैं| इसी चबूतरे पर यह करीमा तुई आज वर्षों से लोगों को आते - जाते देखता है| अनेक मजहब, अनेक पेशे, अनेक षड्यन्त्र, स्वार्थ उसके चबूतरे से किसी नट की तरह कुलाचें भरते हुए निकलते हैं और तुई उदासीन - सा संसार के रंगों को देख लेता है| मोड़ पर बैठे हुए उसने जीवन के कितने ही मोड़ देखे हैं, कितने ही मार्ग देखे हैं| यहीं सिद्धासन - सा लगा कर तुई ने राज्य के परिवर्तन देखे हैं| नाथू दावे के साथ कह सकता है, तुई से बढ़कर स्वर्ग और नरक की बात किसी को नहीं मालूम| तुई कभी - कभी कहता है - जमादार साब, परवरदिगार सब जानता है| और फिर किसी गहरी वेदना के वशीभूत होकर वह सिर धुनने लग जाता है| नाक से लीट और मुँह से लार गिरती! टुंडा का हाथ काँपने लगता और वे गहरी निर्जीव आँखें सजीव हो उठतीं| ये वे आँखें थीं, जो जमाने के परिवर्तनों की गहराई नाप लेती हैं, विधाता के मार्गों को देख लेती हैं|

तुई की आती - जाती जवानी में राज्य एक कस्बा था| फिर वह नगर बना, और बड़े - बड़े शहरों से होड़ करने जा रहा है| पहिली साइकिल तुई ने देखी, पहिली मोटर का भोंपू उसने छुआ, पहिली बिजली उसने देखी| सोडा - लेमन की पहिली बोतल उसी के सामने धच्चाक् से फूटी थी| पहिली कार से टकराते - टकराते वह बचा| पहिली साइकिल का पहिया उसकी टांग पर फिरा| तुई ने भी मालदासजी की सेरी के कीचड़ खूँदे हैं, जो राज्य के दीवानों ने खूँदे थे| उन छोटी - छोटी गोल - गोल आँखों ने पहिली दफा राज्य में अग्नि गाड़ी को आते देखा| किसी स्वर्गीय महाराज की अर्थी के पीछे - पीछे जाकर चाँदी - सोने के फूल उसने दिल खोल कर लूटे| आज तुई इन बँगलों, मोटरों, रेडियो, हाईकोर्ट तथा अमले - अरदली और गिटपिट के जमाने को भी देख रहा है|

जगिया की बहू आज मुर्गे बोलते ही आ पहुँची थी| आधी गली साफ कर वह सुस्ताने के लिए तुई के चबूतरे पर जा बैठी| झाड़ू पर घुटने टेक बोली - तुई! सुना है राज्य के अफसर बदलने वाले हैं| लोगों से राय पूछ - पूछ कर नये मेम्बर भेजे जायेंगे| ए बई! न जाने क्या होगा? नये - नये टैक्स लगायेंगे मुण्डी काटे!

तुई केवल हँसा|

जगिया की बहू ने थोड़ा - सा घूँघट निकाला और पुनः बोली - अब तो राज्य बम्बई होता जा रहा है| अण्डे के भाव मुण्डीकाटों ने बढ़ा दिये हैं| दारु का पैसा भी बढ़ गया है, जितना कमाती हूँ, खोजग्या, आधा छीन लेता है| आप ही कहो बा - साब घर में नयी - नयी बहू आयी है, हाथ की तंगाई अच्छी लगती है? पर तुम्हारे बेटे को कौन समझावे? न नैन में समझे, न सैन में|

तुई ने कहा - जवानी है न बेटी, थोड़े दिनों नीर उतर जायेंगे|

जगिया की बहू ने अज्ञात ही झाड़ू खड़खड़ा दी, बोली - मुण्डी काटा, न हाथ का सच्चा, न कण्ठ का, न लंगोट का| बा - साब अब मैं बावड़ी में पड़ूँ तो ठीक है| गुण्डे साथ हो लिये हैं| आपने सुना, कोई बाहर से आया है| अखाड़े चल रहे हैं| कहते हैं, हिन्दू - मुसलमान में लड़ाई होगी|

तुई का प्रसन्न चेहरा सहसा कठिन और उदास हो गया| सेठ सौभागचन्द ने गोखड़े की खिड़की खोली और पुकारा .... कौन है?

बड़ो हुकुम? कहते हुए दन् से एक नौकर हाथ बाँधे चबूतरे पर आ गया, और ऊपर देख कर बोला - हुकुम?

सेठ जी ने छोटी - सी खिड़की में सारी दाढ़ी बिछाते हुए कहा - वह क्या जगिया की बहू बैठी है?

सरकार! (सरकार का अर्थ हाँ जी भी होता है|)

उस मरदूद की बच्ची से कहो, पाखाने अभी तक सड़ रहे हैं| वहाँ बैठी क्या कर रही है?

छोटी - सी स्वर्ग की खिड़की बन्द हो गयी| नौकर कई दिनों से परेशान था| हर रोज यही बात थी कि पाखाने साफ नहीं हैं| सेठ जी जाते तो उन्हें फिनाइल से पहले धुलवाते| सुगन्धित अगरबत्ती बाहर जलती रहती थी, कान में अत्तर का फोआ पड़ा रहता| जाजम में एक सिलवट पड़ी नहीं कि फर्राश की चमड़ी उधड़ जाती| पौन घण्टे तक सेठ जी पाखाने में बैठते| वहाँ रत्ती मात्र भी गन्दगी हो, यह कैसे बरदाश्त हो सकता था| अतः बराबर सभी नौकरों पर आज तीन - चार दिनों से दम - घुड़की, डाँट - फटकार तथा जुर्माना, यह सब इसी राण्ड के पीछे हो रहा था| आज मुँह दिखाया है कमज़ात ने, और वह भी बैठी - बैठी बातें बघार रही है, अपने यार के पास| डंडा लेकर लपकता हुआ नौकर वहाँ पहुँचा और गर्ज कर बोला - हरामज़ादी! वहाँ तेरे बाप नाराज हो रहे हैं न?

जगिया की बहू ने घूँघट तान लिया, बोली - आ तो रही हूँ| विसामा भी न खाऊँ क्या!

क्रोध से थर - थर काँपते हुए वह बोला - तीन - तीन दिन से कहाँ थी सूअर की बच्ची?

जगिया की बहू ने झाड़ू तथा टोपला उठा लिया, पर उत्तर में एक शब्द भी न बोली| जबान नहीं है मुँह में? कहते हुए उसने डंडा दे ही मारा| डंडा जगिया की बहू के सिर से जा टकराया और एक चीख के साथ वह धरती पर बैठ गयी| खून की नन्हीं - नन्हीं दो - तीन धाराएँ उसके विवर्ण रक्तहीन कपोलों पर बहने लगी| रामजी हो! एक - दम साँस खींच कर जगिया की बहू अचेत हो गयी| एक पल में अन्दर से रोशन और बाहर से तुई दोनों ही जैसे वायुवेग से झपटे| टुंडे तुई ने उसे गोदी में उठा लिया और रोशन एक आधे गज के फासले पर धक्का खाकर अटक गया|

तुई ने घूँघट हटा कर सर के घाव को देखा| कुछ पल अपलक उस मुख को देखता रहा| धूल की चिमटी उसने उठायी और मुट्ठी आसमान की ओर उठा कर उसने पुकारा - मालिक! तुई जहन्नुम में! आमीन! मालिक!!

और उसने वह चिमटी घाव में दबा दी| फूंक मार कर वह बोला - मालिक भला करेगा|

लोग इकट्ठे हो गये थे| तुई ने आँखें बन्द कर लीं और चुपचाप जगिया की बहू के सिर पर हाथ फेरता हुआ बैठा रहा| उधर सुनहली धूप हवेलियों और मन्दिरों की पताखाएँ लाँघ कर अब यहाँ तक आ पहुँची थीं| स्वच्छ आकाश ठण्डी हवाओं से साफ हो गया था| एक स्फूर्तिमय ताजगी वातावरण में भरी थी| शान्ति जमघट पर छायी थी| कुछ अत्यन्त सजीव, कुतूहलपूर्ण पलें गुजरीं और जगिया की बहू उठ बैठी|

तुई धीरे - धीरे वापस अपने चबूतरे पर जा बैठा|

तुई के जादू की बात सारे शहर में यों फैली, जैसे घास में आग फैलती है। स्वयं सोना, जगिया की बहू ने पड़ोस में कहा कि तुई के हाथों में ईश्वरीय शक्ति का प्रवाह है। एक मुँह से दूसरे मुँह में होती हुई तुई के चमत्कार की वारदात कहीं छोटी, कहीं बड़ी और कहीं विराट् होकर सारे राज्य में घूमने लगी। लोग तुई के चबूतरे पर शाम - सुबह जाने लगे एक ताँता लग गया। कोई अपने संक्रामक बीमार बच्चे को लेकर पहुँचा, कोई अपनी बाँझ स्त्री को लेकर तुई को मनाने आया, कोई तुई से मुकदमे की सफलता के लिए आशीर्वाद लेने चला, तो कोई इम्तहान में पास होना चाहता था। तुई अपने टाट - पट्टी पर बैठा रहता और आ - आ कर पाँव पड़ने वालों से केवल झल्ला कर यही कहता - तुई! जहन्नुम में! क्यों नाहक पागल होते हो? पर चमत्कार की चकाचौंध से स्तब्ध ये आर्त - जन इस सीधी - सादी बात को कब सुनने, समझने वाले थे। एक सेठ जी मुँह - अन्धियारे ही पधारे और तुई के पाँवों पर तोला भर सोना रख कर बोले - साँई ऐसा करो कि मैं बिना गड़बड़ के दिवाला निकाल सकूँ। तुई ने तोला भर सोना उठा कर सामने के कूड़ा - करकट में फैंक दिया। बस, फिर क्या था, तुई के वीतराग का जलवा कौंध के समान जन - जन में व्यापने लगा। यहाँ तक कि चुपके - चुपके कई पढ़े - लिखे बेकार तुई से अपना ललाट पढ़वाने आने लगे, नम्बरी डाकुओं के बारे में पुलिस जन्मपत्रियाँ लेकर आने लगीं और एक मौलवी साहब तुई से हिन्दू - मुस्लिम फसाद के बारे में ज्योतिष पूछने पधारे। तुई आज महात्मा, चमत्कारी, जोगी, जती, सिद्ध, ब्राह्मण, क्षत्रिय और वैश्य सभी हो गया था। एक मूक प्रार्थना की अनन्त करुणामयी ज्योति का संसार ने अपने प्रलोभनों के झोकों से स्वागत किया। एक दिन संध्या को तुई ने दोनों हाथों से अपना ललाट कूट लिया, मेरे मौला! यह क्या हो रहा है?

एक अनन्त मौन ने उसे उत्तर दिया। उस रात तुई ने निश्चय किया कि वह चबूतरा छोड़ देगा। वह इस प्रकार जी ही नहीं सकता। संसार की मधुकरी पर जीता था, जी सकता था - पर संसार के रोते हुए वैभवों के आत्म - समर्पण पर नहीं जी सकता। तुई ने देखा, यह सारा अनुभव किसी गम्भीर साक्षात्कार की ओर उसे ले जा रहा है। मानो राज्य पर एक अज्ञात घटना झूम रही है और विधाता का मौन, पर दीर्घ इशारा उसे चेता रहा है। एक गहरी आह खींच कर तुई ने नयन झुका दिये और अपनी अन्तरात्मा के समुद्र में डूबने लगा।

रोशनलाल ने पुकारा - तुई!

सरकार? तुई ने चौंक कर कहा - बापू?

रोशन ने कठिनता से अपने आँसू रोके और बोला - सब सो रहे हैं तुई! और मैं जा रहा हूँ। तुमसे अन्तिम आशीर्वाद लेने आया हूँ।

मौन, अँधेरी निविड़ रात में दो दुःखी नयन रो रहे थे। तुई ने धीरे - धीरे, पर स्थिरतापूर्वक रोशन की ओर देखा। चबूतरे के किनारे पर चद्दर ओढ़े एक जवान बंगाली

के वेश में रोशन बैठा हिचकियाँ ले रहा था| ऊपर भारी और उदासीन आसमान ओर चारों और निविड़ एकान्त था| तुई ने कहा - क्या हुआ फिर?

मैं इस जीवन से ऊब गया हूँ, तुई! मुझ से अधिक घाव सहे नहीं जाते, मैं अब अधिक .... आत्म - हत्या नहीं कर सकता| धीरे - धीरे पर दृढ़तापूर्वक वह बोला|

पर बापू! ऐसा क्या हुआ? तुई का स्वर बदल गया| सजग सावधान होकर उसने कहा - मालिक सब मंगल करेगा|

रोशनलाल ने कहा - मैं राज्य की नौकरी नहीं करता, फिर भी राज्य मुझे दबाता है, मैंने घर वालों से कह दिया कि मुझे कुछ भी न चाहिए, फिर भी ये मेरा पीछा नहीं छोड़ते| तुई, इस करम में सुख नहीं बदा, शान्ति नहीं बदी|

तुई ने बीच ही में कहा - बापू, जिन्दगी में यों हार जाओगे, तो आगे कुछ न होगा| खुदा से ताकत माँगो और दूने जोश के साथ जूझ पड़ो| भाग कर कहाँ जाओगे? जहाँ जाओगे, दुनिया साथ मिलेगी| बाबा, यह दुनिया बाहर नहीं, अन्दर है अन्दर|

रोशनलाल ने सिर धुन कर कहा - तुई या तो मैं मर ही जाऊँगा या अपना जन्म सार्थक करूँगा| मैं बेड़ियों से लदा हुआ नहीं रह सकता| मैं सत्य को निगल नहीं सकता| स्त्री से दुःखी, मित्रों से दुःखी - चारों ओर से घिरा और जकड़ा हुआ, मैं क्या कर सकता हूँ? मैं जाऊँगा| साँई, मुझे आशीष दो|

और वह तुई के चरणों में झुका|

तुई ने सहसा कहा - मैं आपका रास्ता रोकूँगा| रोशन ने देखा, तुई ने उसका हाथ मजबूती से पकड़ लिया है| उसे ऐसा लगा, उन सफेद बालों में दबे काले गेहुँएँ मुँह पर विचित्र उल्लास छा गया है| उन छोटी मिचमिची आँखों में एक अद्‌भुत आकर्षण है| उसने हार कर कहा - मुझे न रोको तुई!

तुई ने कहा - राज्य को तुम्हारी जरूरत है, बापू! यहाँ आग लगेगी, तब कहो उसे कौन बुझायेगा?

रोशनलाल की हड्डियों में एक कम्प हहर गया|

तुई ने पुनः कहा - मैं आपका दुःख जानता हूँ| पर करमन की गत है, बापू - साब! भगवान् ने वही दिया है, जो आपने अपने गये जन्मों में चाहा है| धन - धान्य, सुन्दर नारी, माया सब पास खुद के चाहे हैं| उन्हें देखो, समझो और दाँतों से तोड़ो| उनसे भागना जवाँमर्दी नहीं| वापस लौट जाओ - चलो|

हाथ पकड़ कर तुई ने रोशन को हवेली के पिछले दरवाजे से अन्दर कर दिया और मन - ही - मन कलपता हुआ अपने स्थान पर लौटा| खुदा, तेरी करतूत किसे मालूम? कौन जाने तेरी लीला को? मैं रंक, यह राव! मालिक यह क्या खेल है तेरा? तब क्या सोने के कटोरे में जहर पीना ही दुनिया है? तुई के रोम - रोम से तल्लीन

करने वाली एक ध्वनि निकलने लगी| यह राव आज कितना दुःखी है? यह भिखारी आज कितना सुखी है?

तुई चबूतरे के पास पहुँचा ही था कि जगिया लट्ठ लिये खड़ा मिला| दाढ़ी बँधी हुई, कमर पर पट्टा| तुई को देखते ही बोला - क्यों बे तुरकड़े! इधर कहाँ से आ रहा था? बापू किधर गये?

तुई ने कहा - बापू हवेली में पौढ़ रहे होंगे जग्गू!

जग्गू ने दाँत पीसे, बोला - जग्गू तेरी सब चालाकी जान गया है, तुरक! साँई बनता है? तेरी इतनी हिम्मत की तू मेरी औरत के हाथ लगा दे? हाथ कट न जाय?

तुई ने शान्ति से उत्तर दिया - तुम मुझ पर जुलम करते हो, जग्गू! सोना मेरी धरम की बेटी है|

जग्गू ने और गुर्रा कर कहा - तुरकड़े, मेरा ससुर बनना आसान नहीं है| गाली दी तो दूसरा हाथ भी टुंडा कर दूँगा, आया दिमाग में! दिवसों बाद मरदूद तेरा मरम जान पाया हूँ| लफंगे, कहीं के! युवकों को बहका - बहका कर इसलाम सिखाता और तस्बीह देता है, मुझे सब मालूम हो गया है| यों कोई भी मुसलमान नहीं बनेगा, आया दिमाग में?

तुई ने उसी तरह कहा - मैं किसी को मुसलमान नहीं बनाता, मैं तो भीख माँगता हूँ, जग्गू! मुझ पर ऐसा इल्जाम क्यों लगाते हो? सोना का घाव उसे मार देता है| मालिक ने धूल से उसे ठीक कर दिया तो उसका जस क्यों नहीं गाते?

पर जग्गू के रोम - रोम में रोष और क्रोध की तरंगें उठ रही थीं| जाति के पंचों ने उसे बरछियों से छेदा था, व्यंग के भाले भोंके थे| प्रायश्चित जड़ दिया, अनुष्ठान माथे मढ़ दिया - और जाति बाहर करने की धमकी दी, सो अलग| वह नाथू की गालियाँ सह सकता है, अफसर की लाल आँखों से घूरा जा सकता है, पर औरत को खसम करते नहीं देख सकता| उस भिखमंगे की इतनी औकात कि उसकी स्त्री के हाथ लगा दे? उसने कन्धे से ऊपर लट्ठ तौला और पलक में तुई पर दे मारा| दोनों हाथों से तुई ने वह पैशाचिक लट्ठ रोका| बेदम होकर तुई चबूतरे पर औंधा हो गया| आधी रात घिर गयी थी| सभी सो रहे थे, चर - अचर सभी पर अन्धकार का मौन छाया था| दिन भर राई - रत्ती, पहाड़ - पर्वत पर जान की बाजी लगा देने वाले राव - रंक सभी अपनी - अपनी देहों को इसी निविड़ मौन के आसरे कर लेटे थे तो उसे करना ही चाहिए| घर पहुँचने तक वह इसी चिन्ता में डूबा रहा कि वह क्या करे? उसे ऐसा प्रतीत हुआ मानो ईश्वर ने इसीलिए आज मुक्त किया था|

घर पहुँचा तो देखा, चारों ओर शान्ति है| गुलाब दीन - सी अपने कमरे में बैठी हुई है| ज्ञात होता था, रो - रो कर वह अभी थक गयी है| पति को देखा तो उसने मुँह फिरा लिया| पर आज रोशन के हृदय में कटुता न थी, करुणा थी| वह जैसे गुलाब

कुँवर को तौल रहा था| उसके पास जाकर वह बैठ गया, बोला - इसमें दुःखी होने की क्या बात है? यह धन - सम्पत्ति कोई मैं तो कमा कर लाया नहीं|

गुलाब की आँखें पुनः डबडबा आयीं|

रोशन ने कहा - वह गरीबी लाख गुनी अच्छी है जो मरजी से ग्रहण की जाती है| तुम रो रही हो, पर जब तुम सैकड़ों गरीब माताओं और बहिनों के बीच बैठोगी तब तुम्हें पता लगेगा कि अब तक का हमारा जीवन कितना कृत्रिम और पंकिल था! तुम्हें एक नया रस चखने को मिलेगा, प्रिये!

गुलाब ने कुछ जवाब न दिया| उसकी आँखें बहने लगीं| वह एक मामूली मकान में कैसे रहेगी? पैसे - पैसे को हर वक्त उसे तंग रहना पड़ेगा| दो जून खा लो और सो लो| न गोठ, न तीज, न कजली| वहाँ पर अकेली खपरैल के अन्दर बैठी रहेगी| किससे बोलेगी - चालेगी| वहाँ तो कोई उसे पास तक न बैठने देगा| और वह बैठेगी भी कैसे? न उसके पास उपयुक्त कपड़े ही होंगे, न गहने| न जाने किस घड़ी में गौरी पूजी थी, जो एक बैरागी से पाला पड़ गया| रोशन हार गया, पर गुलाब ने मुँह न खोला, तो न खोला|

जब बैल - गाड़ियों ने नये मकान में जरूरी सामान ढोकर रख दिया, तो उसे अकेले ही अपने घर में प्रवेश करना पड़ा| गुलाब ने कह दिया, वह यहीं रह कर सास - ससुर की सेवा में जिन्दगी गुजार देगी| अच्छा? रोशन ने पुस्तकों का गट्ठड़ रखते हुए बात सुन ली| मत जाओ, मैं अकेला ही जी सकूँगा| शादी के पहले भी तो अकेला था| अब क्या अकेला नहीं जी सकता? तुम मेरे दुःख में दुःखी नहीं रहना चाहतीं, तुम मेरे धर्म की संगिनी नहीं होना चाहतीं| मुझे इसका तनिक भी दुःख नहीं है| न तुम सीता हो, न मैं राम| पर मैंने जो रास्ता चुना है, उसी पर चलूँगा| मैं विलास से नहीं नटता, ऐश्वर्य भी मुझे अच्छा लगता है| लेकिन ऐश्वर्य को लूँ या जीवन के किंचित् हुलास को लूँ|

जब उसने पिता के चरणों में झुक कर अन्तिम प्रणाम किया, तो वे एक नन्हे से बच्चे के समान रो पड़े, बेटा, मान जा! क्यों खुवार हो रहा है? मेरे लिए मान जा, रोशन!

पर रोशन ने कठिनता से अपने आँसू रोके, काँपते हुए कण्ठ से बोला - मुझे आशीर्वाद दो, मैं इस राज्य की उन्नति में अपना जीवन दे सकूँगा| मेरे लिए अब यही रह गया है|

दादा भाई के पैरों में जब वह झुका, तो एक चैक उन्होंने उसे हाथ में दिया, यह लो रोशन! तुम सा निष्ठुर हम से तो हुआ नहीं जाता|

दस हज़ार का चैक था| दो पल रोशन ने हल्के पत्ते को देखा और फिर बोला - मुझे इसकी आवश्यकता नहीं है| अकेला व्यक्ति ठहरा, इतने रुपयों का क्या करूँगा? मैं अपने पुरुषार्थ ही पर जीना चाहता हूँ|

दादा भाई ने पसीना - पसीना होकर नयी सिगार जलायी|

रोशन का गृह - त्याग और सारा किस्सा जब प्रजा - मण्डल वालों ने सुना तो फूल कर कुप्पा हो गये| सभापति जी जिन्होंने जेल काट कर संस्था स्थापित की थी और जो अपने को राज्य का नायक समझते थे, बोले अब मण्डल बड़ों - बड़ों में रंग ला रहा है| हलचल तो मच गयी है|

एक छोटे - मोटे किसान नेता भी बैठे हुए थे, बोले अभी क्या है? रूस के जार की तरह ये अमीर सीधे कर दिये जायेंगे| चरखा - संग तथा खद्दर - भण्डार के संचालक जी तकुए का जंग साफ कर रहे थे, बोले - यह तो समय है, आग भभकेगी, धधकेगी| संचालक जी जोश में आने पर तालव्य शही बोला करते थे| प्रकाशन मन्त्री ने फौरन ही एक संवाद बनाया - प्रजा - मण्डल की अभूतपूर्व विजय| एक अमीर नवयुवक का प्रजा - मण्डल प्रेम! प्रकाशन मन्त्री जी साबुन की एजेन्सी लिए हुए थे| साबुन की सुगन्ध ने उसे व्यक्ति के गुणों की सुगन्ध के लिए भी आदी बना दिया था, अतः संवाद में रोशन की अत्याधिक तारीफ कर गया| मण्डल के महामन्त्री ने मुँह पर अमावस्या पोत कर कहा - आप तो कविराज जी भावुक बड़े हैं| संवाद भेज रहे हैं या अग्रलेख? उसने संवाद को छोटा कर दिया और सन्देहवाचक शब्दों से संवाद को भर दिया, क्या जाने यह भी कोई नाम कमाने की तरकीब हो! अरे भाई! अमीरों की नस्ल ही खराब हो गयी है| उनमें ऐसा विरात्मा पैदा हो ही नहीं सकता|

नये घर में जम कर रोशन अस्पताल में तुई के पास गया| तुई से मिले आज पन्द्रह दिनों से अधिक हो गये थे| अब वह चलने - फिरने लग गया था| सर्जन के मोटर - घर के पास तुई की खटिया थी, टीन के छप्पर में| अन्दर के पक्के वार्ड में दरिद्री के लिए जगह इसलिए न निकल सकी कि कहीं दूसरे रोगी इसे बुरा न माने, कहीं बीमारी दूसरों के चिपक न जाय, कहीं इन - डोर पेशेण्ट का स्टैण्डर्ड न गिर जाय| अस्पताल होने से ही क्या हर किसी को मसहरी - पलंग मिलने लग जायगा? तब तो फिर अस्पताल की दवाईयों का दिवाला ही निकला समझो| और सामाजिक नाप - तोल सहसा तो छोड़ी नहीं जा सकती| जो रात - दिन गन्दगी में ही रहता हो, उसे एक दम कैसे अन्दर लाया जाय! इन दलीलों को सुन कर रोशन के तन - बदन में आग लग गयी, पर कुछ न बोला| यह मानवता का ऐसा अपमान था जिसे देवता भी सहन नहीं कर सकते| वह उड़ा - उड़ा एक तांगा ले आया|

कहाँ बापू? तुई ने कहा|

मेरे घर| रोष और ग्लानि के उभार से पूर्ण स्वर में उत्तर दिया - यहाँ अच्छे आदमी के लिए जगह नहीं है|

तुई हँसा, बोला - अच्छा और बुरा मन की बात है, बापू - साब! खुदा अच्छा है, उसके बच्चे अच्छे हैं| मैं यहीं, मरूँगा|

नहीं, रोशन ने कहा - तुई! राज्य के साँई के लिए अब अपमान का जीवन बिताने की आवश्यकता नहीं है| मेरे घर चलो| उठो!

और हाथ पकड़ कर तुई को तांगे में बिठा दिया| तुई ने न हाँ कहा न ना| कठिनता से आँसू रोक कर तुई ने खुदा की बंदगी की और एक गहरी आह ली| रोशन आगे बैठा, तो तुई ने पूछा - क्या घर छोड़ दिया?

रोशन ने पूरा दास्तान कह सुनाया और समाप्त किया - मैं अन्त तक लड़ूँगा तुई, सत्य के लिए लड़ते हुए मर जाना मैं एक महान् जीवन समझता हूँ| मेरी बुजदिली चली गयी| जैसे किसी ने एक ही झटके से मुझे प्रकाश में ला रखा|

तुई ने पुनः अथाह आकाश में देखा|

दिन बीते पर गुलाब न आयी| तुई भी एक दिन सुबह का निकला दूसरे दिन शाम तक न आया| रोशन अकेला असहाय - सा घर में आता और बाहर चला जाता| तुई की संगति में उसे क्या - क्या न मिला| पूरी दो शताब्दियों का इतिहास वह सुन पाया, अकाल, अतिवृष्टि, रोग, मरण - मौत की एक - एक से बढ़ कर स्मृतियाँ तुई को याद थीं| तुई जैसे गत दो सदियों का चलता - फिरता इतिहास था|

हलचल से पूर्ण राज्य में रोशन के सिवाय कौन जानता था कि तुई कहीं गायब है, किसे उसके लिए चिन्ता थी? राज्य तो नयी - नयी संस्थाओं के जौहर दिखाने में मग्न था| नये - नये चस्के उसे लगते जा रहे थे| नयी - नयी हवाएँ उसे हिला रही थीं| प्रजा - मण्डल का सत्याग्रह हुआ, खादी की टोपियाँ फूट निकलीं| महिला - मण्डल की स्थापना हुई, देवियों के पैरों में पर लग गये - और लीग का झण्डा भी परसों फहरायेगा| सारे शहर में एक अजीब सनसनी मची हुई थी| मस्जिद के सामने वाला मन्दिर का महन्त अपने ब्रह्म - तेज को गालियाँ देता हुआ लाल - लाल आँखों में क्रोध भरे गुर्रा रहा था| दोनों ओर के लठैत लट्ठों को तेल में डुबो रहे थे| अन्दर ही अन्दर छुरियाँ साफ हो रही थीं|

मस्जिद के सामने बाजा न बजेगा| मन्दिर है, मन्दिर में बाजा बजेगा| उधर मौलवी और इधर महन्त, अपनी - अपनी छतों पर खड़े हो जाते और ऐतिहासिक भाषा में एक दूसरे को गालियाँ देते| मामला बढ़ गया| लीग की जहरीली हवा का एक झोंका बाहर से आया और आग भड़क उठी| हल्ला मच गया, मुसलमानों ने जुम्मा के दिन मन्दिर गिरा देना निश्चय किया और हिन्दूओं ने सोमवार को मस्जिद गिरा देना तय किया| मन्दिर और मस्जिद की रक्षा के लिए सेनाएँ सजने लगीं| अखाड़ों तथा क्लबों में गुप्त सभाएँ होने लगीं| तुई न रात देखता न दिन| ऐसा कोई घर न बचा, जहाँ जाना जरूरी था और तुई न गया हो| मुसलमानों को कहता - बेवकूफी न करो| तुई जहन्नुम में| हिन्दूओं से कहता - दिल बड़ा रखो| तुई जहन्नुम में| आज कल वह भीख में रहम माँगता, दरियादिली माँगता| पर तुई की सुनता कौन? मुसलमान कहते - काफिरों का नमक खाकर साँई तुम्हारी मति चरने चली गयी है| हिन्दू कहते, तुरकड़ा! बना हुआ है| जासूस है|

पर तुई ने धैर्य न छोड़ा। रोशन ने भी कोर्ट छोड़ दी। मुवक्किलों से कह दिया - अभी नहीं। अखाड़े में जाता, समझाता। लेकिन पानी की बूँदों से दावानल थोड़े ही बुझता है? उधर राज, चौकन्ना, दाँत पीस रहा था। पुलिस गश्त लगाती थी। सारे वातावरण में भय और हड़कम्प भरा हुआ था।

तुई दिन भर का थका, आकर मन्दिर के सामने बैठ गया। आज दो कुँजड़ों ने उस पर घृणा से थूँक दिया था। कुछ हिन्दूओं ने उसे कान पकड़ कर मुहल्ले से बाहर कर दिया था। आज कतल का दिन था। सुबह से ही बाजार उजड़ा दिखता था। लोग दरवाजों की कड़ियाँ चढ़ाये बैठे थे, और उधर सेनाएँ तोप छूटने की प्रतीक्षा कर रही थी। रोशन ने प्राणों की बाजी लगा दी। अन्तिम बार वह सुखराज को समझाने गया था। सुखराज अखाड़े बाजों का उस्ताद और भयानक जीव था। हौंसलों और साहस का पुतला अकेला पाँच सौ से भिड़ जाय। मुसलमान उसके नाम से काँपते थे। खूबसूरत गठीला शरीर, अमीर तबीयत का, तीस - पैंतीस का रसिक यह जवान अपनी कट्टरता और खूनी तबीयत के लिए प्रसिद्ध था।

इसी सुखराज से दुबला - पतला रोशन सत्य और अहिंसा की बातें कर रहा था। आखिर सुखराज ने लाल आँखें कर कहा - बापू अब आप पधार जाइए। आपकी बात सुनने की अब मुझ में सरधा नहीं है। जाइए!

दो पट्ठों ने रोशन को उठा कर अखाड़े से बाहर कर दिया। निराश रोशन घर लौटा। दोपहर हो रही थी। दोपहर का भूखा - प्यासा जब वह घर की देहरी के पास पहुँचा तो लैण्डो कार खड़ी मिली - गुलाब! - रोशन ने आतुरतापूर्वक किवाड़ खोल दिये। दीवान ने कहा - कँवराणी - शा को पधारे अभी कोई दस मिनट हुए हैं।

रोशन के पीछे - पीछे गुलाब ने घर के भीतर पाँव रखा। आज उसके शरीर पर आभूषण न थे, श्रृंगार न था। मोटी खादी की साड़ी थी। एक - एक काँच की चूड़ी हाथों में पड़ी थी। गुजराती साड़ी पहने थी, बीच में माँग थी और चोटी बिखरी - सी लटक रही थी, मिनिटों में वह सारे घर से परिचित हो गयी। आध घण्टे में तो घर में नयी कान्ति, नयी ज्योति भर आयी। हर एक चीज करीने से जम गयी। लारी भर कर फरनीचर बाप के यहाँ से लायी थी। बैठक सज गयी, शयनागार सज गया। किवाड़ों पर पर्दे पड़ गये। और घण्टे - डेढ़ घण्टे में तो सुरभित भोजन तैयार हो गया।

रोशन जब थाल पर बैठा तो बारह की तोप लगी। उसी समय अल्ला - हो - अकबर का हल्ला हुआ और सैकड़ों पैर भागते सुनायी दिये।

पहला कौर उसके हाथ में ज्यों - का - त्यों रह गया।

अरोगिये न? गुलाब ने कहा।

गहरा निःश्वास छोड़ कर रोशन ने उसे सिर से पैर तक निहारा फिर बोला - मुझे जाना ही चाहिए।

और वह उठा।

कहाँ जाओगे? गुलाब साथ खड़ी हो गयी। उसकी सुन्दर, सरल आँखें भय से जैसे भर गयीं। उत्फुल्ल मुखारविन्द जैसे मुरझा गया। जैसे जीवन की समस्त साध शब्दों में रख रही हो, यों वह बोली - मेरे सिर की सौगन्ध जो आपने घर के बाहर पैर रखा।

गुलाब! रोशन पसीना - पसीना हो गया।

गुलाब ने पति के चरण पकड़ लिये। आँखों से आँसुओं की धारायें छूट निकलीं - मैं आपके साथ आग में कूदूँगी, पर इस समय आप बाहर न जाओ। मैं हारी, आप जीते।

रोशन हतबुद्धि - सा खड़ा रहा। वे दोनों ठण्डे काँपते हुए हाथ अधिक मजबूत होते गये। हर - हर महादेव की चीखें अधिक स्पष्ट, सघन और तीव्र होती गयीं और मन के नेत्रों से निहारता हुआ रोशन ज्यों - का - त्यों खड़ा रहा। वह चाहता था कि उड़ चले और अपने आप को उस भीड़ में झोंक दे। उसका रोम - रोम खड़ा हो गया। तुई अकेला उन भयंकर मच्छ - कच्छों में उसे जहाज की तरह खोज रहा होगा!

उसने हार कर कहा - मुझे जाने दो। मेरे जीवन भर की साध को क्यों निष्फल करती हो? हटो!

पर गुलाब के गुलाबी आरसी से माँसल हाथ उसकी जँघाओं से लिपट गये, जैसे दो सुन्दर अजगर के छोटे बच्चे लिपट गये हों, नहीं, मेरे सुहाग से बढ़कर दुनिया में कुछ भी नहीं है, समझे।

रोशन समझ गया कि अचानक इस वेश में गुलाब आज क्यों आयी थी। वह समझ गया, गुलाब उसे न जाने देगी। खींझ कर बोला - मेरा व्रत भंग करने का तुम्हें क्या अधिकार है? तुम मेरे धर्म की रक्षक नहीं भक्षक हो।

और जोर लगा कर उसने गुलाब के बाहुपाश को तोड़ डाला। - जाओ, अपने पिता के यहाँ जाओ। मैं इस सोने की, रूप की ज्वाला में भस्म नहीं हूँगा, ओह! नहीं।

गुलाब दो क्षण जैसे स्तब्ध रह गयी, फिर सहसा तन कर बोली - अच्छा, मैं भी देखती हूँ, तुम कैसे घर के बाहर जाते हो? दरवाजे पर दो डावडियाँ खड़ी हैं। सीधी तरह से न मानोगे, तो हम तीनों आपको पकड़ लेंगी। कोई ठट्ठा है? क्या हमारा आप पर कोई हक नहीं? अपना अपमान करवाना हो, तो एक पैर भी आगे हिलियेगा।

सिंहनी के समान गुलाब ने दरवाजा रोक लिया।

रोशन चकित - सा होकर देर तक गुलाब को देखता रहा। यह वही गुलाब है जो फूलों की सेज़ पर जान देती है? जो गहनों पर, तीज - त्यौहार पर फना हो जाती है? उसने कहा - मैं यावत् - जीवन तुम्हारा मुँह न देखूँगा।

गुलाब - तब फिर गृहस्थ क्यों बने? जब गले में घण्टी बाँधी है, तो फिर बावड़ी तक उसे ले चलो| मैं आपके समान तुच्छ वचन मुँह से न निकालूँगी| मेरा भी आप पर अधिकार है|

रोशन घण्टे भर तक बैठा रहा, इधर बाजार भर गया| दोनों दल भूखे भेड़िये की तरह आ डटे| सुखराज अपने लठैतों के आगे - आगे लट्ठ घुमाता चला आ रहा था| पानी की तरह मेदिनी जगह दे रही थी| सुखराज को रोकना जरूरी था| किसी भी तरह अगर वह मस्जिद तक पहुँच गया तो खून की नदियाँ बह जायेंगी| पुलिस ने लठैतों की फौज देखी तो हाथ के तोते उड़ गये| सिटी सुपरिटेण्डेण्ट टेलीफोन पर लपका| स्थिति की गम्भीरता पर इधर महकमा खास में विचार होने लगा, उधर सुखराज आगे और आगे बढ़ता जा रहा था| कमाण्डर ने दस्ता भेजना मंजूर तो किया, पर फायर के लिए नट गया| पुलिस के चार - सौ, पाँच - सौ जवान जल्दी - जल्दी लपके, पर इतने में तो सुखराज तुई के चबूतरे तक आ पहुँचा| मारो दोस्तों! एक - एक को, टुकड़े कर फैंक दो! वनराज की तरह सुखराज बोला - जगदम्बा रक्त की प्यासी हुई है| उधर मस्जिद के चबूतरे पर खड़ा हो, पहलवान इस्माइल गर्जा - काफिरों के खून से जमीन को पाक कर दो!

दीन - हीन तुई दृढ़ चरणों से आगे बढ़ा और मुहाने पर घुटने टेक कर बैठ गया| उसका फटा जीर्ण - शीर्ण दामन आकाश की ओर उठा| उसके निस्तेज नयन ईश्वर के अदृश्य चरणों से जा बँधे| तुई ने रास्तों के बीचों - बीच घुटने टेक दिये| नगर का सबसे वयोवृद्ध पुरुष, जिसने दर - दर का भोजन किया था, जिसने सन्ततियाँ पकती देखी थीं, आज अधीर होकर बैठ गया| इधर से सुखराज, उधर से फौज - पल्टन और सामने से नागरिकों का एक हजूम आकर खड़ा हो गया|

तुई! तुई!! अस्पष्ट आवाजों से वायु - मण्डल भर गया| सुखराज ने कड़क कर कहा - तुरकड़े रास्ता छोड़ दे!

तुई ने गरदन झुका कर कहा - खुदा! परवरदिगार सबको सदमति दे| खून से तर कटोरे में अमरित नहीं है| बन्दों! मालिक से दुश्मनी मत करो|

कुछ हँसे, कुछ आश्चर्यचकित हुए| कई तरह की आवाजों ने तुई के वचनों का स्वागत किया| किसी ने कहा - यह भिखमंगा तो भई गजब का निकला| साला जासूस है|

किसी ने कहा - है तो हिम्मती|

तुई ने कहा - मेरी लाश कुचल कर ही आप आगे बढ़ सकते हो| हिन्दू और मुसलमान दोनों का अन्न मैंने खाया है| खुदा के नाम पर मैं जिन्दगी के सवा - सौ वर्ष दर - दर घूमा हूँ| आज तुम्हें विसर गया है पर मैं तुम्हें याद दिलाना चाहता हूँ कि खुदा ही की हम दोनों सन्तानें हैं| वह मोहब्बतें - पाक हैं| मैं जीवित हूँ, तब तक न उठूँगा|

सुखराज ने कहा - अपने बापू को क्यों नहीं समझाता?

तुई - उनको समझा - समझा कर हार गया तभी तो आप लोगों के कदमों में आ बैठा हूँ। मैं हाथ जोड़ कर कहता हूँ, शान्ति से काम लो। खूँरेजी में खुदा नहीं है।

सारी मेदिनी पर जैसे एक अंकुश पड़ गया। इधर उत्तेजित बैरागियों का एक दल फूट निकला। तुई को देखते ही एक जोगटे ने आक्रमण किया। आनन - फानन दो शस्त्र तुई के शरीर में घुस गये। या खुदा। एक हल्की चीख निकली और तुई वहीं ढल पड़ा।

म्युनिसिपैलिटी के भंगियों में जग्गू भी था, उसने भी जनाजा उठाया। सोना फूलों की अंजलि लायी और चुपके से तुई के कफ़न में दी। नाथू ने मर्द की तरह आगे आकर जनाजे को पहला टेका दिया। उधर सूर्य डूब रहा था। मन्द हवा थी। तुई का जनाजा उठा, तो मकानों की खिड़कियाँ खुल गयीं। एक दम सहानुभूति सबके दिल में थी पर फूलों की वर्षा न थी, तारे न थे। इस कंकाल, खुदा के बन्दे के पीछे आँसू बहाने वाला कोई न था। केवल टीपू जनाजे को सूँघ कर पीछे हो लिया और अर्द्धरात्रि में रोशन ने उस पवित्र रक्त का अपने ललाट पर टीका लगाया।

12
जिप्पी और जेका

'लाइका चन्द्रमा की ओर' - संसार के सभी समाचार - पत्र चिल्ला रहे थे, और मैं, एक नियमित पाठक, बरबस और हठात् उनको सुन रहा था| लाइका को लिए स्पुतनिक उड़ा जा रहा था, पृथ्वी के पार और परे, ब्रह्माण्ड में, चन्द्रमा की ओर और मैं मन - ही - मन आश्चर्यचकित माँ के पास सुकड़ - पुकड़ कर बैठी हुई जिप्पी की ओर देख रहा था| निश्चिन्त किन्तु सजग जिप्पी झूले पर माँ के पास ही बैठेगी| इतने लम्बे चौड़े घर में माँ ने अपना स्थान केवल झूला बना रखा है| अपनी पसन्दगी का चाय का प्याला और अपने हाथ से बनाया हुआ तम्बाकू का पान खा कर माँ झूले पर आ जाती है| पैंसठ वर्ष का मुलायम और उम्र की झुर्रियों का बुना माँ का शरीर सुखद भंगिमा में झूले पर होता है और जिप्पी पूँछ हिलाती हुई माँ से कुछ कह कर (जिसे माँ बखूबी समझ लेती है|) बड़े मजे से कूद कर झूले पर चढ़ जाती है| बस, फिर झूले पर किसी की भी गुजर नहीं है| टुकचूं - टुकचूं झूला डोलता रहता है| माँ पढ़ती रहती है| जिप्पी सोती रहती है| देवी जी रसोई घर में कुछ करती रहती है| प्रफुल्ल, देवा और कुलकुल स्कूल में, कॉलेज में, और मैं, कभी नीचे, कभी टेलीफोन, कभी वार्ता, परामर्श या मीटिंग| कभी कोई आया, कभी कोई गया| एक हलचल मची ही रहती है, एम. एल. ए. और संस्था के संचालक के घर में| परन्तु झूला सदैव की भाँति झूलता ही रहता है|

जिप्पी| माँ के पास बैठने की प्रबल इच्छा से उत्तेजित हो कर मैंने ललकारा - उतर नीचे|

जिप्पी ने केवल अपनी निन्द्राधीन आँखें किन्चित खोलीं और मुझे परख कर पुनः बन्द कर लीं| जिप्पी! मैंने पुनः जोर से कहा - उठती है कि नहीं| बदतमीज़ कहीं की! आदत बिगाड़ रखी है, माँ तुमने इस जिप्पी की| मुझे कुछ मानती ही नहीं|

निकिता ख्रुश्चेव की जीवनी के पृष्ठ पढ़ती हुई, आँख बिना उठाए माँ ने कहा - प्राणीमात्र प्रेम के वश हैं| तू प्रेम से कह, देख, जिप्पी उठती है या नहीं और फिर कुछ उमड़ कर, माँ सिमट कर बैठ गयी और जिप्पी के पुट्ठे पर हाथ फिराते हुए तुतली

भाषा में बोली - जिप्पी, दादा नाराज हो जायगा, तू दादा को बैठने दे| उठ! अपनी पतली और सुन्दर टांगें फैला कर जिप्पी ने जम्हाई ली| अपनी पीठ पर फिरते हुए माँ के हाथ को थोडा चाटकर उठी और कूद कर झूले के नीचे उतर गयी|

झूले पर बैठते हुए मैंने कहा - आखिर कुत्ता है, माँ जी| जिप्पी ढीठ हो गयी है| किसी दिन ऐसा पीटूँगा की याद करेगी|

गलत! माँ अब सीधी बैठ गई| तू पीटेगा तो वह मर जायगी, समझा अभी - अभी जापे से उठी है|

मैंने कहा - रात भर बच्चे रोते रहते हैं और यह राजकुमारी आपके पास पैताने पर मजे से लेटी रहती है| चार हैं न? कितने दिन हुए? यह भी एक परेशानी है| हर वर्ष यह जिप्पी बच्चे देती है| जब इसके बच्चे होते हैं, मैं परेशान हो जाता हूँ|

माँ ने हँस कर कहा - तो पाली क्यों? तीन कुतियाँ हैं और एक कुत्ता| कुत्ता बड़ा सुन्दर है| काला, रेशमी और भरा हुआ| एक कुतिया प्रफुल्ल का दोस्त माँग रहा है, दूसरी डॉक्टर साहब के लिए मैंने रिज़र्व कर दी है| तीसरी मणिराम जी माँग रहे हैं और कुत्ता तो उस दिन जो इंजीनियर साहब तुझ से मिलने आये थे, उठा ले जाते| पर तूने फैसला किया नहीं है| मैं इन्कार हो गई|

हीरजी| मैंने पुकारा| जिप्पी के बच्चे उठा ला तो? देवी जी, उनको दूध पिलाया या नहीं?

रसोई घर से ही देवी जी ने कहा - दूध रक्खा है यहाँ? देवा को तो पूरा दे नहीं सकती| वह दूध पर ही जीता है और जिप्पी के बच्चों के लिए दूध चाहिये| बला पाल रखी है घर में|

सुन ले| माँ ने मुस्कुरा कर कहा|

देवी जी रसोई घर से निकल आईं और माँ के पास झूले की छड़ पकड़ कर खड़ी हो गईं, बोली - हाँ, माँ, ठीक कहती हूँ, इस राण्ड को डबोक भेज दो|

नहीं| माँ ने दृढ़ स्वर में फैसला सुनाया - जिप्पी घर में ही रहेगी| तुम सब हृदयहीन हो गये हो|

डबोक भेज कर क्या जिप्पी को मार डालना है? माँ के बिना वह एक पल भी नहीं रह सकती|

तुम्हीं हल्ला करते हो, नाराज होते हो और जब मैं कहती हूँ तो मुझी को घुड़कते हो| वाह रे! यह अच्छा न्याय है!

हीरजी चारों कुनमुने बच्चों को दोनों हाथों में भरे आया, चुपचाप फर्श पर रख कर बोला - हाँ भाभी साहब, झँझट ही है|

क्या झँझट है? मैंने बच्चों को देखते हुए और कुत्ते को उठा कर गोदी में रखते हुए कहा - बहुत खूबसूरत है| वैरी गुड| घर में कुत्ता तो चाहिये| अपने बच्चों को देख कर कहीं से जिप्पी दौड़ कर आयी और पूँछ हिलाती हुई ऊ - ऊ करने लगी| मैंने कहा - जिपली, तूने इस बार बच्चे बढ़िया पैदा किये| और यह कुत्ता तो कमाल है| जा तेरे सब गुनाह माफ|

देवी जी ने कहा - तुम्हें कुत्ते और मनुष्य में कोई अन्तर मालूम नहीं होता| इसको और काम ही क्या है? खाना, सोना, भौंकना और ....|

माँ ने देवी जी की बात बीच में ही काटते हुए कहा - और बच्चे पैदा करना| यह सृष्टि मातृ - सृष्टि है| यावत् जीव मात्र सन्तान उत्पन्न कर जीवन को धारण किये रहता है| ये तो शरीर के भेद हैं| पर जननी सर्वकामी है| जिपली, दादा खुश हो गया है|

जिप्पी ने अपने अगले दोनों पाँव माँ के घुटनों पर जुड़ा दिये और हल्ला करती हुई माँ को चाटने में लग गयी| मैंने कहा - माँ| यह कुत्ता उसी दिन पैदा हुआ न जिस दिन स्पुतनिक में लाइका चन्द्रमा की ओर चली थी| तीन कुतियाँ हैं, दे दो जो ले जाये| कुत्ता यहीं रहेगा| हरूजी नाम क्या रक्खें बता दो?

मैं क्या जानूँ साब|

देवी जी ने हथियार डालते हुए कहा - रक्खो घर में| तुमको कुछ करना थोड़े पड़ता है| रात - दिन लीडरी में लगे रहते हो| विद्यापीठ में उलझे रहते हो,कांग्रेस के चक्कर लगाते रहते हो| घर मैं चलाती हूँ, समझे! रक्खो इसे भी| एक से तो माँ - बेटे का मन भरा नहीं है| मालूम भी है! कितना खर्च लगता है, कुत्तों का?

अपने - अपने भाग्य देवी जी| पूर्व - जन्म के ऋणानुबन्ध हैं| जिप्पी का हमसे पूर्वजन्मों का नाता है, समझीं? हमने फैसला कर दिया यह कुत्ता घर में ही रहेगा| जिप्पी का पहला पुत्र है| मैं उसे गैरों के हवाले नहीं कर सकता| माँ जी, इसका नाम जेका रक्खें तो?

जेका? अच्छा है| जिप्पी और जेका| माँ ने कहा - जीवन की कद्र तो रूस वाले करते हैं| लाइका के लिए रूस सरकार ने जो फैसला किया है, तुझे मालूम है? लाइका की यादगार बनाई जायगी और उस पर लिखा जायगा - मानव जाति के ज्ञान - यज्ञ की आहुति - अनन्त निद्रा में शान्ति से सोती हुई - लाइका|

मैंने जिप्पी को अपनी ओर करते हुए कहा - लाइका ने समस्त श्वान - जाति की इज्जत अपने बलिदान से बढ़ा दी है, जिप्पी| मनुष्य के सुख, कल्याण पर और ज्ञान के लिए मनुष्य जो नहीं कर सका, वह लाइका ने कर दिखाया| माँ जी लाइका पर मैंने लम्बा गद्य काव्य लिखा है ....

छापता कौन है पर? देवी जी बोली और रसोई घर में जाते हुए रुक कर पुनः बोली - जवानी है तभी तक यह सब पूछते हैं। बूढ़े हो जावोगे, तब कोई नहीं पूछेगा कि मास्टर साहब कहाँ हैं? यह मतलब की दुनिया है। लाइका या जिप्पी, कोई स्वर्ग नहीं ले जायगा। माँ - बेटा एक धातु के बने हैं।

माँ ने जेका को गोद में लेते हुए कहा - जेका, भाभी नाराज हो गयी है।

देवी जी रसोई घर से दूध का कटोरा लेकर आई और माँ की गोद से जेका को लेकर नीचे बिठाया। उसका मुँह कटोरे में दबाते हुए बोली - मैं कोई नाराज नहीं हूँ। यह नालायक जिप्पी बच्चों को दूध पिलाने में मरती है। महारानी को ढकेल कर ले जाओ, तब दूध पिलायेगी।

जेका और तीनों कुतियाँ चप् - चप् - चप् दूध पीने लगे। जिप्पी उधर मुँह मारने का प्रयत्न करने लगी। मैं चित्र - लिखित - सा दृश्य को देखता रहा। हठात् देवी जी ने कहा - कितना सुन्दर है, जेका। गुस्सा तो तुम पर इतना आता है जिपली, पर जेका को देख कर भूल जाती हूँ।

मैंने हँस कर कहा - कुलकुल के बाद घर में छोटा बच्चा है ही कहाँ? यह जेका ही तो है।

तुम्हारा तो माथा खराब है। कहने दो जीजी को।

टेलीफोन! इससे भी तंग आ गया। मन - ही - मन झुंझलाकर मैं उठा, घण्टी बज रही थी। माँ झूले पर दोपहर की सुखद तन्द्रा में थी - हाथ की किताब थोड़ी झुक कर माँ की साड़ी के पल्ले पर जैसे टिक गई थी। जिप्पी झूले पर आराम से सो रही थी। देवी जी कोठार में न मालूम क्या कर रही थी? और कबूतर? झड़झड़ा कर वह आया और वह गया। इन कबूतरों का क्या करें? स्वयं ही विचार करते हुए मैंने टेलीफोन उठाया, हैलो!

लाइन पर उस ओर स्वर बोला - मास्टर साहब हैं?

बोल रहा हूँ, कहिए।

टेलीफोन में स्पष्ट स्वर सुनाई दिया - विद्यापीठ का हमारा बिल चुका नहीं है। काफ़ी अर्सा हो गया है।

अधैर्य को धैर्य में बदलते हुए मैंने कहा - आप पीठ - मन्त्री से मिल लें। आपको कष्ट तो हो रहा है परन्तु विद्यापीठ के कार्यकर्ताओं को भी कष्ट हो रहा है। यह आपकी भी संस्था है। क्या करें? सरकार तो गये साल के खर्च को आधा काट कर एड देती है और चन्दा .... तो मिनिस्टरों को मिलता है।

टेलीफोन ने चारागोई की यह तो ठीक है पर हम भी क्या करें?

मैंने शान्ति से कुछ दृढ़ता से कहा - देखिये मैं कुछ कहूँगा। और टेलीफोन रख कर मैं अपने कमरे की ओर चला - स्वयं ही बात करता हुआ - क्या करूँ? सोचा था

स्वतन्त्र हो जाने पर यह भिखमंगई मिट जायगी| परन्तु नहीं, सार्वजनिक संस्थायें चलाने वालों की दुर्गति हो गयी| चारों ओर श्रमदान और जन - सहयोग के नाम पर लोग दे रहे हैं - अपना धन, अपना पसीना| देना ही चाहिये| आखिर लोग अपनी ही शक्ति से उठते हैं| अपने ही विश्वास पर पनपते हैं| मैं पुनः लेट गया| कुछ भारी और उदासीन दोपहरी में मुझे विद्यापीठ का अतीत याद आने लगा| तीन रूपये से आरम्भ की इस विद्यापीठ को आज एक जमाना बीत गया| हे प्रभो! कुछ सुन! मैंने स्वयं ही पुकार कर जैसे कहा|

टेलीफोन पुनः बजा, रह - रह कर लम्बी और गहरी घण्टी बजने लगी| तमक कर मैं उठा और झपट कर मैंने टेलीफोन उठाया - हैलो| बोल रहा हूँ| हाँ, सूचना तो मिल गई थी| मीटिंग शुरू हो गई? अच्छा! अभी आया| मीटिंग है कलेक्टर के दफ्तर में| शक्कर, टिन, कोयला, सीमेन्ट के बँटवारे के बारे में| सरकार ने भी इस गृहस्थ - कमेटी में रक्खा है, जैसे मैं ब्लैक मार्केट को खत्म कर के ही रहूँगा| कांग्रेस में हैं, जो भी काम बताओगे, करेंगे| मैंने जूते पहने और जैसे ही चलने लगा, मुझे पान की तलब हो आई| देवी जी पान देना|

कोठार से देवी जी ने कहा - हाथ खाली नहीं है| बना लो|

मैं स्वयं हाथ से पान बना कर खा लूँ, तो तुम क्या करोगी? मैंने कहा| आखिर शादी क्यों करता है पुरुष? दिन - रात पीसता रहता हूँ| पान बना कर दे दोगी तो क्या हो जायगा?

देवी जी ने कोठार से ही कहा - पुरुष ही सब कुछ करता है! हम स्त्रियाँ कुछ करती थोड़े ही हैं| एक दिन घर चला कर दिखाओ तो जानूँ, पैसा लाकर देते हो और क्या करते हो? जरा बताओ तो? फिर अचानक कोठार से बाहर आकर देवी जी ने पानदान अपनी ओर सरकाया, हँस कर बोली - शादी न करते तो यह सब गृहस्थी - झंझट ही न होता| देश - सेवा ही करते रहते| न होते बच्चे और न रहती यह दिन - रात की खट - पट| अब यह जेका रख लिया| मैं इसको भी अवेरूँ| जगह - जगह पेशाब करता है, गन्दगी करता है| पान अपने सधे हुए प्रकार से बनाते हुए देवी जी ने उद्बोधन जारी रखा, बच्चे बड़े हो रहे हैं| उनका भरण - पोषण, शादी - विवाह और यह ढेर - सा कर्ज| कुछ सोचते भी हो?

पान मुँह में भरते हुए मैंने कहा - सोचने का काम ईश्वर का, मेरा काम करने का| जिप्पी उठी, झूले से नीचे उतरी और देवी जी के पास जाकर उनसे पूँछ हिलाते हुए कुछ पुकार आरम्भ की|

देवी जी ने उसे पाँव से टल्ला देते हुए कहा - बिगड़ कर धूल हो गई है| गली के कुत्तों के साथ रबड़ती रहती है और माँ के साथ खटिये पर सोती है| रानी को और जगह नींद आती ही नहीं, माँ भी क्या करे! कोई भेद - भाव मानती ही नहीं| कुलु और जिप्पी जैसे एक हैं|

माँ ने तभी तन्द्रा से जाग कर कहा - प्राणीमात्र में एक ही आत्मा है| इन्सान - इन्सान है और कुत्ता - कुत्ता है| परन्तु प्राणीमात्र को विश्वास और स्नेह चाहिये| जिप्पी सब समझती है, इसको भी बुरा लगता है, पर करे क्या? पशु है, इन्सान की दया पर निर्भर है| जिप्पी माँ की ओर लपकी, पिछले दोनों पैर गाड़ कर वह कुछ तनी और शिकायत के स्वर में भौंकने लगी - उँ - ऊँथऊँथऊँ

हो, हो, सुन लिया| माँ उठते हुए बोली - रोटी खायगी? चल| डालती हूँ| माँ आगे - आगे और जिप्पी पीछे - पीछे| देवी जी ने कहा - देखो मैं नहीं डाल सकती रोटी इसे? पर मा के पास जायगी| सुना तुमने?

मैंने पहली सीढ़ी पर पैर रखते हुए कहा - सास - बहु के मतभेद में मैं नहीं पड़ता| सीता और कौशल्या के बीच भी झगड़ा होता ही था|

माँ का स्वर मुझे उतरते हुए सुनाई दिया - स्नेह से विश्वास पैदा होता है| तुम थोडा प्यार दो जिप्पी को|

देवी जी ने शायद झल्ला कर जवाब दिया| मैं जिप्पी को नहीं चाहती हूँ, ऐसा तो नहीं है माँ|

माँ और देवी जी के मतभेदों को मैं स्वस्थ मतभेद मानता हूँ| देवी जी व्यावहारिक, अपने घर और बच्चों में बँधी हुई और उन से घिरी हुई| वर्तमान और भविष्य की सामाजिक, आर्थिक एवं सांस्कृतिक चिन्ताओं से लदी हुई, सदैव तंग हालत में गृहस्थी चलाती हुई देवी जी और अनुभवों से उदासीनता लिए, घर - जंजाल से अलग, मन को मार कर स्वयं के चिन्तन में दत्तचित्त माँ घर की समस्याओं के प्रति सजग होते हुए भी, उनसे ऊपर रहती है| जीवन का कष्टों और संघर्षों से भरपूर रास्ता आधे से भी ऊपर, दो - तिहाई पूरा करने के बाद, मुझ जैसा पुत्र मिला, जो रात - दिन न मालूम क्यों राजनीति, शिक्षा, सार्वजनिक कार्यों में व्यस्त रहता है| सिद्धान्ततः माँ यह मानती है कि जीवन का लक्ष्य नौकरी नहीं है, निःस्वार्थ बुद्धि से समाज - सेवा करना है| परन्तु अपने अहंकार की तुष्टि के लिए कीर्ति के व्यामोह में फँस कर कोई कार्य करना, माँ सेवा नहीं मानती| गृहस्थी चलाते हुए भी माँ सार्वजनिक कार्य को अनिवार्य मानती है| व्यक्ति समाज से लेता ही चले और दे कुछ नहीं, यह चोरी है| चलता हुआ मैं सोचने लगा - गोर्की की मदर में और माँ में क्या अन्तर है? एक हिंसा से, क्रान्ति से समाज और राज्य - परिवर्तनों में विश्वास करती है और माँ गाँधी जी के सिद्धान्तों को मानती है| माँ को अवसर मिला नहीं अन्यथा ....|

अन्यथा कुछ नहीं| मेरे घर की अस्त - व्यस्त, बिना अनुशासन की कौंसिल के सामने यथा और अन्यथा जैसी कोई बात नहीं है| घर की इस कौंसिल का कोई विधान नहीं है और न उसके लिए उपयुक्त अर्थ में कोई चेम्बर ही है| वह कभी भी बिना सूचना के मिल सकती है| रविवार हो या अवकाश हो, या फिर सारा परिवार मिला हो, कौंसिल स्वयं ही हो जाती है| इस कौंसिल के बिना मानवी - वाणी की जिप्पी और जेका भी

मेम्बर हैं| जिप्पी तो होती है - माँ के पास अड़ी हुई और श्वान महाशय - जेका ऐसे अवसरों पर न जाने कहाँ से अपनी भरी रेशमीन पूँछ हिलाता हुआ आ ही टपकता है| जब गरमागरम बहस छिड़ती है, तब देवी जी भी आ जाती हैं, और माँ के पास झूले का छड़ पकड़ कर खड़ी हो जाया करती है| कुलकुल स्वयं निर्मित सेक्रेटरी, माँ और भाटिया के बीच टेढ़ी या सीधी जमी हुई, निधि बेंच पर बड़े मजे से बैठी हुई, वन्दना हिलती - डुलती, सोम कुर्सी पर मस्त और चुस्त, प्रफुल्ल दरवाजे में खड़ा हुआ, देवा दादा अपने पास ही के कमरे में किताब पढ़ता हुआ और मैं चक्कर काटता हुआ और जब जीजी आती है तब कौंसिल की अध्यक्षता निःस्सन्देह उसे दे दी जाती है| कौंसिल के इस अधिवेशन में परहेज कुछ भी नहीं| कोई भी मेरे निर्वाचन - क्षेत्र का निकट का पंच हो या सरपंच, प्रधान हो या कोई हो, वह स्वयं का सहयोगी हो जाता है| जनतन्त्र की स्थापना के लिए लोक - सभा बनी, राज्य - सभा हुई, परन्तु मैं सादर पूछता हूँ - क्या होम - कौंसिलें बनी? घर में जनतन्त्र आये बिना गलियों, सड़कों और चौराहों पर जनतन्त्र आयेगा कैसे?

घर की इस कौंसिल का पूर्व निश्चित विषय नहीं होता और बिना प्रसंग और विषय के कौंसिल का अधिवेशन प्रारम्भ हो जायगा और मजा यह है कि मेरे सिवा घर की इस कौंसिल में कोई मानता नहीं| कौंसिल का बहुचर्चित विषय मैं ही होता हूँ| समय पर मैं खाना खाता नहीं, रात को बड़ी देर तक उपन्यास पढ़ता रहता हूँ| ढेर - सी दवाईयाँ खाता रहता हूँ, डॉक्टर बन गया हूँ| हितैषी पुस्तक भण्डार पर जा बैठता हूँ और शहर के सिरफिरों के साथ समय खराब करता हूँ| मन की बात पेट में नहीं रखता| लोग मुझे बेवकूफ़ बना जाते हैं| यह कौंसिल क्या है? मेरे लिये तो मेरे जीवन का ऑपरेशन थियेटर है, जहाँ सभी डॉक्टर हैं और मैं एक सनातन रोगी| दूसरा चर्चित विषय जिप्पी है, तीसरा जेका| कभी - कभी कुलु भी विषय बन जाती है| मामा के यहाँ पड़ी रहती है, पढ़ती - लिखती नहीं| रोज सवेरे विद्याभवन के लिए इसे उठाना पड़ता है| और जब कोई विषय नहीं होता तब समाज शास्त्र, पूर्वजन्म, परमात्मा, समाज सेवा और कांग्रेस विषय हो जाते हैं| अजीब और प्रिय लगने वाले शोरगुल में कौन - सा विषय आ नहीं टपकेगा, इसे मैं जान नहीं पाता| हाँ इतना जानता हूँ कि जिप्पी मुझ पर निंदा का प्रस्ताव पास देख कर खुश हो जाती है और पूँछ हिलाती हुई - ओ - ओ .... करती हुई अपना अभिमत व्यक्त करती है और महाशय जेका अपनी गहरी पिली आँखों से मुझे देख कर अपनी गहरी गुलाबी जीभ निकाल देता है|

लाख कहा, ये मानेंगे नहीं| - देवी जी अन्त में अपना निर्णय सुनाते हुए बोली - एम. एल. ए. होने में इनको सिवाय परेशानी के और क्या है? रात - दिन की झिक् - झिक्|

सोमनाथ ने अपनी सास को सहज ही सिर से पैर तक देख कर कहा - भाभी, ऐसी बात नहीं है| एम. एल. ए. होने से बड़े काम निकलते हैं| कांग्रेस टिकट दे, तो जरुर लेना चाहिये|

भाटिया ने चम्मच रखते हुए कहा - बेकार है, कोई चांस मिले तब तो टिकट लेनी चाहिये, वरना विद्यापीठ ही का काम इतना है कि फुर्सत कहाँ?

'धर्मयुग' के पन्ने उलटना रोक कर निधि ने कहा - राजनीति यों थोड़े ही छूटती है। विद्यापीठ चले ही नहीं।

अपनी पत्नी को देख कर भाटिया ने कहा - जनु लिखें तो ज्यादा नाम कमायें।

वन्दना ने जिप्पी के मुँह को हथेली में भरते हुए कहा - लिख चुके। हितैषी पुस्तक भण्डार जिन्दाबाद।

माँ ने कहा - एम. एल. ए. होने से लाभ तो हुआ।

कुलकुल ने फैसला दिया - कुछ नहीं हुआ। मैंने दूरबीन मँगाया, चाचा ने वादा किया पर आज दिन तक दूरबीन नहीं आया।

देवी जी ने तमक कर कहा - दूरबीन के पैसे लगते हैं राजकुमारी?

इतने ढेर से पैसे तो आते हैं, चाचा के! कुलकुल ने जवाब दिया।

आते हैं तो खर्च भी तो होते हैं - विद्याभवन की फ़ीस के मारे कमर टेढ़ी हो गयी है। तुझे दूरबीन चाहिये। देवी जी ने जवाब दिया।

हाँ तो क्यों पढ़ाते हो विद्याभवन में? नाक - भौं सिकोड़ते हुए कुलकुल ने पुनः कहा - खुद तो पढ़ने भेजते हैं और हमें सुनाते हैं।

वन्दना ने जोर से कहा - जेका! साला दिन भर रबड़ता रहता है। यह गुण्डा हो गया है।

मैंने कहा - बड़ा हो रहा है न। घूमेगा - फिरेगा तो सही।

माँ के हृदय की खामोशियों में सोया हुआ गीत
उसके बच्चे के होठों पर दिखता है।

- ख़लील जिब्रान

बहुत से बुद्ध मुझसे पहले आये हैं, और बहुत मेरे बाद आवेंगे।
मैं पुरानी रोशनी को ही फिर से फैला रहा हूँ।

- बुद्ध

रींछ का रींछ हो गया है। निधि ने टिप्पणी की।

मैंने कहा - हमें कुत्ते रखने नहीं आते| ये तो कुलीन कुत्ते हैं| इनको ट्रेनिंग दी जाय तो पता चले, इनमें क्या गुण हैं| लाइका को कैसी ट्रेनिंग दी! पृथ्वी के बाहर जाकर चन्द्रमा की परिक्रमा तक की उसने|

और यह जिपली है| वन्दना ने अपना पतला हाथ हिलाते हुए कहा - दिन भर सोती रहती है| फिर प्रेम से मानो विभोर हो वन्दू ने जोर - जोर से जिप्पी को थपथपाते हुए कहा - मरो तुम जिप्पा|

मरें उसके दुश्मन| माँ ने कहा - जिप्पी मेरे बाद मरेगी|

एक अजीब चुप्पी फैल गई| मैंने माँ को देखा और फिर कुलकुल को| घड़ी चल रही थी, सदैव की भाँति पल - पल गिनती हुई| ट्यूबलाइट पर कबूतर सो रहा था और राधाकृष्ण का कलैण्डर ज्यों - का - त्यों टंगा हुआ था| हठात् मैंने कहा - माँ जी| कुलकुल बड़ी हो रही है और आप वृद्ध हो रही हैं| यही समय है - यही जीवन है|

तो क्या हुआ? माँ ने कहा - बच्चे बड़े हों, जवान हों तो माता - पिता को प्रसन्नता होनी चाहिये| सृष्टि अपने नियम से चलती है| तू रोक सकता है?

न मालूम ईश्वर ने यह सृष्टि क्यों बनाई है? मैंने कहा|

माँ सीधी बैठ गई और बोली - सृष्टि प्राणियों ने बनाई है, अपनी धारणाओं द्वारा, ईश्वर तो केवल उनको जिलाता है| सारी सृष्टि में मंगल भरा हुआ है| पर इन्सान हैवान हो गया है| तभी तो दुनिया में दुःख है, शोक है, युद्ध - राग|

भाटिया ने कहा - दुनिया तो हमेशा ही ऐसी है, माँ जी| डारविन ने बताया है कि जीवन का पृथ्वी पर धीरे - धीरे विकास हुआ ....

बीच में ही समाज शास्त्र के अध्यापक को चुप करते हुए माँ बोली - तुम्हारा डारविन बेवक़ूफ़ था| और तभी जिप्पी ने भाटिया का हाथ चाटा, फिर मानो शिकायत की - उ ऊ ऊ ओ - हफ्|

जेका बिना नोटिस के भौंकने लगा|

कौन है? मैंने कहा|

यह तो मैं हूँ| गुरूजी हैं? नीचे से आवाज आई| फिर वह आवाज तेज हुई - दो करोड़ जनता का सेवक आ गया है|

आइये छोग जी महोदय| मैंने कहा - 'मार्शल' का यह सम्पादक घर का मित्र है| परन्तु इसके 'मार्शल' से मैं तंग हूँ| तेज तर्राट, परिश्रमी और बाहोश यह सम्पादक मुझे, मेरे इष्ट - मित्रों को बख्शता नहीं| यही सम्पादक है, प्रूफ रीडर है, प्रतिनिधि है, संवाददाता है, डिस्पेचर है| दिन भर साइकिल पर उदयपुर के चक्कर काटता है और धान खाने के लिए बिला नागा घर पर आ ही जाता है| कांग्रेस के कुछ अन्य व्यक्तियों से इसकी बनती नहीं, पर इसकी बनती किससे है? और यह मानता किसकी है?

जिप्पी और जेका दोनों 'मार्शल' की ओर लपके, प्रेम से। 'मार्शल' ने पानदान पर आक्रमण करते हुए कहा - दो - दो कुत्ते पाल रखे हैं और यहाँ हमारे बच्चों को दूध नहीं मिलता। हवेली है, मोटरें हैं, सत्ता है, ठाठ हैं। उड़ कर लगी है यार लोगों की। लेकिन दिन आ रहे हैं, जनता पूछने वाली है।

वन्दना ने कहा - जनता क्या पूछेगी? जनता को ये समझा देंगे।

निधि ने हँस कर कहा - बेवकूफ़ बना देंगे।

कुलकुल बोली - हाँ और क्या? चाचा हमें जो बेवकूफ बनाते हैं।

'मार्शल' गरजा - अरे, गुरु बड़ा चालाक है। यह सबको बेवकूफ बना रहा है। मैं इसके जूतों को पॉलिश करवा कर थक गया हूँ - पर यह 'मार्शल' की सुनता ही नहीं। यह जबान हिला दे तो मेरा काम बन जाय।

देवू दादा ने फैसला सुनाया हठात् - कांग्रेस के खिलाफ तो लिखते हो। जनु क्यों मदद करे? कांग्रेस ने आपका क्या बिगाड़ा है?

पेट बिगाड़ा है। छोग जी बमका - सरकार परस्ती में तेरा बाप कितने दिन मजे उड़ायगा? यह दो करोड़ जनता का प्रतिनिधि पूछता है, तुझसे?

क्या अण्ट - शण्ट कहते हो? देवू ने कहा।

हाँ हम तो अण्ट - शण्ट कहते हैं। छोग जी ने सिगरेट जलाते हुए कहा - तू भी अपने पिताजी का पक्ष लेने लगा?

पक्ष की इसमें क्या बात है? देवू अड़ा - अखबार में गालियाँ थोड़े ही लिखी जाती हैं। आप तो बस डण्डा लेकर पीछे पड़ते हैं।

डण्डा नहीं, देवी जी ने हँस कर कहा - जूता! आप छोगालाल जी, 'मार्शल' में खुद लिखते हो, पर लोग यही समझते हैं कि ये लिखवा रहे हैं।

छोगा जी ने देवी जी को तराशा और कहा - गुरु क्या लिखवायेगा? चन्दे की रोटी नहीं खाता हूँ, भाभी। इसके दिन गये - गुरु के दिन गये। यह तो कांग्रेस का पिछलग्गू है - एड लेनी है न।

देवी जी ने सुधारा - पिछलग्गू नहीं, कांग्रेस का भौंपू है।

उत्ताल अट्टट हास। मैं उठा, तपक कर खड़ा हो गया - मुझे कांग्रेस का भौंपू कहती हो, देवी जी?

और क्या हो? देवी जी ने 'जजमेंट' सुनाया - सिवाय कांग्रेस के पक्ष में भाषण देने के अलावा तुम करते क्या हो? मैं तो शादी करके जब से आई हूँ यही देखती हूँ कि तुमको कांग्रेस वाले भाषण के लिए तो बुलाते हैं - बाकी जै राम जी की।

मैंने कहा - राजनीति में तुम क्या समझो?

छोग जी ने मानो पत्थर मारा - नहीं आप समझते हैं? समझते होते तो कोरे एम. एल. ए. ही नहीं रह जाते| जेका! तेरा मास्टर वाकई बेवकूफ़ है|

जेका ज्यों - का - त्यों छोग जी की बात सुन कर चूहे की आशा में एकाग्र खड़ा रहा|

माँ से कहा - इस समय जेका किसी की नहीं सुनेगा| किवाड़ के पीछे चूहा छिपा है शायद|

जेका धीरे - धीरे किवाड़ के पास जाने लगा| घनी काली आँखें और लम्बी पूँछ किवाड़ के ऊपर के सिरे पर दिखी - चूहा! बाप रे! देवी जी ने कहा और वन्दना चिल्लाई - जेका! खबरदार| माँ, जेका मार डालेगा चूहे को| अरे राम|

माँ ने कहा - कबूतर और चूहे जेका के लिए स्वाभाविक भोज्य हैं| जेका नहीं, जीजी मारेगी|

परन्तु जेका किवाड़ के सिरे पर बैठे हुए चूहे को देखता रहा, तन्मय और तना हुआ| लहरदार भुरभुरी पूँछ हँसिये की तरह मानो आकाश में जम गई| और जिप्पी जेका के पास शायद उसकी सहायता के लिए मन, वचन, कर्म से सन्नद्ध हो, आ - जमी|

एक बीहड़ नीरवता छाई| चूहा हो चाहे कबूतर हो, जेका मेरे सामने हत्या नहीं कर सकता| नहीं कर सकता - मेरे समस्त अचेतन में एक अनजानी भीति भर गई और मैंने झपटते हुए जेका और जिप्पी को लात मारते हुए कहा - जान से मार दूँगा, अगर चूहे को मारा तो| जिप्पी और जेका सहमे, हड़बड़ाये और अपनी खैर मनाते हुए भागे| जेका रफूचक्कर और जिप्पी दुबक कर माँ के पास आ सिमटी|

माँ ने प्यार से कहा - तुम चूहे को मारोगी तो दादा ठोकेगा| जान बची लाखो पाये| मानते हुए जिप्पी ने माँ को चाटने का उपक्रम किया| हो - हो - ओ - ओ| शिकायत शुरू की और चुप्पी टूटी|

प्रफुल्ल अब बोला - अरे वाह रे! दादी से शिकायत करती है|

माँ ने जिप्पी के पुट्ठे पर हाथ फेरते हुए कहा - शिकायत करेगी| तुमसे कोई मिठाई छीन ले तो शिकायत नहीं करोगे? हा - हाँ बस| दादा नहीं मारेगा|

जिप्पी ने माँ के तेज स्वर को तुरन्त पहिचाना और कूद कर बाहर के हॉल में चली गई|

समझदार है| मार्शल ने कहा|

तुमसे और हमसे - दोनों ही से तो ज्यादा समझदार है जिप्पी और जेका - दोनों|

हा - हा - उत्ताल हास्य| वन्दू ने देवा का उपन्यास छीन लिया| प्रफुल्ल ने रेडियो चला दिया और देवी जी ने मुझसे पूछा - खाना खाना है कि नहीं, साढ़े दस बज रहे हैं रात के| सवेरे का खाया ही नहीं है|

सवेरे मैंने खाना खाया ही नहीं? अरे हाँ टाइम ही कहाँ मिला! जिला परिषद् की बैठक में जाना पड़ा| मैंने कहा|

ओहो! बड़े देश - सेवक हैं आप| खाना खाने की भी फुर्सत नहीं है| सम्पादक जी ने कहा - आप भी क्या हैं?

मैं क्या हूँ मुझे पता नहीं| मेरे जैसे प्राणी कहते हैं कि मैं मानव हूँ परन्तु मुझे ज्ञात है कि जिप्पी और जेका कुत्ते हैं| आखिर कुत्ता है क्या? किन्तु इस प्रश्न के साथ एका एक कई प्रश्न खड़े हो जाते हैं, अपने आप, तो फिर पशु क्या है? वृक्ष क्या है, पहाड़ क्या है और मैं क्या हूँ? इन प्रश्नों का उत्तर विज्ञान से या दर्शन से, परिणाम एक ही है| पता नहीं हम क्या हैं? अतः ऐसी मन की ऊहापोह के समय में यह मान कर सन्तोष कर लेता हूँ कि मैं मनुष्य हूँ और यह कुत्ता है| जीते हो तब तक जीए जाओ, हाँ और क्या? अखिल भारतीय दर्शन परिषद् के अधिवेशन ने मेरे मस्तिष्क को थोडा उदासीन बना दिया है| पंचायत समितियों के चुनाव घहर रहे हैं और राजनीतिक तलवारें तेज की जा रही हैं| मीटिंगें, कोण वार्ता, बन्द कमरे की गुट - पुट और सरे आम के तेज बहस - मुवाहिसे तथा अखबारों की निन्दा - स्तुति चुनाव के पहले घहरने वाला तूफान है| और मैं एक तिनके की तरह उड़ा जा रहा हूँ| मतभेद, प्रपंच और प्रतारण राजनीति की यह स्वाभाविक प्रक्रिया है, और मैं इसका मिडिल पास भी नहीं हूँ| लेकिन जीवन के कुछ आधारभूत मूल्य हैं| मनुष्य उनको कैसे छोड़ सकता है? चलते, मैं रुक गया और स्वयं ही से जैसे बोला - फिर मन्दिर में जा बैठा| मन्दिर मस्जिद नहीं, अपने बचाव के खाली सन्तोष के स्थान हैं| अपनी कामनाओं को देवताओं के मिस से तृप्त करने के आराधना स्थल - मात्र हैं ....

ब्रेक लगा| दरवाजे के पास जिप्पी चौराहे के कुछ कुत्तों के बीच खड़ी थी| निश्चिन्त, निर्भय और निर्लज्ज| मैं लपका - क्या कर रही ....

माँ ने कहा - पर यह इनके दिन हैं|

है तो क्या हुआ? मैंने उसी तरह कहा - घर की इज्जत धूल में मिलाने चली है यह जिपली ....|

यहाँ कुत्तों के बीच| चल, घर में जा, जा|

मेरी लात उछली और जिप्पी घर की ओर भागी, कुत्ते अलग भागे|

धड़धड़ा कर मैं ऊपर पहुँचा| जिप्पी माँ के पास आ दबी थी| मैंने घूर कर देखा और आवेश से कहा - बदतमीज! बेशरम! गली के कुत्तों के साथ रबड़ती है|

माँ ने कहा - पर यह इनके दिन हैं।

हैं तो क्या हुआ! मैंने उसी तरह कहा - घर की इज्जत धूल में मिलाने चली है यह जिपली। प्रफुल्ल! इसे बाँध कर क्यों नहीं रखता? कुत्तों को भी मैं गलियों से अवेरता फिरूँ। अजीब मुश्किल है। जेका कहाँ है?

प्रफुल्ल ने अपने कमरे से ही उत्तर दिया - रबड़ रहा होगा। लहूलुहान होकर आया था।

लहूलुहान होकर आया था? क्या हुआ? - मैंने पूछा।

हो क्या? देवी जी नींद से जाग कर बोली - दिन भर कुतियों के पीछे पागल पड़ा रहता है। लड़ा होगा कुत्तों से।

माँ ने कहा - औरत के पीछे इन्सान भी तो लड़ता है। खून करता है। तुम कितना ही बाँध कर रक्खो, ये मौका पाते ही भाग निकलेंगे। माँ ने किताब समेटते हुए कहा - पेट में बच्चे पड़ने के बाद जिप्पी शान्त हो जायगी। हल्ला करने से फायदा?

मैंने वैसे यों ही प्रतिवाद किया - लेकिन बबलू जैसा कुलीन कुत्ता भी तो है।

प्रफुल्ल ने पुनः कहा - बबलू बेचारा रोज आता है। पर यह जिपली उसकी ओर देखती भी नहीं।

बबलू, बबलू! बबलू!! जिप्पी के कान कुछ खड़े हुए, कुछ सधे और पुनः जैसे उसने हमें सुना ही नहीं। देवा अपने कमरे से निकल आया, बोला - बबलू जिप्पी के पीछे पागल है, पर इसे परवाह ही नहीं है।

हाँ, चाचा। रोज सवेरे, दोपहर और शाम को आता है बबलू। यह नीचे जाती ही नहीं। कुलकुल ने कहा।

औरत प्रेम का आदर नहीं करती। मैंने लोहा लिया।

और पुरुष बहुत करता है? कुत्ते की तरह औरतों को घूरा करता है। देखो तो माँ! ये कैसी बात करते हैं? शरम तो इनको छू कर भी नहीं गई है।

माँ ने कहा - प्रेम केवल औरत ही कर सकती है, पुरुष नहीं। स्त्री जानती है, पुरुष तो बच्चे पैदा कर अलग हो जाता है। स्त्री गर्भधारण करती है, जनती है और विधवा भी हो जाय तब भी बच्चों का पालन - पोषण करती है, धरणी और स्त्री में अन्तर नहीं है। पुरुष तो वासना का कीड़ा है। जेका और उसमें तत्वतः कोई अन्तर नहीं। समाज के बन्धन न हों, मर्यादा न हो तो हर पुरुष जेका हो जायगा।

माँ के अणुबम के बाद देवी जी ने हाइड्रोजन बम फेंका - जेका तो और भी अच्छा है, माँ। इन पुरुषों से तो भगवान् रक्षा करे। रोटी और कपड़ा क्या देते हैं, औरतों को गुलाम बना कर रख छोड़ा है। रात के ग्यारह बजे तक रोटी लेकर बैठे रहो।

आघात पर आघात| मैंने प्रतिकार किया - कौन कहता है, रात के ग्यारह बजे तक रोटी लेकर बैठी रहो?

हाँ क्यों बैठी रहे? चाय, पान, मिठाई और मिनिस्टर के आते ही एटहोम और पार्टियाँ| भूख लगे तब तो| देवी जी ने कहा|

औरत प्रेम का आदर नहीं करती| मैंने कहा|

और पुरुष बहुत करता है? कुत्ते की तरह औरतों को घूरा करता है| देखा माँ, ये कैसी बात करते हैं? शर्म तो इनको छू कर भी नहीं गई है?

माँ ने कहा - जो सद्गृहस्थ नहीं है, वह लीडरी क्या खाक करेगा? समाज को भ्रष्ट करता फिरेगा| ऐसे कई ढोंगियों को मैं जानती हूँ| खद्दर पहिनते हैं, गाँधी जी का नाम जपते हैं और राम नाम की दुहाई देते हैं| पर अन्दर से पतित हैं ....| नेहरु क्या करे?

देवी जी ने विजय - गर्व से कहा - नेहरु जी के बल पर ये लोग उछलते - कूदते हैं| सत्ता न हो तो इनको वोट कौन दे? यह आया जेका| कहाँ गया था, बदमाश?

जेका अपनी पूँछ हिलाता हुआ माँ के पास गया| माँ के पहलू में मुँह भर कर उसने दो - तीन झटके दिये| माँ ने उठते हुए कहा - तीन दिन से रोटी नहीं खाई है| आज तुझे भूख लगी है, क्यों?

प्रफुल्ल बाहर आया और जेका को पकड़ कर उसका घाव देखने लगा बोला - देखा, कितना गहरा घाव है!

माँ ने कहा - चाटेगा तो ठीक हो जायगा| थोड़ा बोरिक भुरका दे|

मैंने कहा - इस गुण्डे को कल सवेरे से बाँध रक्खो|

पर मेरा आदेश घर में चलता नहीं| परमात्मा जानता है, मेरा घर कैसे चलता है और कैसे निभता है? मुझे तो तीन - चार प्याले दिन भर में चाय चाहिये, पाँच - सात पान चाहियें, भूख लगे तब तेज नमक - मिर्च का भोजन चाहिये और रात की ग्यारह बजे से ढाई तीन बजे तक उपन्यास चाहिये - अंग्रेजी भाषा का अगाथा किस्ट्री गार्डनर, पिटरचेनी और ऐसे ही हत्या और जासूसी के विश्व प्रसिद्ध उपन्यासों से रात्रि के लम्बे पहर कट जाते हैं| इन मशहूर लेखकों और लेखिकाओं ने जीवित पात्र पैदा कर दिये हैं| जो लाखों - करोड़ों पाठकों के मन में अपना संसार बसाये हुए हैं| पैरी मेसन, साइमन ट्रेम्पलर - सेंट, हरक्यूले परियट, मेक शाइने, लेमी कोशन, ये हैं संसार की गर्म दुनिया के रहस्यों का अचूक पता लगाने वाले| हत्या, काला बाजार, रेकेट्स के गुण्डों और सधे हुए अपराधियों के जीवन के तथ्यों को खोजने वाले - ये हैं| दिन भर की व्यस्त और प्रवृत्तिशील दुनिया में अपने मन से, अपनी अन्तरात्मा से देखता हूँ| परन्तु ये सस्ते किन्तु अच्छे

उपन्यास कुल मिला कर मनुष्य क्या है, यह व्यक्त करते हैं| मैं निर्द्वन्द्व होकर कभी पैरी मेसन, कभी लेमी कोशन, कभी हरक्यूले परियट के साथ मन से विचरता हूँ| दिन - दिन का तो घर है, उदयपुर है, राजस्थान है और भारत है परन्तु रात को तो केवल नीरवता है और आप हूँ| आकाश में तारे चमका करते हैं, वायु बहती रहती है, समय चलता रहता है और सब सोते मिलते हैं| सारा घर भरा होकर भी बड़ा खाली मालूम होता है| कभी - कभी मैं सोते हुए घर को देखता खड़ा रहता हूँ| सिकुड़ कर सोई हुई माँ और पैताने पर जिप्पी| प्रफुल्ल, देवा, कुलकुल और देवी जी बड़ी गहरी नींद में मगन| रात्रि के सन्नाटे में जब इन अतिपरिचितों को नींद में बेसुध देखता हूँ, तो जैसे मैं आश्चर्यचकित हो जाता हूँ| प्रिय लगने वाले ये शरीर क्या हैं? लय के साथ चलते हुए ये साँस क्या है? और फिर स्वयं मुस्करा कर विचार करता हूँ - देवी जी सवेरे उठीं और फिर वही चूल्हा और चक्की होगी| ये प्रफुल्ल, देवा, कुलकुल उठेंगे और स्कूल भगेंगे| नींद में ये कहाँ चले जाते हैं, और तब मैं माँ को जी भर कर देखता रहता हूँ| हम सब इसी के गुलजार हैं| छाते हुए रहस्य के भार से अज्ञात ही दबता हुआ मैं लेट जाता हूँ और उपन्यास आरम्भ करता हूँ| सुनसान रात में, समय का प्रत्येक पल सजीव हो, सामने से नाचता हुआ गुजर जाता है - मौन|

मौन? सृष्टि अनन्त असीम मौन से परिपूर्ण है| हठात् मुझे अनुभव होता है कि दुनिया के ये कोलाहल और कलरव सनातन हैं| इस परिपूर्ण मौन में व्याघात भरा है .... और तभी यह जेका भौंकने लगा है| रात्रि की घनी, सजग नीरवता भंग करती हुई जेका की घुटी और घुमड़ी भौंक आस - पास के आसमान में प्रतिघात करती है| किसे भौंक रहा है! लो, वह अब मेरे कमरे के बाहर आया और भौंकने लगा|

शान्ति से पढ़ूँ यह इस कमजात को पसन्द नहीं है, मन - ही - मन मैंने कहा और पुकारा - जेका जा| पर मैं उठा और बाहर आकर देखा, सड़क पर कोई नहीं है| माछ्ले मगरे की घनी छाया है और सोये हुए अपने रहने वालों को, अपने कमरों में दबाये हुए सजीव किन्तु मौन मकान हैं| इशारे करते हुए वृक्ष हैं और निमन्त्रण देते हुए सितारे हैं|

कौन है, जो भौंक रहा है, शैतान? मैंने जेका से पूछा|

वहाँ, भूरी - भूरी, भरी काली रेशमी पूँछ हिलाता हुआ जेका, मेरी ओर तनिक देख कर पुनः भौंका और, और भौंका|

तारों के रमणीय प्रकाश में, अँधेरे में संसार सो रहा था| जेका भौंक रहा था और मैं जागता हुआ उसके पास खड़ा था| घड़ी में सवा दो बज रहे थे| क्या जेका अँधेरे में किसी की छाया की कल्पना कर भौंक रहा है? मैंने कान तेज किये| कोई पग - ध्वनि? नहीं, नहीं! सन्नाटा, केवल सन्नाटा! और तभी मुझे जैसे अनुभव हुआ, जेका

इस सृष्टि में सजीव है| उसका भी स्थान है| उसके जीवन का भी उद्देश्य है चाहे फिर यह बेतहाशा भौंकना मुझे समझ में न आता हो|

मैंने कहा - भाग! अन्दर जा! तेरे बाप की दुनिया नहीं, जो सोते हुए इन्सानों को भौंकता है|

13

कालू गुण्डा

कालू गुण्डा स्वयं में सरकार है, असेंबली है, समाचार - पत्र है| वह सब है, जो हम - आप संसार में रात - दिन ढोते रहते हैं| फर्क इतना ही है कि कालू जी बालक की दुनिया के वी. आई. पी. हैं और हम - आप वयस्कों की दुनिया के वयस्क हैं|

तो मेरा साबका एक सम्भावित महान् व्यक्तित्व से पड़ गया| अपने एक दार्शनिक एडवोकेट मित्र से मिलने गया तो अनायास कालू गुण्डे से मुलाकात हो गई| दुबला - पतला इकहरे बदन का, बड़ा ही निष्पाप और चमकीली आँखों वाला| लम्बी नाक तथा खुशनुमा मुख मुद्रा वाले यह हज़रत मुझ से पहली मुलाकात में ही पूछ बैठे - मेरा नाम जानते हो?

मैंने छः - सात बरस के इस ध्यानाकर्षण करने वाले बालक को सिर से पैर तक देख कर कहा - जी नहीं|

वाह! तब आप क्या जानते हैं? मुझे नहीं जानते? मैं! मेरा नाम कालू - गुण्डा! मासाजी से पूछ लो|

मासाजी यानि मेरे दोस्त ने सुपारी कतरने की वैज्ञानिक कोशिश करते हुए कहा - आपका फरमाना बजा है|

महोदय, महाशय और बालकों के स्वयं स्थापित इस अति महत्वपूर्ण व्यक्तित्व ने प्रसन्न होकर मुझ से कहा - मासाजी कभी झूठ नहीं बोलते| बस मासीजी के सामने तो जरुर थोड़ा झूठ बोलते हैं|

मासाजी ने बमक कर कहा - क्यों रे! ए! कालू गुण्डे!

जी हाँ, कालू गुण्डा| आपको और भी कुछ कहना है? कुर्सी से लपक, उछल कर कालू जी टेबल पर आ गये| दोनों सुन्दर पतले हाथ टेबल पर फैलाते हुए उन्होंने मन्द आँखों से अपने अधेड़ से मासाजी को एक ही पलक में आँखों में भर लिया और हँस दिया| फिर दीवार पर टंगे हुए सुन्दर कैलेण्डर, कानून की किताबों से भरी हुई

अलमारी, रुक - रुक कर चलने वाले पंखे, मरकरी लाइट और कमरे में बैठे हर एक चेहरे को अपनी मुस्कराती पलकों में भरते हुए स्वतः ही उत्ताल स्वर में यह बाल राजा बोले - कालू गुण्डा! मासाजी का डंडा| मेरा नाम कालू गुण्डा| मासाजी का नाम लकड़ी का डंडा| यों स्वयं को बेहद खुश करते हुए हमारे बाल मित्र श्रीमान् कालू जी एक ही लहर में कमरे से बाहर हो गये|

मासाजी! जीप! जीप आई है|

हमारे कालू जी को जीप की सवारी से पक्का इश्क है| किसी की भी कार या जीप आई हो, कालू जी उसके स्टियरिंग को अपने हाथों से, और नहीं तो पाँवों के धक्के से चलाना अपना जन्म सिद्ध अधिकार मानते हैं| नमकीन में पापड़, मिठाई में बरफ़ी, पेय में कोकाकोला, क्रीम में आम का आइसक्रीम और लीडरी में आस - पास के बालक - बालिकाओं पर क्रोध, यह हमारे कालू जी के मनोहर मिज़ाज़ की विशेषतायें हैं| जीप या कार के ड्राइवर को हमारे श्रीमान् कालू जी हनुमान से कम आदरणीय और पूज्य नहीं मानते| ड्राइवर को बिना हिचकिचाहट के किसी मिनिस्टर की भाँति साहब कह कर उसके लिये चाय - पानी में आप बिना कहे लग जायेंगे| ड्राइवर को देखते ही कालू महाशय स्वयं जैसे एक बढ़िया छोटी कार बन जाते हैं| और कुछ नहीं, एक चक्कर हो जाये| सेल्फ से खटाक् जीप धूज उठे और कालू महाशय की बाछें खिल जायें| खिचूक - खिचूक हैंडिल घूमे और कालू जी को ऐसा लगे मानो वह किसी लड़की की चोटी पकड़ कर घुमा रहे हों| जीप या कार में सफर कर लेने पर श्रीमान् कालू महोदय एक स्वप्निल आनन्द में डूब जाते हैं| उस समय मासाजी के सभी आदेश मान्य होते हैं, मासाजी से उस समय बड़ी शान्ति और बुद्धिमानी से आप वार्तालाप करते हैं| स्कूल में हमारी बहिन जी हैं न, मासाजी - बड़ी अच्छी है| मासाजी टंगे कैलेण्डर की रमणी बता कर पूछते है, कैसी अच्छी? ऐसी? कालू महाशय एक टक उस अर्द्धनग्न पानी भरती कैलेण्डर - सुन्दरी को टुकर - टुकर देखेंगे, और कहेंगे - ऐसी नहीं| यह तो नंगी है| उनका यह वार्तालाप कभी - कभी रसिकता की सीमा जब पार करने लगता, तो किवाड़ के पास खड़ी हमारी भारी - भरकम भाभी कह उठती - बच्चों से ऐसी क्या बातें करते हो? मासाजी (यानि हमारे भाई साहब) कहते हैं - अरे यह तो हमारा भी बाप है|

कालू गुण्डा पड़ोस में एक नेता से भी अधिक प्रसिद्ध है| कालू गुण्डा नाम सार्वजनिक क्षेत्र में अखाड़ेबाजों के स्वयं बने हुए नेता, हमारे साहब ने बड़ी खोज के बाद दिया है| कालू महाशय अपने इस नामकरण को मासाजी की असीम कृपा समझते हैं और उस पर आपने टैक्स लगा रक्खा है| मासाजी यदि तीन बार पूछे कि तुम्हारा नाम क्या है और चार बार यदि उत्तर देना पड़े - कालू गुण्डा तो तीन पैसा मासाजी को जेब से निकाल कर देना पड़ता है|

कालू गुण्डा स्वयं में सरकार है, असेंबली है, समाचार - पत्र है| वह सब है, जो हम - आप संसार में रात - दिन ढोते रहते हैं| फर्क इतना ही है कि कालू जी बालक की

दुनिया के वी. आई. पी. हैं और हम - आप वयस्कों की दुनिया के वयस्क हैं| बालकों की दुनिया बालकों की आँखों में भरी हुई रहती है| स्वप्नों से परिपूर्ण, और वयस्कों की दुनिया वयस्कों के राग - द्वेष पूर्ण हाथ - पैरों पर निर्भर है| कालू महाशय अपनी बाल - दुनिया में सन्त हैं, महन्त हैं, महाराज हैं और एक नेता हैं| अपनी वयस्क दुनिया में हम आप केवल वोटर हैं| वोट के अधिकार से सम्पन्न दुनिया में कालू महाशय 'माइनर' हैं| हम आप ऐसे मेजर हैं जो नितान्त मिसफिट हैं| बड़ों की दुनिया में एक बात के सौ विचार हैं और सौ विचारों की हजार चिन्ताएँ हैं| बालक की दुनिया में एक स्वप्न, एक खयाल है| कालू जी मासीजी को जब हुकम देते हैं, तो उनको असेंबली से पूर्व स्वीकृति लेने या अपने सचिव द्वारा प्रौपर चैनल से आई हुई टिप्पणी की आवश्यकता नहीं रहती| एक खयाल, एक मरजी, एक उमंग उठी और कालू महोदय ने हुक्म दिया - मासीजी! मासाजी से झगड़ो न?

क्यों? भारी भरकम मासीजी ने पूछा - वाह रे, बड़ा आया है मुझे सिखाने| क्यों झगड़ूँ तेरे मासाजी से मैं?

अपने लिए तो झगड़ती हो| कालू जी ने कहा - नई साड़ी चाहिये, तो झगड़ती हो, चूड़ियाँ चाहिये तो रोती हो, अपनी माँ के पास जाना चाहती हो तो मासाजी से तीन दिन तक नहीं बोलती| कालू जी ने एक के बाद एक तीर छोड़े|

चल झूठे कहीं के| कुछ झेंपती हुई मासीजी ने कहा - तेरे मासाजी हाँ - ना करते हैं तो मैं चुप रहती हूँ|

कालू ने अपनी बड़ी - बड़ी पानीदार, स्वच्छ, बेधड़क, निष्पाप आँखों में गोलमटोल मासीजी को भर लिया| पेट के बल पलंग पर लेट दोनों टाँगें उछालते हुए कहा - चुप कहाँ रहती हो, मासाजी लड़ते हैं तो मुझे डाँटती हो| माथे में दर्द कह सो जाती हो और मासाजी नहीं मानते तब तक रोटी ही नहीं बनाती| उस दिन मुझे नहीं कहा था - तेरे मासाजी तो ऐसे ही हैं|

पंचायत छोड़| उठ, दूध पी ले| मासीजी ने बात अधिक आगे बढ़ाना उचित नहीं समझ कर कहा - किसी दिन मासाजी से चीं - चपड़ की तो तेरी खैर नहीं है|

हैं - खैर है| कालू गुण्डे ने दोनों हाथ आकाश में फैलाते हुए कहा - मासाजी की एक ऐसी बात मैं जानता हूँ जिससे, है न, मासाजी मेरा कुछ भी नहीं बिगाड़ सकते| उल्टा मुझे चुप रहने के लिए पैसा देते हैं|

मासीजी कुछ मन - ही - मन ठिठकी, परन्तु बोली - ऐसी क्या बात है? गप्पें लगाना कोई तुझ से सीखे! आने दे तेरे मासाजी को| यह बात तेरे सामने कहूँगी उनसे! देना जवाब तू|

दूँगा| एक बेफिक्र आवाज|

क्या देगा तू?

कि ब्राह्मण होकर मासाजी सिगरेट पीते हैं - मजाकिया, मजेदार स्वर|

मासीजी को जैसे काटो तो खून नहीं| सिगरेट पीते हैं - ब्राह्मण होकर| यों सिगरेट पीना वयस्कों की दुनिया में सांस्कृतिकता हो चाहे| जितने वोट उतनी बीड़ियाँ - सिगरेट, और जितनी सिगरेट उतने लोक - प्रतिनिधि| परन्तु हमारे भाई साहब का एक कुलीन सनातनी पुराना ब्राह्मण परिवार ठहरा| आवें तो दिशाशूल टाल कर, जावें तो सामने चन्द्रमा बरज कर| स्वर देख कर बात करने वाले और अचूक मुहूर्त देख कर नई रजाई ओढ़ने के लिए पेटी से बाहर निकालने वाले, हमारे भाई साहब अप - टु - डेट और आउट - ऑफ - डेट के बीच की एक गली हैं| एडवोकेट ठहरे, अन्यों को सिगरेट पिलायेंगे दूसरों को बढ़िया रेस्टोरां में नवाजेंगे| कचहरी में प्रीति - भोजों में और नेताओं के वर्तुलों में भाई साहब का दिन तो एक ही रहता है, परन्तु नाम अलग - अलग, तारीखें अलग - अलग| अभी हाल के मिनिस्टर, परसों के डिप्टी मिनिस्टर, कुछ अर्से पहिले के डिपुटी स्पीकर और उससे भी बहुत पहले के क्रिमिनल लॉयर - स्वयं दुबले - पतले पहलवानों के माने हुए नेता के पास वकालत की पटु और तरकीबों से भरी दीक्षा लेने वाले हमारे भाई साहब का घर में प्राइवेट, सड़क पर चलता, चौराहे पर दिखता और कचहरी में फबता हुआ चरित रहता है| भाई साहब, कालू जी मासाजी के वास्तव में अपना चरित है ही नहीं, हमारे भाई साहब, कानून की दलीलों की तरह चरित के वेश भी बना लिया करते हैं| आपकी केवल एक ही विशेषता है| घर में दहाड़ते रहेंगे, बाहर नीची नजरों से मुस्कराते रहेंगे| हमारी भाभी को हमारे भाई साहब पर यह अटल विश्वास है कि वह कुछ भी करे, दारु नहीं पीयेंगे, सिगरेट नहीं फूँकेंगे| माँस नहीं खायेंगे| हमारी भाभी कहेंगी दारु पीने से धर्म जाता है| माँस राक्षस खाते हैं और सिगरेट मुझे बिलकुल पसन्द नहीं| अवश्य मैं मानता हूँ कि स्त्री के पति पर कुछ विशेषाधिकार होते हैं| इन फण्डामेण्टल राइट्स में दो प्रमुख हैं, मूँछें नहीं रखना और सिगरेट नहीं पीना| स्त्री सौत बर्दाश्त कर लेगी, पर मूँछें कभी गवारा नहीं करेगी| स्त्री अपने पति की प्रेम - लीलायें चुपचाप सहन कर लेगी, परन्तु बीड़ी - सिगरेट पीना कभी पसन्द नहीं करेगी| चुपचाप मासीजी रसोई घर में बरतन औंधे करने चली गई और कालू जी झपट कर कमरे से बाहर चले गये|

टुनटुन! ऐ टुनटुन! आवाज से मुहल्ले का ढलती दुपहरी का आकाश भर गया| कमर से बार - बार खिसक जाते हुए हाफपैंट को एक हाथ से थामे कालू जी एक ही दौड़ में जैसे डॉक्टर प्यारेलाल मिश्रा के पास ही के रेजीडेंस पर जा पहुँचे|

टुनटुन!

पाँच बरस की टुनटुन, मैली कुचैली गुड़िया बगल में दबाये, धीरे - धीरे बरामदे में आई बोली - दूध पिला रही हूँ|

कालू जी ने बिना सूचना दिये टुनटुन की गुड़िया छीन कर फेंक दी, कहा - गन्दी है| मासाजी से कह कर नई बढ़िया गुड़िया लाऊँगा|

टुनटुन ने नीचे का होठ फैलाया और अपने कुछ मन्द स्वर में रोना शुरू किया - तू मर जा, बाबू जी तुझे आज इंजेक्शन लगायेंगे| इंजेक्शन की सुई चुभायेंगे| धूल में जा पड़ी हुई गुड़िया को उठा कर छाती से चिपकाते हुए टुनटुन ने पुनः कहा - तुझे मूँछें नहीं आयेंगी| मुझे आयेंगी|

कालू ने गुलाँट खाते हुए कहा - मुझे दाढ़ी आयेगी| तुझे नहीं|

टुनटुन ने अपनी सुन्दर आँखों में खार भर कर कहा - साला नालायक! गुण्डा!

मैं गुण्डा, तू गुण्डी| तेरे बाबूजी का इंजेक्शन गुण्डा| कालू जी ने एक गमले से भिड़ने की कोशिश करते हुए प्रतियुत्तर दिया|

टुनटुन दोनों पाँव फैला कर जमीन पर बैठ गई, स्वयं ही जैसे बोलने लगी - तुझे दर्शन करने नहीं ले जाऊँगी| वह - वह कुत्ता है न, तुझे काट खायेगा| बाबूजी बम्बई से बड़ी गुड़िया लायेंगे| तुझे नहीं बताऊँगी|

फिर सम्पूर्ण घृणा में कालू गुण्डे को डुबो कर टुनटुन महारानी ने कहा - तेरे मासाजी खराब! मेरे बाबूजी बढ़िया|

कालू जी ने इस छोटी चुलबुली अत्यन्त प्यारी टुनटुन को एक लहज़े में जैसे निहारा और दूसरे क्षण में भूला दिया|

आज जीप आयेगी| तुझे नहीं ले जाऊँगा| कालू जी ने कहा|

टुनटुन जैसे दीन भिखारिन हो उठी| जीप! और उसमें बैठने को नहीं मिले, गजब हो गया| बोली - कालू! तू है न .... तू बड़ा अच्छा है| बाबूजी तुझे इंजेक्शन नहीं लगायेंगे|

कालू महाशय किसी से भी नहीं डरते| यदि वह घबराते हैं तो सिरिंज की सुई से| मासाजी के चढ़े तेवर चुप रह कर, मासीजी की घुड़कियाँ हँस कर, फुदक कर और बाबा तथा पुलिसमैन का भय स्वप्न में उसका गला घोंट कर कालू महाशय भगा दिया करते हैं| परन्तु सिरिंज की सुई! बापरे! एक कँपकँपी कालू जी के रोम - रोम को सिहरा देती है| टुनटुन महारानी को उसके बाबूजी ने कह रक्खा है, कालू तुझे डाँटे, मारे - पीटे तो मुझे कहना| पकड़ कर ऐसा इंजेक्शन लगाऊँगा जो चीं बोल जायेगा| टुनटुन मन - ही - मन प्रसन्न महारानी की तरह बोली - हाँ चीं बोल जायेगा, कालू गुण्डा|

टुनटुन महारानी की अम्मा ही उसे महारानी कह कर पुकारती है| क्योंकि टुनटुन बिना राजा की स्वतः बनी हुई महारानी है| श्री प्यारेलाल मिश्र मरीजों पर, मातहतों पर और जो उनसे कर्ज के लिए रूपये माँगने आयें, उन पर लाल - पीले होते ही रहते हैं| साले बीमार क्यों पड़ते हैं! मैं गया था कहने कि बीमार पड़ो| बीमारी से बीमार सौ गुना खराब है| गाँधी जी ने भी तो यही कहा है| श्रीमान् मिश्र जी बहस में जब उतरते तब उनके सामने सुकरात या शंकराचार्य किसी की भी नहीं चल सकती थी| गाँधी जी

ने भी यही कहा है - आपका तकिया कलाम है| अस्पताल में मिश्रा जी हर समस्या को, गाँधी जी ने भी यही कहा है, कह कर सुलझा लेते हैं| मिश्रा जी जब बहस करते हैं तो दूसरों की सुनना उनको पसन्द नहीं है| विचार स्वातन्त्र्य का मिश्रा जी का अर्थ केवल यही है कि वह कहे जायें और दूसरे सुने जायें| अपनी बात दूसरा माने यह मिश्रा जी को चिन्ता नहीं है| कौन किसकी मानता है, इस दुनिया में? मिश्रा जी प्राइवेट में आपसे आह भर कर कहेंगे| पर सुनना तो हर एक का फर्ज़ है| टुनटुन की माँ ने उनको टोका - तुम्हारी सुने जाय यही न? तुम सुनते हो दूसरों की?

मैं डॉक्टर हूँ - कम्पाउण्डर से डॉक्टर हुआ हूँ| तुम क्या समझो डॉक्टर को? डॉक्टर रोगी से बहस कर इलाज करता है? रोगी से बहस कर जो इलाज करे वह हरामज़ादा है, डॉक्टर नहीं|

हरामज़ादा! क्यों? टुनटुन की माँ ने पूछ ही लिया| दुर्भाग्य से मिश्रा के श्वसुर एल. डी. सी. थे| अतः टुनटुन की माँ को अपने प्रति डॉक्टरी का अभिमान चुभता था| मिश्रा जी तमक कर कहते - डॉक्टरी हज़ामत करना या साहब के पास जा कर बकरे जैसा मुँह बना कर दस्तखत करवाना नहीं है| इन्सान की मौत को मेटना डॉक्टरी है|

मिश्रा जी की पत्नी भी एक ही है वह बोली - गाँधी जी ने तो कहा है कि वैद्य, वकील और वेश्या बराबर हैं| मिश्रा जी पर जैसे बिजली गिरी हो| सारा अभिमान अकड़ कर खड़ा हो गया - गाँधी जी के बारे में बढ़ - बढ़ कर बकवास करने की जरूरत नहीं है| तुम औरतें क्या समझो, गाँधी को| आइन्दा कुछ कहा गाँधी जी के बारे में तो जबान खींच लूँगा|

किवाड़ के पीछे खड़ी टुनटुन ने यह सुन कर अपनी जबान बाहर निकाली और खींच कर देखने लगी कि जबान मुँह से बाहर कैसे निकाली जाती है| तीन दिन तक टुनटुन बाबूजी के पास तक नहीं फटकी| जिस जबान से वह रोटी खाती है, रसगुल्ले या मिठाई खाती है, गोली चूसती है, आम चूसती है और गुड़ खाती है, उसे बाबूजी निकाल ले तो क्या हो! यह भयानक सवाल टुनटुन के माथे में गड़ गया| ऐसे बाबूजी किस काम के जो जबान निकाल ले? बोलना ही नहीं, बाबूजी के पास जाना ही नहीं|

टुनटुन! तभी मिश्रा जी ने पुकारा - दादा कहाँ है?

टुनटुन ने जवाब नहीं दिया| टुनटुन की माँ ने रसोई घर से जवाब दिया - स्कूल से नहीं आया|

मिश्रा जी ने पैंट खूँटी पर टाँगते हुए कहा - सिगरेट!

उत्तर में रोटी तवे पर चढ़ी| मिश्रा जी आरामकुर्सी पर जा पड़े| ऐसी की तैसी सालों की| मिश्रा जी मन - ही - मन बोले - हरामज़ादे हैं| बेकार हैं| बिना मशरफ़ के हैं| साले सब खाऊ हैं| फिर भवें तान कर पुनः बोले - सिगरेट|

उत्तर में चूल्हे में मुणमुणती हुई आग सड़ड़ड़ कर मानो बोली। मिश्रा जी ने दीवार के कैलेण्डर की, नदी में नहाती हुई रमणी को मानो न देखते हुए देखा। मन - ही - मन बोले - वेश्या कहीं की। हमसे उड़ती है। दुनिया तुझे जानती है। रखैल कहीं की। औरत? औरत ही तो सब बुराईयों की जड़ है और क्या? पापी कहीं के, कुत्ते। फिर स्वयं ही मुँह बिगाड़ कर जोर से बोले - सिगरेट!

उत्तर में सोने जाती हुई एक भूली - भटकी मक्खी मिश्रा जी के कान पर आ बैठी। एक चपत - सी नाक पर मार कर चिल्लाये - टुनटुन! अरी टुनटुन!

टुनटुन दबी सहमी - सी दरवाजे पर दिखी। मिश्रा जी ने उत्ताल स्वर में कहा - सिगरेट!

टुनटुन ने जैसे चुपचाप कहा - नहीं है।

नहीं है तो जा - बाजार से ला। मिश्रा जी ने अपनी जलती हुई आँखें बन्द कर कहा।

टुनटुन खड़ी रही, अड़ी रही।

मिश्रा जी ने पुनः आँखें खोलीं - सुना नहीं? सिगरेट ला!

टुनटुन ने हिकारत से मिश्रा जी को देखा। बोली - जीजी कह रही थी कि सिगरेट गधा पीता है।

मिश्रा जी चौंक कर जाग उठे - क्या कहा? मैं गधा हूँ? गधे सिगरेट पीते हैं? जीजी कहती है? ऐसी की तैसी जीजी की। मैं कहता हूँ शादी गधी करती है।

टुनटुन ने चट पकड़ा - तो तुम गधा हुए न बाबूजी?

मिश्रा जी अवाक्।

हुए न गधा बाबूजी। हुए न? मारे झुँझलाहट के मिश्रा जी ने होठों में ही दाँत पीसे। टुनटुन ने अपना निचला होंठ फैलाया और रोने लगी - हुए न? गधा हुए न। दोनों टाँगे फैला कर टुनटुन जमीन पर बिखर पड़ी। कहो न बाबूजी? बाबूजी गधा हुए न?

मिश्रा जी सब कुछ सह सकते थे, परन्तु टुनटुन का रोना उन्हें बर्दाश्त न था। टुनटुन महारानी का रुदन - स्वर उनको ठण्डा बुखार ला देता था। हड़बड़ा कर आरामकुर्सी से उठे। टुनटुन के सामने हाथ जोड़ कर खड़े हो गये बोले - रोना बन्द कर भवानी। रोना बन्द कर। हाँ, मैं गधा, एक बार नहीं हजार बार गधा।

टुनटुन महारानी की अम्मा मुलकती हुई अन्दर आई। बोली - लो यह सिगरेट।

कालू महाशय को दूसरे दिन टुनटुन महारानी ने विजयगर्वित याद से कहा - बाबूजी गधा बन गये।

टुनटुन महारानी ने मन - ही - मन पसरते हुए उत्तर दिया - मैं ने। है न, फिर सिगरेट माँगी, तो बाबूजी गधा बन गये।

कालू अपने छोटे - से पैंट की छोटी - सी जेब में तीन बार फ्रैक्चर हुए कुछ टेढ़े - से हाथ को डाले एक क्षण मानो किसी गहन विचार में डूब गया| फिर विस्मृति को भंग करते हुए बोला - तो मैं मासाजी को ऊँट बनाऊँगा| हाँ, तू देखना टुनटुन! और एक तमाचा टुनटुन के कोमल गदकारे गाल पर रसीद कर आप बेतहाशी घर की ओर दौड़ गया| सिसक - सिसक कर रोती हुई टुनटुन ने शाप दिया - मर जा साले! कुत्ते! हरामज़ादे! फिर जोर से बाँग देकर टुनटुन ने थूक कर कहा - वाहियात सुसरे|

दिनों तक कालू महोदय स्वयं ही सोचते रहे कि मासाजी को ऊँट किस प्रकार बनाया जाय| ठिगने, हट्टे, कभी - कभी कस कर थप्पड़ जमाने वाले, गुस्सेल मासाजी को ऊँट बनाना कालू जी के लिए सहज कार्य न था| यों मासाजी कालू जी की प्रत्येक इच्छा पूरी करते हैं| पैंट तैयार, कैण्डी हाजिर, किताब उपस्थित| रंगीन कलरबाक्स! यह लीजिये| रोज के पाँच पैसे का नियमित बिना नागा हाथ - खर्च| कई रातें श्रीमान कालू ने इसी सोच - विचार में गुजार दीं| मासाजी के भारी गोलमटोल पहलू में दब कर सोते हुए कालू जी ने पास ही पलंग पर दोनों पाँव पसारे और आधे खुले मुँह से जोर - जोर से खर्राटे भरने वाले मासाजी की ओर टांग फैलाकर इशारा कर पूछा - मासाजी तुमको डाँटते तो हैं पर कभी मारते नहीं| आती - आती नींद की बेहोशी में डूबती हुई, दिनभर के काम से थकी मासीजी ने नींद में ही उत्तर दिया, हूँ| कालू जी ने, मजे में सारे पड़ौस को जगा दें, ऐसे खर्राटे भरते हुए मासाजी को घूर कर देखा और फिर कहा - मासाजी गुट्टे हैं, और तुम तो बड़ी हो! मासीजी ने अपना मोटा भारी हाथ कालू जी की गरदन पर सहज ही रक्खा और बोली - हूँ| कालू जी ने सिर घुमा कर मासीजी के लटों में उलझे छोटे से मुँह को निहार कर पूछा - मासाजी की गरदन अपन दोनों खींचें तो बड़ी हो जाय| मासाजी ने किसी सपने के पीछे नींद ही में भागते हुए कहा - हूँ! सोजा| कालू ने अपनी दोनों टाँगें मासीजी की वायु से भरी तोंद पर टिकाते हुए कहा - मासाजी ऊँट हो गये|

कालू जी ने जजमेंट सुनाया| उस निसरणी पर मासाजी चढ़ जायँ तो ऊँट ही लगें| मासीजी ने एक हल्की चपत जड़ते हुए कालू जी को कसकर पहलू में भरा और कहा - मासाजी ने सुन लिया तो तेरी खैर नहीं है|

खैर नहीं है? मन - ही - मन भयभीत कालू महाशय मासाजी की निंद्रा मग्न, मूर्च्छित से शरीर को देखते रहे| कुछ तोंद, कुछ बादी, कुछ भराव - मासाजी अष्टावक्र का नवीन संस्करण थे| और कालू पड़ा - पड़ा यही सोचता रहा, कहीं मासीजी ने शिकायत कर दी तो खैर नहीं है| यों रात गुजरने लगी और सपने में कालू जी मासाजी को एक ही फूँक में ऊँट बना कर, उस पर सवारी कर, जंगलों की सैर पर निकल पड़े|

मजमा जमा था - मैं, मासाजी, मिश्र जी और त्रिवेदी जी| साथ में जुड़ गये| श्याममोहन, डॉक्टर माथुर तथा मास्टर जी| यह मण्डली कभी - कभी जुड़ती है| पर

जब जुड़ती है तब सारे संसार की, और विशेष कर राजनीतिज्ञों की खैर नहीं होती| यह मण्डली सिरफिरों और सांस्कृतिक पतंगबाजों की मण्डली हो जाती है| जिन्दगी की कशमकश, अलग - अलग जीवन समस्यायें| परन्तु ढर्रा एक और तरंग एक| चाहे इस मण्डली के सदस्यों की मौतबिरियाँ कम ज्यादा हों, परन्तु यह मानना ही होगा, इस मण्डली का केवल यही बतीरा है| वह यह कि संसार यारों का जमघट है, और नहीं है, तो होना चाहिये| सत्ताधीश इस मण्डली को फूटी आँखों से नहीं भाता, यद्यपि इसके अधिकांश सदस्य सत्ताधीश से चिपके हुए हैं| इस मण्डली के सामने कोई समस्या नहीं रहती - सिवाय ईश्वर की समस्या के| समस्या आई नहीं कि चारपाई के खटमल की तरह उसे रगड़ कर धरा नहीं| उलझन उपस्थित हुई नहीं कि उसे हज्जाम की तरह कतर फैंका नहीं| मासाजी इस मंडली के स्वयं स्थापित अध्यक्ष हैं और कालू गुण्डा कन्वीनर| कालू महाशय मण्डली में तब शरीक होते जब मण्डली के सदस्य या तो पैंट पकड़ कर उत्ताल हास्य में हँसने लगते हैं अथवा गरमागरमी का वातावरण यकायक चुप्पी में बदल जाता है| वातावरण में गरमी आने लगी नहीं कि कालू महाशय चुपके से आकर मासाजी के सामने मेज पर लंगूर की तरह चढ़े नहीं फिर अपनी बढ़री आँखों से वह मण्डली के एक - एक सदस्य का चेहरा देखेंगे, उसे घूरेंगे और मन - ही - मन उसको कोई विशेषण भेंट करने लगेंगे|

तो तुम समझते हो, मैं गुलाम बन कर कांग्रेस में रहूँ? यह नहीं हो सकता| - मैंने कहा|

मासाजी (निकनेम: अष्टावक्र जी) बोले - संस्था चलानी है तो सत्ताधीश तो ताकत देखता है|

मैंने बर्दाश्त करते हुए कहा - सत्ताधीश तो प्रजातन्त्र में हम बनाते हैं| ताकत हम देते हैं|

अष्टावक्र जी ने मुस्करा कर कहा - यह सब थ्योरी है, थ्योरी! सनातन से सब सत्ताधीश के वशवर्ती होकर चले हैं| जनतन्त्र हो या स्वतन्त्र, चलती तो सत्ताधीश की ही है|

त्रिवेदी जी - कालू महाशय के पिताश्री - अपनी कोमल हथेली में एक माशा तम्बाकू मलते हुए बोले - तब यह न्याय, धर्म, विवेक, सत्य आदि की बात यों ही है? कैसे माना जा सकता है, जब शास्त्र कहते हैं, धरा धर्म पर टिकी है|

मिश्र जी ने बुझती हुई सिगरेट की राख की कलाकृति निहारते हुए कहा - राजनीति की लीडरी से वेश्यागिरी अच्छी! पैसे फैंके और कलेजा हाथ से थामा नहीं कि पहलू में गरमागरम ईश्वर आ जाता है|

रिटायर्ड मास्टर जी से यह बर्दाश्त नहीं हुआ, तपाक् से बोल उठे - राजनीति रण्डीबाजी नहीं है, डॉक्टर साहब| जरा अक्ल से काम लीजिये|

डॉक्टर माथुर ने हँस कर परोसा - अकल हो तो उसे काम लें। भई, हमने तो जिन्दगी से यही सीखा, उपदेश महन्त का, मार मित्र की, झगड़ा पड़ौसी का और हुकुम सरकार का। जो हुकम देता है, वह कृपा नहीं करता, एहसान नहीं करता यह बस हुकम देता, या तो आपको बनाता है, अथवा बिगाड़ कर रख देता है।

श्याममोहन जैसे अचानक एक संकट में आ फँसे हो, यों बोले - तब ग्रहदशा और ज्योतिष सब झूठा?

मासाजी ने मण्डली को भाँपा। हरेक का चेहरा जैसे नाप रहे हैं, यों बोले - इस दुनिया में दो ही बातें सत्य है। एक राम, दूसरी राज्य। राम मिलता नहीं, राज्य कोशिश करने वालों को मिलता है। राम आत्मज्ञान है, राज औरत है।

कालू महाशय ने अब कहा - औरत? जैसे मासीजी हैं। मासाजी, तब यह मिनिस्टर आते हैं, सब औरत हैं?

मासाजी ने अपूर्व उत्साह से कहा - बेटे, अभी छोटे हो, क्या समझोगे? पर बता देता हूँ, हर मिनिस्टर एक रंगीन छिनाल औरत है।

मैंने कहा - तुमको हर जगह औरत ही सूझती है। कहने दो, भाभी को।

मासाजी ने अपने सुघड़ दाँत बताते हुए, कुछ आँखों से इशारा कर कहा - तुम्हारी भाभी क्या कर लेगी? यहाँ जो मानते हैं, कहते हैं, जो कहते हैं, करते हैं। औरत, मनपसन्द औरत मिल जाय तो राज कौन चाहता है?

मिश्र जी ने कहा - तब भाभी की पूजा किया करो। राम और राज्य सभी कुछ मिल जायगा।

मैंने कहा - सत्ता की गुलामी से कही अधिक औरत की गुलामी है, भाई जान।

मासाजी ने छूटते ही कहा - तुम होंगे औरत के गुलाम। यहाँ औरत पर राज करते हैं, समझे! तुम क्या समझते हो, औरतों में? कभी उठती हुई जवानी में एकाध छोकरी से प्यार कर बैठे तो समझने वाले हो गये औरतों के? औरत को समझ लेने वाला भगवान् को समझ जाता है। और औरत की गुलामी करोगे, तो गधे बन जाओगे, समझे। औरत पर राज किया जाता है।

® डॉक्टर माथुर ने मुँह बिगाड़ कर कहा - यार तुम फ्यूडल हो।

हाँ, मैं फ्यूडल हूँ - अब कुछ कहना है तुम्हें? मासाजी बोले - मैं फ्यूडल हूँ, तुम बड़े डेमोक्रेट हो, बड़े डेमोक्रेट आये हैं। घर में भीगी बिल्ली बन कर रहते हो। भाभी के सामने तुम अपनी पर्सनालिटी खो बैठते हो। यहाँ घर में हम देखते हैं। पति और पिता को घर में दिखाना चाहिये समझे।

कालू गुण्डे ने आँखें टिमका कर कहा - हाँ मासाजी। पहले तो आप मासीजी पर लाल - पीले होते हो और फिर मनाते हो। पाँव पड़ते हो।

मासाजी एक क्षण के लिए ठिठक गये पर सम्भल कर बोले - साले, झूठ बोलता है!

कालू महोदय ने जान लिया - चपत पड़ने ही वाली है| कूद कर भागते हुए कहा - बीमार पड़ते हो तो मासीजी गोदी में सिर लेकर दबाती हैं| हाय राम करते हो तब पुचकारती हैं| मासीजी नहीं बोलतीं तो झट नई साड़ी लाकर देते हो| है कि नहीं?

मासाजी की दोनों आँखें, मानो हजार आँखें होकर लालचट्ट हो गईं - बदतमीज, मुँहफट्, सूअर! लुच्चा कहीं का, लबाड़ - लफंगा कहीं का| तेरी हड्डी तोड़ न दूँ तो कहना| मन - ही - मन क्रोध के काँपते हुए तूफान को रोम - रोम से थामने का कठिन प्रयास करते हुए मासाजी ने मुझ से कहा - तुम फालतू बहस छेड़ देते हो| और तुम मिश्रा, इंजेक्शन लगाओ, समझे| मुझ से बहस मत किया करो| मैं तुम्हारे पी. एम. ओ. को दस वर्ष तक दर्शन पढ़ा सकता हूँ - डॉक्टर माथुर, जनाब| आप मेरे दोस्त नहीं होते तो मुझे फ्यूडल कहने वाले को घर से गेट - आउट कर देता, समझे| तुम श्याममोहन! लौंडे - हो - लौंडे| रात - दिन ग्रहदशा और ज्योतिष की गप्पें हाँकते हो| त्रिवेदी को उल्लू बना रखा है| यह पण्डित त्रिवेदी अपने को बड़ा ज्योतिषी समझता है| खाक है ज्योतिषी| विज्ञान के इस युग में कुण्डलियाँ लिये फिरने वालों, तुमने हमारे दिमाग बन्द कर दिये हैं|

मैंने धीरे से कहा - मास्टर जी बच गये हैं ....|

मेरे परम मित्र ने अपने श्वसुर मास्टर जी को सिर से पैर तक देखा और कहा - इनकी लड़की मेरे लिए माँगने, मेरा बाप हाथ जोड़ कर इनके पास गया था| इस लिये इनको कुछ भी नहीं कहता|

कालू गुण्डा बरामदे से चिल्लाया - हाँ, मासाजी और मेरी माता जी दोनों मास्टर जी के यहाँ हाथ जोड़ कर गये थे|

साला बदमाश| मैंने कहा और सब उत्ताल हँस पड़े| मेरे मित्र का क्रोध किसी स्मृति की दीप - शिखा में जल गया| उन्हें शायद वरघोड़े की, हथलेवे की या काहेबर की याद हो आई| परन्तु कालू महाशय ने उस दिन अपने पिता पण्डित त्रिवेदी जी के साथ अपने घर जाना ही ऊचित समझा| रास्ते में पिताजी ने पूछा - आज तुझे घर की याद आई क्यों?

हाँ! कालू ने फुदकते हुए कहा|

क्यों आई? पिता ने पुत्र से पूछा|

आ गई! कालू ने चप्पल से एक पत्थर को ठोकर लगाते हुए उत्तर दिया|

पण्डित त्रिवेदी ने आदतवशात् आसमान की ओर निहारा, अज्ञात ही मानो तारों को गिनने की चेष्टा की और ग्रहों की सनातन स्थिति को जैसे एक बार और जाँच लिया| बोले - मासीजी तुझे इतने प्यार से रखती है, फिर माँ की याद क्यों आती है?

कालू ने खिसकते हुए पैंट को सम्भाला, कहा - मासीजी हैं न, मोटी बहुत हैं। थोड़ी काली हैं। माता जी गोरी हैं। मासीजी काम करते - करते थक जाती हैं - माता जी नहीं थकतीं।

त्रिवेदी जी ने अपने पुत्र को देखते हुए पुनः यों ही पूछा - यह तेरी दलील बड़ी विचित्र है। मासीजी तुझे लाड़ से रखती है, पैसे देती है - तेरी सब माँगें पूरी करती है।

कालू जी ने तपाक से कहा - मासीजी अपना पैसा थोड़े ही देती हैं। मासाजी मासीजी को पैसा देतें हैं। माता जी तो अपने पास से पैसा देती हैं।

त्रिवेदी जी ने कहा - अरे घनचक्कर, तेरी माँ को पैसा तो मैं ही देता हूँ।

कालू गुण्डे ने घर की सीढ़ियाँ चढ़ते हुए कहा - नहीं। माता जी तुमको पैसा देती हैं। तुम तो पूजा - पाठ किया करते हो।

माँ के पहलू में दुबक कर, कालू सोया उस रात। मासाजी के क्रोध को वह जानता है, मासाजी की विवशता से वह वाकिफ़ है। मासाजी और मासीजी के प्यार का मोल उसे मालूम है। परन्तु माँ के पहलू में कालू के मन में कोई मोल है, मूल्य है, वकत है - तोल है। एक अजीब बेफिक्री है माँ के पहलू में। कालू दुबली - पतली दिन भर की थकी - हारी अपनी माँ के पास जा लेटा। माँ ने घर द्वार में उसे जैसे पूरा देख लिया था। आ जा। सो जा मेरे पास। और कालू लपक कर माँ की सोड़ में जा छिपा।

पण्डित त्रिवेदी कुछ कुण्डलियाँ देखने लगे और माँ की सोड़ में लेटा कालू आकाश के तारे देखने में लगा। माँ के हाथ पर सिर टिकाये, एक टांग माँ के पैर से सटाये, जैसे सब भूल गया। मासाजी, मासीजी, टुनटुन, जीप, ड्राइवर सब भूल गया। अनाहत आकाश से जैसे एक शान्ति, एक बेहोशी ने उसे घेरना आरम्भ किया। इस तन्द्रा से बरबस जगते हुए कालू ने पूछा - माँ। शीला ने मुझे परसों बन्दर कहा। मासीजी मुझे उज्जड़ कहती हैं, मासाजी मुझे शैतान कहते हैं।

माँ ने कहा - और तेरे पिताजी?

कालू ने माँ के उलझे हुए बालों में अपनी हथेली उलझा दी - पिताजी तो कुछ कहते ही नहीं।

माँ ने कहा - तू सो जा। मुझे नींद आ रही है। पंचायत मत कर।

कालू ने मन्द प्रकाश में अपनी माँ के गोल सुन्दर फिरोजी रंग के चेहरे को एकटक निहारा, बोला - माँ!

भाई की लड़की की शादी होने वाली है। कम - से - कम सौ रुपयों का खर्च है। क्या करूँ? उनसे कैसे कहूँ? एक जलता हुआ - सा प्रश्न मानो चुपचाप आया। भारी, परन्तु आशंकित आँखों से नींद को हटाने का प्रयास करती हुई माँ ने कहा - क्या है?

कालू ने अपने दोनों हाथ माँ के गले में डाल दिये - माँ! इन कुत्तों के मारे नाकों में दम है| चारों ओर मुँह मारते फिरते हैं| लोगों के जूते उठा ले जाते हैं| पाल रक्खे हैं| पुनः एक विचार उछलता हुआ आया| कुछ अधिक जागने का प्रयास करते हुए माँ ने कहा - क्या है रे?

कालू गुण्डे ने अपना सारा तन माँ के आँचल में भर दिया| बोला - मासाजी बड़ा गुस्सा कर रहे हैं| मारेंगे तो?

माँ ने अपने लाड़ले बेटे को छाती से दबा लिया| कहा - प्यार करता है, वह मारता भी है| सो जा|

दिन भर की ईमानदार चिन्ताओं से पूर्ण मेहनत की नींद ने माँ को आ घेरा| शादी में जाना है, कपड़े नहीं है| बाजार में कर्ज हो गया है| महँगाई तो मेरी सौत है| उनसे क्या कहूँ? शादी कर लाये और अब भगवान् भरोसे छोड़ दिया है| माँ सब मंगल ही करेगी| - जब कुछ कहो, तब बस यह एक ही उत्तर है| घेरती, दबोचती और निसास का आराम देती हुई नींद में कालू की माँ जैसे सो गई| कालू के नन्हें से दिल की धड़कने माँ के आघातों के मौन सहन से भरे दिल की धड़कनों के साथ मिल गईं| एक मौन, असीम, अकथ गीत दोनों की साँसों से उठा और आकाश में फैल गया| माँ सोती गई और कालू को अपने तन से चिपकाती गई| माँ खो गई बेटे में और बेटा माँ में खो गया|

नींद - कालू महाशय के लिए विश्राम नहीं, वरदान है| दिन भर वह जैसे छोटे से मानव - शरीर में बँधा रहता है| आँखों से जितना दिखे उतना देखो, हाथ से उठे, उतना उठाओ, पाँव चल सकें, उतना चलो| पेट में भर सको, उतनी मिठाई भरो| सीमा, हर जगह सीमा है, इस मानव - शरीर में| पर नींद में एक आयुहीन सीमा से मानव जैसे जाग उठता है| माँ के वक्षस्थल पर कालू का सिर टिका नहीं कि सपनों की गहरी अपार दुनिया प्रगट हुई नहीं| एक निश्चिन्त निसास लेकर कालू ने मन - ही - मन कहा - अब मासाजी क्या करेंगे? माँ जो है| और एक क्षण में आई हुई नींद की तरंग में वह जैसे उड़ा| रूपहले रंगीन पंख उसे ऊपर और ऊपर उड़ा ले जा रहे थे और मासाजी की विकराल शक्ल ओझल होती जा रही थी| मासीजी की छाया प्रकाश के स्पर्श मात्र से ही जैसे दूर हो गई, और पिताजी मुस्कराते हुए, उड़ते हुए कालू जी के हाथ में मिठाई तथा फूल देकर पुनः पूजा करने के लिए पास के मन्दिर में चले गये| बादलों की बढ़िया बहार में, ढेरों फूलों में कालू जी कूदने - फाँदने लग गये कि एक विमान आया| माँ का तेजस्वी चेहरा, इन्द्रधनुषी आलोक| माँ ने पुकारा कालू! चल घर पर चल| और कालू विमान में जा बैठा| विमान उड़ा, असंख्य तारों के बीच होता हुआ चन्द्रमा में आ उतरा| टुनटुन, पप्पू, छोटू, चन्दू सभी दिव्य वस्त्र पहिने वहाँ कालू की राह देख रहे थे| सभी ने एक स्वर से पुकारा - कालू गुण्डा आ गया! कालू गुण्डा आ गया!

कालू महाशय ने एक सम्राट की तरह चन्द्रमा का 'सर्वे' किया और नीनू से कहा - नीनू गा तो, और परियों को बुला| कहना मैं आ गया हूँ|

छोटी - सी नीनू ने रोना शुरू किया और एक गीत जाग उठा| परियाँ! परियाँ! कालू जी ने पुनः हुक्म दिया - पप्पू! खिलौने ला|

पप्पू ने अपने दोनों छोटे हाथ हिलाये और खिलौनों का ढेर हो गया| छोटू, चन्दू और सब जैसे मकान बनाने में लग गये| पिताजी ने कहा - माँ का नाम लो| छोकरों, मकान बन जायेंगे|

माँ! सभी ने पुकारा और चन्द्रमा में शहर बस गया| फूलों की सड़कें, मिठाइयों की दुकानें, खिलौने, वृक्षों पर लटके हुए और सर्वत्र माँ ही माँ प्यार करती, खिलाती - पिलाती|

माँ! नींद ही में कालू ने निःश्वास भरा और नींद ही में जैसे उसने चिल्लाकर कहा - पिताजी!

ब्रह्ममुहूर्त हो चुका था और पण्डित त्रिवेदी शौच से निवृत होकर हाथ धो ही रहे थे कि कालू की चीख सुनी| माँ हड़बड़ा कर उठ बैठी| त्रिवेदी जी भाग कर आये|

सपने में डर गया| त्रिवेदी जी ने स्वाभाविक शान्ति से कहा - कालू जाग तो| माँ ने झंझोड़ा|

कालू नींद ही में जैसे बोला - मासाजी के यहाँ जाऊँगा| मासाजी ....|

पण्डित त्रिवेदी कालू को जैसे थाम कर अपने साढू के यहाँ ले गये| द्वार पर ही उसे छोड़ कर बोले - पूजा में देर हो रही है मुझे, कह देना| और जल्दी - जल्दी पुनः चले गये|

कालू महाशय चुपके से, धीरे से मासाजी के शयन - कक्ष के द्वार पर जा खड़ा हुआ| मासाजी रात के रेशमी लबादे में शैय्या पर बैठे हुए जागरण के पूर्व की अठबासियाँ खा रहे थे| एक ही चमकीली निगाह में मासाजी को आँख में भर कर कालू गुण्डे ने कहा - वाह मासाजी! वाह! इस ड्रेस में राजा दिख रहे हो - राजा!

मासाजी की नींद उड़ गई| चिहुँक कर बोल उठे - क्या? राजा दिखता हूँ मैं! शाबाश, चल तू ने सबेरे - सबेरे मुझे राजा तो बनाया| आज पूरे दस पैसे मिलेंगे - यह ले ....

पर कालू गुण्डा भाग कर रसोई घर में चाय बनाती हुई मासीजी की गोद में चढ़ बैठा| मासाजी हाथ में दस पैसे लेकर रसोई घर के द्वार पर आ खड़े हुए|

कालू गुण्डे ने मासीजी की ठुड्डी पकड़ कर मुँह अपनी ओर करते हुए कहा - मासीजी! मासीजी! इस ड्रेस में मासाजी कैसे दिखते हैं?

मासीजी ने अपने पति को एक नजर से देखा, पूछा - कैसे दिखते हैं?

कालू गुण्डे ने मासाजी को बोलने का अवसर ही नहीं दिया| मासीजी की गोद में भर जाते हुए वह बोला - बिल्कुल जोकर दिखते हैं|

साला! मासाजी मन - ही - मन बड़बड़ाये - अभी तो मुझे राजा बना रहा था और मासीजी की गोद में बैठते ही मुझे जोकर कह रहा है| शैतान कहीं के - अब लेना दस पैसे| मैं - मैं जोकर ....?

14

उदिया अलख़ पछाण

बावजी चतुरसिंह जी अपने भृत्य उदिया की अलख़ पहिचानने के लिए कहते ही रहते थे। उदिया ने अलख़ पहिचाना या नहीं, यह अत्यन्त गहन गवेषणा का विषय हो गया है। पर इसकी खोज करे कौन? बावजी की स्मृति के ढ़ोल बजा कर हम सांसारिक नाचते रहते हैं और मानो उदिया हो गये हैं। बावजी का शान्त स्वर जैसे आज भी कहता रहता है - उदिया अलख़ पछाण। परन्तु अलख़ की पड़ी किसे है, जबकि लक्ष्य सामने है और अपनी गूढ़ चितवनों से अहर्निशि मन को इंगित करता ही रहता है। संसार सन्त की पूजा करता है, उनके देहावसान के बाद उनकी छतरी बनाता, मूर्ति स्थापित करता तथा उनके उदिया जैसे सेवकों को ईर्ष्या से देखता हुआ मानो पूछा ही करता है - उदिया, अलख़ पहिचाना? उदिया चुप रहता है, हँस देता है और चुप हो जाता है। उदिया तो यही जानता है कि बावजी को, कहते हैं कि राम मिल गया। हाँ, साब! बावजी खुद फरमाते थे कि माता जी प्रगट हुईं। इसी चबूतरे पर विराज कर बावजी ध्यान करते थे। संसार को इससे अधिक और क्या चाहिये? संसार को ईश्वर, ईश्वर के लिए नहीं, अपने लिए चाहिये। अतः सन्त की पूजा और सन्त के सेवक की संगत कर दुनिया सदैव अपने रास्ते चलती ही रहती है।

पर उदिया भूलता नहीं। जब से मैंने उदिया की चर्चायें सुनी हैं तभी से जैसे मैं उदिया को इस संसार में खोज रहा हूँ। न मालूम क्यों उदिया की इस अत्यन्त संक्षिप्त कहानी में मुझे अजीब आकर्षण प्रतीत होता है। यों तो हमने, आपने महान् सम्राटों की कहानियाँ सुनी हैं, धुरन्दर विद्वानों के शास्त्रार्थों की महिमाएँ पढ़ी हैं। शूरवीरों और सेनापतियों की बहादुरी तो जैसे कविता का यौवन ही हो गई है। दानियों और कंजूसों के किस्से बाजार - भावों की तरह जबान - दर - जबान सुने हैं। इस दुनिया में गालियों और गप्पों की कभी कमी न पड़ी, प्रशंसा का अकाल कभी नहीं रहा और खुशामद तो आज के समाज के व्यवहार का कौशल हो गया है। 'मीठा बोल' खुशामद की चम्पी का पर्यायवाची हो पड़ा है। पर अपनी एशोहसरत और साज - सामान के सहित ये दुनिया मुझे कभी - कभी खाली और रंक दिखती है। जो सुख न टिके, वह किस काम का?

जो वैभव रीता होता जाय, वह भी क्या वैभव है? समृद्धि जो खप जाय वह समृद्धि नहीं - वह गरीबी की घृणा भर है| संसार अपने समस्त मोल के साथ कभी - कभी मेरी आँखों में तुलता नहीं| पर जब उदिया की चर्चा सुनता हूँ तब ऐसा लगता है, यह दुनिया और कुछ नहीं, तो दिलचस्प अवश्य है|

उदिया निस्सन्देह इस भारी - भरकम ज्ञान - विज्ञान, कला - कौशल, ऋद्धि और सिद्धि की दुनिया में एक अजीब आश्वासन, एक विचित्र सन्तोष तथा गहरे अन्तर्मन का हल्का - फुल्कापन हो गया है| मानो, वह मन की एक गुप्त आँख हो गया हो| संसार के सब पदार्थों का उदिया जैसे तोल हो गया हो, दुनिया की सभी स्थितियों का उदिया जैसे चुटकी बजाता हुआ हल हो गया हो, उदिया जैसे जीवन के सुखों और दुखों का टैक्स - फ्री मोल हो पड़ा हो| सच तो यह लगता है, उदिया संसार को समझने और उसके सभी भारों से निश्चिन्त होने का एक गुप्त कीमियाँ हो गया है| 'उदिया अलख़ पछाण' मानो बावजी चतुरसिंह जी स्वयं होकर आपने - हमने - आप - हम सबको पुकार कर कहा हो| तब ऐसा लगता है, उदिया होना ही जीवन का चरम नहीं तो परम पुरुषार्थ अवश्य है| उदिया! - पुकारते ही मानो सृष्टि के आदि में जन्मे जीवात्मा की भाँति सामने तैरने लगता है| अलख़ पछाण! कहते ही संसार के जन्म - मरण, सुख - दुःख, आसक्तियाँ, मोह - मूढ़तायें, कातर कामनायें सब स्वयं ही स्वप्न के चौराहे पर रुक जाते हैं और एक अनन्त दैन्य से भर जाते हैं! उदिया निस्सन्देह एक सनातन जीवात्मा की हिलती - डुलती तस्वीर है, जो भू - रंगमंच पर शाश्वत विदूषक या पीठमर्द की तरह प्रभु की लीला करता ही रहता है| उदिया केवल नाम है और सृष्टि के सब रूप अपने समस्त अर्थ - गौरव के साथ उदिया के निरन्जन, निराकार व्यक्तित्व में स्वयं को समर्पित कर देते हैं|

बावजी चतुरसिंह जी का उदिया मुझे संसार में जैसे पग - पग पर मिल जायगा, ऐसा निरन्तर भान होता रहता है| यों मैं व्यस्त सार्वजनिक कार्य करता हूँ अपनी नजरों में| अवश्य मेरे विद्वान विरोधियों की दृष्टि में मैं रावण का थानेदार हूँ| मेरे हितैषियों की कृपादृष्टि में मैं एक सिलबट्टा हूँ, जिस पर वे मेरे हित की शुभकामनाएँ छींटते रहते हैं और अपने निहित स्वार्थ पूरे करते रहते हैं| मेरे प्रशंसकों की मति में मैं एक हस्ती हूँ जो सभी हस्तियों का उनकी ओर से जवाब है| अखबार वालों की निगाह में मैं पिछले पेज की मामूली - सी खबर हूँ और मेरी पत्नी की बंकट दिठी में मैं एक ऐसा पति हूँ जिसके सब दूषण धर्मपत्नी के लिए भूषण हो जाते हैं| यानि की मैं हूँ और कुछ हूँ! यही अतिरिक्त कुछ ही तो सब कुछ है इस फ़ानी जहाँ में! परन्तु मैं इन सभी चमकते हुए अहमों को उदिया की याद करते हुए बिना किसी मशरफ का मानने लग जाता हूँ! प्रेसिडेण्ट ऑफ इण्डिया उदिया के सामने मुझे वज़नी नहीं लगता! प्राइम मिनिस्टर ऑफ इण्डिया उदिया के सामने मुझे जँचता नहीं| गवर्नर, चीफ - मिनिस्टर, राजदूत यह सब तो जैसे उदिया के दरबार के नवरत्न से मालूम होते हैं| उपकुलपति, कुलपति? - क्षमा करें, यह सब मुझे तो उदिया द्वारा फैंक दी गई पुस्तकें प्रतीत होते हैं| नेता? - उदिया

का, क्या खाकर मुकाबला करेगा? जो सिर हिलाना जानता है और बहुत ही कम बोलता है, मानो बोलता ही नहीं, जो कभी किसी से माँगता नहीं, याचना नहीं करता और जो वोट क्या है, यह समझता ही नहीं| राज, समाज, सत्ता, ऐश - हसरत इनका ज्ञान तो क्या इन शब्दों का अर्थ भी जिसे समझ में आता नहीं और जिसकी कमर में अंटी नहीं तथा सिर पर टोपी एवं पाँवों में जूता नहीं - ऐसे उदिया से सामना नेता जी क्या करेंगे? सम्पादकाचार्य उदिया से भिड़ेंगे? कैसे भिड़ेंगे, जरा बता दीजिये| उदिया वक्तव्य देता नहीं, केवल आँखों से घूर कर आपको सहेज लेता है, जो भाषण करता ही नहीं, जो किसी भी सभा - सोसायटी का सदस्य तक नहीं, जिसके अपना घर नहीं - गृहस्थी नहीं, जो सेवा को ही जानता है, सत्ता को नहीं - उस उदिया से, दूसरों की रात - दिन टके लेकर निन्दास्तुति बघारने वाले सम्पादक जी अड़ेंगे? लाहोल - विला - कुव्वत! आप नामुमकिन को मुमकिन बता रहे हैं| उदिया इस संसार में स्वयं है, अजातशत्रु और अपराजित - स्वयं पूर्ण व्यक्तित्व है, जिसको संसार की भाषाओं के शब्द विशेषित नहीं कर सकते| उदिया का पर्यायवाची केवल एक शब्द है: जिन्दगी|

जिन्दगी? स्वयं पहेली है, जिसका हल बुद्धिमत्ता का अन्त हो जाने पर भी प्राप्त नहीं होता| जिन्दगी सकारण और अकारण - दोनों ही प्रतीत होती है| परिपूर्ण होते हुए भी अपूर्ण, ज्ञानमयी होने पर भी अज्ञान से आवृत्त, दिङ्भ्रमों से भरी यह जिन्दगी स्वयं ही अपना दर्शन और अपना व्यवहार है| जिन्दगी को जानने के लिए जिन्दादिली चाहिये, जिन्दगी को समझने के लिए बिना लिखी हुई सृष्टि की पुस्तक चाहिये - जीवन के मजे लूटने के लिए एक प्रकार की धुन चाहिये, जिसे परम्परागत दुनिया दिमाग की खराबी कहा करती है| हाँ, जीवन का सार समझने के लिए दार्शनिक होना पड़ता है, ऐसा दार्शनिक जो कारण को कार्य और कार्य को कारण साबित कर दे, जो असंगतियों में संगति बता दे तथा अरूप में रूप, निरर्थक में अर्थ तथा अर्थ में असारता सिद्ध कर दे| दार्शनिक, इस सृष्टि का बेवफ़ा बालम है| सृष्टि के प्रत्येक पल में आसक्त रहते हुए उसकी समस्त मोहिनी को पलकों से पीता रहता है| रागों में सनकर आप स्वयं को उपरत विरागी कहा करता है तथा जगत् की हर स्थिति, परिस्थिति, घटना, क्रम, इति, पहलू, स्कन्ध, परिच्छेद, हुति एवं पूर्णाहुति सब पर, चौराहे पर बैठा - बैठा यह दार्शनिक टीका - टिप्पणी किया करता है| जगत् का दृष्टा! यह दार्शनिक जगत् को क्षण - भंगुर बता कर स्वयं को अजर - अमर साबित करता रहता है| मुझे हठात् यह लगा कि उदिया, हो न हो, ऐसा ही मूक दार्शनिक होना चाहिये|

मैं जैसे निश्चिन्त हो गया, अत्यन्त कठिन और दुरुह समस्या के हल का मैंने जैसे रास्ता ही खोज निकाला था| अवश्य, उदिया मेरी राष्ट्रीय अथवा अन्तर्राष्ट्रीय महत्व की समस्या नहीं है| उदिया तो मानव - हृदय की सनातन जिज्ञासा की समस्या है, जिसका हल मैं दुनिया के सभी प्राणियों को उदिया में वर्तमान कर ही प्राप्त कर सकता हूँ| उदिया! मैंने उदिया को खोजना आरम्भ किया| प्रोफेसर दिनकर मिले| सदा की तरह पुस्तकालयों का अदृश्य वजन सिर पर उठाये हुए तपाक से मुझको देखते ही

पुकार उठे - अजी आप हैं! सुनिये तो, भले मिले| खूब मिले, भाईजान| मैं आज महीने भर से आपसे मिलना चाहता था| पर आप ठहरे नेता, आपको हमसे मिलने की फुर्सत कहाँ? अजी, सुनिये तो| यह नेतागिरी चार दिन की चाँदनी है - फिर वही अँधेरी रात| भले मिले, भाईजान| भले मिले|

मैंने शिष्टाचार से हँस कर कहा - मुझे क्या पता कि आप मिलना चाहते हैं, कहला देते| प्रोफेसर दिनकर ने चश्मा उतारा, रुमाल से साफ करते हुए बोले - पर आप तो नेता हैं, आप ही हमारी खोज - खबर कर लिया करें| इस वी. सी. को कौन समझाये? बेहरा है, सुनता ही नहीं, अन्धा है - देखता ही नहीं| मैंने बीच ही में कहा - चलो, छुट्टी हुई| बहरे को सुनना व्यर्थ और अन्धे को दिखाना मूर्खता| आप यह सब नहीं करेंगे, यह मुझे ज्ञात है| प्रोफेसर तमक कर बोले - आपको क्या खाक ज्ञात है! भाषणबाजी के अलावा आप नेतागण करते ही क्या हैं? वोट के समय मुझ से कहते हैं, अपने शिष्यों से वोट दिलवाओ| पर जब हमारा सत्य कुण्ठित होता है, घर पर मिलते ही नहीं| कहाँ गये नेता जी? जवाब मिलेगा जयपुर, दिल्ली, अजमेर, कलकत्ता, बम्बई, मद्रास| काश, मैं भी नेता होता| इस वी. सी. के जुल्मों से तो निज़ात पाता| मैंने पूछा - किया क्या है वी. सी. ने, यह तो बताइये? प्रोफेसर दिनकर बिगड़ कर खड़े हुए, बोले - सड़क पर अपने विधाता के लेख खोल कर बता दूँ, यही न| आप भी भाईजान खूब हैं! आपको नहीं पता यह वी. सी. क्या है और कौन - सा जुलम है, जो वह नहीं कर सकता| मैंने हक़िया नम्बर बढ़ाये, तो वी. सी. पूछता है, पुनर्विचार क्यों किया? मैंने रीडरशिप की अर्जी दी, तो वी. सी. ने ऊपर लिख दिया, फाइल! अभी मैं सीनियर लैक्चरर के पद पर कन्फर्म नहीं हुआ हूँ| लोग मेरा मज़ाक बनाते हैं, तो वी. सी. साहब फरमाते हैं, अपना व्यक्तित्व इतना 'चीप' क्यों रखते हो? लीजिये, ये भी भला कोई बात हुई? आखिर लोग मेरा मज़ाक ही तो उड़ाते हैं, गाली तो नहीं देते? अब बैठे - बैठे जरा आँख लग गई तो वी.सी. कहता है, डाज़िंग करते हो| भाईजान, मैं तो इस वी. सी. के मारे तंग आ गया हूँ| मैंने पूछा - करें क्या? प्रोफेसर दिनकर ने मुझे सिर से पैर तक घूर कर कहा - करें क्या? यह आपका कथन अर्जुन - विवाद सा है| तब क्या मुझे श्री कृष्ण बनकर, नेता जी, आपको गीता जी का उपदेश करना होगा| साधुओं का त्राण करो, समझे| परित्राणाय साधुनाम् .... और वाक्य समाप्त किये बिना ही प्रोफेसर दिनकर भोईवाड़े की ओर चल पड़े| मैंने मन - ही - मन हँस कर स्वयं से जैसे कहा उदिया अलख़ पछाण|

उदिया की अचूक खोज कर उसे सामने खड़ा रखना तथा अलख़ की उससे पहिचान करवाना टेढ़ी खीर है, मुसीबत है| 'हितैषी क्लब' में जा बैठते हैं| डॉक्टर सोहनलाल, ज्योतिषी करुणाशंकर, जौहरी कुन्दनलाल, मास्टर करुणाशंकर और ठेकेदार पण्डित गोविन्द सब आ जमते हैं कुर्सियों पर| 'हितैषी क्लब' जनता का 'ओपन एयर क्लब' है| कोई नियम नहीं, शुल्क नहीं, कोई मर्यादा नहीं, वाद नहीं, विवाद नहीं| जाओ, बैठो, गप्पे लगाओ, प्रसन्न होओ तथा सबको आनन्द दो| ज्योतिषी करुणाशंकर हितैषी क्लब

के जन्म - जन्मान्तर के सभापति हैं और डॉक्टर सोहनलाल बिना रजिस्टर के संयोजक हैं। इस क्लब में छत्तीस जात और छप्पन न्यात अदृश्य उपस्थित रहती हैं। सभी धर्म, सभी नीतियाँ, कूटनीतियाँ, सभी करण और वरण 'हितैषी क्लब' में मुलज़िम होकर पेश होते हैं, और उन पर फैसले तत्काल होते रहते हैं। 'हितैषी क्लब' में पद, प्रतिष्ठा, यह, वह, मैं, हम आदि कुछ भी बट नहीं जाता। 'हितैषी क्लब' केवल प्राणी के अस्तित्व तथा उसके जीने के सत्य को मानता है। तो बड़े दिनों के बाद 'हितैषी क्लब' पहुँचा। ठेकेदार गोविन्द ने मुझे देखते ही ललकारा - आ गये नेता जी। अब देंगे यह जवाब। मैंने बैठते ही कहा - फरमाइये, क्या प्रश्न है? ठेकेदार ने भौंहें तरेर कर कहा - आहा, किस तरह सवाल पूछा है मानो सेन्टर का मिनिस्टर पूछता हो! वाह क्या कहने! इसी का नाम तो नेतागिरी है। खैर, साहब! मैं तो अनपढ़ हूँ, गँवार हूँ, समझता - बूझता कुछ भी नहीं। आप सब एम. ए., पीएचडीओं के बीच बैठना मेरा अहोभाग्य है। इसलिये समझना चाहता था, यह दिमाग जरा मोटा है।

मैंने कहा - आप तो प्रश्न बताइये। प्रश्न करने वाला सदैव बुद्धिमान होता है।

धन्यवाद! आपको हजार बार धन्यवाद। चलो, आप पहिले नेता हैं जो जनता को बुद्धिमान मानते है। तभी तो आपसे पूछने को मन करता है।

मैंने पुनः माँग की - प्रश्न?

ठेकेदार ने दाढ़ी खुर्ची, बोले - आप भी, असेम्बली में मिनिस्टर कह देते हैं, वैसे ही उत्तर दे दोगे, प्रश्न उठता ही नहीं, सवाल खड़ा होता ही नहीं, विचाराधीन है, समय चाहिये, नोटिस चाहिये।

मैंने कहा - पर मैं मिनिस्टर कहाँ हूँ!

ठेकेदार गोविन्द ने उछल कर कहा - मिनिस्टर तो नहीं तो नहीं सही, उसकी जात के तो हो!

मैंने कुछ गम्भीर होकर कहा - यह तो है ही, मैं कांग्रेस का मेम्बर हूँ।

बीच ही में जौहरी कुन्दनलाल बोल उठे - सिण्डिकेट या इण्डिकेट?

ज्योतिषी करुणाशंकर ने धीरे से कहा - जिधर यह पेट, उधर आप। 'हितैषी क्लब' ठहका मार कर हँस पड़ा। ज्योतिषी जी ने सदन को काबू किया - राजनीतिज्ञ कौन? जो अपनी माँ को उसके पीहर में गिरवी रख सके, जो पत्नी को बहन घोषित कर अपने बच्चों को पड़ौसी के और पड़ौसी के बच्चों को अपने भाई - बहन करार दे सके, जो दो और दो पाँच, पाँच और पाँच तेरह कर सके उसे माई डीयर राजनीतिज्ञ कहते हैं। राजनीतिज्ञ 'ग्राफ्टेड' होता है। उसकी कोई न्यात, जात, धर्म, ईमान कुछ भी अपना नहीं होता। केवल वोट का नाता ही वह जानता है और वोट लेने के लिए अपनी माँ के कफ़न में रोता तथा चिता की भस्म लपेट कर अवधूत बना फिरता है। सच वह बोलता नहीं और झूठ किसे कहते हैं, आप जानते नहीं। न्याय और अन्याय आपकी सत्ता की

दुकान के 'साइन बोर्ड' हैं और अन्दर राजनीति का तस्कर व्यापार होता ही रहता है। यह राजनीतिज्ञ हलाकू है, बक्काल है। यह नई किस्म का आशिक मिजाज हरामजादा है।

तालियाँ! प्रसन्नता की लहर! ज्योतिषी जी का प्रवचन सुनने जिज्ञासुओं की मण्डली एकत्र हो गई। ठेकेदार गोविन्द ने बीच में कुछ कहने की चेष्टा की, तो ज्योतिषी जी ने लपक कर कहा - अबे ब्रहमन्! चुप भी रह। जब संसार का मैं राज - राजेश्वर बोल रहा हूँ तब पिद्दी और पिद्दी के शोरबे तू क्यों उचकता है। तेरे प्रश्न का यह जनता की जेब काटने वाला क्या जवाब देगा? तेरे सवाल का जवाब यह सत्ता का दासानुदास क्या देगा? ....

पर मेरा सवाल तो .... ठेकेदार ने फिर साहस किया।

ज्योतिषी जी ने तेवर टेढ़े किये और बोले - बस, जबान बन्द। माबदौलत शहन्शाहेखिलकत का हुकुम है कि तुम्हारा कोई सवाल नहीं और इस बक्काल का कोई जवाब नहीं। कह दिया, इन्दिरा जी राज करेंगी। हमने हुकुम कर दिया है, इन्दिरा जी जिधर, उधर फ़तह ही फ़तह होगी। इन्दिरा जी कहें, वह वेद - वाक्य, कहें वह राजनीति और आज्ञा करें, वह कर्तव्य।

ठेकेदार बे - लगाम हो गया, बोला - आप जनतन्त्र में हमें रोकने वाले कौन?

ज्योतिषी ने शान्ति से जवाब दिया - तुम्हारा बाप।

'हितैषी क्लब' पुनः ठहका मार कर हँस पड़ा।

घर लौटते हुए मुझे ऐसा लगा, निराकार उदिया तारों भरे आकाश से आकार लेकर 'हितैषी क्लब' के वायुमण्डल में भूत की तरह भर गया है। तर्क और विवेक सांसारिकों के लिए तब आवश्यक है, उदिया के लिए नहीं, उदिया को संसार का करना भी क्या है? उसे तो अलख़ पहिचानना है। संसार और उसकी समस्याओं से उदिया सिर क्यों फोड़े? अकेला राम उदिया निश्चिन्त संसार को चुपचाप देखता रहता और संसार की हर व्यवहारिकता, प्रत्येक बुद्धिमानी और कौशल को असार मान कर चलता है। उदिया संसार को देख कर मन - ही - मन हँसता रहता है। पण्डितों, राज - पुरुषों, उद्योगपतियों, गृहस्थियों, अध्यापकों और आचार्यों को उदिया मूर्ख और मोहान्ध मानता है और स्वयं को उपरत मुनि। परन्तु सांसारिकों में उदिया एक संक्रामक वितण्डा बन कर छाया हुआ है। ऐसा वितण्डा जो सभी तर्कों को काट देता है, जो सभी विवेकों पर पानी फेर देता है और जो मन में ऐसी हलचल मचा देता है कि संसार की सभी उपलब्धियाँ हीरे की नहीं, काँच की कर देता है। सच, उदिया मानव की निर्विकल्पता की जैसे एक निराकार धारणा हो गया हो। एक भार, एक उभार, एक सन्देह बन कर उदिया, जैसे अन्तरात्मा में रात - दिन कुरेदा करता है।

घर लौटा तो पता चला मुख्यमन्त्री जी उदयपुर में ही हैं और उनके साथ भोजन पाने का निमन्त्रण है आज रात को। मुख्यमन्त्री जी का निमन्त्रण - पत्र हाथ में लेकर

मैं निहारता रहा| लगा, निमन्त्रण धीरे - धीरे उदिया में बदल गया है| सत्ता! शासन!! उदिया के यह दूसरे नाम हों जैसे| लघुमत, बहुमत सब मान्यतायें ही तो हैं| सत्य - सफल लघुमत, असत्य मति बहुमत के सामने निरर्थक हो जाता है| एक वोट के बहुमत से भी जीत कर, सत्ता के ठूँठ से सत्ता की कूर्सी पर जमा जा सकता है और फिर सत्ताधीश जैसे समाज का नियामक, दार्शनिक, विधि - प्रदाता व्यवस्था और आदेश देने वाला हो जाता है| मजेदार बात यह है कि कोरी मान्यताओं से उत्पन्न यह सत्ताधीश हिमालय से भी अधिक वजनी, हीरे से भी अधिक मूल्यवान, सभी तोलों में अतुलनीय और सभी मर्यादाओं से ऊपर एक चमत्कारी चुम्बक हो जाता है| दुनिया उसे माला पहिनाती है, सम्मान देती है, उसके सामने अर्ज - गुजारिश करती है और सत्ता का यह उदिया उनका भाग्य - विधाता बन कर व्यवस्था देता है, आदेश देता है| स्वयं ही मुस्करा कर निमन्त्रण मैंने जेब में रक्खा| वाह रे उदिया! तूने अलख़ पहिचानना हो या नहीं, पर मैं तेरी धारणा के दर्पण में संसार के इस कौतुक को अवश्य देख रहा हूँ|

मुख्यमन्त्री जी के यहाँ इष्ट - मित्रों का मज़मा लगा हुआ था| नाराज होने पर भी अत्यन्त प्रसन्नता व्यक्त करने में कुशल मुख्यमन्त्री जी मुझे देखते ही बोले - आइये, आइये| मुख्यमन्त्री जी के कण्ठ से निकले हुए इस आइये आइये की ध्वनि ने मुझ पर अजीब असर किया| मैं जैसे स्वयं उदिया हो गया| ऐसा लगा जैसे सभी आज्ञायें गायब हो गयीं| सभी दुरारुढ़ रक्षायें जैसे मेरा कवच हो गईं| जैसे कोई समस्या या प्रश्न शेष रहा ही नहीं| कौन कहता है जनता के राज्य में चारों ओर मुनाफा खोरी है? गरीब और गरीब हो गया है और अमीर और अमीर हो गया है| कौन कहता है कि समाज का रक्त काला - भ्रष्टाचार का खून हो गया है? कौन कहता है पूंजीवाद नहीं, हमें समाजवाद चाहिये? यह होना चाहिए, यह सत्ता नहीं सुनती| यही होगा, सत्ता तो यह एक वाक्य जानती है| कांचन में सभी गुण आ बसते हैं, तो सत्ता में सृष्टि के सभी सार आ बसते हैं| सत्ताधीश सभी से अनूठा - निराला लगता है| हल्का होते हुए भी वजनी, क्षुल्लुक होते भी भरा पूरा, मूर्ख होते हुए भी बुद्धिमान और बुद्धिमान होते हुए महान् ज्ञानी प्रतीत होता है| संसार सत्ताधीश को जैसे नवाजिश करता है, इबादत करता रहता है| सत्ताधीश को प्रसन्न करने और रखने के लिए लोग क्या नहीं करते? और सत्ताधीश स्वयं को विधाता का चहेता मान कर अति महान् व्यक्तित्व समझने लगता है| सत्ता अहंकार का इजाफा है, ज्ञान अहम् का विलय है| विद्या - कला अहम् की सुन्दर सरस आराधना है| अपने अहंकार की चरम चोटी पर चढ़ा हुआ यह क्षण - भंगुर सत्ताधीश स्वयं को अजर - अमर बनाए रखने के लिए क्या नहीं करता| उदिया भी तो अपने समस्त दैन्य के साथ सत्ताधीश के समान ही जैसे अपने अहम् को अपने सिर पर लेकर घूमता रहता है| सत्ताधीश का अहम् राई से पर्वत बन कर खड़ा मिलता है| उदिया का अहम् जीवन की तनहाई से उत्पन्न अपार दैन्य का आकाश - सा बिछा मिलता है| एक विजय गर्वित एहसास है, दूसरा पराजय - प्रणीत आत्म - विश्वास| मैं मुख्यमन्त्री तथा उनकी विश्वस्त मण्डली को देखता रहा| संसार से कातर किन्तु सन्त की शक्ति से सभी दानवों का नाश कर सभी स्वार्थ पूरा करने के लिये आतुर भक्तगण महात्मा

की कुटिया में भरे मिलते हैं, सत्ता के इस योगी के आवास पर भी परिश्रम से कतराने वाले और सहज ही समस्त संसार का कलेवा करने के लिए मचलने वाले गाँव, तहसील, जिला तथा प्रदेश के इन वोट पकाने वाले एजेंटों की भीड़ मिलती है| सन्त के पास मौन होकर श्रद्धालु बैठते हैं, राजयोगी के सामने हरेक को मचलना और भटकना पड़ता है| सन्त के समक्ष संसार को असार मानना पड़ता है| सत्ताधीश के पास दुनियादारी ही सब कुछ हो पड़ती है| मुख्यमन्त्री यह जानता है कि दुनिया उसके पास अलख़ पहिचानने के लिए नहीं, दुनिया का अधिक से अधिक भाग प्राप्त करने के लिए इकट्ठा होती है| मुख्यमन्त्री जैसे सुनकर, मुस्कराकर, घूरकर, कहकर जैसे इशारा करता ही रहता है, अरे उदियो! जरा सोचो, समझो| पहिचानो दुनिया को और जानो मुझ को|

घर आया तो श्रीमती जी ने मौका देख कर कहा - मेरी छोटी बहिन की शादी है| क्या करना?

मैंने सावधान होकर उत्तर दिया - शादी करना है, और क्या करना है|

देवी जी तमकी, बोली - तुमको तो दुनियादारी की कुछ भी पड़ी नहीं है| शादी क्या यों ही हो जाती है? उसके लिए टका चाहिये|

'टका!' मैं मन - ही - मन चिहुँका| सच, श्रीमती जी मुझ को 'टका' ही मानती हैं| माँगें पूरी करते चलो| जिस दिन ठुकराई उस दिन ग्यारहवाँ चन्द्रमा लागू हो जाता है| पहिले तो अबला तेरी अकथ कहानी, आँचल में है दूध - नैनों में पानी - रुदन से भी बालम जी नहीं पिघले तो 'किचन पोलिटिक्स' कोई श्रीमती जी से सीखे| वह बेचारा मुख्यमन्त्री पानी भरता है| मुख्यमन्त्री तो रौब - दौब से हुक्म देकर - हुक्म कैंसिल कर काम धकाता है, देवी जी रोकर, चुप रह कर - स्वयं ही जैसे फाँसी पर लटक गई हों - यों अपनी माँग पूरी करवा लेती हैं| मजबूर होकर पत्नी की माँग पूरी करते रहना पतित्व का जैसे सतीत्व हो गया हो| नहीं तो जो पसन्द न आवे वैसी दाल, जो रुचे नहीं वह सब्जी और नमक - मिर्च कम - से - कम| नमक डाला या नहीं? - अरे मैं तो भूल गई - आँखों से ही देवी जी मानो कहेंगी| इस से भी हल नहीं निकला तो असहयोग| सिर दुःख रहा है - बुखार आ लगा| छाती में दर्द है, वायु हो गया है - जी घबरा रहा है| बीमारियों का ताँता लगेगा और डॉक्टरों का बिल आकर ग्रहण बनता जायगा| हार कर आपको सवाई माँग पूरी करनी पड़ती है 'उदिया, अलख़ पछाण' जैसे सारा संसार कहने लगता है| पर बेचारा पुरुष उदिया त्रिभुवनमोहिनी माया से कैसे उभरे और अलख़ पहिचाने? अलख़? कहाँ है, क्या है| अलख़ को कैसे लखें? सृष्टि में केवल नारी ही दिखती है, संसार की सभी समस्याओं की जड़ स्त्री है| अलख़ की तलाश में घूमने वाले महाशय स्त्री को देख कर जैसे स्वयं अलक्ष्य हो जाते हैं| इस दुनिया में स्त्री ही अन्तिम ठोकर है, स्त्री को देख कर भी बिन देखा हो जाना ही उपरति है| स्त्री के कटाक्षों से घायल न होना ही वीरता है और स्त्री को जितना ही संयम है| स्त्री के रमणीय सम्मोहन से भरे इस जगत में स्त्री भुलाना ही अलख़ पहिचानना है| तब स्त्री?

ईश्वर स्वयं स्त्री बन कर अपने ही विरह में अलख़ हो गया है। उदिया, सुना तूने? समझा कुछ? स्त्री से विहीन होना सभी लक्ष्यों से दूर होकर अलख़ की ओर जाना है। मैंने श्रीमती जी को सिर से पैर तक घूर कर कहा - टका तो भगवान् की पूजा में भी चाहिये पर शादी - ब्याह में, इस कशिश के समय इतना खर्च। यह सामाजिक पिछड़ापन है, मूर्खता है - अविवेक है।

देवी जी ने मुझ को इस तरह देखा जैसे कोई कोढ़ी को देखता है। बोली - तुम माँ - बेटे का दिमाग उल्टा है। न जाने भगवान् ने तुम माँ - बेटे को किस मिट्टी से गड़ा है। गहना? - मत पहिनो। जारजेट की साड़ी? कोई कुलवधू पहिनती है। श्राद्ध? - नहीं। जनोई? - क्या जरूरत है? आचार - चटनी? - जिह्वा का चस्का भर है। कोट, पेंट, टाई? यह सब भारतीयता के खिलाफ है। मानसिक गुलामी है। हम कहें, कहें सब मूर्खता है। बुद्धिमानी का ठेका तुम माँ - बेटे ने ही लिया है। लो, भला कोई बात हुई? मेरे माँ - बाप की उमर होने आई। मेरी सबसे छोटी बहिन - उसके हाथ पीले हो रहे हैं, तब तुमको पैसों की हाय - हाय पड़ी है। ज्यादा कहूँगी तो कह दोगे, सार्वजनिक कार्यकर्ता को आदर्श रखना चाहिये। ओहो - हो। ऐसा ही सामजिक आदर्श रखना था, तो शादी ही क्यों की? गृहस्थी बनाई ही क्यों?

मैंने जैसे अनजाना होकर कहा - तुमने शादी क्यों की तब?

देवी जी ने छूटते ही कहा - घोड़े पर बैठ कर मटक - मटक कौन आया था, मेरे बाप के द्वार पर? मैं आई थी? - तुम आये थे? शादी करने के लिए लार तो टपक रही थी। तुमको तो कोई नखराली मिलनी चाहिये थी, जो नाच नचाती। अंग्रेजी में गैरों से गुटपुट किया करती। तब चलते सीधे। तब समझ में आती दुनिया समझे।

समझ गया। और अधिक समझना शेष नहीं रहा। फिर भी निष्क्रिय पुरुष ने प्रकृति से कहा - तो तुमको शादी की आवश्यकता नहीं थी?

देवी जी ने तेवर चढ़ा कर कहा - कोई हँसेगा, यह सुनेगा तो। शादी तो करनी ही पड़ती है। यह भी कोई पूछने की बात है। शादी न करते तो छैले की तरह फिरा करते। यह तो मैं गरीब मिल गई, तो सारा आदर्शवाद बघारते हो। कोई मेम मिली होती तो नाकों चने चबवा देती। तब औरत का तो कोई हक ही नहीं है। पुरुष कमा कर लाता है न, इसीलिये औरत को पग - पग पर दुत्कारता रहता है। आँखें दिखाता रहता है। आहो - हो। जैसे कमाना ही सब कुछ है। झाड़ू तो ठीक निकाल कर बताओ तब जानूँ। नौ बजे उठते हो। नौकरी करनी पड़ती तो पता लगता ....।

देवी जी अपनी स्टेनगन दाग़ती रही, मैं चुपचाप सुनता रहा। और मैं क्या करता? स्त्री जब बोलती है, तब सब बोलियाँ चुप हो जाती हैं। स्त्री व्यंग करने लगती है, स्त्री जब उपदेश देने लगती है, तब जैसे वाम विधि ही कान पकड़ कर पुरुष को बोरती है। स्त्री चुप रहे तो जैसे धरती चुप रहती है। बोलती है, तो आँधियाँ फुत्कारती हैं। स्त्री जब ठोकर मारती है तब केवल अलख़ ही दिखने लगता है ....।

घूमने के बहाने मैं अपने मित्र की ओर निकल गया| हमारे यह माननीय मित्र एक शब्द में लाजवाब हैं| आप सोते हैं तब पूरे दो दिन सोते रहते हैं| आप जब परेशान होते हैं, तो संसार अपनी परेशानी भूल जाता है| नवरात्र में आप मौन रखते हैं, परन्तु बच्चों की कॉपियाँ काट - काट कर एक घण्टे में अनेकों स्लिप लिखा करेंगे| इशारे में सारी दुनिया की पंचायत करते रहेंगे| आप बीमार पड़ते हैं, तो स्वयं दवा नहीं लेते, डॉक्टर को दवा देकर कहते डॉक्टर साहब, बीमारी मैं काटूँ और दवा आप खाओ| अपनी बीवी पर गुस्सा होंगे तो बच्चों को पीटेंगे| मित्र से नाराज होंगे, तो उस दिन मौहल्ले का एक भी कुत्ता डंडा खाये बिना नहीं रहेगा| सेठ की दुकान पर आप जायेंगे तब मुनाफाखोरी की भर पेट निन्दा करेंगे| रेलगाड़ी में टी. टी. से आपकी झड़प अवश्य होगी, नियम से अधिक पैसेंजर क्यों बैठे हैं? सिनेमा का आपको शौक है, परन्तु सिनेमा आरम्भ होने से पूर्व आप हनुमान चालीसा का पाठ अवश्य करेंगे| यात्रा बिना पंचांग के नहीं हो सकती| सिगरेट पाँच मिनट में दो और लबरेज़ तम्बाकू - किमाम भरा पान का बीड़ा ऊपर से| प्रौमिसरी नोट लिख देना आपकी हॉबी है| आपको हारमोनियम का शौक है परन्तु हारमोनियम का एक मॉडल आपको पसन्द नहीं आता| चन्द्रमा में जाना आपको पसन्द नहीं है, क्योंकि इस धरती के समान वहाँ रस रिज़वार किससे करें? नियम है, प्रतिदिन गुस्से होना, एकाध बच्चे को पीटना, भाभी पर नाराज होना, पड़ौसी को उपदेश देना तथा पूंजीवाद के विरुद्ध भाषण देना तथा शहर में आने वाले सभी सिने - मासिकों को स्टाल पर खड़े - खड़े पढ़ना|

मैं पहुँचा तब आप अपने ज्योतिषी मित्र के साथ एक मानव - प्राणी से बातचीत कर रहे थे| सामने एक हत्थे की कुर्सी पर वह मानव - प्राणी बैठा हुआ था| अपने से दुगुनी उम्र के व्यक्ति के पुराने, फटे जूते आपके धूल भरे पाँव में सुशोभित हो रहे थे| दस जगह से फटा कोट आप धारण किये हुए थे| कमर में कोट पर हस्ताड़ा बँधा हुआ था| बाल बिखरे, आँखें टिमटिमाती, भवें अब मिटी, अब मिटी, मूछों की पतली डोरी और अधरों पर पान की लहराती हुई लाली, दुबले - पतले, इकहरे इस इन्सान को देखते ही मुझे ऐसा लगा, आज वास्तव में मुझे उदिया मिल गया है| वेश - भूषा, भाव - भंगिमा, मुद्रा, तौर और तर्ज़ - सब उदियानुमा| एक लहज़ा जो उदिया का ही हो सकता है, आपके बैठने में नजर आता था| सब सुन रहा है, पर जैसे बहरा हो| सब देख रहा है, परन्तु जैसे अन्धा हो| सब समझ रहा है, पर जैसे अबूझ हो| उदिया - हाँ, उदिया| यही तो उदिया है - हो सकता है|

मेरे परम मित्र ने कहा - इनका सानी का गायक दूसरा नहीं है|

ज्योतिषी मित्र ने हँसते हुए कहा - इनके परमहँस के ग्रह पड़े हुए हैं|

उदिया ने दोनों को बारी - बारी देखा| सिर धुना, नथुने सम्भाले, और पतली जँघा पर हथेली पटक - पटक कर आप कहने लगे - पर उस्ताद यह जमाना थोड़े ही समझता है| लोगों को तो लता मंगेशकर, सुब्बलक्ष्मी ही सब कुछ दिखती है| पर इनका

संगीत से क्या वास्ता? यह तो कुल्हे मटकाना जानती है| गाना - उस्ताद, गाना तो बस एक ही बना है - ये जिन्दगी के मेले दुनिया में कम न होंगे - अह - ह! क्या गाना है| सुनो, क्या खाकर पंकज मल्लिक मुकाबिला करेगा मेरा? सहगल? - नाक से गाता है| दिलीप कुमार? - वह तो गाना जानता ही नहीं| महाराज, जरा सुनो, मैं सुनाता हूँ ....|

और उदिया ने गाना आरम्भ किया| संसार के यह मेले नित लगते रहेंगे, अफसोस यही है कि हम सदा नहीं होंगे| मेले - जीवन के चलते ही रहेंगे, कभी कम नहीं होंगे| कम्पित अनुनासिक तथा भरे कण्ठ से गीत गाया जा रहा था| उदिया अपने ही कण्ठ में जैसे डूब गया हो, अपने ही स्वर के आरोह - अवरोह में तैर रहा हो| सम से हीन लय - वैपुल्य इस गीत में उदिया के गहन अन्तरात्मा की वाणी आ समाई हो| अन्तःकरण के अतल से उठ आती हुई आवाज में यह मानव जैसे स्वयं ही खोता जा रहा हो| भ्रमो और भ्रमित धारणाओं से भरा ये मानव जैसे इस गीत में काँप कर अभिव्यक्त हो रहा हो| जीवन के मूल में बसे उस अनन्त विषाद की मूक कातरता इस उदिया के कण्ठ में छा गयी थी| दुनिया ज्यों - की - त्यों रहेगी, जिन्दगी के यह असंख्य रूप अपना नाट्य करते रहेंगे - जीवात्मायें शरीर धारण करेंगी और त्यागती रहेंगी और सब कुछ कह कर, योग कर, मान कर तथा मनवा कर जीवन के ये मेले बिखर जायेंगे| इस बिखराहट में ही तो छिपा है, इस चुपचाप बियाबान में ही तो सृष्टि का वह बेवफ़ा बालम छिपा बैठा है| देखो - उसकी यह रंग - बिरंगी सृष्टि देखो और उसे भूल जाओ| उसे अलख़ मान कर चलो| बुद्धि जैसे अपने सभी अर्थ बिसार कर एक स्वयं भयभीत शून्य हो गई हो - यों उदिया ने बाहर आसमान को देखा और हठात् चुप हो गया|

ज्योतिषी मित्र ने तन्मयता के पाखण्ड को तिलांजलि देकर कहा - क्या सुन्दर गाया है! हृदय में शान्ति छा गई||

परम मित्र ने कहा - मजा आ गया| बोलो दोस्त, क्या सेवा करें तुम्हारी?

उदिया कुछ हिचका, फिर बोला - उस्ताद! उसने तो जवाब ही नहीं दिया|

किसने?

जानते हुए भी हमारे परम मित्र ने पूछा| उदिया बिगड़ खड़ा हुआ - वाह, उस्ताद तुम्हीं ने तो कागज लिखा और डाक में डाला था न! फिर कैसे भूल गये उसका नाम? मेरे इस पापी मुँह से उसका नाम क्यों लिवाते हो!

ज्योतिषी मित्र ने बिगड़ती बाजी सम्भाली - वैजयन्तीमाला को न? हाँ, भई, एक्सप्रेस चिट्ठी गई है|

परम मित्र ने मक्कार आँख से उदिया को देखा, कहा - हाँ, चिट्ठी तो आप ही ले गये थे पण्डित जी|

उदिया ने गुर्राते हुए कहा - उस्ताद! यहाँ तो मेरे प्राणों पर आ बनी है और महाराज तुमको हँसी सूझती है| देखो मैं सावधान करता हूँ, प्रेमी का दिल मत दुखाओ|

रोम - रोम में मैं जग गया| प्रेमी! - यह और वह भी वैजयन्तीमाला का! खूब है| जिन्दगी के साँठे में जैसे रस गहर गया हो यों, मैं इस उदिया को देखने लगा| उदिया उठ कर खड़ा हो गया| ललाट को हथेली से पीट उसने लम्बे - लम्बे निसास रक्खे और फिर उन्मीलित आँखों से फुफकारते हुए बोला - माला! तुझे पाकर रहूँगा - नहीं तो जान दे दूँगा|

ज्योतिषी मित्र बोले - यह आत्महत्या होगी| कुम्भीपाक नर्क में सड़ोगे और तुम्हारी माला तुमको नहीं मिलेगी|

उदिया ठिठक गया, आँखें फाड़ - फाड़ ज्योतिषी मित्र को देखने लगा| फिर यकायक अत्यन्त दीन भाव से बोला - पर वह जवाब देती ही नहीं|

परम मित्र ने शिगूफा छोड़ा - वैजयन्तीमाला मद्रास में ही है| उसके घुटने में कुछ रोग हो गया है ....

उदिया ने झपट कर परम मित्र का मुँह बन्द कर दिया, उस्ताद! मत बोल| उसके घुटने का दर्द गया - मैंने ले लिया|

और वह अपने एक घुटने में दर्द उठने की आह रख कर ध्यानस्थ बैठ गया| आँखों से दो - एक बूँद टपकने के लिए रेलें बन चुकी थी| निसास पर निसास रख कर उदिया ने जैसे भगवान् से कहा - हे चारभुजानाथ! क्या दुनिया हो गई है| वैजयन्ती, प्राण को मुझे सूचना तो देनी थी कि वह बीमार है| नये - नये ड्रेस पहनती है, तो डायरेक्टरों को दिखाती है| कभी फोटू भेज कर या उदयपुर आकर नहीं बता सकती? मेरे अलावा इस दुनिया में वैजयन्ती से कोई सच्चा प्यार नहीं करता| कोई नहीं करता उस निर्दय से इतना प्यार, जितना मैं करता हूँ|

परम मित्र ने कहा - मैं भी तो करता हूँ प्यार उससे|

उदिया ने सिर से पैर तक परम मित्र को देखा और सहसा उसकी ओर थूँक कर कहा - दोस्त की प्रियतमा से प्यार करते हो, दोस्त होकर? चाण्डाल हो और क्या? थू है तुम पर ....

और उदिया सन्न से रवाना हुआ| जल्दी - जल्दी लपक कर वह परम मित्र के घर के सामने वाली सड़क पर आ खड़ा हुआ| चारों ओर देखा तथा जोर से बोला - दगाबाज! तुझे अलख़ लखेगा|

मेरा परम मित्र हँसते - हँसते लोट - पोट हो गया| मेरे माननीय ज्योतिषी मटक - मटक मुस्करा उठे और मैं चारों ओर देखता हुआ अपने मन के निविड़ मौन में देखने लगा| एक हठात् अवाक् मौन से मैं भर गया| मैंने बारी - बारी दोनों को

घूर कर कहा - मज़ाक के लिए यह मूर्ख - गरीब ही तुमको मिला है? क्यों छिज़ाते हो उसे?

परम मित्र ने कहा - तब फिर बताइये, जिन्दा कैसे रहें?

मैं - गरीब, दीनहीन मानव की मजाक उड़ाये बिना जिन्दा नहीं रह सकता, क्यों?

परम मित्र ने कहा - क्या करें? साहब हैं, नेता हैं, पुलिसमैन हैं - अदालत है, कठघरा है| घर की कैद, चौराहे की बलिशें और जिन्दगी एक दम बियाबान, मजाक न उड़ायें, तो जीयें कैसे?

मैंने कहा - दुष्टों को मारो, दानवों का नाश करो, देवताओं की पूजा करो, सज्जनों को सन्तोष दो और अपने प्रमाद तथा निष्क्रियता की मजाक उड़ाओ, बरखुरदार| सृष्टि के जीव की मजाक करना ईश्वर का 'इन्सल्ट' करना है, समझे|

समझ गया| परम मित्र ने कहा - ईश्वर मिल जाय, तो दो - दो बातें कर लूँ| ईश्वर कहाँ है, आपका ईश्वर?

मैंने कहा - बड़े दार्शनिक हो रहे हो? ईश्वर के अस्तित्व को चैलेंज देने के पूर्व स्वयं की हस्ती के बारे में भी कभी सोचा है? ईश्वर की हजामत करना चाहते हो, अपनी दाढ़ी की भी फिक्र की है या नहीं?

परम मित्र ने मुझे घूर कर कहा - अपनी दाढ़ी तो घोट लेता हूँ, ईश्वर की पंचकेशी हाथ आती नहीं| यह सृष्टि क्यों बनाई ईश्वर ने, बताइये?

मैंने कहा - ईश्वर ने सृष्टि क्यों बनाई, यह ईश्वर ही बता सकता है, मैं नहीं| मेरा सन्तोष तो केवल यही है कि ईश्वर ने मुझे बनाया, तुमको गढ़ा है - इतनी सुन्दर सरल सघन सृष्टि बनाई है| ईश्वर से जिरह करना चाहते हो? तो सुन लो, जिरह करने के लिए तुमको ईश्वर के सामने जाना होगा|

ज्योतिषी मित्र बीच बचाव करने लगे परम मित्र को ईश्वर की पड़ी है, उसे तो -

बीच ही में परम मित्र बोले - प्रियतमा चाहिये| मैंने हँस कर कहा - उदिया को भी वैजयन्ती चाहिये| सच तो यह है, सभी प्राणियों को प्रिय चाहिये| ईश्वर ने सृष्टि बना कर जीने के लिए भेजा है, तो प्रिय प्राप्त करो|

परम मित्र - प्रिय मिलता कहाँ है? दुनिया का सार जहर है, अमृत नहीं| मुझे इस समय ईश्वर नहीं, जीवन का सुख, वैभव चाहिये|

मैं उठा - तुम्हें क्या चाहिये, यह तुम नहीं जानते? चलते हुए रूपों से बेहोश होते रहते हो, चलते हुए गानों से झूमते रहते हो, बहती हुई बातों पर बहस करते रहते हो, जो नहीं मिला, उसके लिए झगड़ते रहते हो - प्रपंच से तो भरे हो और टांग ईश्वर की तोड़ते रहते हो| उदिया, अलख़ पहिचानने चले हो, स्वयं को पहले पहिचान लो|

परम मित्र ने मुझे, दोनों हाथ कुहनियों से जोड़ कर कहा - सत्य वचन महाराज|

घर आया तो श्रीमती जी बोली - आपके स्पीकर साहब का टेलीफोन आया था| आज कल क्या गुटपुट वापस आरम्भ हो गई है?

मैंने टेलीफोन उठाते हुए कहा - उनसे मेरा झगड़ा ही कब था?

श्रीमती जी - तुम सत्ताधीश से क्या झगड़ोगे? उसके लिए तो दम चाहिये| पर यह लोग तो तुमको अपना भौंपू समझते हैं|

टेलीफोन पर आती हुई आवाज को सुनते हुए श्रीमती जी की कटार छाती में सह ली, बोला - ह - लो|

टेलीफोन के उस सिरे से आवाज आई| आप? आ गये घर पर? चलो, खुशकिस्मती है, हमारी भाभी साहिबा की|

मैंने हँस कर कहा - यह सौभाग्य आप हमारी भाभी जी को कब दे रहे हैं?

टेलीफोन मानो 'ज़ाज़' करने लगा| मेरी पत्नी तो मेरी गृहस्थी के रेफ्रिजेटर में सुरक्षित तरोताजा है| उसकी चिन्ता छोड़ो| जयपुर कब आ रहे हो?

मैंने कहा - हमें जयपुर सों का काम, आवत - जावत पन्हैयाँ टूटत, बिसरी जात निज काम ....

टेलीफोन - हरि नाम!

मैंने पूछा - कैसे याद किया हुजूर ने?

हुजूर टेलीफोन से बोले - कौन किसी को याद करता है? आपको तो याद रखने की जरूरत है, याद करने की नहीं| टिकिट के समय, सभाओं के समय कभी - कभी हमें आपकी याद आ ही जाती है|

मैंने कहा - गरीबपरवर हो|

टेलीफोन चिल्लाया - कौन कहता है, हम गरीबपरवर हैं| हम अमीरपरवर हैं और डंके की चोट पर समाजवाद ला रहे हैं| अच्छा, सुनो| सी. एम. आजकल आप पर प्रसन्न हैं| अभी परसों ही कह रहे थे आप के लिये - जिद्दी है, पर अन्त में मान जाता है| कटु कहता है, पर दिल का निर्मल है| नाराज हो जाता है, पर थोड़ा थपथपाने पर राजी हो जाता है, भावुक है पर नीच नहीं है, टक्कर करता रहता है परन्तु काम खूब करता है| प्रतिभा है, पर कभी - कभी गलत रास्ते पर चला जाता है| फिर हँस कर बोले अपना वफ़ादार पुराना कार्यकर्ता है|

मैंने कहा - चलो, वैतरणी नदी पर अब रुके रहना नहीं होगा, गाय की पूँछ मिल ही जायगी|

टेलीफोन हँसा - सी. एम. और आप कभी लड़ नहीं सकते| यह हम सब जानते हैं ....

मैंने बीच ही में कहा - आप लोगों ने कोशिश क्या कम की कि मैं सी. एम. से लड़ जाऊँ|

टेलीफोन बमका - यही तो अकल है आप में| शेष तो सब धूल में लट्ठ है| हाँ, मुझे एक साइक्लोस्टाइल पर्चा मिला है, जिसमें लिखा है कि आपका दिमाग खराब हो गया है, अतः चिकित्सा के लिए चन्दा दीजिये| क्या करूँ?

मैंने कहा - चन्दा दीजिये|

टेलीफोन - पर दिमाग वाकई खराब हो तब दूँ चन्दा| पहिले साबित करो कि आपका दिमाग़ खराब है|

मैंने कहा - मेरे दिमाग़ की खराबी बता कर स्वयं के लिए चन्दा क्यों नहीं इकट्ठा कर लेते? हम दोस्त फिर किस काम के हैं? राजनीति में दोस्त की गरदन ही काटी जाती है, दुश्मन से तो प्रीत की जाती है| विरोधी को ही नवाज़ा जाता है, सेवक को ठुकराया जाता है| और अब तो स्वास्थ्य के लिए भी दोस्त का दिमाग़ खराब कर स्वयं की चिकित्सा के लिये चन्दा एकत्र किया जाना जरूरी है|

टेलीफोन झल्लाया - इस बार मेरे चकमे में नहीं आये|

मैंने उत्तर दिया - चकमा ही चकमे में आता है, धोखा ही धोखा खाता है, झूठ ही अन्त में सत्य से जल जाता है, प्यार से ही सब घृणा दूर होती है, ईमानदारी से ही बेईमानियाँ खत्म होती हैं| मैं चकमा नहीं हूँ, धोखा नहीं हूँ, झूठ और घृणा नहीं हूँ| ईमानदारी से जीने की कोशिश करता हुआ एक इन्सान हूँ, माननीय अध्यक्ष|

टेलीफोन - तब मैं क्या हूँ, माननीय सदस्य - सारी - भूतपूर्व सदस्य महोदय|

मैंने कहा - आप? आप राजनीति की माया में फँसे उदिया हो| सी. एम., मिनिस्टर, एम. एल. ए. - गण, मतदाता और मतदाताओं को घेरने वाले राजनीति के अपने एजेण्टों से घिरे आप अति महत्वपूर्ण व्यक्तित्व हैं ....

टेलीफोन - यह तो मैं मान्यवर, श्रीमान्, आदरणीय वगैरा - वगैरा हुआ| इन सब में उदिया कहाँ है?

मैंने कहा - आपके हृदय के शून्य में वह उदिया छिपा है| सत्ता के राजमार्ग पर वैभव से लदे गुजरा करते हो, बहके हुए ऐश्वर्य से घिरे रहते हो, झूमते हुए सुखों से भरे रहते हो - दोनों हाथों से संसार की लगाम पकड़ कर स्वर्ग पर धावा बोलते रहते हो| हाँ, राजनीतिज्ञ ईश्वर को अपना सेवक और स्वर्ग को अपना साम्राज्य समझता है| विरोधी को दोस्त, दोस्त को दास, स्वयं को साध्य तथा संसार को साधन समझता है और फिर तुर्रा यह कि सत्य, न्याय, विवेक, धर्म, ईमान सब आपके ही साँसों से जिन्दा

रहते हैं - आप लोग ही कहते रहते हो, संसार असार है, पर जनता की सेवा के लिए यह त्याग, यह बलिदान, यह जद्दोज़हद करनी पड़ती है -

टेलीफोन चिल्लाया - अरे मुझे कुछ नहीं चाहिये, रख तेरी दुनिया तेरे पास| मुझे तो केवल वोट चाहिये| ईश्वर तू ले ले मेरे यार| मुझे तो आने वाले पाँच बरसों के लिये और एम. एल. ए. होने दे|

मैं - एक शर्त पर, और वह यह कि इस बार तो स्पीकर बने हो, अबकी बार सी. एम. बनना होगा|

टेलीफोन ने निसास रक्खा - क्यों नासूर कुरेद रहा है| सी. एम. मैं तो आज बन जाऊँ, परन्तु कोई बनावे तब न|

मैंने कहा - उदिया, अलख़ पछाण!

टेलीफोन चुप|

15

बन्दूक और बिटिया

जवान मुबारक का निशाना जितना अचूक था, उतना ही उसका निश्चय अटल था| घर वालों को बताये बिना, कहे बिना और बहस किये बिना एक दिन बड़े सबेरे उदयपुर चल दिया| रात में सैलानी दोस्तों में बात - ही - बात में आन की बाज़ी लग गई और मुबारक ने मित्रों को वचन दे दिया - नामी जवान बन कर बता दूँगा, वरना अपने बाप का औरस नहीं| धुन का पक्का और हौंसलों का धनी मुबारक सेना में जवान बनने की धुन में उदयपुर चला आया| दिलीप कुमार जैसे बाल, देवानन्द जैसी आँखें और पृथवीराज कपूर जैसा सीना, निरोग काया और खतरों से भिड़ने वाली तबीयत| मुबारक सेना के लिए चुन लिया गया| घर वालों को जब पता चला तो हक्का - बक्का रह गये और दोस्त मन - ही - मन मुस्करा दिये| गाँव के बड़े - बूढ़े जब मुबारक के पिता फरीद के पास इस संकट में सहानुभूति बताने पहुँचे तो हुक्के का कश खींचकर, कुछ खंखार कर मियाँ ने कहा - बाप का बेटा है| मिल्ट्री में भर्ती न होगा तो क्या भड़वों की जमात में जायगा?

फरीद मियाँ जितना बढ़िया सिकलीगर था, उतना ही मज़ेदार मुँहफट भी था| सब जानते थे कि मियाँ फरीद किसी को भी बख्शता नहीं| हम तो वह फकीर हैं जो खुदा से भी खरी कहने में चुकते नहीं| लोग कहते, मियाँ जमाना मुँहफटों का नहीं है| यहाँ तो जो मुँह सीकर रहे वही मीर मार सकता है| पर फरीद को जमाने की ज्यादा चिन्ता न थी - अरे बहुत देखे हैं मैंने जमाने किसना पटेल| जमाना क्या कर लेगा? वायसराय को भी देखा, रेजिडेण्ट को भी देखा और इन धोली टोपीवालों को भी देख रहा हूँ| चर्खा आ गया, पर बन्दूक तो कहीं गई नहीं| गई क्या? मैं कहता हूँ, बन्दूक में गुलाबजामुन मत भरो, गोली भरो तब फायर होगा| पर मेरी ये सुनते थोड़े ही हैं| मुबारक ने सुनी| सुना? उसने मेरे खानदान की इज्जत बुलन्द की| और जब मुबारक की बीबी हुस्ना किवाड़ के पीछे रोने लगी तो फरीद मियाँ ने तेवर बदल कर कहा - रोती क्या है? मर्द तो वही, जो बन्दूक दाग़ सके| बन्दूक की गोली और जवानी का जोश कभी रुका क्या?

हुस्ना चुपचाप सिसकियाँ भरती रही| आखिर जवान ही बनना था, तो मुझ से कहते तो सही| आज कल की लड़ाई का क्या भरोसा? एक बम ऊपर से पड़ा और सब खत्म| ऐसी मर्दानगी बताने से क्या फायदा? ऐसा अन्धा जोश किस काम का? क्या बैठे ठाले थे? दो बन्दूकें और बनाते| खुदा देता, और क्या? जान का खतरा रात - दिन सिर पर लेकर यों जीना तो न पड़ता?

तू कुछ कहती क्यों नहीं जुबेदा?

जुबेदा ने सिलवार जोर से पत्थर पर पटकते हुए कहा - लो मैं कहूँ, तुझसे कुछ? यहाँ घोड़े को रातब मैं देती हूँ| रात को शराब में धुत हुजूर घर पर आते हैं, तो काँपा करती हूँ| माँ - बेटा एक ही रंगत में हैं| उनको तो नवाब की लड़की चाहिये और मेरा बाप तो पत्थर की खान खोदता है| वह मिलटरी में भरती हो जाता तो मैं चैन से तो जी सकती|

हुस्ना ने जुबेदा को घूर कर कहा - तू क्या औरत है जो अपने मर्द के बारे में ऐसा सोचती है| वह मर जाय तो चुड़ैल तू खुश होगी, क्यों?

जुबेदा ने हँस कर कहा - मेरे मरद से तो मौत भी पनाह माँगती है| और क्या कभी मौत आयगी ही नहीं? फौज में जो भर्ती होते हैं, वे सब - के - सब मर ही जाते हैं?

हुस्ना ने धीरे से पूछा - तू हमीद भैय्या से मोहब्बत नहीं करती|

जुबेदा ने आँखें तरेर कर कहा - अरे! मेरी लैला! तू अभी इन मरदों को क्या जाने? दुनिया के सब झगड़ों की जड़ मरद है| शराब ये पीयें, मटरगश्त ये करें, तुफ़ैल इनका - आँखें ये मारें, सीटियाँ ये बजायें| अदालत में ये जायें, औरतें ये उड़ायें और बता दूँ तुझे इन मर्दों के कारनामे? बेवफ़ा ये और मतलबी ये|

हुस्ना ने पूछा - तब तूने शादी क्यों की?

जुबेदा ने कहा - झक मारने|

जुबेदा ने भले ही झक मारने के लिए शादी की हो, परन्तु हुस्ना ने तो निकाह जिन्दगी के लिए किया था| घट्टी फिराते हुए, खेत में काम करते हुए और रोटियाँ पकाते हुए उसने कुछ सपने, कुछ मनसूबे बना रखे थे| ईद के दिन मुबारक को देखा तो वह निहाल हो गई| मस्त चाल, चौड़ा सीना, रंगीन आँखें, सधे हुए कारीगर हाथ! हुस्ना को और क्या चाहिये था? मुबारक उसके मन में, प्राण में बस गया और खुदा का फ़र्ज जो शादी उसी के साथ हुई| हुस्ना मुहब्बत के नाम से घबराती थी| इस दुनिया में सब मिलता है, ईमान और मोहब्बत नहीं मिलती| ईमान पर रहो, दुःख उठाओ| मुहब्बत करो, मर जाओ और फिर जिन्दगी कितने दिनों की? चाँदनी रात के मानिन्द जिन्दगी आई और अमावस्या के अँधेरे में बिला जाती है| जिन्दगी एक बेगानी खुशबू है, आई और चली गई| दुनिया के बियाबान में आखिर एक मीठी गज़ल ही तो है ज़िन्दगी?

अभी वह जीवन की ग़जल का एक क़ता ही गा सकी थी कि मुबारक फौज में भर्ती हो गया| उससे दूर, चाँदनी रातों से दूर, मुबारक उसकी आँखों में एक अँधेरा भर गया| मुबारक की सलामती के लिए दुआ करना और खुदा की बरकत माँगते रहना, हुस्ना के जीवन का क्रम हो गया| घर मस्जिद हो गया, ज़िन्दगी पुकार हो गई|

मुबारक फौज में भर्ती क्या हुआ, उस पर एक नया रंग छा गया| खाकी पैंट में वह जूते चरमराता हुआ घूमता, बन्दूक उठा कर वह जब सलाम मारता, तो लेफ्टिनेंट की बाँछें खिल जाती और परेड में जब वह पाँव - से - पाँव मिलाकर अटेंशन पर होता तो जैसे पत्थर की मूर्ति बन जाता| डोरेदार कतरी हुई मूँछें और साफ कटी कनपट्टियों में जवान मुबारक बन्दूक से इस प्रकार प्यार करता, जैसे कोई अप्सरा अपनी कटि - किंकणी से| जवानों की सावधान कतार में मुबारक सैंकड़ों में उभर आता| बैरक में मुबारक आधे से ज्यादा समय बन्दूक साफ करने में लगाता| उसका बेल्ट बिजली के बल्ब की तरह चमकता और जब वह नकली लड़ाई में मोर्चे पर धावा बोलता, तो जैसे तीर से छूटा हुआ बाण हो| यों मुबारक हर पल में लपकता| चाँदमारी तो जैसे मुबारक के दायें हाथ का खेल थी| कोई भी, कैसा भी निशाना हो, मुबारक की आँख में बैठ जाता| गोली ऐसी चलती मानो मुबारक ने उसे अभियन्त्रित कर रक्खा हो|

बैरक में कभी - कभी सांस्कृतिक कार्यक्रम होते| फैंसी ड्रेस - शो में मुबारक को पहचानना मुश्किल होता| पशु - पक्षियों की बोलियों की नकल मुबारक ऐसी करता, कि सुनने वाले दंग रह जाते| अंग्रेजों के नाच की नकल जब वह करता, तो देखने वाले हँसते - हँसते लोट - पोट हो जाते| हँसना मुबारक से कोई सीखे और रोना कोई मुबारक से जाने|

अरे यार मुबारक! तुम तो कम्पनी की जान हो|

बदले में मुबारक हँस देता, कहता - ज़िन्दगी काट रहा हूँ, यार| और तब उसकी आँखों में हुस्ना की छवि तैर जाती| कुछ सोच कर वह कहता - कम्पनी में सुख - ही - सुख है, पर एक मुसीबत है|

सुलेमान सिगरेट का धुँआ नाक से बाहर फेंकता हुआ कहता - जोरू नहीं मिलती फौज में और क्या?

हाँ और क्या? मुबारक कहता - मुसीबत का नाम महात्मा गाँधी|

जवान ठठा कर हँस पड़ते|

मुसीबत का नाम महात्मा गाँधी| यह जवानों का तकिया कलाम भले ही न हो, मुबारक का तो था| हर जवान दो वाक्य में दस गाली बोलता, तो मुबारक हर बात में 'मुसीबत' और 'महात्मा गाँधी' को याद करता| रात को पढ़ाई की क्लास खुली - मुबारक भर्ती हो गया| महीनों की लगन के बाद उसने मामूली लिखना सीख लिया और तब एक योगी की तरह आसन मार कर हुस्ना को चिट्ठी लिखने बैठा| एक - एक अक्षर उसे

जैसे हुस्ना के अंग का आकार मालूम देता। 'अ' लिखता तो उसे हुस्ना का चाँद - सा चेहरा याद आ जाता। 'क' लिखता तो जैसे हुस्ना उसके पास सिमट आती। पंक्ति में जैसे हुस्ना का यौवन छलक जाता। 'मेरी प्यारी हुस्ना' लिख कर मुबारक ध्यानमग्न बैठा रहता। हुस्ना की महीन धुँधली आकृति उसकी आँखों में समा कर रोम - रोम में छा जाती और फिर जैसे सामने टंगी हुई बन्दूक का रूप ले लेती।

बड़े प्यार से बन्दूक लेकर मुबारक अपने आप से कहता - हिन्दुस्तान की इंच - इंच जमीन के लिए खून बहा दूँगा। तू मेरी औकात है, तू मेरी शान है। बन्दूक को चूम कर मुबारक स्वयं ही से कहता और मन - ही - मन मगन हो जाता।

पन्द्रह अगस्त को परेड हुई। हजारों लोग जमा थे। तोरण, बन्दनवार और झण्डों का समाँ बँधा था और मिनिस्टर साहब सलामी ले रहे थे।

हुकुम की आवाज पर पैर चल रहे थे। आँखें घूम रही थीं। परेड .... एक आवाज मुबारक को सुनाई पड़ रही थी। पर जैसे एक सधा हुआ तूफ़ान हो गया था। एक गति, एक कदम - एक कूच हो गया था।

परेड! अटेंशन - कि धड़ के साथ मूर्तियाँ खड़ी हो गईं। माइक्रोफोन बोलने लगा - हिन्दुस्तान की आज़ादी की रक्षा के बली आप जवान हो। .... देश की एक इंच जमीन पर अगर दुश्मन आयेगा, तो हमारे जवानों की बन्दूकें उसे खदेड़ देंगी। हम जंग नहीं चाहते, हम शान्ति चाहते हैं, पर इसका यह मतलब नहीं कि ....

मुबारक का तन, मन, प्राण अपनी बन्दूक में समा गया। रात को सोते - सोते मुबारक के मन में अपना गाँव घूम गया। गाँव के खेत, गाँव के पनघट जैसे उसकी आँखों के सामने नाच गये। सिर धुन कर वह स्वयं ही जैसे चिल्लाया - नहीं! नहीं!

सुलेमान ने उसे जगा कर पूछा - क्या नहीं मुबारक?

मुबारक ने चारों ओर देखा और जम्हाई लेते हुए कहा - कुछ नहीं।

सुलेमान ने हँस कर बीड़ी खोजते हुए कहा - छुट्टी क्यों नहीं चले जाते।

क्यों? मुबारक ने जैसे कुछ याद आ गया हो, यों चौंक कर पूछा।

सुलेमान ने मजे से बीड़ी सुलगाई, एक कश खींचा। फिर पैर पर पैर चढ़ा कर बोला - यों ही। यहाँ तो कोई रहा नहीं, मुबारक, कि घर याद आये, मौसी थी, वह भी मर गई। वह जो प्लेग आया था न? हाँ तुम्हारा तो जन्म हुआ ही नहीं था। प्लेग आया और मुबारक, सबको लील गया। तब से अपने अकेले राम सारी दुनिया घूम आये हैं। ऊपर आसमान में खुदा है और धरती पर मैं खुद हूँ। सुलेमान हठात् चुप हो गया। अँधेरे बैरक में जैसे वह कुछ खोज रहा हो।

चचा! हृदय की धड़कने सुनते हुए मुबारक ने पूछा।

मर गया चचा| एक धीमी आवाज में सुलेमान बोला - सब मर गये और मैं ही जिन्दा रहा| सुना तूने, मुबारक! मैं ही जिन्दा बचा| तुझे देखता हूँ तो लतीफ याद आ जाता है| हाँ, और क्या? वह छोकरा क्या था, मेरी नई ज़िन्दगी थी| मेरी जवानी थी| पर, पर हम तुम कर ही क्या सकते हैं| गाँठ निकली और खत्म?

मुबारक उठ बैठा - सरकार ने इन्तज़ाम किया होगा न?

इन्तज़ाम? सुलेमान ने यों ही उत्तर दिया - सरकार का नाम ही इन्तज़ाम है| सरकार का इन्तज़ाम वह, जिसमें खर्चा तो हो, पर इन्तज़ाम न हो| पर किस्मत के आगे सरकार को कोसना फ़िज़ूल है|

मुबारक ने कहा - किस्मत इन्सान ही तो बनाता है, चचा|

इन्सान! - मुबारक को एक भर्राई आवाज सुनाई दी|

इन्सान कहाँ है धरती पर बेटे, खुदा तो आसमान में जा छिपा और धरती पर मुनाफाखोर और जंगखोर रह गया| या तो मुनाफाखोर के लिए जीओ या फिर जंगखोर के लिये| जीना इन दो में से किसी एक के लिये है, मुबारक सो जा, ज्यादा बात फौजी नहीं करते| वे हुकुम सुनते हैं और बन्दूक चलाते हैं| मेरी मान, थोड़े दिन घर चला जा| फिर यकायक उत्ताल हँसी हँस कर चचा ने कहा - जवानी रंगीन परेशानी है|

रात के अजीब सन्नाटे में मुबारक बड़ी देर तक मन - ही - मन पुकारता रहा - दादा! अम्मा! .... और फिर पुकार एक रट में बदल गई - हुस्ना! मेरी जान हुस्ना!

मुबारक गाँव की सीमा में घुसा तो एक हलचल मच गई| पनघट पर पानी भरती हुई औरतें विस्फारित आँखों से देखती रहीं और बैलों की पूँछ मरोड़ कर उसे आगे धक्का मारने में व्यस्त गाड़ीवान सहसा जैसे रुक गया| ज़ुबेदा घड़ा यों ही छोड़ भागी और फरीद मियाँ के आँगन में ही जैसे बदहवास होकर चिल्लाई - अम्मा! अम्मा!!

हुस्ना बाहर निकल आई - क्या है री? क्या हुआ?

ज़ुबेदा ने स्नेह, ईर्ष्या और कुतूहलमय सुख के साथ कहा - हुआ तेरा सिर| बालम जी पधार रहे हैं|

हुस्ना झपटी - झूठी कहीं की| चुड़ैल, जब देखो तब ....|

.... कि द्वार पर मुबारक फौजी वर्दी में लैस एक मूर्ति की तरह खड़ा मिला|

ज़ुबेदा ने कहा - भैय्या, लो सम्भालो अपनी अमानत को| और हुस्ना के कान में फुसफुसाई - बैठी रहूँ क्या तेरे पास रात भर?

किंकर्तव्य विमूढ़, चकित और भ्रम - सहमी हुस्ना की बड़ी रसीली आँखों ने अमृत और विष से मिला हुआ कुछ जवाब दिया|

चाचा! ज़ुबेदा चिल्लाई - भैय्या आ गया|

मुबारक हिला, आगे बढ़ा| अम्मा के चरणों में झुका और फरीद मियाँ को फौजी सलाम मार कर बोला - आ गया हूँ| और अपनी मुस्कराहट में मगन उसकी दृष्टि हिली, उठी, डुली और हुस्ना के लाज़ भरे तेवरों पर लुट गई| फरीद मियाँ मानो अवतार हो, इस प्रकार चहचहा उठा - आज रात को होने दो जलसा| देखा, मैं कहता था न? पहाड़ मूरत बन कर आया है जवान की, चौधरी|

गाँव के चौराहे पर बड़े - बूढ़े, बच्चे सब इकट्ठे हुए| मुबारक का सम्मान होगा, पंचायत की ओर से|

सरपंच ने ऐलान किया - आखिर गाँव का बेटा है, फस्ट नम्बर 'रेडीजेंट', जवान हुआ है मुबारक| यह गाँव की इज्जत का सवाल है|

गाँव अपनी इज्जत के लिए मानो जुट गया| मियाँ फरीद ने सारे गाँव को दावत दी, पंचायत ने मान - पत्र दिया, जो रातोंरात उदयपुर से छपवा कर मँगवाया गया और नवयुवक मण्डल ने नाटक किया| यह तो टाइम का सवाल था, अन्यथा किसी न किसी मिनिस्टर को भी बुलाया जा सकता था| एम. एल. ए. ऐन मौके पर जयपुर चल दिये, जरूरी काम आ पड़ा| मुबारक ने मान - पत्र का जवाब दिया - .... मैं हिन्दुस्तान में मानता हूँ और मुझे ये झगड़े पसन्द नहीं हैं| हम जवान बहसों में विश्वास कम करते हैं| कवायद करते हैं और बन्दूक पर भरोसा करके चलते हैं| देश के लिए जान देने में फ़क्र मानते हैं| हुकुम के बन्दे हैं|

परन्तु हुस्ना के सामने जाकर मुबारक जैसे बदल गया| हुस्ना ने भी उस पर कम नहीं बिताई| मुबारक मनाते - मनाते थक गया, तब उसने कहा - सुन तो रही हूँ|

सुन तो रही है| मुँह फुला कर तो बैठी हुई है - जैसे मैं मरने जा रहा हूँ| मुबारक ने कहा|

मरें तुम्हारे दुश्मन| हुस्ना ने कहा - तुम्हारे पीछे सूख कर काँटा हो गई और आये तो लगे कलमुँही जबान बोलने| तुम्हें क्या? तुम्हारे तो फौज है, परेड है, बन्दूक है| पर मेरे क्या है?

हुस्ना रोने लगी तो मुबारक ने रंगीन रेशमी रुमाल निकाल कर उसकी आँखें पौंछते हुए कहा - रोती क्यों है? अब न जाऊँगा तुझसे कहे बगैर, बस|

बस! हुस्ना ने कहा - तुम्हारा कुछ गया! यहाँ आसरा देखते जुग - के - जुग बीत गये| तुम्हारे अलावा मेरा और कौन है?

खुदा है। मुबारक ने हठात् कहा।

तुम हो तो खुदा भी है। हुस्ना ने कहा और उसके पैर पकड़ लिये।

चाँद वृक्ष - घटाओं में छिप गया था, परन्तु चाँदनी बादलों से छन कर सारे गाँव में बरस रही थी। मन्द मौज भरी हवा चल रही थी और ऐसी शान्ति थी कि हृदय की धड़कने भी सुन पड़ती थीं। मुबारक ने हुस्ना को दोनों हाथों से खींच कर हृदय से लगा लिया - मेरी जान, मुझे और कुछ नहीं चाहिये।

ये पन्द्रह दिन यों बीत गये, जैसे पन्द्रह पलक।

एक दिन, दो दिन, तीन दिन, तीन हफ्ते, तीन महीने, तीन बरस, यों दिन बीतते गये। अपनी खुशियों और ग़मियों को लिये हुए समय बीतता रहता है। एक दिन रात को बैरक की खाट पर उचक कर उठ - बैठते हुए मुबारक ने चचा से पूछा - अच्छे दिन ठहरते क्यों नहीं?

चचा ने सिगरेट का कश खींच कर धुएँ का बादल बनाते हुए कहा - और क्या बुरे दिन ठहरते हैं? जवानी और वक्त कटे से कटता है। ठहरता नहीं। मुन्नी कितनी बड़ी हो गई, तेरी मुन्नी और हमारी बिटिया?

मुन्नी - एक सुन्दर निष्पाप छविमय आकृति मुबारक की आँखों में उठी, झूमी, लहरी और बिला गई।

मुन्नी! हाँ चाचा अब बड़ी हो गई है। फोटू दिखाऊँ?

हड़बड़ा कर तपाक से मुबारक ने अँधेरे में ही टटोला और खड़ा हो गया। टॉर्च की तीव्र रोशनी में फोटू जगमगा उठा और एक भोली, बड़ी, चमकीली आँखों वाली, कुछ मुस्कान, कुछ रुलाई लिये हुए छोटी नर्गिस का चेहरा दिखा। चाचा ने फोटू हाथ में लिया मानो सोने का पलना तोलता हो, यों फोटो हथेली पर रख कर कहा - या मेरे खुदा! तू है, मेरे मालिक! आँखें तो तेरी ही हैं, मुबारक।

मेरा खून है। मुबारक मानो चिल्लाया।

तेरा खून है, पर हुस्न तो माँ का है। खुदाबन्द करीम के पास चला गया ऐसा लगता है रे मुबारक। चाचा ने कहा।

बड़ी शैतान है चाचा। दिन - दिन गिने हैं, रात - रात जागते बिताई हैं हमने, इसको बड़ी करने में, और चाचा! दादा ने बिगाड़ रक्खा है।

बच्चे कभी बिगड़ते नहीं मूर्ख। बच्चे तो हमेशा खिलते हैं। चाचा ने कहा - जवानी बिगड़ती है, बुढ़ापा बिगड़ता है।

हाँ चाचा। मुबारक ने आहें भरी और रोम - रोम में पसर कर मानो बोला - बिगड़ जाने दो जमाने को और जवानी को। मेरी मुन्नी दूज के चाँद की तरह खिलती रहे, यह दुआ करो।

दुआ? पगले - चाचा के मन में ध्वनि - प्रतिध्वनि उठी - मुन्नी तो हमारी इबादत है, खुदा की और ख़िलक़त की अमानत है। तू तेरी फौज, बन्दूक, अकड़, दुःख और अरमान बिसर जाता है इस पाक चेहरे को देख कर! और मैं? मैं अपना बुढ़ापा, अपनी मौत भूल जाता हूँ। फिर हँस कर चाचा ने कहा - हिन्दुस्तान का तख्त ला दूँ, मुन्नी मुझे देता है?

चाचा। जान ले लो मगर .... मुबारक ठिठका खड़ा रहा।

मगर मुन्नी नहीं। चाचा ने कहा - अरे तो सहम क्या गया? हिन्दुस्तान का तख्त मेरे पास कहाँ रखा है? पागल है। चाचा उठ खड़ा हुआ और मुबारक की पीठ ठोक कर बोला - प्यार इन्सान के खून का रंग है। मुन्नी का बाप जब मेरे दिल में है, तब मुन्नी तो मेरी है ही। चाचा ने सिगरेट फैंकी नीचे, कुचली और आह भर कर कहा - मौत अपनी है बेटा, ज़िन्दगी नहीं।

चाचा सुलेमान मौत की फिक्र में और मुबारक ज़िन्दगी की तमन्नाओं में जैसे डूबे रहे, और रात का निश्चिन्त अँधेरा बीतता गया। चाचा सुलेमान सोते - सोते भी जाग रहा हो और मुबारक मुन्नी को जैसे ग़ैब से बुलाने का व्यर्थ मानसिक प्रयास करता रहा। जैसे प्रत्येक तारे से वह ताना - बाना इकट्ठा कर रहा हो और मन की आतुर प्यासी आँखों के सामने वह मुन्नी को बुन रहा हो। आधे क्षण में अँधेरे बादल की एक कतार मुन्नी की घनी काली जुल्फें बन गईं। उजाड़ पतझर में डुले हुए भँवरों की पंक्ति चली आई और मुन्नी की भँवें बन गईं। दो चमकते, अनजाने नक्षत्र गमक आये और मुन्नी की आँखें बन गये। जमाने भर के फूलों की पंखुड़ियाँ स्वयं ही मुन्नी का शरीर बनने लगी। अँधेरी रात में खुद में मगन गुलमोहर के छोटे पेड़ मुन्नी की टांगें हो गईं। यों मुन्नी मुबारक के मन से बनती गई, सारी सृष्टि का रूप लेकर, उम्मीद लेकर और मुबारक के सीने की धड़कने यकायक मुन्नी की किलकारी बन गये। नींद में ही मुबारक चिहुँका - मेरी मुन्नी! शैतान कहीं की।

मुन्नी के इस खुमार भरे सपने में मुबारक डूब गया। एक यन्त्र की तरह वह बन्दूक उठाता, पैर जमाता, चाल साधता, कड़क और कट्टर सलाम मारता। शरीर फौज के हवाले, मन मुन्नी के ख्याल में। फौज में एक हलचल आरम्भ हुई, पता नहीं क्यों? अखबारों की मामूली खबरें सुनाना बन्द हो गया। एक के बाद एक अफसर आने लगे। जिसे देखो, वह फुर्ती से और चौकसी से आने - जाने लगा। आँखों के इशारे बदल गये। हँसियाँ गायब हो गईं, और गम्भीर दृढ़ता का वातावरण सारी फौज पर छा गया।

चाचा? मुबारक ने साहस कर जैसे पूछा।

सुलेमान ने बिना कुछ कहे मुबारक को जैसे सिर से पैर तक देखा।

मुबारक ने बैरक को नजर में भर कर कहा - बात क्या है?

चाचा ने चुपचाप सिर हिलाया - हो क्या? ज़िन्दगी भर बन्दूक साफ ही करता रहेगा? कभी चला भी तो| तुझे स्टेनगन मिली कि नहीं?

स्टेनगन? क्यों? मुबारक ने पूछा|

चाचा मन्द - मन्द हँसा - लड़ाई के मोर्चे पर जवानी कसी जाती है और मौत को चूम कर ज़िन्दगी का प्यार सीखती है| समझा, जवान! तैयार हो जा|

मुबारक जैसे हमेशा से तैयार था, उसका रेशा - रेशा तैयारी में तना हुआ था| कैप्टिन ने एक सबेरे उसे बुला कर कहा - तुम घर जाना चाहते हो?

जी? मुबारक यों ही बोल गया|

तो दो दिन के लिए जा सकते हो| कैप्टिन ने कहा - वापस सीधे इस हुकुम के माफिक ड्यूटी पर पहुँचो, डिस्पर्स!

बे - हताश जब वह सुलेमान के पास पहुँचा तो चाचा बिस्तर बाँध रहा था| कमर से कुछ झुक, पके किन्तु मजबूत हाथों से रस्सी कसता हुआ सुलेमान बोला - चल, दो दिन तेरे साथ तेरे घर पर बिता दूँगा, मुबारक| इस कम्पनी से हम दोनों को छुट्टी|

पर, पर चाचा| मुबारक ने यों ही जैसे कहा|

सुलेमान तन कर खड़ा हो गया, म्लान हँस कर बोला - बेटे| मोर्चे पर हम दोनों भेजे जा रहे हैं| आज से तीसरे दिन गौहाटी भेज दिये जायेंगे और फिर वहाँ से किसी मोर्चे पर| जल्दी कर, वक्त नहीं है| फौजी के लिए मोर्चे का बुलावा खुदा का बुलावा है, मुबारक| घर जाने के ये दो दिन ज़िन्दगी के दो दिन मान कर दिये गये हैं| चल ये दो दिन तेरी मुन्नी के साथ बिता दूँगा| फिर आने दो मोर्चे पर किसी बहकी हुई गोली को मेरी धड़कनों को बन्द कर लेने दो|

मुबारक ने जल्दी - जल्दी सामान बाँधना शुरू किया - हाँ चाचा| चलो|

रास्ते भर सुलेमान चुपचाप बैठा रहा, मुबारक कभी इस पहलू पर, कभी उस पर| उसकी धड़कनों ने मानो पुकार की - मुन्नी! मुन्नी! मुन्नी!

बस ठहरी, तो चाय पीते - पीते एक पेसेंजर ने दूसरे से कहा - नेहरु जी गरजे तो हैं, देखें क्या होता है?

हिन्दुस्तान की चौकियाँ खाली करनी होंगी| चीन और पाकिस्तान तो कयामत तक झगड़ा करते रहेंगे क्या? दूसरे ने जवाब दिया|

तीसरा बोला - लड़े बिना चीन हिन्दुस्तान की जमीन नहीं छोड़ेगा| यह मुझसे ले लो|

चौथा बोला - अरे क्यों सिर खा रहे हैं आप लोग| यह तो कांग्रेस वालों की गप्पे हैं| वोट लेने हैं न? सो एक चिल्लपों मचा रही है| चीन और पाकिस्तान से हम निपट लें, इतनी ताकत है? हो तो मूँछें ऐंठो, समझे?

पाँचवा बोला - ताकत तो जवान की है| अंग्रेजों को हमने - जवान ने भगा दिया या नहीं? बोलिये?

पहला पेसेंजर कुछ हँसा, बोला - अंग्रेज तो बनिये थे, बनिये वहीं से राज सफेद टोपी को सौंप गये| खानाबदोश घर हाथ लगा था| पर चीनियों का मामला बनियों का मामला नहीं है| चीनी हिन्दुस्तान को परेशान करने पर तुले हुए हैं, मेरा ख्याल तो यही बनता है|

हठात् मुबारक जैसे अपनी सीट पर घूमा और बोला - कभी हिन्दुस्तान के जवान से भी बात पूछी है या नहीं - कि यों ही आपस में बातें करते रहे हैं आप लोग?

दूसरा जैसे थप्पड़ खाकर बोला - फौज में हो मर्द?

जी हाँ| मुबारक जैसे मन्त्रमुग्ध बोला - फौज में हूँ और मोर्चे पर जा रहा हूँ| चीनी बिना लड़े जमीन नहीं छोड़ेंगे, तो जवान अपनी हड्डियों की कटार बना कर उनके मगरूर सीने में भौंक देंगे - समझे! फालतू बातें कर हौंसला मत खराब करो| ताकत? - ताकत तो कौम के हौंसले में होती है जनाब|

पेसेंजर मुबारक का मुँह जैसे ताकने लग गये| मुबारक जैसे एक घुटता हुआ साँस हो, जैसे एक आग हो, जो नस - नस में भर गई हो और जो बिजली बन कर नसों के तार में रम रही हो| एक खामोश सपने से भरी खूनी खुमारी मुबारक की आँखों में भर गई थी| बस चली जा रही थी और जवान मुबारक जैसे किसी तूफान को अपनी पलकों से रोकने की कोशिश में सन्न बैठा हुआ था|

सुलेमान चाचा ने थोड़ा खाँसा और बीहड़ खामोशी तोड़ते हुए कहा - हरे - भरे खेत हैं, लबरेज़ कुएँ हैं, हुमसी हुई वृक्ष - घटायें हैं - खुला साफ तरोताज़ा आसमान है - हिन्दुस्तान की धरती है, हमारी धरती - खूबसूरत जवान, गमखोर हसीन यह हमारी धरती है, बेटे| तेरी कलाई में ताकत कितनी है?

मुबारक जैसे चौंक कर सपने से जागा हो - हैं, चाचा!

सुलेमान चाचा हँसा, है चाचा क्या? मैंने पूछा था तेरी कलाई में कितनी ताकत है, बेटे? देख यह हमारे गाँव हैं, यह हमारे पनघट हैं - हमारे घर, हमारे चूल्हा - चक्की हैं - हमारी बहू, बेटी, माँ और हमारे बच्चे हैं| ज़िन्दगी के ये ज़माने हमारी हिफ़ाज़त में पड़े हैं| सोने दो इनको पर तू बता तेरे दिल में हौंसला कितना है?

मुबारक चिल्लाया - हिन्दुस्तान जिन्दाबाद!

और बस मानो अटेंशन में ठहर गई|

गाँव की ओर जो गडार जाती थी, उसके नुक्कड़ पर टपरे में 'सुभाष होटल' चलता था| सुलेमान और मुबारक दोनों ही होटल के पास आकर खड़े हो गये|

मुबारक को देखते ही सुभाष होटल के प्रोप्राइटर ने कहा - लो ये आ गये हमारे जवान| सुनो, मुबारक भैया| इनकी मजेदार बातें तो सुनो| बैठो, आज स्पेशल चाय पिलाऊँगा| चीनिया बढ़ा आ रहा है| जागते रहो| हाँ, कूच का डंका बजने लगा है रे भाई|

सुलेमान चाचा और मुबारक डगमग बेंच पर बैठे| साइकल की सीट पर पेट दबाते हुए, लम्बे जबड़े को कुछ आगे धकेल, गोल - गोल आँखों में गुस्सा भर कर एक महाशय जी बोले - लड़ना ही था, तो हिन्दुस्तान के टुकड़े ही क्यों किये? हम तो तब भी मानते थे और आज भी मानते हैं कि कोई भाई - वाई नहीं है| सोने की थाली में रख कर तिब्बत नेहरु जी ने चाचा चाऊ को भेंट दे दिया| अब कहते हैं, हम गलती में थे, सपने में थे - धोखा खा गये|

मुबारक की आँखों की उभरती हुई ललाई ने देखा - जनसंघी!

एक लपके - झपके बालों वाले लाल टोपी पहने युवक ने नाक से धुँआ निकालते हुए मानो बेपरवाही से पूछा - चर्खा कहाँ चला गया है? पंचशील का चीरहरण तो रोकना ही पड़ेगा| हम कहते थे चाचा नेहरु से कि चीनियों का विश्वास मत करो| मत झुको - रुको| पर हमारी कौन सुने?

मुबारक के नथुने आप से आप फूले - प्रजा सोशलिस्ट!

साफा झुकाये बंकट मूँछों की ओर मानो देखते हुए एक ठाकुर घोड़ी पर बैठे हुए आ पहुँचे| खटाक् से नीचे उतरे और बोले - अब लेनी पड़ रही है इमदाद नेहरु जी की अमेरिका से| मामा ख्रुश्चेव ने भानेज भारत को पानी का गिलास भी नहीं दिया पीने को| भाई चीन और मित्र भारत| भाई की ही मदद होती है दुनिया में| जोरू यार की और जायदाद भाई की - कायदा है संसार का|

मुबारक के होंठ फड़फड़ाये - यह स्वतन्त्र!

सफेद टोपी पहने हुए एक खद्दरधारी से अब नहीं रहा गया| बोला - आप लोग इस समय गैर - जिम्मेदारी से क्यों बातें कर रहे हैं? चीन ने भारत की भूमि पर हमला बोला, तो हम - आप एक इंच जमीन के लिए लड़ेंगे| यह रहे हमारे जवान, पूछो इनसे| और फिर वह मुबारक की ओर टुकुर - टुकुर देखने लगा|

मुबारक मानो मूँछों में हँसा - यह है कांग्रेसी .... मन - ही - मन जैसे उसने खुद से कहा, परन्तु बोला - हम तो हुकुम की बन्दूकें हैं| दुश्मन को मार डालना या मर जाना हमारी ड्यूटी है, साहब|

सुलेमान चाचा ने कहा - फिक्र किस बात की है दोस्तों| हिन्दुस्तान में ऐसी कई आँधियाँ आई| इस चीन के तूफान को भी देख लेंगे| चीनी जानते नहीं कि हिन्दुस्तान की नदियों में हिन्दुस्तान की जनता का खून बहता है|

सुभाष होटल के मालिक ने कहा - मालिक! यह देश गद्दारों से दुखी है। गद्दार न हों तो सच कहता हूँ, इस देश की जवानी में कमी नहीं रही।

सुलेमान चाचा ने चाय पीते हुए कहा - कमी तो हिन्दुस्तान के किस्मत में रही। पर अब अपनी किस्मत बनाने के लिए खुदा की आवाज पड़ रही है। फिर उपस्थित मण्डली को तर्जनी से मानो भेदते हुए चाचा ने कहा - एक हो जाओ, मुर्दों! और जिन्दा हो जाओ। मुर्दे लिहाफ में रहते हैं, जिन्दा कफ़न में। चीनी दरिन्दे आ जो रहे हैं ....।

हुस्ना मुबारक की छाती पर सिर रख कर रोती रही - कल तो नहीं जाने दूँगी। अभी आये चौबीस घण्टे ही तो हुए हैं।

मुबारक ने उसके रेशमी घने काले बालों में अपनी उँगलियाँ उलझाते हुए मानो कुछ कहना चाहा, परन्तु कोठरी का अँधेरा उसे यकायक घेर गया। हुस्ना के बालों को जैसे वह अँधेरे में खोजने लगा। सटी हुई उसकी साँस - साँस में रम जाने की कोशिश करती हुई हुस्ना के आँसू उसकी छाती के बालों को भिगोते रहे। हिमालय की घाटियाँ कोठरी के अँधेरे में जैसे उसकी आँखों के सामने तिर आईं, और घने बालों में एक हसीन चाँद छिप गया।

रो मत तू! कहता हुआ मुबारक मानो उठ बैठा - मुझे जाना ही होगा। रो मत! तेरे आँसू देखूँ या हिमालय की चोटियाँ टटोलूँ? फ्रंट का यह बुलावा वतन की पुकार है - दो दिन और रहूँगा तेरे पास तो मक्खन का बन जाऊँगा।

फिर उठ कर आप - से - आप वह बोला - औरत!

औरत! - हुस्ना ने अँधेरे में ही जैसे आवाज से मुबारक को तोला।

हाँ, औरत! तो क्या मेरे दिल नहीं है? तन नहीं है? अरमान नहीं है? सुहाग नहीं है? है, है, है। बोली - तो जाओ, अभी चले जाओ। आये ही क्यों थे?

मुबारक चारपाई पर आ बैठा। हाँ, तब आया ही क्यों था? फ्रंट पर जाना था, तो फिर घर आया ही क्यों था? चुपचाप वह बैठा - बैठा विचार - शून्य सा मानो सोचता रहा। हठात् वह बोला - मुन्नी की खबर रखना! सुना?

हुस्ना के हाथ मुबारक की कमर पर सहसा कसने लगे - अच्छा।

उसको तकलीफ मत होने देना।

हुस्ना का मुँह उसके पहलू में उलझने लगा - अच्छा।

वह जो माँगे, देना। नहीं तो वापस आकर तेरी खबर ले लूँगा!

हुस्ना ने सहसा उसे अपने सीने की ओर खींचा - अच्छा! अच्छा! अब सो जाओ।

सबेरे - ही - सबेरे मुबारक और सुलेमान चल दिये| दिन भर एक उदास हवा के झोंके - सी हुस्ना घर का काम करती रही| मियाँ फरीद जब शाम को पास के मेले से लौटे तो मुन्नी दौड़ी हुई हुस्ना के पास आई - अम्मी!

और हुस्ना ने उसे सिर से पैर तक देखते हुए पूछा - क्या है? हल्ला क्यों मचा रही है?

मुन्नी उसकी गरदन से मानो झूम गई - मेले में बड़ा मजा आया, अम्मी! चकडोले की सैर का क्या कहूँ अम्मी, कभी धरती पर तो कभी आसमान में|

टिमटिमी जलाते हुए हुस्ना ने अपनी बेटी को देखा और उसकी बातें सुनती रही| मुन्नी रेवड़ी खाती जाती और रुक - रुक कर अपनी कहानी कहती जाती| सहसा मुन्नी ने पूछा - अम्मी! मेले में कुछ लोग कहते थे कि लड़ाई छिड़ गई है| यह चीन कहाँ है, अम्मी?

मुझे नहीं मालूम|

समुन्दर में है| समुन्दर में चीन हो तो मैं सूरज से कहूँगी वह अपनी धूप गरम - गरम करके चीन के माथे पर उँडेल दे| चीन जल कर खाक हो जायगा| है न अम्मी|

हाँ|

और अगर चीन पहाड़ पर है तो मैं अब्बा से कहूँगी, गोली ताक कर ऐसी मारो कि चील लड़खड़ा कर गिर पड़े| है न अम्मी!

हाँ|

मैं बड़ी हो जाऊँगी न - तब, अम्मा मैं भी चीनियों से लड़ने जाऊँगी अब्बा की तरह| है न अम्मी!

अभी बड़ी तो हो जा| हुस्ना ने मानो सिर से पैर तक काँप कर कहा - लड़ने जायगी! पढ़ने जा - पढ़ने|

मुन्नी को बात समझ में आ गई| वह पढ़ने जायगी, बडी होगी, और चीनियों से लड़ने जायगी| गाँव भर के लड़के - लड़कियों में जब मौका मिलता, मुन्नी कहने से नहीं चूकती - अब्बा लड़ाई में गये हैं - एक - एक गोली से सात - सात चीनियों को मार रहे हैं, अब्बा| मैं भी बड़ी हो जाऊँगी, तब लड़ाई में जाऊँगी|

हम भी जायेगें| लड़कों के आते - जाते झुण्ड से आवाज़ें उठतीं| रातोंरात जैसे गाँव की, पड़ौस की, सारे देश की हवा बदल गई| सरकार ने हाथ पसार कर कहा - धन दो| और चारों ओर से धन की वर्षा होने लगी| सरकार ने कहा - सोना दो| - और सोने की छोटी - छोटी पहाड़ियाँ उभर आने लगीं| सरकार ने कहा - देश की रक्षा के लिए हथियार उठाओ| और जगह - जगह लोग राइफलों के लिए मचलने लगे| हिमालय से

आवाज उठी - मैं हिमालय - गर्दिश, मैं हूँ| और हजारों लाखों जवान बर्फीले तूफान में जय हिन्द की पुकार करते हुए आगे बढ़े| यकायक अँधेरी रात को चीनियों ने सीमा पर हमला बोल दिया, परन्तु हिमालय का प्रहरी, देश का जवान, सीना तान कर गोलियाँ झेलता रहा| कट गया, पर पीछे नहीं हटा| हिमालय के पवित्र, स्वच्छ बर्फ में भारत का खून पहली बार मिला और चीनी दरिन्दों की तोपों की आग से वह जैसे पिघलने लगा| सदियों से छाई उस शान्ति में जहाँ कातर मानव - सपने थक कर सो जाया करते थे, जहाँ मन की, आत्मा की, प्राणों की सभी कोशिशें बेकार होकर एक स्वछन्द प्रसन्नता में बदल जाती थी| जहाँ इन्सान अपना देवत्व पा जाने की उम्मीद में संसार छोड़ कर, आया करता था, वहाँ उस स्वर्गिक शान्ति के मनोरम्य में तोपों की आग पागल की तरह बेतहाशा लपकने लगी| संसार भौंचक्का रह गया| आदर्शवाद की बहसें खत्म हो गईं| सब वाद - विवाद समाप्त हो गये और एक खूनी समाँ में दुनिया अपने समूचे इतिहास को उस तरह देखने लगी, मानो कोई अपने प्रिय के शव को देखे| चीनी - दरिन्दों ने भारतीय जवानों की हड्डियों से साम्यवाद की कबर खोद दी और हिम्मत के साथ भारतीय जवानों की युद्ध - चिल्लाहटों ने, नई शताब्दियों को जीवन के नये दर्शन को आमन्त्रण दिया| अपने खून से संसार के नागरिकों के लिए नये मार्ग रंग दिये| मुबारक मोर्चे पर, घर, बाहर, स्वर्ग - नर्क भूल कर लड़ने लगा| उसमें हिमालय की नदियों का पानी खून बन कर बहने लगा और भारत की अचल धरती एक तूफानी वेग बन कर उसके व्यूह - चपल पैरों में समा गई|

खाई में तरबतर मुबारक ने सुलेमान चाचा से पूछा - पीछे कब तक हटेंगे हम लोग, चचा?

जब तक आगे बढ़ने का मौका न मिले|

चीनी यों नहीं मानेंगे, चचा| मुबारक ने कहा|

चीनियों को मनवाना नहीं है, बेटा| उनको मारना है| उनके पास धरती की कमी थी, जो हिन्दुस्तान की धरती पर आ पड़े? दुनिया के गद्दारों को देखना हो तो कोई इन चीनियों को देखे| इन्सानियत के जिन्दा भूत हैं ये मुबारक|

इनको अपनी ताकत का घमण्ड है, चचा|

घमण्ड किसी का नहीं टिका, इसलिये खुदा सब कुछ करता है, घमण्ड नहीं करता| चाचा ने कहा|

नेफा में किसी बीहड़ स्थान पर खाइयों में चौकसी करते हुए और दुश्मनों का मुकाबिला करने के लिए पत्तों की मर्मर से भी सजग रहने वाले बाहोश जवानों में मुबारक और चाचा सुलेमान भी थे| चारों और दूर दूर तक सफेदी और हिमालय की मरोड़ खाती हुई उत्तुंग चोटियाँ थीं और थी अजीब पर ज़िन्दगी और मौत से भरी हुई खामोशी| प्रत्येक पल चीनी दरिन्दों के हमले की शंका थी, जो हर जवान के सामने

खड़ी हुई थी मानो। अब हथियार आ गये थे, हथगोले आ गये थे और रसद की पंक्तियाँ सड़कों पर दौड़ रही थी। परन्तु कहीं भी शोरगुल न था, हड़फड़ या हड़बड़ाहट नहीं थी। एक अजीब चुपचापी में लोहानी संकल्प को लिए हुए हर जवान हिमालय के प्रहरी की भाँति अपनी जगह था।

और उसकी यह जगह या तो फ़तह थी अथवा मौत थी।

मुबारक ने कुछ सोचते हुए कहा - चचा। दुनिया में क्या खून बहाये बिना झगड़े दूर नहीं हो सकते?

सुलेमान थोड़ा मुस्कराया - मूरख! यह दुनिया है, जन्नत नहीं।

पर हमें इस दुनिया को जन्नत बनाना है, चचा। मुबारक बोला।

तो इस दुनिया में अमन और चैन के सपनों को अपना खून पिला बन्दे। सुलेमान ने सिर धुन कर कहा।

कि तूफान यकायक आने लगा। इन वीरान बर्फीली घाटियों में जहाँ पहाड़ी झरने नंगे होकर नहाया करते और अपना गीत अलमस्त होकर गाया करते हैं, जहाँ नदियाँ लाज़ छोड़ कर बहा करती हैं और स्वर्गीय यौवन एवं आर - पार सौन्दर्य को बिखेरा करती हैं - पागल प्रेमी की भाँति बर्फीले तूफ़ान अचानक मँडरा जाते हैं! बर्फ की यह आँधी जवानों के दिल की धड़कनों से टकरा कर हिमालय के पहलूओं को कँपाती रही और रणभूमि पर आसमान अपने पैर पटकता रहा। मुबारक मानो चिल्लाया - मुन्नी!

तूफान से एक लोरी उठी - मुन्नी।

सुलेमान उत्ताल हँसा - सँभल, हमला हुआ ही समझ?

तूफान लहरा कर निकल गया और चीनी दरिन्दों की आगे बढ़ती हुई बटालियन दिखी। नाटा कद के बख्तरबन्द लपकते हुए ये दरिन्दे हिमालय की शान्ति को तोड़ते हुए चले आ रहे थे। हुँकार के साथ खाईयाँ खुली और भारतीय जवान लपके। सधे व्यूह - बँधे टलते, मुड़ते, पेंतरा बदलते और चीनियों को चारों ओर से घेरने के लिए जगह देते हुए भारतीय वीर आगे बढ़े। एक प्रचण्ड पुकार सदियों से शिव की समाधि तोड़ती हुई उठी - भारत माता की जय!

जय! भारत माता की जय! सदियों से रमणीय शान्ति में रमे हुए भारतीय सीमान्त में एक भयंकर हलचल मच गई। खूनी हाहाकार उठा और गिरते - पड़ते, धँसते जिन्दा शरीरों की लाशों से टकरा कर आसमान में बिला गया। टिड्डी दल की तरह चीनियों के झुण्ड आग की बेतहाशा लपटों की तरह झूमते बढ़े आ रहे थे और भारतीय जवानों की राइफलें चल रही थीं। हथगोले पागल की भाँति गमके, दमके, आसमान में उछल कर चौकी के पास इधर - उधर फट रहे थे। चौकी चकना चूर हो रही थी, परन्तु मुबारक जैसे अपनी बन्दूक में बसा बैठा था। सुलेमान चाचा गोलियों की खूनी आँख - मिचौनी

खेल रहा था| और सामने मशीन गनों की गोलियाँ अपने आप प्रचण्ड बौछार में आ रही थीं| दिन ढला जा रहा था| संध्या उदास धूँधल बिछाये कलमुँही रात की मानो प्रतीक्षा कर रही थी| हिमालय में भारत लड़ रहा था - चीन हमला कर रहा था और मौत आगे चारों ओर चीत्कार करती हुई मानो बेतहाशा ताण्डव कर रही थी| एक हमला, दूसरा हमला, तीसरा हमला पर चीनी जैसे रक्तबीज की तरह अनगिन होते जा रहे थे|

चाचा! मुबारक ने दाँत पीसे - यों न चलेगा| यहाँ तो गोलियाँ खत्म| हरामजादे, यों नहीं मानेंगे|

मुबारक उठा, लपका और जैसे आसमान में उछल कर बिखर गया| धरती पर पड़ा तो चीनियों के धँसते पैरों में अटक गया| रायफल की नली लगती गई कि मुबारक को मशीन गन के साथ गिरता पड़ता एक चीनी दरिन्दा पास ही दिखा - अल्लाह, तेरा शुक्र!

मशीन गन गेंद की तरह झेल कर मुबारक ने संहार शुरू किया| चीनियों की लाशें टूटी हुई दीवार की ईंटों की तरह बिछ गईं| अँधेरा हो गया और मौत थक कर मानो सोने लगी|

मुबारक की बेहोशी टूटी तो उसे जैसे अस्पताल का पलंग दिखा| एक चुपचाप हलचल से सैनिक अस्पताल पूर्ण था| खद्दर की कड़कदार टोपी पहिने अफसरों से घिरा कोई था, पास ही खड़ा हुआ| मुबारक को लगा जैसे उसमें जान है ही नहीं| एक जलन है - दर्द ही दर्द है| उसे लगा कोई उसका नाम ले रहा है| एक सपना - सा उसे लगा और पुनः अँधेरा छा गया - एक अजीब विस्मृति ने उसे घेरना शुरू किया|

मुन्नी! उसकी रग - रग से हड्डियाँ बज कर एक आवाज निकली|

शाबाश, जवान! वतन को तुम पर नाज़ है| मुबारक ने मानो बहुत दूर क्षितिज के उस पार किसी की आवाज़ सुनी| पर उसका मन, उसका रोम - रोम, ऊसके प्राण उसकी धड़कनों द्वारा चीख रहे थे, हुस्ना! - मेरी मुन्नी!

अँधेरा - गहरा, गहन, सजीव बेहोशी परन्तु चेतना से परिपूर्ण और मुबारक पुनः अचेत हो गया| गाँव की सीमा पर सारा गाँव खड़ा था और उसके गाँव के लोगों के अलावा भी लोग थे - सैकड़ों, हाँ - हजारों! आगे कुछ खद्दरधारी थे, अफ़सर थे| मुबारक चाचा का सहारा लेकर सैनिक जीप से उतरा तो गाँव के बाजे बज उठे| तहसील पंचायत के प्रधान जी लपक कर आये और उसे बाथ में भर लिया| एम. एल. ए. ने पीठ थपथपाई और खद्दर की माला पहनाई| पंचों और सरपंचों ने मालाओं से उसे लाद दिया| फरीद मियाँ आँखों में आँसू भरे पूरे शरीर में काँपते हुए आगे आये - मुबारक! बेटा! खानदान के खानदान तार दिये| हर अखबार में तेरी तस्वीर! खुदा, तुझे और बरकत दे बेटा!

मुबारक ने फरीद मियाँ के पाँव छुए तो लोगों ने फूलों से उसे ढक दिया| फरीद मियाँ ने उसे उठा लिया, कस कर छाती से लगा कर बोला - यह वतन के लिए भेंट है,

लोगों| इसने वतन की आबरू के लिए लहू बहाया और हिन्दुस्तान का सिर ऊँचा किया है| खुदावन्द, मुझे अब क्या चाहिये! तेरा बहिश्त तेरे पास रख|

मंच पर प्रधान जी ने कहा - जवान मुबारक जैसे भारत माँ के पूत हैं, तब चिन्ता क्या है? एम. एल. ए. ने कहा - मुबारक भारतवर्ष के जवानों की हिम्मत और बहादुरी का नमूना है| सरपंच साहब बोले - आज गाँव भारतवर्ष में नमूना हो गया| लोगों ने कहा - हमारे सिर गर्व से ऊँचे हो गये और हमेशा ऊँचे बने रहेंगे|

कीर्ति की यह वर्षा होती रही| हजारों आँखें मुबारक को देखती रहीं और मुबारक दिग्मूढ़ - सा हजारों चेहरे देखता रहा| हाथ में दर्द हो रहा था, पाँव में दर्द रेंग रहा था परन्तु दिल में एक सियापा छाया हुआ था| उठा, बोला - हमें हथियार दो और देश के दुश्मनों के अनगिनत सिर ले लो| हम गंगोजमुन को दुश्मन के खून से भर देंगे| मेरा इतना स्वागत क्यों करते हैं आप लोग? भारत - माँ की आजादी और उसकी शान के लिए ये घाव काफी नहीं है| मेरे जैसे लाखों सिर चाहिये - लाखों!

तालियों की गड़गड़ाहट और भारत माता की जय की लहरें लेते हुए जयघोष में मुबारक का काँपता हुआ स्वर डूब गया| अभिमान और हर्ष से पागल नर - नारियों के हुज़ूम में मुबारक की दृष्टि घूमी| हुस्ना! मुन्नी! खोई हुई निराश दृष्टि लौट आई और लोगों की आशा और आशंका से पूर्ण दृष्टियों में समा गई| सुलेमान चाचा जैसे समझ गये, कान के पास मुँह ले जाकर बोला - मुन्नी बीमार है बेटा, अभी घर पहुँच जाते हैं|

बिना बोले जैसे चौंक कर, आघात खाकर मुबारक ने चाचा सुलेमान की ओर देखा| आँखों ने पूछा - मुन्नी? मुन्नी बीमार है? फरीद मियाँ ने कहा - गुजराती हो गया है, मुबारक|

गुजराती? मुन्नी बीमार है? गले में पड़ी हुई फूल - मालायें जैसे यकायक झुलस गईं| बेतहाशा आगे - आगे मुबारक, पीछे - पीछे सुलेमान चाचा - कुछ ठसकते हुए फरीद मियाँ| बरेली के किवाड़ों को ठोकर मार कर मुबारक अन्दर धँसा और आँगन में ठिठक कर खड़ा हो गया - मुन्नी!

अँधेरी कोठरी में मटमैले बिस्तर पर पड़ी मुन्नी बेहोशी में ही जैसे बोली - अब्बा!

पास बैठी हुई हुस्ना जैसे सिर से पैर तक जाग उठी| मुबारक अन्दर आया और अपलक मुन्नी को देखता हुआ खड़ा रहा उसके रोम - रोम से एक आवाज सिहरती हुई आती और वापस लौट जाया करती थी - मुन्नी! मेरी बिटिया| या मेरे खुदा!

खुदा का नूर जैसे मुन्नी पर निछावर हो चुका था| मुबारक मुन्नी पर जैसे ढल गया - मेरी बिटिया, मेरी नन्ही - सी जान| यह तुझे क्या हो गया है?

मुन्नी को कलेजे से लगाये मुबारक बन्द आँखों से रोता रहा और उसकी साँसे खुदा की दुआयें माँगती रहीं - चुपचाप!

मुबारक दिन और दुनिया दोनों ही भूल गया| एक हफ्ता मुबारक ने रात - दिन एक करके काटा| वैद्य लाया, डॉक्टर लाया, भोपा लाया| उन सबको लाया - बड़े सबेरे, दिन में, संध्या को, रात को, आधी रात को जिन्होंने कुछ करने की हिकमत दिखाई| जिसने भी मुन्नी की नन्हीं - सी जान को बचाने की उम्मीद दिलाई, उसी को मुबारक जैसे पीठ पर लाद कर ले आया|

पर दिन और रात की लौटा - फेरी होती रही और मुन्नी का एक - एक साँस विधाता गिनता रहा| समय बीतता रहा और उम्मीद की हिम्मत टूटती रही| दीपक की नन्हीं - सी लौ साँस के तूफान में काँपा की और मुन्नी की काया में ज़िन्दगी ने मौत से मानो अन्तिम मोर्चा सम्भाला| शहर से मशहूर हकीम साहब आये और मुन्नी को देख ही रहे थे कि ग़ैब से अदृश्य फरिश्ते आये और मुन्नी को ले गये| अन्तिम साँस का हिसाब किस्मत को देकर मुन्नी कयामत के दिन तक सोने के लिए चल दी|

मुन्नी के हलक में हल्की - सी हिचकी आई और मौत ने ज़िन्दगी को हटा दिया| सन्नाटा!

रात भर अजीब सन्नाटा मुन्नी की लाश पर बलैया लेता रहा और मुबारक बेहोश हुस्ना को अपलक देखता हुआ बैठा रहा| फरीद मियाँ आसमान के सितारों को देखते हुए जागते रहे और चाचा सुलेमान धड़कते हुए दिल से खुदा को याद करता रहा| मौत ने संसार और उसके सुख का सार निकाल कर, सभी एकत्र जिन्दा इन्सानों के सामने रख दिया| उस बे - लगाम चुपचापी में सब कुछ शान्त होकर समा गया - केवल मनुष्य का शोकाकुल दिल धड़कता रहा|

मुँहजोही जब हुई तो मुबारक की माँ मुबारक के पास आई और बोली - मुबारक! उठ, सवेरा होने लगा है|

पत्थर की मूरत मुबारक ने जैसे सुना ही नहीं| मुबारक बैठा ही रहा और देखता रहा - देखता रहा कि सुलेमान चाचा, मियाँ फरीद, काज़ी, और लोग आ रहे हैं - जा रहे हैं| कुछ कर रहे हैं| किवाड़ के पीछे एक तस्वीर - सी हुस्ना खड़ी थी| मुबारक देखता रहा कि मुन्नी की लाश कफ़न में लपेटी जा रही है|

कफ़न! मौत! एक झटका मुबारक को लगा| एक अँधेरा उसकी आँखों में झूमा और जैसे एक और गोली उसके सीने में लगी| कफ़न में लपेटी हुई मुन्नी की लाश को कुछ हाथों ने जैसे उठाना चाहा| उधर हुस्ना छाती और माथा पीट कर धरती पर गिर पड़ी और इधर मुबारक जैसे नींद से जागा हो, यों उठ खड़ा हुआ - नहीं! चाचा नहीं!

सुलेमान चाचा ने कफ़न में लिपटी मुन्नी की लाश को स्वतः ही जैसे कलेजे से लगाया और भरे हुए कण्ठ से बोले - मुबारक बेटे! होश सम्भाल|

मुबारक ने जैसे झपट कर सुलेमान चाचा के हाथों से मुन्नी की लाश छीनने का प्रयास किया, बोला - मैं खुदा से लड़ूँगा| मेरी मुन्नी को वह ले जा नहीं सकता| चाचा, नहीं!

मुबारक ने मुन्नी की लाश अपने बाहुओं में भरी और बेताब उसे चूमने लगा - नहीं, मेरी बिटिया, तू - तू मुझे और तेरी अम्मी को छोड़ कर नहीं जा सकती| नहीं, नहीं - नहीं!!

मियाँ फरीद पास आये, मुबारक को थामते हुए बोले - बहादुर सिपाही होकर अल्लाह को उलाहना दे रहा है| थाम खुदा को| दुनिया क्या कहेगी, हिम्मत रख!

क़ाज़ी ने कहा - खुदा देता है और वही वापस भी ले लेता है| खुदा से हमारा तनाज़ा नहीं हो सकता| वह खलक का मालिक है|

मुबारक ने सब को, एक - एक को, सिर से पैर तक घूर कर देखा और बोला - सच है तब, ज़िन्दगी और मौत का हक़ खुदा का ही है| इन्सान को मारने की सजा खुदा ने तब मुझे दे दी है - मेरी मुन्नी मुझ से छीन कर| अब मैं जीऊँगा कैसे चाचा?

सुलेमान चाचा ने मुबारक को जैसे बाहुओं में भर लिया और आँसुओं को पी जाते हुए बोला - खुदा किसी को भी सजा नहीं देता| अपनी चीज वापस ले लेता है| वह हमें भी बुला कर कयामत तक मौत की नींद सुला देगा और एक दिन अपने नूर में मिला लेगा| बहादुर मौत से भागते नहीं, उसका सामना करते हैं, जिन्दा रह कर|

मुबारक ने अपने बाहुओं में भरी मुन्नी की लाश को देखा और बोला - मुन्नी! जा, तू जा खुदा के पास और कहना, कहना कि तेरा बाप जालिम था - खूनी था| इन्सान को मारता था और तू इसीलिये उससे नाराज हो गई और ....

.... कि हुस्ना किवाड़ के पीछे से बोली - लाश को दफ़न के लिए ले चलो| लाश के साथ यह खिलवाड़ कैसा है? सुनो, मुन्नी को नौ महीने मैंने अपने पेट में रखा है| मैं जानती हूँ वह खुदा की प्यारी थी| यह रोना तो ज़िन्दगी भर होता रहेगा पर जो खुदा के पास गया है, उसकी मिट्टी खराब मत करो|

एक बिजली जैसे झबकी और मुबारक ने देखा, हुस्ना, कोई ग़ैब की आवाज बोल रही है| एक जादू से वह बन्ध गया और मुन्नी की लाश को बाहुओं में थामे सिर झुका कर आगे हो गया| कोठरी से बाहर पैर रखा था, बन्दूक पैरों में आई, कस कर एक ठोकर मार कर मुबारक ने बन्दूक आँगन में फैंक दी, बोला - गहरा खड्डा कर गाड़ दो - इस बन्दूक को|

सुलेमान चाचा ने ठुकराई हुई बन्दूक उठा ली और बोले - सिपाही, खुदा और बन्दूक को हमेशा सिर झुकाता आ रहा है मुबारक!

भीड़ के सामने मुबारक सहसा ठहर गया, बोला - खुदा को मैंने देखा नहीं सुलेमान चाचा| वह मेरे दिल में छिपा बैठा है| पर जब यह दुनिया उसकी है, उसी की मर्जी से हम हैं, तब मैं खून क्यों बहाऊँ? मैं क्यों मारूँ? इस बन्दूक से मैंने देश के सैकड़ों दुश्मनों को मारा है| देश की रक्षा के लिए बन्दूक काम आई, पर मुन्नी को मैं बचा नहीं सका| वह बन्दूक किस काम की जो मौत से इन्सान को बचा नहीं सकती|

सुलेमान चाचा ने कहा - पागल! मौत से इन्सान को केवल खुदा का फ़जल और क़ुरान बचा सकते हैं|

मुबारक ने सिर धुना - हाँ, हाँ चाचा|

कफ़न में लिपटी मुन्नी की लाश को धरती में गाड़ने ने लिए ले जाती हुई वह मण्डली हिली और कब्रिस्तान की ओर बढ़ी| फूट - फूट कर रोता हुआ मुबारक आगे - आगे था और सारा गाँव पीछे - पीछे| मुन्नी के निर्जीव, पर शान्त चेहरे की, उसकी अधखुली - सी गहरी निष्प्राण आँखों को मुबारक देखता जाता था, और उसके दिल पर एक बिजली टूटती जाती थी| एक हुज़ूम इकट्ठा हो गया और एक जुलूस बन गया आप से आप| मुन्नी मुबारक और हुस्ना ही की बेटी नहीं थी, वह गाँव की बिटिया थी, जो सबकी थी| वह गाँव के चौराहे के मन्दिर में जाकर प्रसाद पाती थी, वह मस्जिद में जाकर इबादत में शरीक होती थी| हर किसी के खेत में वह काम में हाथ बटाने लगती| मुन्नी से किसी को भी कोई परहेज़ न था| मुन्नी सारे गाँव की प्रसन्नता थी, प्यार थी - बस, मुन्नी गाँव की मुनिया थी|

कब्र पर मिट्टी बिछा कर मुबारक और लोगों के साथ उठा और आसमान की ओर देख कर बोला - खुदावन्द! मुझे मुआफ़ कर| तेरी चीज को मैं अपना मानता रहा| यह, यह मेरी भूल थी|

बेतहाशा - सा वह चलने लगा कब्रिस्तान से घर की ओर - गाँव की ओर| सीमान्त का वीरवर, देश का लाड़ला जवान, कई मोर्चों का धीर - वीर,गाँव और समाज का राष्ट्रवीर मुबारक लम्बे - लम्बे डग भरता हुआ चलने लगा और सूरज के प्रखर होते हुए प्रकाश में आँखों से बहते हुए उसके आँसू तेज एक धार से लगने लगे| लोग तेज रफ्तार से चलते हुए मुबारक के पीछे जैसे भागने लगे| सुलेमान चाचा ने दौड़ कर जैसे मुबारक को रोका - मुबारक!

हूँ| मुबारक का पाँव आगे पड़ा|

सुन तो! सुलेमान चाचा एक डग और भागे|

हूँ| मुबारक और तेज हुआ|

यों - यों क्या भाग रहा है, मुबारक? चाचा चिल्लाये|

अट्टहास के साथ मुबारक ठहर गया, सिर धुन कर बोला - कितना अहमक था मैं चाचा जब दिल का प्यार, सुख और इन्सान की ज़िन्दगी, मैं बन्दूक से बचा नहीं सकता, तब, तब फिर यह बन्दूक किस काम की?

16
मियाँ हाफ़िज की मौत

तारीख २० जनवरी, ६९ का दिन सृष्टि के समय - क्रम में गुजर गया है, पर वह दिन मेरे दिल में मानो गहरा गड़ गया है| यों तो प्रत्येक पल चुपचाप आता और बरबस मानो चला जाता है, परन्तु २० जनवरी ६९ का दिन स्मृति से हटता नहीं| जिद्दी दर्द के लिए वह सारा दिन जैसे जीवन का पाठ हो गया हो| असीम सृष्टि के अनन्त दिवसों में दिन काल के रंगमंच पर अनेक नाटक करते हुए आते हैं और गहन अथाह मौन में समा जाते हैं, केवल इन्सान का दिल ही जानता है कि कौन दिन कैसा था? मनुष्य नहीं, उसका दिन ही जीता है| 'दिनमान' विधाता का जीवन और मृत्यु के नाप को करना तथा मानना होगा|

तारीख २० जनवरी ६९ को राजस्थान विद्यापीठ - कुल - संसद का अधिवेशन हो रहा था| प्रस्ताव, प्रस्तुतीकरण, बहस, हाँ और ना की ध्वनियाँ होती जा रही थीं - कड़वी, कटु, तीखी आलोचना| मुझे ऐसा लगा कि मक्खन लगाये हुए छोटे - छोटे पत्थर सिर पर पड़ रहे हैं| विरोध भगवान् को भी अच्छा नहीं लगता| प्रशंसा दिल खोल कर की जाती है और खिली हुई बाँछों से सुनी जाती है| विरोध भींचे हुए होठों और भ्रूभंगो की परेशान सिलवटों द्वारा ही सुना जता है| घटा हुआ, मखमली म्यान में सत्ता की तलवार लिए हुए राजवीर मुस्करा कर भी, विरोध सुन लेता है, पर विरोधी की दुर्गति चुपचाप शुरू हो जाती है| सत्ताधीश को विरोध भाता नहीं, वह उसे सह लेता है| तो मैंने भी सुना, सहा|

टेलीफोन - मैं उठा और सदन के बाहर टेलीफोन सरकाने चला| एक महाशय लपक कर मेरे पास आये| घबराई हुई आँखों में मुझे भरते हुए बोले - हाफ़िज़ भाई की मौत हो गई|

मेरे अन्तरतम की समस्त चेतना जैसे धक्का खाकर लड़खड़ाई - क्या?

उसने कहा - जी| कल रात जयपुर से आते हुए हाफ़िज़ मियाँ का हार्ट फैल हो गया, किशनगढ़ पर| अभी - अभी शव स्टेशन से घर ले गये हैं|

मैंने स्तब्ध आँखों से उसको देखा| हठात् सकपकाया, सहमा - सा मैं सदन में गया, अपनी कुर्सी पर बैठा| अपने निजी सचिव को इशारे से बुलाया, उसके कान में कहा - बाहर जो वह महाशय खड़े हैं, उनसे सारी बात नोट कर लाओ|

मेरा निजी सचिव एक घड़ी के समान है| बुद्धि की चाबी भरे बिना उसके दिमाग के काँटे सही - सही चलते नहीं| नियमित समय पर तबियत से उसमें चुपचाप चाबी भरनी पड़ती है| निष्ठावान, संस्था के लिए जी जलाने वाला यह कुटुम्बी, मेरा सचिव अब कुछ ख्याति भी पाने लगा है| इसे अपनी पत्नी तो पसन्द है, परन्तु उसके हाथ की सब्जी उसे तनिक भी पसन्द नहीं| अपनी सब्जी वह खुद बनाता है और बढ़िया ज़ायकेदार बनाता है| उसने लौट कर मुझे नोट दिया|

मैंने उठ कर कहा - मान्य अध्यक्ष जी! मुझे गहरे दुःख के साथ सदन को सूचित करना पड़ रहा है कि विद्यापीठ के कुम्भा - कला - केन्द्र के तबलावादक हाफ़िज़ भाई की हृदयगति बन्द हो जाने से मृत्यु हो गई है| अभी - अभी उनका शव उनके घर पहुँचा है| माननीय सदस्यों, यह वज्रपात - सी घटना है ....|

सदन निस्तब्ध, हक्का - बक्का हो गया| गम्भीर शंका मानो व्याप गई| सकपकाया हुआ प्रश्न उठा और गया| विचारों की धारायें जैसे सूख गईं| अँधेरा - भय और शोक से भरा अन्धकार जैसे छाने लगा| प्रचेता महोदय ने तभी उठ कर घोषणा की - सदन आज अपनी कार्यवाही कल के लिए स्थगित करता है तथा समस्त सदन हाफ़िज भाई की मैय्यत में जायगा|

उस लड़खड़ाते हुए क्षण में सैकड़ों भरभराते हुए उठे| कुल - संसद पीठ - स्थविर के नेतृत्व में मियाँ हाफ़िज की मैय्यत में शरीक होने चल दिया| सलेटिया के कुछ फूल जैसे मुर्झा गये, धरती से बौराई हुई धूल उठी और चुपचाप सदन अमल के काँटे की ओर चला| क्या हुआ? यकायक कैसे हो गया? कला केन्द्र के एक प्राध्यापक के कहा - हाफ़िज भाई जयपुर रेडियो निमन्त्रण पर अवकाश लेकर जयपुर गये थे| आज वापस आने को थे|

मैंने कहा - जिन्दा हाफ़िज शव होकर वापस आ गया है तब|

उदयपुर की उस मुख्य सड़क पर हलचल थीं, गति - विधियाँ थी, मिलन था, मशवरे थे, पैर, पहिया और आँखें बरकरार चल रहे थे| परन्तु ट्रकों की धमधमाहट, साइकिलों की गतियाँ, हफड़ - फ़फड़ इन्सान की चाल - शोरगुल - सभी जैसे किसी बियाबान में सो गये थे| हाफ़िज की सूरत मेरे चिदाकाश में मानो इसी कोलाहलपूर्ण बियाबान से आई| मेरा तन चल रहा था, पर मन जैसे विधाता से बगावत करना चाहता था| हाफ़िज यों चले गये? वह गर्दन पर मेद की गाँठ| हां, वही कारण है हार्टफेल होने का? मैं जैसे सिहर उठा| गया हाफ़िज - खुद के साथ और दुनिया के साथ दगा कर गया| पर गया - गहरा घाव कर गया, देश के तबलावादकों का निष्पाप कलावन्त, जिसकी अँगुलियों के सहारे तबला जवानी और सौभाग्य मना पाता था| स्वर्गीय

चतरलाल जैसा जिसका विश्वविख्यात शिष्य था। वह सरल हृदय, खुदा से डरने वाला, खुदा का बन्दा चला गया। मैं मन - ही - मन झुंझला उठा। मैंने कहा था, कोशिश की थी कि हाफ़िज भाई के सभी तोड़ 'टेप' में भर लो। कुछ मैंने भरवाये भी थे - परन्तु हाफ़िज की अँगुलियाँ तोड़ बनाती थीं, केवल तोड़ पर चलती ही नहीं थीं। तबला - जैसे मुस्करा कर, हँस कर, सोत्साह रोष खाकर, गमककर, धड़ककर, धन्नाटकर जैसे सजीव हो जाता था। हाफ़िज स्वयं जैसे व्यक्तित्व - सम्पन्न तबला हो जाते थे। एक कार्यकर्ता ने चुपचाप मेरे साथ लग कर कहा - बड़ी हानि हो गई!

मैंने चुपचाप सिर हिला कर कहा - हम गरीब हो गये। मृत्यु को जीतना ही तो जीवन का पुरुषार्थ हो गया है। धरती अपने समस्त वैभव सहित भी मौत की घटना से शायद गरीब ही रह गई है।

मौत! मौत पर विचार करना इन दिनों बुद्धि की आदत हो गई है। जब किसी की मौत के समाचार सुनता हूँ, मैं एक क्षण के लिए ही वहीं ठिठक जाता हूँ। मृत्यु के अथाह पर्दे को भेद कर शाश्वत जीवन की धारणा मेरे लिए तो असम्भव - सी दिखती है। मौत चिरवियोग की घटना है, असीम विस्मृति का आवरण है - एक ऐसी स्मृति है जो प्राणियों को उच्चारण मात्र रख देती है। मैंने अपने चारों ओर जैसे मृत्यु को खोजा और निसास भर कर स्वयं से कहा - मृत्यु को पराजित करने के विश्वास में ईश्वर प्रतीत होता है। दुखी, कातर बुद्धि ईश्वर के अज्ञात चरणों में मूर्च्छित हो जाती है, सुखमय बुद्धि ईश्वर की मुस्कराहट बन जाती है।

अमल के काँटे के मोड़ पर हम पहुँचे। हाफ़िज मियाँ अपनी बहिन के साथ रहते। महाराणा के राज्य के गुणीजन खाने की यह बाई किसी जमाने में रत्न मानी जाती थी। अपने इकहरे तन के कमनीय सौन्दर्य से गौर बाई के कण्ठ में मद भर जाता था और उनके पैरों में नृत्य थिरकने लगता था। हाफ़िज मियाँ की बहिन उदयपुर की सांस्कृतिक रसिकता की वार्ताओं में सदैव दिलकश कहानी रही है। अपनी कलावन्त कमनीय पड़ौसिन के प्रति मुझ में दूर - दूर रहने वाला आदर रहा है। मुझे सहसा वे दिन याद हो आये, जब भाई - बहिन में जायदाद का झगड़ा चला - अदालत की नौबत आई। बीच - बचाव और समझौता करवाने का जिम्मा लेना पड़ा। भाई मान गये, बहिन भाई के नेह में झुकी। सामन्ती जमाना गया, गुणीजन - खाना उठ गया। नेताओं, श्रीमन्तों तथा नागरिकों के मनोरंजन तथा चिद्‌विलास के लिए मण्डल, मन्दिर, केन्द्र आदि बन गये। कठपुतलियाँ नचाने वाले ख्यात बने और देश की परम्परा जीवित रखने वाले कलाकार पतित साबित हुए। परन्तु कलावन्त मर कर भी जिन्दा रहा। कला? हाँ, आत्मा की मौज की अभिव्यंजना ही तो कला है - हाफ़िज ऐसी ही तन्मय ज़हीन अँगुलियों के लहर थे। इन्सानियत की मौज थे।

मैं घर गया। हाफिज़ भाई का शव रजाई में ढका खटिये पर पड़ा था। सगे - सम्बन्धी सुनमुन रूआंसे - से खड़े थे और ऊपर रोने - पीटने की चीत्कारें अजीब कोहराम मचाये हुई थीं। मैंने मन - ही - मन प्रणाम किया, ईश्वर को याद किया, खुदा

को पुकारा, दिल के दर्द को माँ जगदम्बा के चरणों में अर्पित किया और ज़िन्दगी के इस अन्धकार में हठात् चिर - जीवन की आकांक्षा से भर गया| और तो, मैं अपने मन को मूर्च्छित नहीं होने देने के लिए क्या कर सकता था? मृत्यु के अपार विषाद में तैर कर जीवन की आशा के किनारे तक पहुँचने के लिये अन्तरमन सहज ही प्रकाशमय विश्वास का सहारा लिया करता है| अटूट जीवन - विश्वास ही जीवन का स्वभाव है, साँस के टूट जाने से यह गहनातिगहन आसरा टूटता नहीं| भयभीत मानव - अन्तरात्मा एक पल में मानो मृत्यु के परे आर - पार किसी अँधेरे अज्ञात में डुबकी मार कर, पलक में जीवन की अबाधित निश्चिन्तता में पुनः संचरण करने लगती है| मुझे ऐसा लगा, मानो हाफ़िज भाई के मरने पर ही मुझ को अपने जीवन के साँसों की वास्तविकता प्रतीत होने लगी| मैंने कहा - बहन ऊपर है? - मैं उनके पास जाऊँगा| - और मैं बिना किसी इज़ाजत की परवाह किये ऊपर चला गया|

त्रस्त, कातर, हकबकाई टूटती हुई - सी महिलाओं के बीच काँप - काँप कर छाती और सिर पीट - पीट कर, धाड़े मार कर, वह रो रही थी| मेरे हाथों में अपना सिर पटकते हुए उसने चीत्कार की - हाय रे! मेरा कलावन्त भाई चल दिया| कला का सितारा टूट गिरा| मेरे घर का दीया बुझ गया|

किसी ने कहा - बाई यों क्या हिम्मत हारती हो? हम लोग ढाढ़स कैसे रख सकेंगे? धीरज धरो, बाई!

पर बाई मानो सुध - बुध ही भूल गई थी| उनकी झुर्रियों में बुनी निस्तेज किन्तु स्वच्छ आँखों से रह - रह कर आँसू बह रहे थे| खुले, आयु - वृद्ध, बाल बिखरे - अस्त - व्यस्त, बेहोश वक्षस्थल पर अन्दाजहीन मुक्कियाँ, सिर से पैर तक बेसुध, प्रकम्पन - आर्त सिहरें, विलाप - उस कण्ठ से, जिससे किसी जमाने में गज़लों की मीठी नमाज़े पढ़ी गई थीं| वह सज्जनों को भी भ्रमित करने वाला सौन्दर्य, वृद्धावस्था होने पर भी मानो रह - रह कर तपना चाहता था| बहिन आँसुओं में बह रही थी|

हाफ़िज भाई गये, खुदा की मरजी, बहिन! हम सब हैं - हम हैं न| मैंने भर्राये हुए कण्ठ से कहा|

खुदा! या खुदा! बाई चिल्लाई|

मैं नीचे उतर गया - खुदा! हाँ ईश्वर - किस्मत, विधाता! तब यही मनुष्य की पराजय का अन्तिम निसास है? ईश्वर? तब मौत से भरी तेरी खिलक़त क्यों? और ज़िन्दगी है तो फिर यह घिनौनी मौत क्यों? क्यों, क्यों, क्यों? मैं जैसे एक सवाल बन गया, जिसका जवाब हाफ़िज भाई की मृत देह ही हो सकती है|

बाहर सड़क पर रिश्तेदार जाजमों पर बैठे हुए थे| समाचार के आघात से दौड़े चले आये| हाफ़िज भाई के कुछ शर्गिद, कुछ हमसाया और अधिकांश विद्यापीठ के कार्यकर्ता| मौहल्ले के कुछ दिलसोजी रखने वाले पड़ौसी| सड़क के इस किनारे बाई

ओर हाफ़िज भाई रहते हैं, उस किनारे पर हिन्दू पड़ौसी रहते हैं। पर पड़ौस में मौत से निपजने वाली एकरस सहानुभूति नहीं थी। मुसलमान मरा है, हिन्दू तो जीवित है। हिन्दू पड़ौसी है तो क्या? हिन्दू और मुसलमान के दिलों के बीच देश की सड़क, डामर से रंगी सड़क थी। मैंने चारों ओर देखा, धरती पर जहाँ तक मेरी निगाह जा सकती थी, देखा और आसमान में यों ही मन से घूम कर पुनः जमीन पर जैसे मैं गिर पड़ा।

कफ़न तैयार हो रहा था। एक वृद्ध रिश्तेदार कुहनी के गज बना कर कफ़न नाप रहे थे। सधा हुआ दर्जी घुटने के बल बैठा - बैठा कतर रहा था। कपड़े के थान के पास कुछ फूल, इत्र की शीशी, सुई - धागा तथा स्पिरिट की बोतल रखी हुई थी। पास की चबूतरी पर खाली मैय्यत रखी हुई थी। कफ़न नापा, काटा, सिया और करीने से सटाया जा रहा था। इत्र की छोटी - सी शीशी खोलने के लिए दर्जी ने कोशिश की, पर वह हाथ से नहीं खुली। औजार आया, परन्तु जिद्दी शीशी ने ढक्कन हिलने नहीं दिया। अन्त में एक रिश्तेदार ने - ला यार, मैं खोल देता हूँ। कह कर दाँतों से शीशी का ढक्कन तोड़ने का प्रयास किया, पर रुक गया। आखिर शीशी खुली और कफ़न सुगन्धित होने लगा। धूप का धुँआ दोपहर के तपते हुए नीले आसमान में तैर कर न जाने कहाँ गायब हो जा रहा था। मैंने एक आँख से मानो कफ़न को देखा, दूसरी से घड़ी की ओर।

कुछ देर नहीं है, निहलाने वाले को बुलाया है। नमाज पढ़ कर आता ही है। एक ने कहा।

तब नहलायेंगे मुर्दे को? फूल मालायें, कफ़न के नये कपड़े पहिनायेंगे और मैय्यत सज - धज कर उठेगी? यह तो, यह तो शव का शिव रूप ही है। शव की पवित्रता और मृत्यु के पुष्प में तब तत्वतः भेद कहाँ है? मैय्यत और ठठरी में अन्तर, मैय्यत और ठठरी की बनावट - सजावट का ही तो है। पर मुर्दे का अन्तिम सम्मान क्या यही है। मौत पर जलते हुए दिलों में कहाँ फर्क है? रोती हुई आँखें तब हिन्दुत्व और मुस्लिमत्व भूल जाती है और केवल इन्सान की दर्दीली आँखें मात्र रह जाती हैं। प्रिय - वियोग के आँसू तब मजहबों के रंग छोड़ देते हैं, संस्कारों के घेरे बहा देते हैं। परम्पराओं तथा जाजमों के विस्तार गल कर, पिघल कर मानो रोती हुई आँखों के पलक बन जाते हैं। तब क्या कब्र में इन्सान ही चिर नींद में सोता है? तब क्या चिता में मानव ही जलता है? पर इन्सान कौन? मानव कौन? श्रीमन्त, कुलीन, सरमायेदार, सत्ताधीश, विशिष्ट पर सब मानव के फूले - फुलाये हुए स्वरूप हैं और ज़िन्दगी के रास्तों पर साइकिल, कार, तांगा या पैदल चलते ही रहते हैं। दुनिया अपने नाजो अन्दाज में सड़क पर ही तो जीती है। अमीर और गरीब में फर्क कफ़न के कपड़ों की कीमत का ही होता है, कब्र की जगह और चिता की लकड़ी में ही होता है। मौत की बेबस बेहोशी में अन्तर नहीं पड़ता। इन्सान मौत की नींद में ईश्वर का पुत्र और खुदा का बन्दा तब हो जाता है?

गहरा निसास लेकर मैंने देखा, काफी लोग इकट्ठा हो चुके हैं। हाफ़िज भाई का परिवार कितना? मैय्यत कब्रिस्तान में ले जाने के लिये दम फूल जाया करे उतना। परन्तु यह कलाकार मरा था। हिन्दू - मुसलमान सब आ गये थे, अपने - अपने मज़हब

के तोबड़े घर पर या सड़क पर फैंक कर दिल जले, दिल सोज़ लोग इकट्ठा हो गये थे| यह इन्सानों का मजमा था, जो हाफ़िज मियाँ को धरती की गोद में चिर नींद सुलाने की इबादत के लिये आया था| हाँ, मेरे अन्तरात्मा! यह कलाकार की मैय्यत है| मैं मन - ही - मन जैसे चिल्ला उठा - तेरा इन्सान तो मुर्दा ही अच्छा है तब| जिन्दा न जाने वह क्या करता है, क्या हो जाता है? न जाने तेरे अलावा वह और क्या चाहता है? एक आर्त, कातर विद्रोह की आह मेरे रोम - रोम में फैल गई - जिन्दा इन्सान साम्राज्य चाहता है - राज - वैभव चाहता है, जर, जमीन और जोरू चाहता है| वह चाँद पर ऐश करना चाहता है और शुक्र पर अपने युद्ध के शस्त्रागार चाहता है| पृथ्वी पर चप्पा जमीन और एक - एक पाई के लिए मचलने और कट मरने को तैयार इन्सान खिलक़त में अपने घमण्ड के तूफाँ बरपा करना चाहता है| चाँद में अपनी प्रियतमा के नाम की चोटी चाहता है| हीरे को खाकर रोटी और दाल से आबदस्त लेना चाहता है| खून को पानी से साफ कर उसमें शराब मिला कर चुस्कियाँ पीना चाहता है| यौवन की बहारों में यौवन की मिजबानिया बनाना चाहता है| इन्सान का गला काट कर उसके खून से अपने महलों में चित्र माँडना चाहता है| मनुष्य की हड्डियों से महल और मीनार बना कर आकाश में सुदूर जन्नत की हूरों का ख्याल रखना चाहता है| ज़िन्दगी तब इन्सान के घमण्डों की दौड़ है, रस्साकशी, तौर और तरकीब है| ज़िन्दगी ताकत का करिश्मा है और गुलामों पर की जाती शहंशाहत है| ज़िन्दगी .... खुदा| तू ही जान, तेरी बनाई हुई ज़िन्दगी आखिर क्या है? मैं अपने अन्धे मन के अँधेरे समुद्र में जैसे डूब गया|

पर हाफ़िज मियाँ? जिन्दा दिल, कुछ जिद्दी परन्तु तबीयत का दौलतमन्द हाफ़िज! कलाकार हाफ़िज का शव जैसे मेरे लिए जीवन का मूल्य हो गया| सहसा मन के उस नीरव से, जैसे कई दृश्य उचक - उचक उठने लगे| जम कर बैठा हुआ हाफ़िज, सामने शिष्यों की तरह बैठे हुए तबले| एक चैतन्य, दूसरे जड़ पर जैसे तबलों को देख कर ही हाफ़िज मियाँ समझ में आने लगते थे| हाफ़िज बड़े प्यार से छोटे चौड़े - तबले पर हथेली से जरा उसको दबायेंगे और फिर निष्पाप झुंझलाहट से उसको यों - इस तरह कर जमायेंगे| बड़े मोटे तबले को जैसे हाथ पकड़ कर पास खींचेंगे| छोटी हथौड़ी से दोनों तबलों की ताड़ना करेंगे, कसेंगे थोडा ढीला, थोड़ा कशिश मन्द कर 'धम्' से जैसे आवाज का मुक्का ही मारेंगे| फिर सिर को झुका, आँखों में केवल प्यार की झूम भर कर कुहनियाँ थिरका कर हाफ़िज गत आरम्भ करेंगे| सितार वाला, हारमोनियम वाला, सरोद वाला, इकतारे वाला, वीणा वाला सब जैसे चमक कर सावधान हो जायेंगे| हाफ़िज की गत जैसे वाद्ययन्त्रों के तारों में आरम्भ ही से जान डालने लगती| यों ही हँस, विश्वास के साथ मियाँ हाफ़िज कहेंगे - यह लखनवी रियाज़ है - मुलाहिज़ा हो| और उनकी सधी हुई निश्चिन्त अँगुलियाँ, हथेलियाँ और उनके कर मूक और मूढ़ से तबलों से गतों की गर्जन - तर्जनमयी लड़े बिखेरते चले जायेंगे| मुँह से गत के बोल पहले आपको कुछ समझा कर बतायेंगे और फिर झूम - झूम कर बोली हुई गत, कहा हुआ तोड़ा, ध्वनि संकुलों तथा नाद की कसी हुई, रूँधी हुई, तरंगों में व्यक्त होने लगेंगे| ध्वनि, हाथ और यन्त्र सबका एकाकार होकर तबलों का सारा राग सजीव - साकार हो

जायगा और नासमझ की समझ में भी आने लगेगा। तोड़ की प्राणायामी गतिविधियों का अर्थ संकुलों, यम तथा व्यक्त नाद - वर्तुल सब जैसे एक आश्चर्यरत उन्माद हो जाता। हाफ़िज खुद जैसे तबलों के रूप में नाद का वायुमण्डल और कृति होकर अवतरित होने लगते। कमाल है! आपका रोम - रोम स्वतः ही यह मन - ही - मन कहने लगेगा।

तबला प्राध्यापक के रूप में मियाँ हाफ़िज स्वयं एक चर्चा, एक वार्ता, एक घटना ही बने रहे। आसन पर बैठे हुए मियाँ हाफ़िज शिष्यों से घिरे मिलेंगे और प्रेम से, परन्तु पुराने कैंडे के उस्ताद की भाँति छात्रों को कभी हिलाते, कभी झिड़कते और कभी समझाते हुए सिखाते मिलेंगे। नवयुवा हाथ को आत्म - विश्वास के साथ तबलों पर रखवाये - फिरवायेंगे और शिष्य की पहली कुमार थाप पर मगन - मगन हो उठेंगे। तुम मेरे वाकई शागिर्द निकलोगे! जैसे उनकी प्रेरित हँसोही आँखें कहने लगेंगी। विद्यार्थी के अज्ञात में हाफ़िज देवता की तरह होले - होले जा विराजेंगे और शिष्य के हाथ तबलों की सधी हुई गतों में मानो उछलने, थिरकने, घनघनाने लगेंगे। भेंट - पूजा आने लगेगी और उस्ताद हाफ़िज स्वयं को बड़े एहसास से निरखने लगेंगे। शिष्यों के बीच हाफ़िज मियाँ एक बिगड़ेल बालक से हो जाते थे। कभी - कभी मैं उनसे कहता - हाफ़िज भाई, पर बात तो ठीक नहीं है।

अपने दोनों कान पकड़ कर मियाँ हाफ़िज कहते - तौबा - तौबा गलती हो गई।

जमाना, जनतन्त्र का दौर और नियम, कानून का जाल हाफ़िज भाई के पल्ले नहीं पड़ता था। जमाना चाहे जैसा भी हो, मियाँ हाफ़िज की अँगुलियों में तबले पर धड़क कर मानो अपने रास्ते चला जाता था। जमाने को हाफ़िज भाई नहीं देखते थे, जमाना अवश्य उनको देख रहा था। मैय्यत चली। कब्रिस्तान तक दो - तीन सड़कें ही तो पार करनी थीं। कुछ घुमाव थे, कोने थे - एकाध चौराहा था। हिन्दू और मुसलमान बारी - बारी कन्धा दे रहे थे। खामोशी - ऐसी कि साँसों की आवाज ही सुन पड़ती थी। दोपहर का आसमान बेपरवाह - सा फैला हुआ था, धरती उदासीन थी। धरती और आसमान को इन्सान के जन्मने और मरने की कब फिक्र हुई है? आसमान इन्सान की आँखों का फैलाव है और धरती प्राणियों के पैरों का खयाली आसरा है।

मैय्यत को मैंने कन्धा दिया। भारी भरकम ढकी हुई लाश को जैसे मैंने मन - ही - मन तोला। तब ज़िन्दगी हल्की - फुल्की है और मौत भारी भरकम? मैंने। सोचा कब्रिस्तान के दरवाजे खुले और मैय्यत नीचे रख कर हम सब खड़े हो गये।

नमाज़ पढ़ी गई, मैय्यत का खैर - मकदम किया गया। अल्लाह को पुकारा गया। हाफ़िज मियाँ कयामत के रोज उठने के लिए धरती में गाड़ दिये गये। धूल की कुछ मुठ्ठियाँ हम सबने डाली। और पुनः सड़क पर आ गये। पुनः चलने लगे, पुनः बहस करने लगे, अच्छा - बुरा समझने लगे! मेरा - तेरा कुंतने लगे। दुनिया कब्रिस्तान से मानो बेतहाशा भाग कर हम सबके आगे - पीछे, इर्द - गिर्द चलने लगी। ज़र - जमीन और जोरू यह तो बड़ी समस्यायें, अपने सभी झगड़े, तनाजे, दावे, हक़ - हकूक लिये

हमसे मानो लिपट गई। कब्रिस्तान में मियाँ हाफ़िज को चिर नींद में सुला कर जैसे हम सब रोम - रोम में हमेशा के लिए जाग गये थे। धूल के एक - एक कण का मोल हमें मालूम हो गया। सड़क के मकान रुपयों की थैलियों जैसे हो गये। मोल, लेन - देन, दुनिया कभी खत्म नहीं होने वाला व्यापार ही है। मुझे लगा, मुर्दा गाड़ कर या जला कर जो इन्सान वापस घर जाता है, वह भी क्या इन्सान है? यह मानना कि मरे तो हाफ़िज मियाँ ही हैं और हमने उनकी मिट्टी सुधार दी है, दुनियादारी नहीं तो और क्या है? दुनियादारी नफ़ा - नुकसान है, गरीबी है, अमीरी है, बदनामी या शौहरत है। कुछ भी हो यह दुनियादारी है, पर मुझे जैसे लगा - जीता तो इन्सान का साँस है, दुनिया नहीं। दुनिया जीती होती, तो मियाँ हाफ़िज को धरती में गाड़ कर हम सब वापस दुनिया का लेखा - जोखा करने नहीं लगते। यों बिसर नहीं जाते, मरे हुए हाफ़िज को। यों तो राजा, महाराजाओं, सम्राटों, श्रीमन्तों, साहूकारों और नेताओं की लाशों को जला कर या गाड़ कर भी उनको पत्थर के चबूतरों या छतरियों में अमर करने की आदत दुनिया की रही है। दुनिया का घर ज़िन्दगी के लिए एक मक्कार इशारा ही है - पर अमर कौन होना नहीं चाहता? वाह री दुनिया तेरा जवाब नहीं! जिन्दा रहूँ तो घावों से कलेजा छलनी कर देती है, रोऊँ तो हँसा देती है, जलूँ तो बुझा देती है और बुझूँ तो और जला देती है। ज़िन्दगी दुनिया की याददहानी भर ही तो है। हाफ़िज जिन्दा रहे तब तक दुनिया की याद में बसे रहे और मर गये तो दुनिया ने जैसे उनको बिसार दिया। दुनिया की लीक ही ऐसी है, जिन्दा रहो तब तक दुनिया अपनी धूल को सोना मनवाती रहेगी। मर जाओ, तब जैसे दुनिया के सिर से बोझ उतर गया।

कला - केन्द्र में शोक - सभा हुई। हाफ़िज मियाँ के गुणगान हुए। उनकी बेजोड़ उस्तादी के प्रति सिर झुकाये गये। ऐसा लगा कि हाफ़िज मियाँ की वजह से ही दुनिया सुख की उम्मीद में दुःख काट रही थी। सभी उपस्थितों ने अपने हृदय की बात ही कही। हाफ़िज के प्रति मान - सम्मान उनके चले जाने से पैदा हुआ। अभाव वगैरा सब साकार होकर सामने आ खड़े हो गये। संवेदना और सहानुभूति की फिजाँ बन्ध गई। जैसे हाफ़िज मियाँ की स्मृति ही हमारे लिये कारूँ का खजाना हो गई। मीटिंग खत्म हुई, तो मुझे बताया गया - यह हाफ़िज भाई की तबला जोड़ी है!

मैं खड़ा रह गया। इसी तबले की जोड़ी पर मियाँ हाफ़िज ने ज़िन्दगी बसर कर दी, तब! मैं एक टक उस जोड़ी को देखता रहा। मुझे लगा इस जोड़ी में दुनिया नहीं, दुनिया का सारा राज भरा है। यह तबला जोड़ी न हिन्दू है, और न मुसलमान। इसकी गमकें प्रार्थना या नमाज़ नहीं है, इसकी धुनकें घोषणायें नहीं। निरर्थक गूँजें करने वाली यह तबला जोड़ी हाफ़िज मियाँ के सारे इन्सान की कब्र हो गई है। मुझे लगा, इस धरती पर भाषा, धर्म, गाँव, सीमा और शहर के लिए एक दूसरे की टाँगे खींचने वाला, दुकानों पर खून चूसने वाला, अदालतों में दण्ड देने वाला तथा सचिवालय में रौब से बैठ कर आदेश देने वाला इन्सान निरर्थक गूँज हो गया है और कब्र में गड़ा मियाँ हाफ़िज इस तबले की जोड़ी के रूप में सार्थक हो गया है। तबले पर तोड़ें तोड़ने वाला कलाकार

हाफ़िज जिन्दा रहा, तब तक मुसलमान ही बना रहा| पर मर कर, धरती में गड़ कर वह एक ऐसा मानव बन गया है जिसके न तो कोई अपना मज़हब है, अपनी भाषा है - अपना और पराया है| तभी कलाकार की मैय्यत को कन्धे सभी मज़हब ने दिये, सभी भाषाओं ने उनकी याद को ताज़ा किया| तभी सभी अभिमान ताक पर रख कर घरों और पड़ौसी के कैदी इन्सानों ने अपनी बन्दिशें तोड़ कर मियाँ हाफ़िज को अपने दिलों का दर्द बना दिया|

तब? मैंने चारों ओर देखा, मुझे लगा हम सब जिन्दा तो हैं, पर मरे हुए| जिन्दा तो केवल मियाँ हाफ़िज की तबला - जोड़ी है|

17

हरिजन बन्धु : रमेश

[१]

बहुत छोटा था रमेश - तब मैं उसका बड़ा भाई उसको 'पट्टी' कहता था| प्यार ऐसे ही निरर्थक नाम रख देता है| दिल दलीलों से नहीं प्रेम की ऊर्मी से चलता है| हृदय के स्पन्दनौ के लिए कौनसा कारण हो सकता है - सिवाय यह कि ज़िन्दगी स्वयं हृदय द्वारा स्पन्दित होती रहती है| यों ही रमेश ७ वें मास पैदा हो गया था; पिछले जन्म की मृत्यु के बाद यह इस जनम का मेरा मंझला भाई ९ मास भी माँ के उदर में रह नहीं सका और अपने सुन्दर शरीर की पूर्ण पुष्टि कर न सका| एक पाँव से थोड़ा - खोड़ा रह गया - उचक - उचक कर ही चल सकता था; पर वह चल सकता था और अपने ३७ - ३८ बरस के इस जन्म में वह जीवन के कठिनतम मार्ग पर चला| बड़नगरा नागर ब्राह्मण, सौराष्ट्र के प्रसिद्ध धोलकिया वैद्य कुटुम्ब का दोहिता तथा लींबड़ी रयासत के कामदारों का पोता रमेश अपनी माँ के रक्त की समस्त कुलीनता लेकर जन्मा था| गरीब घर में पैदा होने पर भी रमेश में गरीबी की गरिमा और अमीरी का हर कदम पर विरोध करने वाला आत्म गौरव कूट - कूट कर भरा था|

रमेश जन्मा वह दिन मुझे याद नहीं पड़ता; पर जन्मा तब मुझे अकारण ही प्रसन्नता हुई| मैं भी माँ के उदर से जन्मा और यह भी उसी माँ के उदर से पैदा हुआ| सृष्टि के इस रमणीय रहस्य में जैसे मैं तब डूब गया था| और इस छबियों से भरी हुई सृष्टि का रहस्य ही क्या है? जन्म - मरण ही तो इस नानाभिराम, नयनाभिराम सृष्टि का राज है| यह रहस्य ही तो ईश्वर की धारणा देता है और प्रभु की सत्ता को मनवाता है| जन्म न हो, तो ज़िन्दगी नहीं हो; और मरण न हो तो ईश्वर की कोई बात तक न करे और इन्सान की तरह जीने की विनम्रता कोई बरते ही नहीं| मृत्यु के भय से ही संसार के आदर्शों का आविर्भाव हुआ है| मृत्यु की प्रत्येक पल को पराजित करता हुआ जीवन बहने का प्रयास करता है और अन्त में जैसे यकायक मौत से हार जाता है|

नन्हा सा रमेश रुई के पूंबे से दूध पीता था; माँ पिलाती और मैं पिलाता था| रुई की परतों में उसके अपुष्ट कमज़ोर छोटे से शरीर को महीनों तक रखा गया था| पर रमेश की आँखें ही सब कुछ थीं| स्वच्छ, स्वप्न भरी, उदासीन, आशा से परिपूर्ण रमेश की आँखें थीं और जब वह देखता तो जैसे अपनी आँखों में अपना आतम भर देता था| संसार के बियाबान में भटक कर उसकी दृष्टि मेरे दिल में घुस जाती और माँ के अधरों पर मुस्कुरा उठती थी|

धांगधा की महमदी बिल्डींग में तब हम कलील किराये से रहते थे| एक बड़ा कमरा, छोटा सा बरामदा, रसोड़ा और दो खाट बिछ जाय, उतना चौक| मेरे पिता एक सामान्य क्लर्क थे; इससे बड़ा फ्लैट उनको आज की दुनिया में मिल ही कैसे सकता था? कर्म फल कहो या समाज एवं राज का अन्याय कहो, गरीबी तो गरीबी ही है| अमीरी भोगी जाती है; गरीबी भुगती जाती है| परन्तु मेरे पिता गरीबी को एक फैयाज़ अमीर की तरह भोगते थे लीम्बड़ी के पुराने मुस्सद्दी कुटुम्ब के सबसे छोटे प्रतिनिधि होने से मेरे पिताजी का स्वभाव एक ठाकुर का ही स्वभाव था| मेरे पिता लीम्बड़ी की कामदार सेरी के छैला रहे हैं|अपनी बात मनवाना और मन आये जो करना मेरे पिताजी की खासियत थी| धर्म से दूर पर धर्मान्धता से भरे हुए खानदान की घिसी - पिटी परम्पराओं में आँख बन्द कर चलने वाले और स्त्री को अपने पैरों की जूती समझने वालों में मेरे पिता सहज ही गिने जा सकते हैं| मेरी माँ बड़े घर की बेटी और मेरे पिता उजड़ी ठकुर सुहाती के मिज़ाजी प्रतिनिधि: अतः दोनों में संघर्ष अवश्यम्भावी था| धांगधा की महमदी बिल्डिंग के दिनों की याद आज मुझे नहीं है; परन्तु कुछ घटनाएँ मुझे आज भी रह - रह कर याद आती हैं| रमेश को लेकर महमदी बिल्डिंग के चबूतरे पर सुबह - शाम बैठना तथा उसको गुड़ चटाते रहना मुझे आज भी याद है| पिताजी के माँ पर होते हुए अत्याचार मैं भूल गया हूँ, क्योंकि उनको याद रखना मेरे मन के लिए तब भी सम्भव न था और आज भी नहीं है| उन उदासीन, गरीबी से भरे आततायी दिनों के झंझावातों में रमेश सूरजमुखी का फूल था; एक ऐसी रंगीन बदली, जो सावन - भादो की आशा बँधाये रखती है|

दुबला - पतला और इकहरा रमेश यों चपल बहुत था| बार - बार माँ को याद करता - तब एक कठिन समस्या मेरे सामने उठ खड़ी होती| माँ से उसका ध्यान हटा कर संसार में लगाना कोई कम बात नहीं थी| मेरे लिये वह करिश्मा था| महमदी बिल्डींग लम्बी - चौड़ी सड़क पर शोभायमान थी, आपस में खेलते या झगड़ते हुए कुत्ते, इक्की - दुक्की गायें, भैंसें, बकरियों के झुण्ड, मौज में घूमते हुए गधे और आकाश में उड़ते पंछी रमेश का ध्यान सरकाने के लिये यथेष्ट तो नहीं थे, परन्तु पर्याप्त थे| गधों को रमेश टकटकी लगाये देखा करता; आकाश के पंछियों को टेरता रहता और कुत्तों को देख कर वह हँसा करता| मेरी कमर पर या कन्धे पर रमेश एक बिगड़ैल नवाबज़ादे की तरह चढ़ा रहता| मचलना कोई उससे सीखे; ज़िद्द कोई उससे पढ़े और रोना कोई उससे अपनाये| इन सारे उत्पातों की दवा गुड़ की डली थी| मैं स्वयं कोई पीढ़ बुज़ुर्ग

नहीं था| ७ - ८ बरस का मैं स्वयं बालक ही था परन्तु आसन्न माँ की तकलीफ दूर करना मैं अपना धर्म समझता था| पिताजी का खौफ एक चौबीस घण्टों का अमर भूत था| वह छोटे से घर के वायु - मण्डल में बना रहता; मेरे सीने में धड़कता रहता; माँ की आँखों में एक बग़ावत लिये छाया रहता| छोटा सा रमेश इस आसन्न वातावरण को क्या जाने? पर मैं जैसे इस वातावरण में डूबा रहता था| दिन रात मेरी चिन्ता यही रहा करती थी कि पिताजी भभकें नहीं; गुस्सा न करें; मारपीट न करें - प्रसन्न रहें| परन्तु उस जमाने के हमारे पिता छोटे - मोटे मनस्वी डिक्टेटर ही हुआ करते थे| आज का आधुनिकपन तो उनमें न था परन्तु आज के सभी दूषण उनमें भरे रहते थे| नाच - गाने, भंग - शराब, मांस - मदिरा तो हमारे इन ठकुर सुहाती पिताओं का जीवन तो था ही; परन्तु कुल और कुलीनता की परम्पराओं की रक्षा के लिये यह हमारे पिता - गण पुलिसमेन का कार्य भी किया करते थे| माँ खिड़की से सड़क को तक नहीं सकती थी; अच्छा पहिनना इनके लिये बदचलनी थी; सोचना, विचारना और बहस करना यह पितृगण उद्धत बग़ावत मानते थे| स्वयं तो जनोई पर चाबियाँ बाँधे रखते थे; परन्तु हमें जनोई पकड़कर गायत्री मन्त्र मन ही मन दोहराने पड़ते थे| स्वयं नहायें या न नहायें; हमें नहायें और संध्या किये बगेर रोटी नहीं मिलती थी| कक्षा की पाटी और कक्षा की किताब के अलावा पुस्तक पढ़ना जुर्म था| चौबीस घण्टे एक बगावती स्पिरिट में जीना पड़ता था| हर बात पर, हर काम पर, हर विचार पर पिता का डंडा तैयार था| मेरे भाग्य में माँ की घुड़कियाँ तो न थीं; परन्तु पिताजी के थप्पड़ और डंडा अवश्य रहता था| ऐसे सहमें, भयभीत वातावरण में चिरंजीव रमेश माँ की गोदी में और मेरी कमर पर बड़ा हो रहा था| दुनिया अपनी गति से दौड़ रही थी; नाच रही थी; घूम रही थी; झूम रही थी; चल रही थी और मैं आकाश से पूछता तथा धरती से कहता हुआ रमेश के मुँह को देखता हुआ रमेश को बड़ा करने के माँ के तप में अपना सहयोग किया करता था|

[२]

रमेश की बाल्यावस्था की कोई भी घटना मुझे याद नहीं पड़ती| इतना ही याद है कि रमेश शिशु था; बालक था| कमजोर होने से वह रोता रहता था और मेरी कमर पर चढ़ कर गुड़ खाता हुआ संसार का निरीक्षण करता रहता था| सभी शिशुओं की भांति रमेश शिशु था और बालक हुआ| बालक जिस प्रकार किशोर होता है, रमेश भी हुआ| बालक रमेश अमीर खिलौनों से नहीं खेला; घर की त्यक्त वस्तुयें उसके खिलौनें थीं| सड़क पर पड़ी मन को लुभाने वाली वस्तुयें उसका मनोरंजन करती थीं| आकाश के पंछी और सड़क के कुत्ते उसके बालपन के जैसे मन के मीत थे| आकाश में उड़ते हुए पंछियों को वह बुलाता रहता था; कुत्तों को मैं गुड़ खिलाऊँ उसकी जिद्द वह कभी - कभी करता था| रो कर, ज़िद्द कर वह माँ को परेशान करता था; पर मेरे मनाने से मान भी जाता था| कुल मिला कर रमेश दिलचस्प शिशु, खुशनुमा बालक और कठिन

पौगण्ड था| एक पाँव में तनिक सी खोट रह गई थी; अतः चलना जब सीखा तब भी कुछ टेढ़ा और कुछ लड़खड़ाता हुआ वह चलता था|

रमेश का रंग गोरा और चेहरे मोहरे से दिखनौटा था - तनिक सुन्दर था| पानीदार बड़ी - बड़ी आँखें; निष्पाप परन्तु एक प्रकार की बग़ावत से भरी| पतली परन्तु एक सिरे से बीच तक भरी भवें आँखों की ज्योति को छानती हुई| लम्ब - गोल मुँह; कुछ उदासीन, कुछ उत्साह भरे और पतले रक्त होंठ; जिद्दी और सम्पूर्णतः चूसने वाले| मुलक - मुलक हँसी और प्लुत रुदन; शीघ्र एवं तीव्र वाक्; हफड़ - फफड़ उठंग चाल तथा उमंग से परिपूर्ण स्वप्नवेधी मुख मुद्रा| यह था हरिजन बन्धु रमेश चन्द्र राय नागर जिसके बालकपन की घटनायें जैसे स्वयं - विस्मृत हो गई हों| रमेश जैसे एक चीर युवा - स्मृति हो, जन्मा जब से और मरा तब तक| समाज के लिए कुछ कर गुजरने, शोषितों और पीड़ितों के लिये पर मर मिटने या मेट देने की उतेजना पूर्ण संक्रान्ति का दूसरा नाम रमेश था| बालक रमेश नव जवान रमेश का मानो गुलदस्ता था| जवान रमेश समाज की दलित श्रेणियों की पुकार और चीत्कार एवं उनके घुटते हुए रोष की सहज गति - विधि था| धरती की गोहार के समान रमेश ज़िन्दगी का एक शोला था, जो गरीबी के प्याले में अमीरी के ज़हर की तरह भरा था| रमेश ज़िन्दगी की एक अस्त - व्यस्त, उत्क्रान्त, उतार - चढ़ाव पूर्ण; परन्तु सहज सीधी राह था जिस पर हरिजनों के चरण चलते ही रहेंगे| सनातन धर्म के कट्टर पौषक बड़नगरा नागर कुटुम्ब में जन्म लेकर भी रमेश पग - डंडियों और अँधेरी गलियों का असन्तुष्ट तथा कुछ क्रुद्ध मानव था| घर, पड़ौस, समाज और सत्ता इन सब आहतों में रमेश बसन्त में कभी - कभी आ जाने वाली आँधी सा था| एक बालक की भांति रमेश चिरन्तन बालक था| उसकी कुछ बड़ी - बड़ी आँखें निष्पाप व्यंग में अपने माता - पिता, भाई - बन्धु तथा परिजन, परिजनों को निहारती रहती थी| क्रोध आने पर रमेश पहले रो देता और बाद में पूरे आदेश के साथ फूट पड़ता था| माँ के स्तन को तो उसने शिशु - सुलभ चापल्य के साथ पिया; परन्तु बचपन उसने स्वयं ही में खोये हुए एक बागी बालक के समान काटा| राज गोदाम के मेरे और रमेश के पिताश्री मेनेजर साहब थे| मेवाड़ राज्य में राज गोदाम का मेनेजर होना दरबार - श्रीजी हुज़ूर की विशेष कृपा का वरदान माना जाता था| महाराणाओं के साथ बड़े प्रभावशाली मेरे नाना ने मेरे पिताजी को अन्त में उदयपुर बुलाकर यों बसाया था| अतः राज गोदाम के क्वाटर का आँगन रमेश की किशोरावस्था के उभारों का आँगन हो गया था| राज गोदाम के वृक्षों और उसकी घटाओं पर रैन - बसैरा करते हुए पंछी उसे बहुत भाते थे| राज गोदाम की बावड़ी (वापिका) पर कभी - कभी सौन्दर्य कलाओं में मोर नाचा करते थे| रमेश का रोम - रोम मानो नाच उठता था| कभी राज गोदाम की झाड़ियों में साँप रेंगते दिखाई देते; रमेश दूर खड़ा रह अत्यन्त शंकित और भयभीत निगाह से उनको देखा करता था| अवश्य रमेश की अखण्ड मैत्री तो हमारे टाइगर से थी| रमेश बालक से किशोर हो रहा था; मैं पौगण्ड से युवा हो रहा था| दोनों भाइयों के तनावों और द्वन्दों में टाइगर जैसे हमारा तीसरा भाई था| मैं, रमेश, टाइगर और माँ, यों एक मण्डली अपने आप राज गोदाम के घर

में बन गई| पिताजी तो सवेरे देर से उठते; अफीम की डली लेकर चाय चढ़ा कर तेजी और तन्नाटों के साथ अपने दफ्तर की कुर्सी पर बैठ कर सामन्ती शासन के रौब बघारा करते और रमेश टाइगर के साथ राज गोदाम की फाटक पर खड़ा - खड़ा सड़क और उसके राहगिरों को देखता रहता था|

[३]

टाइगर! रमेश का दोस्त, माँ का बेटा और मेरा सहानुभूति रखने वाला परिचित| टाइगर था तो अलसेसियन जात का श्वान; परन्तु श्वान की यौनी में निस्सन्देह वह हमारे कुटुम्ब का कोई पूर्व जन्म का सगा - सम्बन्धी ही था| रात भर सारे घर की रखवाली करना, जागते हुए माँ की खटिये के नीचे बैठे रहना और कभी - कभी राज गोदाम के पहरूओं को खबरदार करने के लिये गहरे प्लुत स्वर में भौंकना, दूध मिली मोटी रोटी खाना मिठाई सूंघते ही माँ के इर्दगिर्द पूँछ मटकाते हुए फिरना और पिताजी के गुस्से होने पर नम्रता तथा विनय के साथ हट जाना, टल जाना, निर्भय सारे घर में जी चाहे वहाँ बैठना, लेटना, सोना और सारे राज गोदाम में बिगडैल शहज़ादे के समान चहल कदमी करना तथा कभी - कभी फाटक पर खड़े रह कर ट्रैफिक कन्ट्रोल करना टाइगर की दिनचर्य्या थी| मेनेजर साहब का कुत्ता! राज गोदाम का टाइगर घर, पड़ौस और मोहल्ले में प्रसिद्ध जीवात्मा था| टाइगर की स्पिरिट और रमेश की उद्धमों में सहज साम्य बैठ जाया करता था| रमेश ने टाइगर को जैसे घर, पड़ौस और समाज की निस्वार्थ सेवा के लिये शिक्षण - दिक्षण दिया था| रमेश के साथ - साथ, माँ के आगे - आगे टाइगर रहता था|

साला, नालायक है| पिताजी बमके|

यह कोई मनुष्य है जो गाली दे रहे हो| माँ ने जवाब दिया क्या हो गया, मिठाई के लिये यह टाइगर ऊं - ऊं करता है तो| इन्सान अपनी वासना तुष्ट करने के लिये क्या नहीं करता?

तो तेरा मतलब यह है कि मैं कुत्ता हूँ? पिताजी ने जैसे चिल्ला कर कहा - मनुष्य और कुत्ते को एक मान कर चलती है| कमज़ात|

हिन्दू समाज में औरत ही कमज़ात है| पर कमज़ात औरत के गर्भ से ही ऊच्चजात तुम्हारे जैसे इन्सान जन्म लेते हैं| माँ ने गोलियाँ दागना शुरू किया मेरे टाइगर में इन्सान से भी अधिक तमीज़ है|

मैं बदतमीज़ ही सही समझी| पिताजी ने कहा - टाइगर को मुँह चढ़ा रखा है|

तुमको कौन बदतमीज़ कहता है? कमज़ात और बदतमीज़ हम हैं| माँ ने घायल करुणा किन्तु आहत रोष के साथ कहा - कोई सुनेगा तो क्या कहेगा? जैसे घर के लड़के को डाँटते हो, वैसे ही टाइगर को डाँटते हो? वह तुम्हारी डाँट समझता है?

पिताजी ने टाइगर की तलाश करते हुए कहा- वह मेरे सात जनम जानता और समझता है, देखा, साला, छू हो गया| रमेश पकड़ ला हरामज़ादे को| आज उसकी कमर तोड़ दूँगा|

माँ ने जैसे घबरा कर कहा - बड़ा मीर मारोगे? पशु की कमर तोड़ कर बड़ी बहादुरी का काम करोगे? तुम्हारे घर की दो रोटी ही तो टाइगर खाता है|

रमेश ने अब कहा - टाइगर को मारा है तो मैं, मैं विद्रोह करूँगा| मैं नहीं सहूँगा|

तू करेगा क्या? पिताजी ने उत्ताल स्वर में पूछा - एक कुत्ते के लिये मुझसे जबान दराजी करता है, नालायक|

रमेश ने भी बमक कर कहा - मैं तो हूँ नालायक| पर टाइगर को मार नहीं सकते| मैं प्राण दे दूँगा|

पिताजी मारे क्रोध के दाँत कचकचाते रहे और माँ अपने कमरे के कोने के मन्दिर में चली गई| टाइगर का शाम तक उस दिन पता नहीं चला| माँ रोटी उसकी ताँसली में डाल कर अपना काम करती रही और रमेश टाइगर की टोह में चल दिया| घर के क्रुद्ध वातावरण को सूंघते ही टाइगर घर से नौ - दो - ग्यारह हो जाता था| पास ही सज्जन निवास बाग था; बस टाइगर किसी कुञ्ज में लम्बी तान कर सो जाया करता था| मनीजर साहब के कुत्ते को सभी जानते थे; अतः बाग में टाइगर अपने दृष्ट मित्रों के झोपड़ों और मचानों का चक्कर काटता रहता था| गार्डन सुपरिन्टेन्डेन्ट से लगाकर ठेकेदार कूँजड़े तक से टाइगर की एक सहज जान - पहचान थी| बाग के पशु - पक्षियों तथा शेरों से टाइगर की जैसे सहज आत्मीयता थी| अवश्य कौओं से टाइगर की बनती नहीं थी| इस अदावत का कारण था; एक बार टाइगर बीमार और एक कौए ने उसकी पीठ पर बैठ कर हल्की सी चोंच मार दी थी; उसकी रोटी का दूध से भरा टुकड़ा उठा कर वह चम्पत हो गया था| अथवा जब टाइगर नींद में झौंके खा रहा हो तब इस बदतमीज़ कौए ने कांव - कांव चिल्ला कर उसको गुर्राने के लिये मजबूर कर दिया था| शेर के पींजरे के पास रमेश और टाइगर खड़े हो जाया करते थे| अपनी मुलायम आरक्त गुलाबी जिव्हा लोलते हुए टाइगर वनराज को देखता रहता था| टाइगर जैसे जानता था - समझता था, यह शेर है; परन्तु रमेश के साथ टाइगर ज़िन्दगी की अजीब बेफिक्री अनुभव करता था| यों तो टाइगर का दूसरा नाम ही बेफिक्री था| निर्भय, निश्चिन्त मनमौजी टाइगर पिताजी के डंडे और मेरी डाँट से ही थोड़ा घबराता था| पर रमेश के साथ टाइगर एक विचित्र अभय महसूस करता था|

शाम को आगे - आगे रमेश और पीछे - पीछे टाइगर घर लौटे| माँ ने दोनों को देखते ही कहा - दिनभर कहाँ थे, तुम दोनों? रबड़ेल कहीं के| क्यों रे, टाइगर| कहाँ चला गया था? टाइगर लपक कर माँ के पास पहुँचा| ऊं ऊं ऊं करते और पूँछ हिलाते हुए वह माँ के पहलू में भर गया| रमेश ने कहा - टाइगर की खोज में गया था|

टाइगर को खोजने गया था| माँ ने दबंग स्वर में कहा - अपने आप आ जाता टाइगर| पशु इन्सान से ज्यादा घर और घर वालों को प्यार करते हैं, समझा! पढ़ता लिखता नहीं और दिनभर घूमता रहता है|

इस पढ़ाई लिखाई में क्या धरा है? रमेश ने जिरह शुरू की परीक्षा देनी है, दे दूँगा|

माँ ने धैर्य खो कर जवाब दिया, पढ़ने लिखने में कुछ नहीं धरा है तो कमायेगा कौन? तेरे बाप की तो निभ रही है| दिनभर नशे में रहते हैं और दफ्तर में लोगों को डाँटते रहते हैं| ईमानदार हैं तो दरबार निभा रहे हैं|

पिताजी अपनी स्वाभाविक पिनक से जाग उठे, चिल्लाये हाँ - हाँ तेरे बाप की मेहरबानी से ही तो ज़िन्दगी काट रहा हूँ| यों मैं हूँ क्या| सालों! सब के सब पूर्व जन्म के दुश्मन हो और क्या?

माँ बिखर गई, हम तो पूर्व जन्म के पापों से ही तुम्हारे पाले पड़े हैं|

तो अपने बाप से कहती कि तेरी मुझसे शादी नहीं करते| पिताजी ने बिस्तर पर उठ बैठते हुए कहा|

माँ ने पुनः बमक कर कहा - हिन्दू समाज में स्त्री पैरों की जूतियाँ हैं; दासी हैं| पति हो ने से ही अत्याचार करने का हक तुमको कहाँ से मिल जाता है| मेरे बाप ने तुमको इन्सान जान कर ही मेरी शादी की थी|

मैं तो इन्सान नहीं हूँ? पिताजी भी अब जाग उठे थे|

मैं कब कहती हूँ कि तुम हैवान हो? माँ ने रुआये हुए स्वर में कहा - मेरी ओर से तो तुम इन्सान ही नहीं देवता हो परन्तु देवता बनना सहज नहीं है|

मैं जैसा हूँ, वैसा हूँ| पिताजी ने दाँत पीसकर कहा - तुझे शिकायत हो तो विधाता से कर, समझी| मैं तेरा गुलाम नहीं हूँ|

और मैं भी तुम्हारी दासी नहीं हूँ| अपमान और अत्याचार सहते - सहते मैं ऊब गई हूँ| माँ ने फैसला सुना दिया|

बरामदे में चुपचाप खड़ा - खड़ा मैं यह वाक्य युद्ध देखता रहा| माँ संध्या के उदासीन झीगते हुए अँधेरे में एक ज्वाला के समान ही मुझे दिखी| ऐसा लगा मानो धरती दीपक की लौ बन कर रात के रहस्यमय अँधेरे में जल रही हो| मुझे लगा पिताजी एक पहाड़ हैं जो परम्पराओं से ढँका और सदियों के अँधेरे से घिरा हुआ है| एक पवित्र रोष मुझ में उभरने लगा| पिताजी का क्रोध उनके डंडे, उनकी डाँट - फटकार और नाराजगी एक संक्रामक बिमारी की भांति घर में फैली हुई रहती| एक अनवरत भय मुझ में बना रहता| माँ का दुःख न तो मुझसे देखा जाता और न सहा ही जाता| माँ की निरीह उदासीन मूर्ति मुझे किसी ठुकराये हुए देवता की छाया मालूम होती| रसोईघर में जाकर रोष से भरी हुई माँ चूल्हा जलाने लग गई, जैसे वह अपने जीवन का चूल्हा

ही जला रही हो| विषाद से भरा किन्तु अमर्ष से खौलता हुआ माँ का चेहरा देख कर मैंने रमेश से कहा - तुझे कल से स्कूल जाना है; पढ़ना है, समझा?

समझ गया| रमेश ने कहा|

क्या समझ गया नालायक| मैं बमका - तेरी आवारागर्दी से रोज घर में झगड़े होते रहते हैं|

आवारागर्दी रमेश ने जिरह आरम्भ की - मैं तुम्हारी तरह कवितायें और कहानी नहीं लिखता; मैं शहर में घूमता हूँ - गरीबों के मोहल्लों में जाता हूँ| यह आवारागर्दी है? लेख लिखने से कुछ नहीं हो जाता|

मैंने क्रोध को पी जाते हुए पूछा - मटरगश्ती से भी क्या हो जाने वाला है?

रमेश ने पवित्र रोष के साथ मुझे जवाब दिया - गरीबों के साथ मैं मटरगश्ती नहीं करता| उनको देख कर मुझे अमीरों पर क्रोध आता है| भंगियों की हालत कभी देखी है? क्यों देखोगे| मैंने जब्त करते हुये कहा - रमेश! अभी तेरी वय पढ़ने की है - योग्य होने की है| लीडरी करने की नहीं|

रमेश चिल्लाया - कौन लीडरी करता है? मैं तो खुद गरीब आदमी हूँ| मैं गरीबों के साथ रहूँगा - विद्रोह करूँगा| पढ़ो, पढ़ो, पढ़ो| जब देखो तब पढ़ो|

मैंने बड़े भाई की अधिकृति व्यक्त की - तुमको पढ़ना तो है ही, समझे|

अच्छा| रमेश ने जवाब दिया| टाइगर जैसे भाइयों का द्वन्द्व समझ गया हो, यों कभी मेरे पास, तो कभी रमेश के पास पूँछ हिलाता और ऊं ऊं करता हुआ आता जाता रहा| टाइगर जैसे रमेश को शाबाशी और मुझे उपालम्भ देना चाहता था| रमेश के पैरों में भर कर वह प्लुत ऊं ऊं कर भौंकने लगा और मेरी ओर पीठ कर रमेश को जैसे कहने लगा “इच्छा हो वह कर मेरे दोस्त| पर झगड़ा मत कर| रमेश को यों समझा कर टाइगर उछला और सीधा रसोईघर में माँ के सामने जा बैठा|

18
रोती आँखें हँसते अधर

कामता जब उठा तो रात बाकी थी, आसमान में सदा की भांति अँधेरा और सदा की भांति मन्द - मन्द बिहँसते हुए तारे| उसने अभ्यासवश मंगल - गृह की ओर निहारा और उस दिशा में जैसे लीन होने की चेष्टा करने लगा| तारों के इतस्ततः बिखरे हुए कुंजों में यह तारा जैसे किसी मतिमान विरक्त की तरह अकेला अपनी स्वप्न - ध्वनि में मगन हो, यों कामता से जैसे कोई कह उठा| शांत रात में, अन्धकार की सुषुप्त माया के बीच वह जैसे उस असीम गगन में उड़ा और उसके निकट जा पहुँचा|

इसी समय पहरूए ने टन, टन तीन बजाये| मानो घण्टे ने छाती खोलकर तीन आघात सह लिये| कामता को मालूम हुआ, ये घण्टे उसी के कलेजे पर बजे थे| कुहनी पर मुँह को मींस, पैर उझका, एक हाथ से सर के बाल हहरा कर वह आपसे आप चिल्ला उठा ...... क्या करूँ, कहाँ जाऊँ? ....

और फिर सहसा बड़े - बड़े आँसू गरम उसासों में जलते हुए मानो ढरकने लगे| विजन शिशीर के इस स्तब्ध पल में वह दिल खोलकर रो लेना चाहता था| खूब रो लेना, इतना रो लेना कि यह एक नहीं, आगामी कितने ही जीवन उस बाढ़ में बह जायें| अवश्य, अवश्य| दोनों कुहनियों के बीच बुक्का फाड़ - फाड़ कर वह सत्ताइस वर्षों का बुद्धिमान युवक यों रो रहा था, मानो किसी छः - सात वर्ष के बालक ने अपनी विधवा माँ को खो दिया हो, मानो किसी राजा ने अपना सारा राज खो दिया हो, योगी ने सिद्धि| उसे मालूम हुआ, महीनों से जो हिमालय उसके कलेजे पर फैला जमा था, अब पिघल उठा हो|

रात प्रभात से गले मिलने द्रुतवेग से दौड़ी जा रही थी, मानो कोई पछताती हुई मानिनी अपने प्रियतम को मनाना चाहती हो| आज वह ऐसे तो अकेला हो गया था कि समय की असंख्य - कोटि पलों में से एक भी उसे दिलासा देना पसन्द नहीं करती|

तकिये को कलेजे से चिपका, रोम - रोम में ऐंठ कर वह आप - से आप बोला .... बाबूजी| आ .... आप भी चले गये| .... आ हुंखू| ....

फिर निःसास भर कर वह चुप हो गया। चुप, जैसे बादल गरज कर, नक्षत्र वेग से टूट, गिर कर शान्त हो गया हो। मानो समुद्र तूफान में ताण्डव कर शान्त हो गया हो और अपनी विराट हस्ती को साश्चर्य, सानन्द निरख रहा हो। यों रोकर फूल - सा हल्का हो, कामता अपने ही गत जीवन पर आ लेटा। मानो रश्मियों के बल एक खाली सावन का बादल क्षितिज पर आ लुढ़का हो। किसी अभी तक अज्ञात चक्षु द्वारा उसने अपने जीवन के कुछ दृश्य देखे। जैसे रो - रोकर थक गया हुआ बालक जलेबी पर टूट रहा हो, यों वह एक - एक स्मृति पर टूट रहा था। जीवन - समुद्र में डूबता हुआ भी वह इस समय सदा - अमर इन कुछ स्मृति - लहरों के आसरे तैर रहा था .... यह उसने पलक मारते ही जान लिया।

रागिणी तो थी ही .... सुन्दरी पुतली के हाथों में फूलों के गजरों की भांति, सुन्दर फूलों में रंग - बिरंगी तितली की तरह रागिणी तो थी ही। जीवन की उन - अनेक चित्र लहरों पर एक मन्द धूम्र रेखा के समान वह मानो ऊँचे उड़ी जा रही थी और वह असहाय की तरह उसे देखता हुआ, मध्य समुद्र एक बजर में बहा चला जा रहा था। वह आकाश में, और खुद पानी में।। ठीक तो .... ठीक ही तो ....

बल - पूर्वक उसने उस समस्त दृश्य को जैसे गहन गर्त में ढकेल दिया। नहीं, यह नहीं चलेगा, कामता! कहाँ तू और कहाँ वह! जरा सोच तू मूरख! तू हिन्दू, वह अधर्मी। और फिर, और फिर कामता।

कामता? कामता?? घोष - प्रतिघोष से आता - आता ब्रह्म मुहूर्त मानो बोल उठा। उसने अपने मकान के छज्जे में बैठी हुई उस अकेली चिड़िया की ओर देखा। वह अभी तक यों ही आँखें बन्द किये दुबकी बैठी थी।

उसे फिर मरणासन्न बाबूजी का दिया हुआ पत्रों का बण्डल याद आया। वह झटका खाकर उठ बैठा। महीने भर पहले उसने उस प्रलयंकर सत्य को जाना था। ईश्वर! सत्ताइस वर्षों बाद तूने क्यों मुझे बताया कि मैं जन्म का घर - बार हीन, माता - पिता हीन अनाथ हूँ।

कलेजा चीर कर पुनः आँसुओं की एक बाढ़ आई। उसी समय वह चिड़िया जाग उठी और सिसकियाँ भरते - भरते कामता ने उसका प्रथम कलरव सुना।

उसे एहसास हुआ कि चिड़िया भी तो अकेली है, विजन है, अनाथ है। उसने झलकती आँखों से उसकी ओर देखा। अपने मेहनत से बनाये हुए उस घोंसलें में वह उसी तरह दुबकी बैठी थी, उसी तरह अँधेरा उसके घोंसलें में छाया हुआ था, पर उसकी आँखें खुली हुई थीं मानो उसने प्राची के हृदय में मचलती हुई उस रम्य ज्योति - किरण का सपना देख लिया हो। कुछ हल्की फुदक, कुछ हल्का कम्प और एक प्रसन्न चर - पर। वह देर तक उसे देखता रहा, यहाँ तक कि उसे मालूम हुआ, वह स्वयं भी एक पक्षी है, अपने घोंसलें में बैठा हुआ, पर अपनी पंखों से हीन।

फिर वह एक पत्र को मन - ही - मन दोहराने लगा|

: अजीज दोस्त, मेरे पापा के इस महँगे मीठे पल को हरा - भरा रखियेगा| मैं तो इसकी अभागिनी माँ के पीछे जा रहा हूँ| ....

वह निर्बल क्रोध वेग के मारे उठ खड़ा हुआ और लगा घूमने .... इधर से उधर और उधर से इधर| ....

घूमता रहा .... मानो यही उसके जीवन का दोष था, यही उसका कर्तव्य रह गया था| और क्या, निरूद्देश्य जन्मा, निरूद्देश्य मृत्यु की ओर चला चलूँ? एक आह भर कर वह अपने आप ही चिहुँका, यही तो| इस दुनिया में मेरा महत्व क्या है, स्थान ही कहाँ है .... जब तक लोग इस रहस्य को नहीं जानते, तब तक तो मैं इस माल - महलात का मालिक हूँ और जब यह रहस्य सूरज की तरह प्रकट हो जायेगा, तब? वह सहसा अपने हैण्ड बैग के पास बैठा .... क्लिप खोल दिया| तब वह दर - दर भटकने वाला एक तुच्छ भिखारी ही तो रह जायगा| पाप किसी का, और फल कोई भोगे| चले थे बड़े सत्यवक्ता बनने| मरते समय मैं अपने दिल में यह अंगार दबा कर रखना नहीं चाहता| मंगलप्रसाद! तुम जानते हो, इस जीवन में एक ही बल है, एक ही हौंसला है, और वह यह कि न अपने को धोखा दो, न समाज को| फिर दोस्त को तो धोखा कैसे दे सकता हूँ? कैसे दूँ? तुमसे दगा कर भी तो नहीं सकता यह जीवन पापों की लोमहर्षक कथा कह रहा है| ताज्जुब करता हूँ, इतने पाप सर पर उठा, अब मैं किस लोक में जा रहा हूँ? जा रहा हूँ .... मौत की पाँखे जिधर उड़ा ले जाएँ| पर इस कामता का भविष्य मेरे प्राणों को रसातल की ओर खींच रहा है| मंगल, मंगल! पापों के इस घनीभूत बादल का यह सुनहरा बन्धन नहीं सुहाता| विष में इत्र की यह लपट किस काम की| कामता ने क्रुद्ध दृष्टि से उसके आगे पड़ना शुरू कर दिया| दसों दफा वह इस पत्र को सतत् पढ़ता रहना, सुबह, दोपहर, शाम और कभी - कभी आधी रात को उठकर भी| पर जैसे इस पत्र में नित्य नया अर्थ भरा था, नित्य नया एक घाव छिपा हुआ था, नित्य नया आघात चूर्ण किया गया था| दसों दफा मन में आया, चूर - चूर कर फैंक दे, वह इस कारनामे को| पर नहीं, उसके एक विचित्र शक्ति - सम्पन्न गौरव ने उसे यह न करने दिया| क्यों फाड़ डाले वह यह पत्र? क्यों नष्ट कर डाले अपने जन्म की कथा को? इस प्रशस्ति को? मैं भीरू नहीं हूँ| मन ही मन सिर धुनकर वह आपसे आप बोला और आगे पढ़ना शुरू किया .... अपने इतने लम्बे जीवन में मैंने केवल एक ही पाठ पढ़ा है कि मरते - मरते यह स्वीकार कर जाऊँ कि मैं घोर पापी रहा हूँ| पापी .... मंगल| मैं जानता हूँ, पापी की प्यास क्या है? पुण्य की उस शुद्ध दिव्य और अजय दृष्टि के सामने उस अथाह दबी हुई दृष्टि का बल किस में हैं, जानते हो तुम? तुम कैसे जानोगे? पवित्र वेदाभ्यासी ब्राह्मण, न्याय और नीति के मार्ग के सदा सावधान राही, तुम कैसे जान सकते हो उस विषय - अभाव भरी नजर के बल को? वह अपने पतन के आत्म - स्वीकार में है| पापी मनुष्य का स्पष्ट

स्वीकार क्या योगी के आत्म - दर्शन से कम है? योगी ईश्वर से साक्षात करता है, पापी मनुष्य के यथा - तथा से| मैं भी स्वीकार करता हूँ, कामता मेरे पाप का फूल है| विधवा अंजना ....

काँप कर, रोम - रोम में सिहर कर उसने वह पत्र रख दिया और चारों ओर इस तरह देखा, मानो उसका मूल ही उखड़ गया हो| उस समय उषा की आरक्त आभा मुँह जोई कर रही थी और सामने के नीम के वृक्ष पर कलरव का तुमुल गूँज रहा था| कामता कुछ देर उस शान्त, कुतूहलमयी आभा की ओर एक टक देख तो रहा| इतने वर्षों के प्रेरणापन्न उमंग भरे जीवन के बाद यह आघात क्या था? इस वस्तुस्थिति पर सोचने - विचारने के लिये उसके पास जैसे मस्तिष्क ही न था|

सहसा बिजली की बत्ती आप से आप बुझ गई तो उसने चमक कर गरदन घुमाई| देखा, दरवाजे के पर्दे को अपनी पीठ पर अड़ाए रागिणी मूर्तिवान खड़ी है| उसने झट - पट पत्रों को मरोड़ कर बैग में धरा और उठ खड़ा होते हुए बोला .... तुम? इतने दिवसों बाद यों .... सुबह? आश्चर्य| ....

रागिणी ने अपने अभ्यास के अनुसार ही पूछा .... क्या कर रहे थे, कामता? क्या रात भर सोये न थे ....?

कामता उसके पास जा खड़ा हुआ और सर से पैर तक रागिणी को देखा| फर - कोट के नीचे दूधिया रेशमी साड़ी और खुली वाणी में ताजे कुन्दों का गुहन उसने सरसरी तौर से देखा और बोला .... मैं सपना तो नहीं देख रहा?

रागिणी ने बूट उतारते - उतारते उत्तर दिया ....आह नये - नये| मुझसे लीजिये, आप पूर्ण जगे हुए हैं| और मैं स्वप्न की परी नहीं हूँ| हं - हं - हं| ....

कामता आप से आप उसके साथ - साथ झुका और उसी के साथ पुनः सीधा हुआ और यों ही चिहुँका .... तुम न मालूम क्या हो रागे| न जाने तुम

रागिणी ने आगे बढ़ कर एक हल्की चपत उसे जड़ दी और फिर नाक पर अँगुली रख, शी - ई - ई करती हुई बोली .... मैं श्रीमती रागिणी देवी बी. ए. हिन्दुस्तानी की ख्यातनामा कवियित्री हूँ| उसके सम्मान में जो मन में आये न कहो, काम| .... फिर सवेरे - सवेरे| हुँ, बच्चू जी| अच्छा पकड़ा न?

कामता इस प्रकार झपटा बैग की ओर, जैसे प्यासा हन्टर की मार से भागा जा रहा हो| शेर के भय से जैसे मृग झपटा आ रहा हो और तपाक से बैग को उठा कर एक ओर रख दिया, बोला .... आज सूरज क्या पश्चिम में उदित हुआ है रागिणी? ....

रागिणी ने जैसे ठोकर खाकर कहा .... आ गई, कुछ बातें करना था, पर अब देखती हूँ, मेरा आना वृथा हुआ|

यह कैसे?

वह घुटनों के बल बैठ गया और स्वच्छ निर्मल हास्य की कान्ति बिखेर कर बोला .... नहीं, तुम इस समय वास्तव में सुख की मूर्ति बन कर आई हो| मानो इस प्रभात के सुन्दर - सुनहरे आसमान से एक देवी की तरह वरदान जीवित प्रतिमा की भांति, अमृत के शितल स्पर्श की तरह और .... और .... और क्या कह कर तुम्हें बता दूँ, तुम किसके समान इस घर में आई हो? आज अभी| और ....

बड़ी मुश्किल से उसने आँसू रोके| इस समय पास आधी - गुदड़ी बिछा, आधी ओर सिकुड़ा पड़ा हुआ नौकर चुनियाँ भूत की तरह उठ बैठा और विस्मित होकर लगा इधर - उधर देखने| रागिणी ने उसकी ओर देखते हुए पूछा .... गर्मी में भी तू रजाई ओढ़ कर सोता है रे? ....

चुनियाँ अपने गन्दे दाँतों को निकाल कर हँसा और फिर उठ कर नीचे भागा|

कामता ने रिमार्क किया .... सर्दी है| क्यों रे चुनियाँ? .... जल्दी चाय वगैरह बना ले तो|

रागिणी ने उठा कर रख दिये गये हैण्ड बैग की ओर एक दृष्टि डाली और बोली रहने दो जी| श्रीमती जी कुछ महीनों में अब आ ही जायँगी| तब चाय के साथ टोस्ट भी खिला दीजियेगा|

कामता ने कैलेन्डर की तारीख ठीक की और बोला .... वह दिन किसी भी कैलेन्डर में नहीं है|

रागिणी - क्यों?

फिर वह व्यंग में मुलकी|

कामता ने उत्तर देने के लिये मुँह खोलना चाहा, पर व्यर्थ| अरुण की एक मस्त, मुक्त - जीवन भरी किरण रागिणी के अधरों पर रम गई, और उसकी एक लट को चमका गई| पर एक तो दूसरे की पुतलियों की गम्भीरता मानो अधिक गहरी दिखी|

रागिणी ने पुनः कहा .... आज सुबह ना आती तो मुझे यह आशा ही न होती| चली आई, सोचा था, आखिरी बातें कर लूँ, पर कुछ दूसरा ही सत्य इस बैग में बन्द है| है न कामता?

कामता के ललाट पर जैसे पसीना उबल पड़ेगा, सूखे हुए कण्ठ से उसने असीम साहस के साथ उत्तर दिया| हाँ - हाँ| मैं न कहूँगा, पर वह नहीं है जो तुम समझ रही हो| सच मानो| मैं आज तक झूठ नहीं बोला, इस समय भी न बोलूँगा| चाहे जान तक चली जाय, रागे ....

रागिणी उठने का उपक्रम करते हुए बोली .... मैं कह ही कब रही हूँ कि तुम झूठ बोल रहे हो| यह तो मैंने तुम्हें खो दिया है| आखिर तुम भी तो मनुष्य हो .... कब तक मेरे लिए ठहरे रहते?

कामता अपार दुःख में भी हँसा और बोला .... तुम्हें मैं इस बैग को दे देना चाहता हूँ, पर रागे, इसे देकर मैं तुम्हें न पा सकूँगा| जीवन के इस सत्य को तुमसे छिपा भी तो नहीं सकता| इस समय तुम अधिक दबाव न डालो| वचन देता हूँ, एक दिन यह बैग तुम्हें दे दूँगा .... बस?

रागिणी ने दोहराया मानो .... मैं कहानी - लेखिका थोड़े ही हूँ, जो किसी के प्रेम - पत्रों को अपनाने चलूँगी| अपने पत्र तुम्हें ही मुबारक हों|

कामता ने चिल्लाकर कहा अब .... जनेऊ की शपथ है, जो शिवा मैंने विश्व की अन्य किसी रमणी से प्रेम किया हो, रागे| मैं गीता हाथ में लेकर यह कहता हूँ|

रागिणी ने उठते हुए यह कहा .... सच? अन्य धर्मावलम्बियों से तुम कब से प्रेम करने लगे? तुम कट्टर सनातन धर्मी, मैं कट्टर अधर्म - समाजी, उसमें भी देशव्रतवादी, हम तुममें प्रेम का बन्धन कहाँ बन्ध सकता है? तुम यह पहला झूठ बोल रहे हो, आज मैं जाती हूँ ....

कामता चाहता था, बैग खोलकर उसे दे दे पर, कैसे दे? नाल के पास दोनों हाथ फैला कर वह बोला .... चाय तो पीती जाओ|

रागिणी ने अवरुद्ध कण्ठ से कहा .... मुझे जाने दो, काम| अब चाय न पिऊँगी| अब उसमें रस नहीं रहा| मेरे लिये कहीं वह विष न हो जाय|

कामता लौट कर बैग के पास गया और बोला .... लो, ले जाओ| ....

बैग उठाये वह रागिणी के पास आया|

भरी हुई आँखों से रागिणी झुक कर जेकेट का बटन बन्द कर रही थी| कामता ने उसका पल्ला पकड़ कर अजयतापूर्वक कहा .... मैं सब कुछ ईश्वर के बल पर उसकी इच्छा पर छोड़ देता हूँ| जो ....

रागिणी ने उसकी ओर देखा| वह जैसे छाती खोल कर गोली खाने के लिए खड़ा था| शुभ्र, खिलते हुए फूलों का मकरन्द बहाती हुई प्रभाती हवा सारे वृक्ष में घूम रही थी .... मीठी लोरी की तरह, पर मानो वायुमण्डल जल रहा था| रागिणी ने हटात् पूछा .... बात क्या है?

तुम जा रही हो? रास्ता अधिक रोकते हुए वह बोला|

रागिणी को मालूम हुआ, मानो एक अदृश्य शक्ति उस पर बलपूर्वक जैसे काम कर रही थी| कामता की आँखों से एक प्रबल प्रेरणा आगे धँस कर उसे पीछे ढकेल रही थी| उसको मन - ही - मन किसी ने आदेश दिया .... बैठो| बैठो||

वह लौट आई, शान्ति के साथ बोली .... कहो|

कामता ने कहा .... यह एक रहस्य है .... रहस्य| अभी बताऊँगा तो तुम दुखी होगी| फिर कभी क्यों न जान लो? प्रेम - किस्सा यह नहीं है, इतना मुझसे लो, रागिणी|

रागिणी पुनः बैठी| नीचे, पहरूए ने अब सुबह छः बजे का घण्टा बजाया|

कामता ने चालू रक्खा .... तुम ठीक ही कह रही हो, मैं आज पहली बार झूठ बोल रहा हूँ, पर चारा ही नहीं है| मैं जीवन से इस समय जैसे पुनः प्यार करने लग गया हूँ| मुझे तुम्हारे प्रत्यावर्तन की आशा न थी .... मैं जानता था, तुम्हारे हमारे विचारों में गहरा अन्तर है, मानो दो लोकों के बीच एक गगन - का - गगन छाया पड़ा हो| तुम जिस भारत की कल्पना कर रही हो, मैं नहीं कर सकता| हमारे मतभेद, हमारी शिक्षा - दीक्षा के ही नहीं, जीवन की वृतियों के भेद हैं| मनुष्यत्व स्वतन्त्र जीवन - दर्शन है, वह स्वयं शिक्षा है .... स्वयं दर्शन है, रागे| विचारों के सहृदय भेद के बिना जीवन क्रियात्मक कैसे रह सकेगा?

रागिणी ने मन्द हँस कर कहा .... पर मैंने इन दिनों एक बात जानी है, वह यह कि विचार और हृदय - ये दो एक होकर भी कैसे अलग - अलग जीते हैं? ....

कामता ने बीच ही में कहा .... साधना का भेद ही इस भिन्नत्व के लिए उत्तरदायी है| बुद्धि का दीपक शयनागार रोशन कर देगा| पर क्या सोयेगा भी वह? नहीं, सोना तो हमें ही होगा|

रागिणी ने चुटकी ली .... हाँ यह तो है ही| रोशन कर देगा| गंगाजली लाऊँ क्या, कामता?

कामता ने दृढ़ विश्वास के साथ कहा .... नहीं, गत दिवसों में मैंने भी एक सत्य देख लिया है, और वह यह कि भारत सभ्यताओं का सागर है और हमारा स्वतन्त्र भारत अभिन्न मित्रों का महाभारत होगा, यह वह उद्यान होगा, जिसमें संस्कृतियों और सभ्यताओं के सदा जीवित कुंज - के - कुंज बिछे पड़े होंगे| वह मानो जगत भर का तपोवन होगा, वह दर्पण जिसमें मनुष्य भिन्न में एक्य का दर्शन करेगा| भारत शरीर के भेदों से छिन्न - विच्छिन्न नहीं हो सकता, वह आत्मा के घनएक्य को साधेगा| यदि सत्य .... जिसे मैं परमतत्व कहता हूँ .... जहाँ से ऋतुओं की तरह, ताराओं की भांति, सदनों की तरह, अनेक संगीतों के समान जीवन के ये महान् तत्व प्रस्फुटित होते हैं .... ऐसा सत्य ही यदि मनुष्य की सभ्यता का हृदय - साध्य होगा, तो हमें भिन्नताओं द्वारा उसी एक्य को प्राप्त करना चाहिए| प्रकृति सहस्त्रों कल्पनाओं की कामिनी है, रागे| जैसे ....

रागिणी ने उसकी ओर अपलक देखते मुस्कुराते हुए पूछा .... जैसे ....

कामता जैसे नींद से टूटा, बेहोशी से जागा, हँस पड़ा .... जैसे तुम|

और फिर दोनों एक दूसरे की हथेलियों को थपथपाते हुए इस जोर से हँसे की नीचे चलम का कस खींचते हुए सुस्ताता हुआ पहरूआ कुछ चमक उठा|

पर पड़ौस के शिव मन्दिर में, छोटे बच्चों ने कतार में खड़े होकर स्कूल की प्रार्थना शुरू की .... हे भगवान| दो वरदान, काम देश के आऊँ मैं|

कामता और रागिणी दोनों गावाक्ष के पास आ खड़े हुए, कुहनी - से - कुहनी मिली और मन - से - मन| सूर्य की किरणें उनके खिले हुए मुखों पर आ पुतीं और वे अधिक मुखरित हो उठे| रागिणी ने कहा कामता! क्या हम भी प्रार्थना करें? हुँ? कि हे भगवान, दो वरदान ....

कामता ने उसे चुप करते हुए कहा .... काम प्रेम के आऊँ मैं|

शाम को आना पिताजी के सामने सब: सेट्ल: कर दिया जाएगा .... कह कर रागिणी चली गई| और बहुत देर तक वह एक मुक्त प्रकाश - प्रवाह की तरह आनन्द भूमि पर बहता रहा| वही आकाश जिसके कुछ तारे उसे आँख - नाक की भांति परिचित थे, उसके आस - पास, ऊपर थे तो, पर कामता को उनकी क्या परवाह थी? उसके ताजे खिले हुए फूल खूब जोर से ऊँचे फैंके और कहा - तुम्हारी पूजा सूर्यदेव और फिर वह एक तरंग में लगा स्वयं ही गाने, प्रेम की जौत जली जब से है, एक अँधेरा उठा है दिल से| ....

सिर एक ताल में धुनते, तालियों से तथा मुँह से तबला बजाते हुए, थेई - थेई उसने दोहराया .... एक अँधेरा हटा है, दिल से एक अँधेरा हटा है ....|

फिर वृक्ष के पीछे विहँसते हुए सूर्य - बिम्ब की ओर देखते हुए उसने एक हाथ फैलाया और एक कलेजे पर रक्खा .... सैंयां! तुम सुख - दुःख हो मेरे, मेरे जीवन के दीपक हो .... रुदन हास्य प्रिय| इस जियरे के ....

विभोर, पागल - सा वह अपने बिछौने पर सहसा जा पड़ा .... रुदन - हास्य हो तुम जीवन के| मानो उसका रोम - रोम बोल रहा था| तकिये को कलेजे से दबाये उसने देर तक कभी हँसते, कभी रोते यह गीत चालू रक्खा, और हतबुद्धि चुनियाँ स्नान करवाने का सामान लिये कोने में दबका खड़ा रहा|

सदा की भांति कामता ने स्नान किया, पूजा की और फिर गीता का पाठ किया, पर मन जैसे आज चिपक ही न रहा था| जैसे चमक में आग ही न थी, स्त्रोतों में वह जादू ही न था, मन्त्रों में वह अर्थाकर्षण ही नहीं| एक विचित्र निश्चिन्तता में वह जैसे मूक और बन्ध पार कर बहा जा रहा था| तब आज महीनों बाद उसकी तपस्या सफल हुई? मन्त्र फल गया, अनुष्ठान सिद्ध हुआ? उसने कृतज्ञ आँखों से शिवलिंग की ओर देखा, और जैसे मन - ही - मन झेंप गया| मन चाहा मिल तो गया, पर अब? उसे मालूम हुआ, एक - एक अपरिचित वांछा और जाग गई .... रागिणी जन्म - जन्म में भी मेरी रहे| मेरी|| ओह| जीवन में कितना

सुख है। सुख - ही - सुख तो है इस जीवन में। और प्रेम का सुख? अरे - अरे।। वह सिद्धासन मार कर बैठ गया और होम आरम्भ किया। वह पुण्य - ज्योति जैसे उसके हृदय से निकल रही हो। घी रेड़े जा रहा था, जैसे आज दिन का संचित आनन्द यों प्रकाश लपटों में व्यक्त कर रहा हो। उसे वेद का वह मन्त्र याद आया, सचमुच परम पुरुष ने अपने ही आनन्द में ऐसे, यहाँ से इस जगत की आग जलाई है, सचमुच, आनन्द की लीला।।

मन्त्र जपते हुए वह हवन कर्म करता रहा। कुछ घण्टों पूर्व की उदासीनता अब कहाँ थी? प्रोफेसर जोगलेकर के आदर्शवाद से परिचित हो वह रागिणी के हाथ से निराश ही हो गया था। उनके ज्वलन्त शब्दों के पीछे उस दिन मानो उसकी भर्त्सना की गई थी। शिष्ट शब्दों में: पण्डिताईपन: यह बात उसे बताई गई हो। और रागिणी भी जैसे काठ - मारी सी हो गई थी। भारत की प्राचीन संस्कृति का उसके जैसा जानकार उस समस्त प्रान्त में क्या, देश भर में दम्का - दम्का कोई हो तो हो। कामताप्रसाद के भाषण मंगलाचरण से शुरू होते, पर उनका विषय विद्वानों का भोजन होता, और ऐसे ही एक ज्ञान - भोज्य से तृप्त हो रागिणी उसे अपने यहाँ लिवा ले गई थी। और ज्यों - ज्यों आवागमन बढ़ता गया, उसने कामताप्रसाद को यह बता दिया, इस समय वह हिन्दू नहीं, हिन्दुस्तानी सभ्यता के निर्माण का स्वप्न देख रही है। जोशीली बहसें हुईं, उत्तेजक वार्तालाप हुए और प्रोफेसर जोगलेकर ने अन्त में शक्तिवाद में सब अन्तरों को लीन करते हुए उसका समाधान भी करवा दिया।

पर सच्चा समाधान एक शरद्पूनों ने कर दिया। ध्यान धरते हुए इस समय कामताप्रसाद के सामने वही मधु - पूनम आ चित्रित हुई जैसे। वह पूर्णिमा, जब सब पदर्शनी से लौट रहे थे और नावें बिखरी - बिखरी लहराती जा रही थीं, जब उनकी नाव किशोर नाविका के कारण कुछ बिछड़ गई थी और पूरे चाँद की मधुमयी किरणें दोनों के हृदय - घटों के रस को उज्जवल कर गई थीं। विचारों के कपड़े उतार मानो दो दिगम्बर - हृदय तपड़ते हुए रस की नदी में जीवन नैया में यों बह रहे थे। कामता की हिम्मत न पड़ी कि गीत - मगना रागिणी की ओर देख ले। पर रागिणी ने उसका हृदय देख लिया था।

इस दर्शन के बाद, मानो मन के दो योगी जीवन में सदा जागते रह सकेंगे। पर आज उसे मालूम हुआ, दो भिन्न मार्गों पर, विमुखों के होते हुए भी एक दूसरे के निकट वे चले जा रहे हैं। अति दूर, पर अत्यन्त निकट। अपने आदर्श का उसका प्रेम पगहीन न था, उसके पीछे तादात्म्य साधना भी थी। जैसे अन्दर वैसा बाहर .... कामताप्रसाद भी उस दर्पण के समान ही तो था, जिसका एक टुकड़ा वह स्वयं था। अपनी सहृदय सत्य - प्रियता के पीछे उसे अपने पिता का सारा व्यक्तित्व थम्भ बना हुआ था। इस समय जैसे उसे अपने व्यक्तित्व का सम्पूर्ण ज्ञान हुआ, वह विरोधी वातावरण में भी रह सकेगा। अवश्य, यहाँ उसकी सहिष्णुता की परीक्षा होगी .... और वह अब उदार भी तो होना चाहता था।

सूर्य को अर्ध देने छत पर गया| एक मनोरम हरियाला विश्व चारों ओर जैसे मुक्त छाया पड़ा हो .... बिखरा| उसने असीम श्रद्धापूर्वक सूर्य के प्रति जलधारायें बहा दीं| कामता को मानो प्रतीत हुआ उसे जीवन का अन्तिम सबक आज मिल गया| क्या एक ही पंचपात्र में ये सब धारायें नहीं बसीं थीं?

तब? वह और रागिणी .... गंगा और जमुना .... क्यों न एक साथ बहें?

भोजन करते वक्त तो वह खुशियों में मग्न रहा .... मग्न, मानो मग्नता ही जीवन का स्वरूप था| मंगलाप्रसाद के मरने के बाद, रागिणी के हाथ के विषय में जोगलेकर की विषम उदासीनता को जान लेने के बाद, आज यह मानो पुनः आनन्द के अस्तित्व को मान सका| लेटा, किसी कदर शाम हो .... समय मानो अब थके वृद्ध की तरह आगे बढ़ रहा था और यह लेटा - लेटा: पंचीकरण - सिद्धान्त: पढ़ रहा था| पढ़ क्या रहा था, नाटक कर रहा था, उस अत्यन्त प्राचीन और जटिल सिद्धान्त ने उसे इतना तो मोहित कर लिया कि उसने सोचा, दुर्भाग्यवश रागिणी का शरीर नष्ट भी हो जाएगा, तो वह नया क्या बना सकेगा?

अरे, हाँ - हाँ| फिर वह अपनी मूर्खता पर आप ही कह - कहा मार उठा| और दूसरे ही क्षण उसकी दृष्टि उस हैण्ड बैग पर जा पड़ी| उस कोने में मानो वह डायना - माइट की तरह रक्खा हुआ था| उसके मन से एक मंजुल स्वप्न की भांति वह प्रसन्नता की ज्योति जैसे चल बसी| वह विचार की मूर्च्छना में जा पड़ा .... क्या रागिणी से यह भेद कह दिया जाए? .... कह दूँ? ....

उसने पुस्तकों और कपड़ों की ओर देखा, कपड़ों ने हिल - हिलकर जैसे अपनी राय प्रकट की .... क्यों नहीं? पर पुस्तकों ने अपनी स्थिर जड़ता द्वारा इंगित किया .... मूर्खता मत करो| एक असमंजस की आह भर कर उसने आँखें मींच लीं| दुनिया के विषय में किसने शंका न की? कौन निराश न हुआ यहाँ? दुर्जनों की बात छोड़ दो, जी| पर जो कमजोरियों को स्वीकार कर अपना मनुष्यत्व स्वीकार करना चाहते हैं, क्या उन्हें जी भर कर रोना, जलना न पड़ा? फिर मेरे मूल में तो स्वयं जघन्य पाप बिलबिला रहा है| ...... फिर? फिर, कामता? मानों रोम - रोम से एकाग्रता बटोरते हुए उसने अपने आप ही यह सवाल पूछा .... कामता यह कैसा होनहार है?

सुबह तक वह विचारों के सागर में आधाररहीन - सा तैर रहा था, और प्रभात के साथ - साथ उसे मानो समूचा जीवन, एक प्रसन्न पुष्प की भांति प्राप्त हुआ| पर वे हाथ कहाँ थे, जिन्हें फैला कर जीवन की इस मूर्ति से भेंटा जाता? समाज के लिए तो वह कुलीन न था, बिल्कुल नहीं| ओह, रागे .... मैं क्या करूँ? उसे समूचे समाज पर जैसे क्रोध आयेगा, पर नहीं .... वह पाप को पाप मानता था, पुण्य को पुण्य| अपनी हस्ती के स्वार्थ के लिए, जीवन के अर्थ के लिए वह अपनी व्यवस्था में अविश्वास कर लें, आज? व्यभिचार घोर पाप है| व्यक्ति और समाज दोनों ही की

पसलियों में यह मानों क्षय का रोग है, जो दम लेकर ही शान्त होता है| व्यभिचार का अन्त मृत्यु है, निर्विवाद, और इस जीवन को हम अधिकाधिक शक्ति, सम्पन्नता के लिए बुनना चाहते हैं| उसने स्वयं एक लेख में लिखा था| पुण्य की भक्ति उसे एक तरह से पागल किये हुए थी और यही शुद्धता की धुन थी, जो रागिणी को मोह गई .... उस पर जादू कर गई| उसने मन ही मन जैसे घोषित किया .... कामता, सत्य के बिना पुण्य की हस्ती हो ही नहीं सकती, सत्य ही पुण्य में प्रकट होता है| असत्य पाप है .... पाप|

उसी समय नीचे झन्नाता हुआ एक घण्टा बजा| विचारों के हथौड़े ने उसे मानो तन्ना दिया| उसने निश्चय किया, वह रागिणी से सब खोल कर कह देगा| सत्य ही उसका व्रत था और वह उसकी साधना के लिए सब कुछ सहेगा| ठेठ बचपन में, अकेले - अकेले, एक निकटस्थ संध्या समय, उसने मानो स्वयं सत्य देव के हाथों आशीर्वाद पाया था| एक साधु ने उसके सिर को थपथपाकर आशीर्वाद दिया था ....: सच बोलो, महान बनो| और आज सैंकड़ों अवसरों पर यह वाणी उसे बचाती, जिलाती आई है| ऐसा कौन अवसर नहीं, आया, जब वह गिर न सकता था? गिरता - गिरता तो बच जाता था वह| अजय थे वे उद्देश्य बाहु उस सूक्ष्म वाणी के| कितना बल था उस आशीर्वाद की स्मृति में|

और आज जैसे उसके सारे जीवन की अग्नि - परीक्षा का अवसर था| कामता| कामता|| वह हँसा .... खूब हँसा|

यह मनुष्य है, सिवा सत्य के वह बोलना नहीं जानता| मानो किसी अज्ञात वाणी ने उसका बखान किया| उठा, और पत्र लिखने बैठ गया| दोपहर प्रखर था, शिशीर के पत्तों की खड़ - खड़ कभी - कभी उस निर्जीव - सी शान्ति में हुलासायी बुबुका देती थी, पर कामता मानो राज त्याग रहा हो| कामता लिख रहा था| कलम चल रही थी, मानो पानी में लिख रहा हो| पलथी मार जंघा में कुहनी गड़ाये, हथेली में ठुड्डी बन्द किये, वह लिखे जा रहा था| आवेशहीन, कान्तिहीन मुद्रा थी .... संकल्प का बल मानो भावों की लहरों को रोक रहा था|

पर, मन के एक कोने में एक गीत गूँज रहा था, आप से आप वह जैसे उसे भी सुन रहा था और कागज भी पढ़ रहा था| जीवन - घाटी में बहना है, उमड़ - उमड़ कर, घुमड़ - घुमड़ कर, घुट - घुट कर बहते जाना है| उसने कागज भी इसी उद्धरण सहित समाप्त किया|

शाम को जब वह प्रोफेसर जोगलेकर के मकान पहुँचा, जोगलेकर बाहर जाने को तैयार हो रहे थे| बोले .... आइये जनाब| आज तो बड़े दिनों में दर्शन हुए| कहाँ रह गये थे इतने दिन? आज रास्ता कैसे भूल गये?

कामता ने हँसते हुए प्रणाम किया और कुछ न बोला| जोगलेकर ने धोती की फड़ कसी और, और फिर कोट पहनते हुए बोले .... सो तो ठीक, पर तुम्हारे बिना

मेरे काम में तो अनन्त हानि हुई। तुम्हारे विश्वास पर निश्चिन्त था, वह देखो, ढेर - के - ढेर कागज पड़े हैं .... उत्तर कौन दे? हीरालाल बीमार पड़ा है, मिस्टर डैविड तनखा के नाम को रो रहा है, बढ़ा दो बस। यानि तुम काम उतना ही करो, और मैं पैसे उतने - उतने ही न दूँ .... अधिक दूँ? .... सो तो ठीक, पर तुम बहुत गैर हाजिर रहे। क्या तबियत खराब थी?

कामता ने इधर - उधर देखा और बोला .... नहीं तो। यों ही न आया ....

समझा - समझा। जोगलेकर कोच पर बैठ गये, बोले .... मैं सब समझ गया। मैंने भी कुछ ह्यूमन साइकोलोजी पढ़ी है .... संसार देखा है, समझे? मेरी चुप्पी से तुम बुरा मान गये? .... फिर वे पुनः बढ़े .... देखो जी, मैं तो रागे को अपने जीवन का कर्ता - धर्ता मानता हूँ। मेरी फिलासफी ही और है, सब मित्र हैं।

समझे। नाते - वाते तो हैं ही, पर हमें जीवन को निर्भरताओं का जाल क्यों बना देना चाहिये। यही तो है रूढियाँ, रीतियाँ, रिवाज - यही तो है गुलामी।। दासता चाहे फिर वह शरीर की हो, मन की हो, किसी की भी हो, दासता मात्र बुरी है, जी। मैं कहता हूँ। स्वतन्त्रता ही जीवन है, है कि नहीं। आज मैं जलसे में जा रहा हूँ, इसी विषय पर बोलूँगा। पता पड़ जायगा लोगों को कि एक अभूतपूर्व सन्देश उन्हें आज मिला। है कि नहीं, सो तो ठीक, यह बताओ, बिल - विल का झगड़ा तो निपट गया न?

जी हाँ .... वह था ही कहाँ। .... कामता ने अचकचा कर उत्तर दिया।

सुन्दर। चलो, मुक्ति मिली। हाँ, चल रहे हो? एक गर्जना सुनने को मिलेगी। आज गरजूँगा, अब सहा नहीं जाता, जी। देश की यह अफीमची नींद अब सही नहीं जाती। वे सहसा उठ खड़े हुए और यों बोले जैसे आकाशवाणी कर रहे हों .... यह विषय - निन्द्रा मृत्यु की चीर - निन्द्रा से भी अधिक हेय है। यह जड़ता असह्य है। उठो, मारो ..... क्रान्ति करो .... बस

इसी समय रागिणी ने अन्दर कदम रक्खा, क्रुद्ध - सी बोली पिताजी, यह तो मंच नहीं है। घर है, हुँ। मुफ्त में शक्ति - व्यय क्यों कर रहे हो? आखिर प्रकृति से सिमित ही तो शक्ति मिलती है। ....

जोगलेकर ने झेंप मिटाकर कहा .... नहीं, मुझमें एक असीम निधि है शक्ति की। मैं स्वयं ही शक्ति का स्त्रोत हूँ। इसीलिये तो मैं कहता हूँ, भारत को शक्ति की कामना चाहिए। भुजदण्ड ही नहीं, वह हृदय का भी बल है। है कि नहीं, कामता? रागे। कामता तुमसे विवाह करना चाहते हैं।

रागिणी ने अप्रतिम - सी हो उत्तर दिया .... मैं जानती हूँ, यह कहिये, शिकागो वालों को क्या जवाब दिया जाये? विश्व हृदय - सम्मेलन में जाइयेगा न? ....

जोगलेकर ने पान उठाया, मुँह में ठूँसा और हाथ मलते हुए बोले .... जाऊँ क्या? हुँ? तुम्हारी क्या राय है, कामता? ....

जाना तो चाहिए। वह बोला।

क्यों जाना चाहिए? प्रोफेसर ने जैसे अपने आप पूछा .... मैं वहाँ जाकर करूँगा क्या? मेरे लिए तो भारत ही बस है। इतना समय और फुर्सत किसे है जी, जो मैं भारत के अलावा अन्य किसी की भी फिकर करूँ? मेरे लिए तो बस दो ही बातें हैं .... भारत, शक्ति, एकता। है कि नहीं? सो तो ठीक, पर ऐसा मौका हाथ न आयेगा, खरी - खरी सुनाने का, क्यों? लिख दो कि पार्टी अवश्य आयेगी। तुम भी चलोगे न, काम?

रागिणी ने हँस कर कहा .... अवश्य, क्यों न चलेंगे।

जोगलेकर ने रागिणी के मुख की ओर देखा और फिर कामता की ओर। फिर सिर खुजलाते हुए वे कमरे के बाहर निकल गये।

रागिणी ने अन्दर जाते - जाते कहा .... आओ, मैं चाय बनाऊँ तब तक कुछ गपाष्टक ही सही।

कामता ने उसके पीछे - पीछे जाते हुए पूछा .... माता जी कहाँ हैं?

रागिणी ने गरदन घुमा कर एक विमल प्रेम की दृष्टि से उसे देखा और बोली .... नई - नई ठहरीं। जी उकता गया .... मैके चली गईं। तुम उन्हें अपनी माता जी मानो, मैं नहीं .... मैं तो उन्हें पिताजी की दूसरी पत्नी ही कह सकती हूँ। केवल आदर भर के लिए मैं: माता: के अर्थ पर कुठाराघात क्यों करूँ, तुम्हीं कहो?

कामता उसकी चाल को देख रहा था। आम वरांडा पार कर दोनों किचन में पहुँचे। उस समय पक्षियों ने लौट आना प्रारम्भ कर दिया था। रसोई घर से लग कर एक कंदी का वृक्ष था .... एक कजली चिरैया उसी समय लौटी। कामता ने कहा .... तुम जीवन को शतरंज के मानिन्द समझ लेती हो, रागे।

रागिणी ने प्राइमस में स्पिरिट डालते - डालते कहा .... हाँ, आदर्श के मार्ग के बिना मैं एक कदम भी तो चल नहीं सकती। तुम जीवन को कोरी भावुकता समझ लेते हो।

कामता ने कहा .... मैं जीवन को प्रेम का जीना समझता हूँ, उसे नियमों का जाल कैसे मान लूँ।

रागिणी ने दिया सलाई जलाई और आत्मनिर्भरता पूर्वक बोली - मैं आदर्श को नियम की भट्टी में तपाना चाहती हूँ .... जीवन मानो एक गहना है, जैसे समझ में आये, यों ही गढना पड़ेगा। क्यों, तुम यों पूछ ही रहे हो? मैंने तुममें एक साधु पाया है, मैं अपना पति साधु चाहती हूँ .... इस जीवन में कुछ तो प्रकाश मिले, कामता। सच मानो, मैं तुमसे उदासीन रह कर यह सब सीख पाई। स्नेही ने ठीक ही मार्ग बताया, समाज की मर्यादा - रक्षा के बगैर मैं उसकी सेविका नहीं हो सकती। और तो ....

वह गुमसुम सी: पम्प: करती रही। और संध्या गौधूली की साड़ी पहने, तारों की सिर - झूल बाँधे मानो वहाँ झाँक गई। सारे नगर में सांय के मन्दिर - घण्टे गूँज रहे थे। कामता ने पूछा .... और क्या? कहो न, मैं क्या नहीं जानता? मिस्टर हेमचन्द्र को तुम नहीं समझ सकतीं, न वे ही तुम्हें समझ सकते हैं। पूंजीपति विलास की आँखों से दुनिया देखता - समझता है। वे भी तो एक नम्बर के सेठ हैं।

रागिणी ने कुछ गद्‌गद्‌ होकर कहा .... नहीं यह बात तो नहीं है। उनमें जीवन को कला की दृष्टि से देखना और रस की जिव्हा से चखना आता है। जो हो, तुम उसे विलास कह दोगे, पर होगा, यह तुम कैसे जान पाए?

कामता सरलतापूर्वक हँस पड़ा .... तो मैं नाराज थोड़े ही हुआ रागे। मैं व्यक्ति के कलेजे से वाकिफ हूँ। यों ही, मेरा अनुमान था। वे टेनिस के अच्छे खिलाड़ी जो ठहरे। संयुक्त चैंपियनशिप यदि जीवन - मैत्री में परिणित हो जाये, तो क्या आश्चर्य? पर लो। मैं बहुत बढ़ गया .... है न? फिर वह वापस जी खोल कर हँसा। उस उत्ताल हास्य की लहरियाँ सुषुप्त पल्लवों में एक मर्मर पैदा कर गई जैसे।

रागिणी ने स्थिर, पर जागृत दृष्टि से उसे देखा। कामता के पीछे चन्द्रोदय हो रहा था। चतुर्दशी का चाँद ज्योतिर्मय मधु में नहाया हुआ प्रकट हो रहा था। उस चाँदी में यह आनन्द की हँसी हीरक ज्योति - सी जा मिली।

वह आप से आप बोली .... काम, आज परिणय से पहले, मैं अपना एक पाप स्वीकार करना चाहती हूँ। फिर वह चुप हो गई। सघन, अथाह दृष्टि से उसने कामता का मुँह देखा।

कामता आगे बढ़ गया। स्टोव भुर्र - भुर्र अग्नि उगल रहा था। पानी मृदु - मृदु भाप में लास कर रहा था। नील - वृक्ष, श्वेत मकान, और दूधिया - आकाश। अमृत का स्वाद चखे सुनसान मानो चख रहा था। अब एक उमस भरा उभार था, इस चन्द्र - रजनी में। रागिणी ने मानो कुछ तीव्रतापूर्वक पूछा .... समझते हो, मैं जानती हूँ, तुम देव हो, देव। कामता, स्त्री ऊपर से देवी भले दिखे। पर स्त्री सदा मानवी है। हृदय है न उसमें। हं - हं - हं।। आज अपनी रागे का एक पाप सुनो, सुनोगे?

कामता ने एक अपूर्व उत्साह के साथ, पर असहाय - सा चारों ओर देखा। काली वैणी में सुबह के मुरझाए कुन्द इस समय मक्खन के बने मालूम होते थे। वह बोला .... इसलिये मुझे बुलाया था तुमने, रागे?

रागिणी ने त्वरा से उत्तर दिया .... हाँ, तुम घबरा रहे हो अभी से? प्रेम के कान इतने कच्चे नहीं होते। हेमचन्द्र शराब पीता है, वैश्याओं के यहाँ जाता है, सट्टा खेलता है .... जुआ उसका काम है और गरीबों का रक्तशोषण उसका रोजगार है। मैंने उसके इतने पाप गवारा किये हैं। मनुष्य के लिए यह बड़ी भारी सिद्‌धि है, पर वह मनुष्यों के बीच का दावा है, कामता। तुम मनुष्य होते हुए भी ऋषि - युवक

हो। ऋषियों का स्वप्न मुझे आज शान्ति देता है, समझे! और इसीलिए तो मैं तुम्हारे चरणों में आई हूँ।

और वह घुटनों के बल उसके सामने बैठ गई। हजारों हाथों को दिगन्त में फैलाये वट - वृक्ष चाँद का स्वागत कर रहा था। कामता काँप कर बोला .... यह नहीं चलेगा रागे। मैं तो पाप का स्वप्न हूँ, उठो, तुम अभय हो जाओ। यहाँ दरिया पीये जी रहा हूँ, रागे। तुम कितने नीचों से हारी हुई क्यों न हो, इसमें जीवन भर तैर सकती हो। मैं हृदय चाहता हूँ, मुझे विभूति नहीं चाहिए।

रागिणी ने सहज भाव से कहा .... हेमचन्द्र और मैं साथ - साथ यौरप गये थे।

कामता ने मुलकते हुए कहा .... यह भी मैं जानता हूँ। यह तो कोई पाप नहीं है।

रागिणी ने उबलते हुए पानी में चाय डाली, बोली .... तुम आधुनिक मैत्री में अधिक दोष नहीं मानते। प्रायश्चित का विधान उसके लिये मिल जायगा न?

कामता .... न मिलेगा, तो मैं दूँगा।

रागिणी ने रुख बदलते हुए पूछा, मानो भार - मुक्त हो गई हो .... तब मुझे भी प्रायश्चित बताओ, कामता।

कामता ने कहा .... मेरे पास आओ। और उसने डालियों पर रेंगते हुए चाँद की ओर देखा। रागिणी धीरे - धीरे उसके पास गई, उसने उसके हाथ को पकड़ कर असीम प्रेम के साथ कहा .... मैं तुम्हें अपनी आत्मा के लिए प्यार करती हूँ, समाज के लिए नहीं। तुम समाज के लिए मुझे अपना मत बनाओ, बस।

रागिणी ने उसके कन्धे पर सिर रख दिया, बोली .... मैं समझी।

कामता ने कहा .... प्रेम स्वयं पवित्रता है, रागे। जन्म और मरण की अपवित्रतायें यहाँ नहीं लगतीं, यह मैं जानता हूँ। इस जड़ प्रकृति में प्रेम की चेतना के रूप में ही ईश्वर दिखता है। प्रेम समस्त जीवन पर शान्ति और आनन्द की विजय है। इस अविराम द्वन्द में, सृजन और क्षय की सदा सक्रिय पल में प्रेम ही अमरता है। ओह! रागे, मेरे इस हृदय को चीर कर देखो, देखो तो ....

तड़, तड़, तड़ उसने बटन तोड़ते हुए अपनी कमीज फाड़ डाली। पुष्ठ छाती पर चाँदनी पुत गई, और रागिणी का मुँह नन्हें सुघड़ कमल की भांति उसमें भर गया।

* * *

उसका पत्र उसकी जेब में ही रह गया और घर वह एक नवीन भाव लेकर लौटा। उसे यह पता था कि हेमचन्द्र और रागिणी में दोस्ताना सम्बन्ध है। यह पता न था कि इस मैत्री के पर्दे में वासना का रेशम बुना था। वह अपनी अकुलीनता पर दुखी था, पर

अब वह जीवन की कलुषिता पर करुणा करना चाहता था| कोई तो बता दे, उसके इतने जीवन में एक छोटा सा भी काला दाग? कोई तो .... उसका गुलाम हो जाए वह, टाँग के नीचे से निकल जाए, कोई बात है? सिर तना हुआ, छाती निकली हुई .... यों तेजी से वह चला जा रहा था| आज मनुष्य नहीं, ब्राह्मण की विजय हुई|

निर्जन मार्ग चाँदनी से लहलहा रहा था और दोनों सिरों पर ऊँचे - ऊँचे वृक्षों की कतारें खड़ी थीं| वह अपनी तीक्ष्ण घटाओं के सिरों पर कूदते हुए चाँद की ओर देखता हुआ चला जा रहा था| मन का यह तनाव, अन्तर का यह विचित्र बल, यह उदास अहम् आज जैसे उसके समस्त मनुष्यत्व को निगले जा रहा है| एक ही दिन में जीवन के इतने रंग .... वह अपने आप ही बोला .... हकुलीन वह है, जिसका चरित्र अकुलीन हो| .... उसे प्रतीत हुआ, मानो रागिणी के प्रति उसके हृदय से इसी निर्मल चाँदनी में एक विजन बादल - सी दया उफनती हुई बही जा रही है| ओह! वह वहीं ब्रेक लग कर जैसे खड़ा रह गया, बोला .... क्या दया की भूमि में प्रेम का भवन ठहर सकेगा? कलेजे पर हाथ रखते हुए उसने: नकार: में सिर हिलाया और आह भर कर बोला .... नहीं .... नहीं ...., उस गीली भूमि में हीरे का वह कार्ति - स्तम्भ कैसे ठहरेगा भला? वह सहसा आगे बढ़ा, मन में मानो बिजली की सूक्ष्म धाराओं के समान विचारों का संघर्ष चला| पर मनुष्य का धर्म इस समय ऐसे प्रसंगों पर क्या है? उदार सहिष्णुता, कौन पापी नहीं है, कामता? पाप, फिर वह जिस किसी का हो, शरीर का हो, दिल का हो .... वह पाप ही है| रागिणी, आज यदि तुम मुझसे यह बात छः महीने पहले कहतीं तो शायद मैं इतना उदार न बन सकता, न हो पर आज, मैं जानता हूँ, मैं क्या हूँ? कुलीन पैदा हुए लोगों का पाप मानो पार्श्व में लगा घुन है, पर हम जैसे लोगों के लिए पुण्य शोभा पर है ....

यों वह मन ही मन बोलता हुआ घर पहुँचा और खाना खाया - न खाया, लेट गया| सदा की भांति वह चिड़िया घोंसले में दबकी बैठी थी| उसने बहुत देर तक उसकी ओर देखा .... यह दिल आज दुखी क्यों है? कामता, यह मन आज मुरझा कैसे रहा है? रागिणी तुम्हें मिल रही है, यों मिल रही है| उसका स्वागत क्यों नहीं करते? यह क्षमा का नाटक कैसे कर गये तुम? कैसे कर गये जी? तुम मनुष्य हो? बोलो .... बोलो ....

रग - रग से क्लान्ति खदेड़ता हुआ वह आप से बोला .... आश .... तब मैं अच्छा|

अवश्य, मैं भी यही कहती हूँ, तुम अच्छे| उसके सिरहाने खड़ी हुई एक मूर्ति आखिर जैसे बोली ही| श्वेत शुद्ध खद्दर की धोती में सज रागिणी ने मन्द स्वर में कहा .... और जैसे भूत उसके कानों में चिल्ला गया हो, यों वह लपक कर उठ बैठा|

तुम, रागिणी| आँखों पर अविश्वास करते हुआ वह चिहुँका|

हाँ, मैं .... वह पैताने बैठते हुए बोली .... तुम जिस गंभीरतापूर्वक बिदा हुए, वही मुझे यों तुम्हारे पीछे - पीछे चली आने के लिए विवश कर गई, कामता। तुम्हारी वह भाव - प्रवणता, वह असह्य शान्तिमत्ता, वह क्षमता जैसे मुझे आग में छोड़ गई।

वह उभड़क, घुटनों के बल बैठ गया, बोला .... हूँ, तुम्हें तब मुझमें विश्वास न हुआ न?

रागिणी हँसी, बोली .... तुम पण्डित, धर्म भीरू मुझे यों क्षमा कर दोगे यह मैं विश्वास न कर सकी। तुमने, जो भंगी की छाया से भागते हो, मुझे अपने कलेजे में रख लिया, यह मुझे जैसे अवाक् रख गया ....

कामता जैसी बुद्धि - ही - बुद्धि हो .... पर तुम भंगी नहीं हो।

रागिणी ने अपार कष्ट को एक हास्य में रंगते हुए कहा .... पर मैं वासनाओं की विष्ठा उठाती रही हूँ इस समय तक, जो!

कामता दिग्मूढ़ - सा उसकी ओर देखता रहा।

और, सुदूर उस पुरातन शिव - मन्दिर में एक अन्धा साधु अपनी करताल बजा रहा था, इकतारा अपनी चोटें मानो रह - रह कर शान्ति को जगाने के लिए भेज रहा हो।

वह बोली .... मालूम हुआ, चरित्र की सम्पन्नता ही मनुष्य का बल है। मैं तो समझती थी, प्रेम ही जीवन की समस्त शक्ति है कामता। आज तुम भी व्यंग कर रहे हो?

कामता हत्यारा - सा मन ही मन जैसे उखड़ पड़ना चाहता हो।

रागिणी पुनः बोली .... आज मेरे पास दयनीयता के अलावा कुछ नहीं है। मुझे अब तक गर्व था अपने स्वप्नों पर, नाज़ था अपनी कामनाओं पर। अपनी लगन और सद्भावनाओं पर मैं समस्त जीवन को धन्य माने बैठी थी, पर आज वह सब एक बबूला निकल गया, एक रंगीन माया जाल, जो पाप के सघन अँधेरे में खो गया, ओह। ....

कामता ने देखा, उन श्वेत कपोलों पर हीरा - कणियों से आँसू ढरक - ढरक पड़ रहे हैं। वह न हिला न डुला। अचलता और मूकता मानो उसमें घर कर गई हो।

रागिणी ने गद्‌गद्, पर कुछ संयत होते हुए कहा .... इस उजेरी शान्ति में, जब तुम शायद अपने गुह्य परम का ध्यान करना चाहते हो, एक पतित नारी का यह रुदन हास्यास्पद हो। पर मनुष्य का, पापी का रुदन क्या शान्ति और सौन्दर्य से हीन है, कामता? पापी भी प्रेम तो कर सकता है। मेरा सजल दीन म्लान प्रेम तुम ही स्वीकार करो, तुम। तुम भी मुझे ठुकरा दोगे तो फिर महानुभावों की विशालता में खोये हुए मानव को शान्ति कैसे नसीब होगी? और फिर कामता, गिरी हुई नारी

तो सदा ही पुरुष का आसरा चाहती है। प्रेम का हाथ न सही, दया का हाथ तो दो ....

कामता फिर भी चुप, उसकी चेतना कहीं खोजे भी हाथ न लगती थी। अन्त में रागिणी ने जैसे सर्वथा के लिए खत्म किया .... करुणा का टीका पापी को देव बना सकता है। मैं आज वैसी भीख माँगने आई हूँ कामता।

कामता उठ खड़ा हुआ। चुपचाप बैग उठाया और बोला .... इसे ले जाओ और पढ़ लो, इसमें कुछ कागज हैं रागिणी। मैं स्वीकार करता हूँ, मैं अपने अहम् को जीत न सका। प्रियतमा का न्यायाधीश बन गया, प्रेम ने विष के चश्मे से मनुष्य को देखा। मैं अपने ब्राह्मण - धर्म से च्युत हो गया, आज। ....

चाँद अब गवाक्ष की छत पर, एक ज्योतिर्मय पुष्प - सा आ टिका था जैसे। जैसे साधु का यह मन्द समाधिमय संगीत अब अधिक भीषण उदासीनता बरसा रहा था।

रागिणी ने बैग को छुआ तक नहीं, बोली .... सुबह जो आग्रह था इसके रहस्य को जानने का, वह अब नहीं है। इस समय तो जैसे मुझे जीवन का कोई अधिकार ही नहीं है। मैं अपार दया की भागी हूँ .... समस्त जीवन की भिखारिन हूँ मैं। इस झोली में जो डाल दो। क्या तुमने भी कोई पाप किया है, कामता?

सहसा तन कर एक अपरम्पार ओज में वह बोला .... स्वप्न में भी नहीं। ....

रागिणी ने टूटी दृष्टि से यह सात्विक दर्प निहारा और पूछा .... क्या किसी के प्रेम - पत्र हैं इसमें?

कामता ने एक शालीन वीरता के साथ सिर धुनकर कहा .... ना, ना।

रागिणी ने बैग को नयनों से तौला, फिर वृथा हँस कर बोली .... तब क्या है, क्या कोई साँप है इसमें? बिच्छू? आखिर है क्या?

कामता ने कहा, जैसे कमल पूजा कर रहा हो .... तुमने व्यभिचार किया भर है, पर मैं तो व्यभिचार ही का परिणाम हूँ ....

रागिणी जैसे तमाचा खाकर खड़ी हो गई, कामता?

कामता ने सिर के बालों में अँगुलियाँ घुसेड़ी? बेपरवाही से चाँद ने झाँक कर उन दोनों की ओर देखा और हँसने लगा।

खुल कर बताओ, तुम क्या बक रहे हो? रागिणी ने उसके दोनों कन्धों को झकझोरते हुए कहा .... तुम क्या कह रहे हो, हैं? पागल तो नहीं हो गये हो? ....

नहीं| .... यन्त्रवत् उसने बैग खोला और उसी सफेद कागज को निकाल कर उसकी ओर बढ़ाया .... पढ़ो इसे|

आरपार - सी श्वेतिमा में काले - काले अक्षर वह पढ़ सकी और एक साँस में सारा पत्र पढ़ गई| कामता एक मुस्कान - सहित उसकी ओर देखता रहा| साधु का इकतारा अब चुप हो गया था|

मूक - सी, घुन्नी सी, कुछ झल्लाई - सी, पर जैसे अचल अथाह समुद्र में सहसा एक क्षण आधार पा गई हो, यों उसने उखड़ी हुई त्वरा में पूछा .... तुम हँस रहे हो?

कामता ने सिर हिलाकर जताया .... हाँ - हाँ, तो|

दोनों गुमसुम एक दूसरे की ओर देख रहे, जैसे दोनों ने एक दूसरे का कोई छिद्र सहसा देख लिया हो| रात सघन होती जा रही थी और सूर्य पृथ्वी से दूर - दूर मानो चाँद से ज्योति छीने जा रहा हो, और प्रभात अब जैसे होने की ही न हो| एक अज्ञात परिवर्तन क्यों न हो गया हो, एक जादू के उपवन में यों रागिणी को कामता दिखा| वह रहस्यमय प्रभविष्णुता जो उसके रोम - रोम से फूट रही थी, वह अब जैसे उससे अलग खड़ी हो|

उसने गौर से उसकी ओर देखा| और कामता ने उस दृष्टि का अर्थ समझा| पूछा .... क्या देख रही हो| मैं बदल गया?

रागिणी ने सिर हिलाकर उत्तर दिया .... ऊहुं|

तब? यों क्यों देखा तुमने?

रागिणी ने आह भर कर कहा .... कुछ नहीं| मैं यही समझ न सकी, यह जीवन क्या है| ....

कामता ने निर्विचार भाव से अपने कमरे की चीजों को देखा और बोला .... पहेली मालूम होता है न?

रागिणी उठी| कपड़े ठीक थे, फिर भी ठीक - ठाक करने लगी, बोली .... नहीं| मैं समझ न सकी| पहेली तो न कहूँगी ....

भ्रान्ति? कामता ने खिसियाते हुए पूछा|

हो सकता है| .... वह चलने को उद्‌यत हुई .... मैं चलूँ, सुबह आना, चाय वहीं पीना, समझे? मैं राह देखूँगी ....

कामता भी उठ खड़ा हुआ ....तुम क्या सोच रही हो?

बैग की ओर तनिक देख कर वह सहज भाव में बोली .... कुछ भी तो नहीं| मैं सोच रही हूँ, कल दिन क्या है, तुम शिकागो चलोगे? प्लेन से चलें शायद|

मैं शायद ही चलूँ .... कुछ घूमता हुआ वह बोला, फिर एक बार घूर कर उसने रागिणी की ओर देखा|

और रागिणी ने भी उसकी ओर देखा| चारों आँखों की दो मूक, पर असीम सी दृष्टियाँ एक हो गईं| उस समय चाँद सहसा आ गये हुए एक बादल में घुस गया था| दुनिया नीरव थी| जगत निन्द्राधीन था| केवल ये दोनों ही जैसे नख से शिख तक सजीवता के अवतार थे|

अन्त में वह बोला ही .... रागिणी| तुम्हारी यह मूकता असह्य है|

बोल तो रही हूँ| उसने उत्तर दिया|

मैं कब मना कर रहा हूँ, पर क्या वास्तव में बोल रही हो? उसने दयनीय भाव से मानो अपील की|

क्या बोलूँ? उसने चलते - चलते कहा .... मैं शायद स्वप्न देख रही हूँ, सपने में या तो रो दूँ या हँस दूँ| कामता, मुझे सहसा न मालूम क्या हो गया| जैसे तुम वह नहीं हो .... वह, कामता, जैसे कुछ चला गया तुम में से| उह कोरा हाड़ माँस ही घूम रहा है, जैसे वह दिव्य ज्योति, जिसके चरणों में आधुनिक लोलुप जीवन से थकी और हारी मैं आना चाहती थी, वह कहाँ है .... कहो न तुम्हीं?

कामता ने जैसे नाटक किया आकाश में हाथ उठाकर कहा अनन्त में खो गई| वह झरना वीरान में सुख गया| ....

रागिणी ने आँखें बन्द की और दीवार से टिक कर खड़ी रह गई, फिर सिर हिलाकर कहने लगी .... आज के जीवन से दुखी हो गई| प्रतिपल यह वासनाओं के वर्द्धन का स्वतन्त्र जीवन मुझे दुःख दे गया, इस सभ्यता में मैंने विपुल रुदन ही रुदन पाया| तुम्हें पाकर मैं असीम हँसना चाहती थी, पर अब पता पड़ा, इस हँसी में कितना धुरीण रुदन है ओह भगवान! ....

वह फूट - फूट कर रो पड़ी .... कामता| यह जीवन जैसे दूभर हो गया| असह्य है यह संताप| अपने ही पाप की आग नहीं सही जाती थी, आज यह निराशा जैसे दिल तोड़ देगी, इस कीच में तुम्हें पैदा होना था|

और वह चिरन्तन उदासीनता की मूर्ति के समान धीरे - धीरे चली गई|

सुबह की सुबह: जुगोप गोरूप: ने आकर उसे जगाया और अपनी चारित्रिक हँसी से कहा .... साहेब| एक चीज लाया हूँ|

वह रातभर जैसे घोड़े बेच कर सोया था, बोला .... क्या लाया है फिर तू जुगोप गोरूप?

बगल में वह चीज दबा कर बोला .... मेरा यह भोंड़ा नाम क्या रखा, साहेब? सोना गुरू रखते तो बात भी थी, हीं - हीं - हीं|

फिर उसने छोटी - छोटी कौड़ियों जैसी आँखें संकुचित की और अधरों में किलक - किलक कर कहा .... हीं - हीं - हीं| कबूतर खत लाया है, साहेब|

और एक लिफाफा उसकी छाती पर पटक कर वह नौ दो ग्यारह हो गया|

शान्ति के साथ उसने लिफाफा खोला और खत पढ़ने लगा| पढ़ने क्या लगा, जैसे कोई अन्दर ही पढ़ कर उसे सुना रहा हो .... रात भर में जैसे समुद्र में डुबकी - तैरती रही, पर विचित्र मर्म खाने वाला अनुभव था| मैं प्रतीत कर रही थी, जैसे मैं अपने से ही खीजी हुई हूँ, जली हुई हूँ| कमनसीबी का क्या चारा? एक कमनसीबी मेरा इस नवीन पद्धति से जीवन यापन थी, दूसरी थी तुम्हें अपना वरेण्य स्वीकार करना| सम्पूर्ण स्वतन्त्र की भूमि में मैं अपना ही मार्ग भूल गई, हेमचन्द्र मिल गये मैं उनके साथ हो ली, पर जो स्वयं भुला हुआ है, जो ध्येयों से स्वयं ही च्युत है, हीन है, वह मुझे क्या रख सकता? जीवन का मार्ग कोई चौक तो नहीं है, जहाँ सिखाऊ घोड़े कुलाचें भरा करे| पाप का रास्ता भी हो| पर वह क्या लगन से हीन है? पुण्य का मार्ग केवल तपस्या का जीना सिखाता है| यौरोप से मैंने जहाँ सजीवता का सबक सिखा है, वहाँ मैंने विलास भी सिखा है| सजावट लिप्साओं का रमणीय भोग ही तो इस सभ्यता का तहेदिली सन्देश है| विषयों के इस विस्तृत भोग में मैं जैसे डूब गई, उस तरह गर्क हो गई, जिस तरह चाशनी में एक मक्खी डूब जाए, पर यह प्रत्यावर्तन अनिवार्य था, कामता! मैं विराम चाहती हूँ, ऐसा आराम जो समुद्र - गर्भ में हैं, वहाँ गति कहाँ है? विद्युत की मूर्च्छना ही तो है वहाँ सरलता के रूप में? क्या तरंगों के प्रकारान्तर वर्धन से समुद्र अपना मंगल पा जाएगा? एक लहर के सौन्दर्य से क्या रंजन होगा, उस लहर - निधि का? मैं सोचती हूँ, आकाश को चाँद के अमृत का आस्वादन क्या सन्तोष दे सकता है? मैं महल बना लूँ, एरोप्लेन रख लूँ, अंग प्रत्यंग सजा लूँ, क्षण - क्षण, नूतन - नूतन, उपभोग - भोग भोग जाऊँ पर अन्त में क्या हो? यह पिण्ड क्या कभी न बिखरेगा, मैं सोचती हूँ| मैं आज की कामनाओं की वर्द्धिनी सभ्यता से इसका जवाब चाहती हूँ और इस सूने निर्जन गिरजे में मुझे अपनी ही प्रतिध्वनि सुनाई देती है| यह रागिणी गाँवों में घूमती है, दवाइयाँ बाँटती है, स्त्री स्वातन्त्र्य और उत्कर्ष पर विचार करती है, लिखती है .... यह देवी जी बड़ी प्रतिष्ठित है, जानी - मानी देश - सपूता है, महिला भूषण है और न जाने क्या - क्या है, पर है तो वह जड़ताओं की दास| मैं आत्म - ग्लानि से मरी जा रही हूँ, कामता| मैं आज हारी हुई हूँ, जंजीरें तोड़ कर मैं धागों में बन्ध गई| संस्कृति के कपड़े फाड़ कर मैं नंगी हो गई, कामता| मैं इसलिये तुम्हारे साथ रहना चाहती थी .... और अब भी चाहती हूँ| वास्तव में तुम महान होते हुए भी दया के पात्र हो| .... रात भर लोमहर्षण सत्य को जान कर अपने आप से डरी हूँ .... सहमी हूँ, क्या तुम मुझे अपनी इस स्वभावज कंपकंपी पर क्षमा करोगे? अवश्य तुम करोगे ही| आज मुझे कर्ण के वचन याद आते हैं .... मेरा चरित्र, मेरा पुरुषार्थ ही मेरा

परिचय है| मनुष्य स्वयं ही अपना कुल है, स्वयं ही अपनी अकुलीनता है| .... पर, कामता| ....

कामता ने कागज सिकोड़ कर तकिये के नीचे रख दिया| अपनी ही उस मगन निश्चिन्तता के मारे वह जैसे हलचल - हीन हो गया था| पर रागिणी के पत्र ने उसे कोई अज्ञात अर्थ समझा दिया| वह स्वयं ही जैसे अपने से व्यंग कर रहा हो, यों उदास - भाव से हँसा|

दोपहर को वह रागिणी के यहाँ उड़ा| किसी कदर अपने को रोके हुए था, जोगलेकर ने आँखों ही से टिमकार कर उसका स्वागत किया .... आइये, जनाब| रात को न आये न मेरा भाषण सुनने? गज़बनाक तमाचा था वह देश के नवयुवकों के गालों पर, बम के बम समझ लो| दंग रह गये सब पत्र - प्रतिनिधि| मैं कोरा अध्यात्मवादी नहीं हूँ, पर जीवित युवक - वादी भी हूँ, जनाब| है कि नहीं? सीधी .... सी बात है उठो, जागो ....., क्रान्ति करो| सो तो ठीक, यह बताओ, कोई वकील ध्यान में है? बाहोश होना चाहिए, अपनी भाषा और बुद्धि के बल वह कानून के पंजे को थपकी में बदल दे| है कोई? ....

फिर उन्होंने एक बादामी लिफाफे की ओर देखा और आँखें जैसे तरेर लीं|

कामता ने किसी कदर बात सुन ली, बोला .... रागे कहाँ है?

जैसे ध्यान चौंक कर प्रोफेसर बोले हों .... रागे? रागे .... यहीं कहीं होगी| हाँ, भुला, वह मुझ पर नाराज होकर अपनी नई जमीन को देखने गई है| नाराज! समझते हो कामता| वह सब पर नाराज हो रही है| अपने पर, मुझ पर, समाज पर, तुम पर, सभी पर| सो तो ठीक, मुकदमे में मेरी हार हो जाए, तो तुम घर वर को सम्भाल लोगे? रागिणी मेरी विपद में भाग लेना नहीं चाहती| क्यों ले? पाप मैंने किया, मैंने| रागे क्यों सहन करे मेरे साथ? ....

अत्यन्त कतरखा के साथ उन्होंने कामता की ओर यों निहारा, जैसे वह एक वैसा कोना ढूँढ़ रहे थे, जहाँ अँधेरा भी हो और उन्हें सुख भी मिले|

कामता ने अवाक - सा होकर पूछा .... मुकदमा? ....

जोगलेकर ने दाँत पीसकर कहा .... हाँ, मुकदमा| किसी सूअर ने मुझ पर पब्लिक - फण्ड के गबन का दावा दायर किया है| उसका माल मारा है न मैंने| साले को मैंने कुछ हिस्सा दिया होता तो आज यह नौबत आती? पर हरामजादा पैदा भी तो हुआ है आज| गैब से भी जैसे पाप अपना दण्ड वसूल पाता है, कामता| तुम आश्चर्य कर रहे हो? क्यों? पर मैं रंगा हुआ सियार हूँ| रंगा हुआ .... मुझ पर थूको, तुम सो तो ठीक, दो - तीन बरस में जेल काट भी आऊँ, तो तुम: ज्योति मण्डल की नाव चला लोगे न? मैं अब के अंक में घोषित कर देता हूँ कि मानव - जाति में एक महान आत्मा का अवतार हुआ है| ....

उसी समय रागिणी ने एक युवक के साथ अन्दर प्रवेश किया .... कौन है वह पिताजी?

जोगलेकर ने भीत - त्रस्त होकर कामता की ओर इशारा किया।

रागिणी सव्यंग पुलकी और उस नवागंतुक को सम्बोधन कर बोली .... ये ही वे मेरे पिताजी हैं, जिसकी आत्मा आज रो रही है। सत्य मानिये, मैंने उन्हें आपकी नोटिस पढ़कर बुरी तरह फटकारा है। समाज को धोखा देना जघन्य - से - जघन्य पाप है, नीचता है, मैं आपके सामने उन्हें पशु कहती हूँ। पर अनुरोध करती हूँ, आप मुझ पर कृपा कीजिए।

उस युवक ने घृणा - पूर्वक जोगलेकर की ओर देखा .... और बोला .... अपनी इस लड़की के पैरों पड़ो, जिसने आज तुम्हें बचा लिया है, महाशय। अच्छा, तुम मुझे वचन दो, रागिणी देवी की मुझसे तुम विवाह कर लोगी .... इनके सामने वचन दो। अपने अन्तःकरण को मैं तुम्हारे लिए मार दे सकता हूँ। पर तुम्हारे लिए, समझती हो? रूप से प्रेम करना मनुष्य के लिए उचित ही तो है। क्यों महाशय?

जोगलेकर ने उठ कर कहा .... मैं कृतार्थ हुआ, श्रीमन् मैं कृतार्थ हुआ।।।

रागिणी ने कामता की ओर मुड़ कर कहा ....कामता, मैं प्रेम और कर्त्तव्य को अलग - अलग समझती हूँ। पिताजी को बचाना मेरा कर्त्तव्य है। यह शरीर और यह दीक्षा इन्हीं की वजह से हुई है। जो धन इन्होंने आदर्शों का जाल रच कर बटोरा है, उससे मेरी भी तो पुष्टि हुई है। तुम दुःख मत करना। जैसी मैं हूँ, तुम्हारे काम की नहीं हूँ। .... अच्छा, मैं जलपान ले आती हूँ।

और वह अन्दर चली गई।

* * *

कामता घर लौटा, तो शाम हो चली थी। घूमकर वह अन्त में अपने विजन घर को लौटा ही। चुनियाँ ने बत्ती जला रखी थी, सांय - संध्या के लिए तैयारी कर रक्खी थी। उसने एक नीरव भाव से सारे घर को देखा।

म्लान क्षितिज था और सूरज की अन्तिम लाल किरण अन्धकार में सोती जा रही थी और अन्तर को भेद कर एक आश्चर्य - हीनता की भावना सारे गगन में छाई जा रही थी। आती - आती रात में कामता को अपने जीवन की रात का जैसे साम्य मिला। वह अत्यन्त शान्त था, निश्चल। जैसे एक अंक गिर गया हो उसके जीवन नाटक का। इसे वह क्या माने, आघात माने या सजा माने? सघन - सघन पीड़ा भरी टीस था जैसे सारा का सारा वह।

फुर्र करती हुई चिड़िया अपने घोंसले में लौटी। उसे मालूम हुआ जैसे किसी की पुचकार यों प्राप्त हुई हो। वह अपने आप - ही - आप पागल की भांति हँसा। खूब हँसा ...... यह सारा जीवन एक हँसी है .... मुक्त हास्य। वह अपने आप ही बोला। आज अकेला, वह एक मनुष्य अकेला ही दुखी - दुखी हँसा, पर चुनियाँ ने घबरा कर देखा, कामता की आँखों से चौधार आँसू गिर रहे हैं। आँखें रो रही थीं और अधर हँस रहे थे।

19

गुड़िया सम्राट

भाग - १

जब अभि; अभिलाष जन्मा, तब मुझे पता चला घर और पड़ौस सम्राटों से ठठा हुआ है| सच, घर में शिशु जन्मा और लो एक समूचे सम्राट ने ही जन्म लिया| हमारा अभिलाष, गुड़िया, ऐसा ही बिना सिंहासन, छत्र, चम्मर और राज्य का सम्राट है| सारा शिव कृपा निवास गुड़िया सम्राट का राज्य है| तमखुड़ बालों का भरा - उभरा मुकुट पहिने गुड़िया स्वयं जन्मा तब से सम्राट बन बैठा है| उसकी मम्मा उसकी प्रधानमन्त्री और उसका पप्पा उसका प्रथम सेवक; उसकी दादी - माँ - उसकी गृहमन्त्री और मैं उसका दादा एक तक्त्य वृद्‌ध नागरिक! गुड़िया को सवेरे उठ कर मैं नमस्कार कर पुकारता हूँ| गुड़िया, नमस्ते! ट्राय साइकल को उल्टा कर गुड़िया उसकी खुली घण्टी को देख रहा है| पैडल के पहिये को घूमा - घूमा कर ठीक कर रहा है - अपनी इस कारीगरी में गुड़िया तन्मय है| न मुझे सुनता है और न ही मेरी ओर देखता है| गुड़िया नमस्ते! मैं पुनः पुकारता हूँ| तभी उसकी मम्मी कहती है, अभि, दादा बुला रहे हैं न? अभिलाष लेटी हुई ट्राय साइकल का पैडल घूमा कर एक टांग उछालता और हँस देता है| अभिलाष - गुड़िया - सम्राट की सेट दिनचर्या है| श्रीजी हुजूर मुर्गा बोलने के साथ ही उठ जाते हैं और अपने नन्हे पलंग के सिंहासन पर बिराजमान होकर पुकारते हैं - मम्मा| साथ ही अस्त व्यस्त त्रस्त कुछ वास्तविक और कुछ खयाली रुदन आरम्भ हो जाता है| मम्मा भी जैसे इस उथापन की अपने स्वप्न में राह देख रही हो, यों उठ बैठती है और नींद से भरी अपनी डबरी सुन्दर आँखें झपका कर स्वयं को ही कहती है; हुँ!

गुड़िया रोते - रोते ही दिवस का प्रथम आदेश देता है, भ्रूं भ्रूं! मम्मा झुंझला कर कहती है: सवेरे सवेरे भ्रूं? सब सो रहे हैं, देख तो|

गुड़िया चित पड़े घोरते हुए पापा की ओर, फिर भैय्या आशी की ओर तथा पुनः मम्मा की ओर घूर कर कहता है - ऊं .... ऊं ऽ ऽ ऊहँ? गुड़िया सम्राट को माँ जैसे

खूब जानती है, अच्छी तरह पहिचानती है| मन से मानती, बुद्धि से देखती तथा चित्त से अनुभव करती है| माँ उठ कर गुड़िया को अपनी गोद में समेटती है और रोते हुए मुख को चूम कर कहती है: ठाकुर काका अभी सोते हैं - उठेंगे तब स्कूटर पर जाना, हाँ|

भ्रूं ..... भ्रूं ...... भ्रूं गुड़िया बिना आँसुओं का रोना जारी रखता है| पापा| पापा बीतते हुए सपने को पकड़ने की व्यर्थ चेष्टा करते हुए नींद में ही चिल्लाता है -

अभी!

अभी गुड़िया सम्राट, ललकार कर रोता और कहता है - भ्रूं|

भ्रूं! पापा उठ बैठते हुए पूछता - उठते ही स्कूटर पर रबड़ने जाता है .... और काम धन्धा नहीं है तेरे?

गुड़िया पापा को इंगित कर कहता है - ऊं, अं - ऊं! भ्रं! तभी मम्मी नन्हें पलंग के पास रखी हुई पुस्तकों में से एक पुस्तक निकाल कर कहती है - अरे वह भालू अभी सो ही रहा है? तू जग गया और वह सोता ही है? वह चिड़िया, बन्दर - यह भैय्या सो ही रहे हैं, उठा!

गुड़िया सहसा रोना बन्द कर अपनी प्रिय पुस्तक की छबियाँ देखना आरम्भ करता है: यह भालू - सो रहा है!

गुड़िया अपनी नन्हीं अँगुली का स्पर्श कर भालू से कहता है| ऊं, ऊं ऽऽ! माँ प्रसन्नता से पुकारती है - जग गया!

गुड़िया का स्वर - व्यंजन स्पर्श होते ही क्रमशः भालू, बन्दर, चिड़िया, बतक सब जाग जाते हैं|

उसका बड़ा भैया आशीष - जिसे प्यार से घर में आशु कहते हैं - वह भी जग जाता| धीर गम्भीर प्रकृति का आशु अपने छोटे भाई की गतिविधियों पर होले से मुस्कुराता और उठ कर अपने स्कूल जाने के लिए तैयार होने लगता| वह चाहते हुए भी अपने लाड़ले छोटे भाई के साथ मस्ती नहीं कर पाता था| खेलता तो था किन्तु बड़ी सावधानी से| जन्म से ही गुड़िया की कमजोरी थी .... रोने के साथ ही, वह लम्बी साँस लेकर अटक जाता और नीला पड़ जाता| कुछ क्षणों के लिए ऐसा लगता कि वह बेहोश हो गया है| कुछ समय पश्चात वह सामान्य हो कर रोने लग जाता|

डॉक्टर्स का कहना था कि कभी - कभी ऐसी बच्चों की साँस पुनः लौटती नहीं| यह स्थिति उसके जीवन और मृत्यु के मध्य की है - यह सुनकर हम सभी सावधान रहते| इसीलिए आशु भैया भी उसे बड़ी सावधानी से प्यार करते| तैयार होकर विद्याभवन की बस से शाला चला जाता| इधर उसकी माँ - दिव्या की मानसिक स्थिति मैं समझ पा रहा था| मैंने प्रफुल्ल को समझा कर एम. एड. का फॉर्म भरवा दिया| जिससे वह अपनी मानसिक परेशानियों को कुछ समय के लिए विस्मृत कर सके| वह तैयार नहीं

थी किन्तु देवी जी ने उसे आश्वस्त किया, माँ ने समझाया कि हम इतने लोग हैं घर में| गुड़िया हमारे पास अच्छी तरह रह लेता है| तुम चिन्ता मत करो और तब वह कुछ आधे - अधूरे मन से जाने लगी| किन्तु पीछे कानजी दादा और लाली उसकी सार सम्भाल में सहयोग करने लगे|

भाग - २

गुड़िया सम्राट अपने छविमय राज्य में प्रातः भ्रमण के लिए निकल पड़ते हैं| गुड़िया सम्राट का राज्य शासन यों मुर्गा बोलते ही आरम्भ हो जाता है| फिर तो चाय आती है, बेड टी! और गुड़िया एक - एक चुस्की भरता जाता और अपनी प्यारी प्रजा को जगाता हुआ उन्हीं के साथ मनोमय अपने स्वप्न - साम्राज्य में घूमने लगता है| गुड़िया सम्राट की अपनी भाषा है - स्वरों - व्यन्जनों में से एक स्वर, एक व्यंजन ही इस पृथ्वी पति के लिए यथेष्ट है| भ्रूं से स्कूटर, मोटर, एन्जिन, रेलगाड़ी, ट्रक, टेम्पो, एयरोप्लेन, जहाज सब बता देता है, जान लेता और आपको जता देता है - समझा देता है| गुड़िया सम्राट की अपनी कोड भाषा है| मम् कह कर वह दाल, भात, रोटी, अण्डा, आमलेट, मिठाई, चटनी सब आपको इंगित कर देगा, बता देगा - पा लेगा और अपनी बूट, मोजे से सुशोभित टांगें हिलाता हुआ अपनी मामा की ओर मुलकता, मुस्कराता रहेगा|

गुड़िया जन्मा तब कुछ अर्से तक मेरे पास आता रहा| दादा हैं - एक बार उसकी मम्मी - पापा ने मुझे चीन्हा होगा| किन्तु गुड़िया मेरे पास केवल चाट - चूरण के लिए ही आता अथवा मेरी पुस्तकों के चित्रों को देखने एवं जिद्दी रोना खत्म करने और स्तवन सुनने के लिए ही आता| पप्पा मम्मी के कमरे में अपने पलंग के सिंहासन पर गुड़िया सम्राट सारे शिव कृपा निवास को स्वर - व्यंजन तथा रुदन के सहारे अँगुलियों पर नचाता रहता| उसकी दादी की सासु 'दादियाँ' उठते ही मुजरा करती हैं| आत्माराम! तब गुड़िया सम्राट कबूतरों के बीच मक्की और चने डालता हुआ मिलता है| अपने पशु, पक्षी, कीट, पतंग सबको जगा चुगायेगा| तब किलक - किलक कर वह खिलते हुए फूलों की मुस्कुराहटें म्लान कर देता है| निर्मल स्वच्छ ताजी स्फूर्ति भरी प्रसन्नता से भरा उसको सौम्य सुन्दर नन्हा सोने और चाँदी से बना अमोल मुख - मण्डल देखते ही बनता है - आकाश की स्वर्गगंगा का कोई कमल हो|

फिर गुड़िया सम्राट मुँह धोते हैं - जबरदस्ती| भ्रूं, भ्रूं! का राग अलापते हुए वह कपड़े मन में हो तो बदलते हैं, अन्यथा कानजी काका के कमर पर चढ़ कर नगर भ्रमण के लिए निकल पड़ते हैं| नाश्ते का प्लास्टिक टिफ़िन कानजी काका की मोटी अँगुली में थरकता हुआ तनिक हिलता - डुलता रहता है और सम्राट गुड़िया अपना नगर दर्शन आरम्भ करते हैं| पहले वह सत्यनारायण के मन्दिर पधारेंगे| रास्ते की गायों, बकरियों और कुत्तों पर कृपा दृष्टि डालते, हँसते, कानजी काका की बातें ध्यान से सुनते - हाँ अथवा ना कहते हुए गुड़िया सम्राट मन्दिर पहुँचेंगे| घण्टा बजायेंगे टन - टन - टन!

अहह! फिर कानजी काका के कहने पर अपने नन्हे कमल दल से हाथ जोड़ते हुए श्याम सुन्दर की ओर देखेंगे - हुँ हुँ! तत्काल कानजी गुड़िया को पास के हनुमान के दर्शन के लिए फेरेंगे, हाँ, यह रहे अपने बजरंगबली - हुँ हुँ हुँ हनुमान! पुजारी जी से तनिक प्रसाद पाकर गुड़िया उनकी घनी काली दाढ़ी और पंचकेशी की ओर घूरेगा और सहसा नाराजगी व्यक्त करेगा ऊं ऊं ऽ ऊंह - भ्रूं!

सम्राट की इच्छा! देव - दर्शन के तत्काल बाद सम्राट गुड़िया यन्त्रों का निरीक्षण प्रारम्भ करेंगे| स्कूटर! यह आया, यह गया - भ्रूं! यह कार, यह ट्रक, भ्रूं, भ्रूं, भ्रूं!! और यह अपनी आरा मशीन! गुड़िया रुक - रुक कर बिस्कुट काटता हुआ आरा मशीन की अर् अर् घर् घर् चित् चीत्कार को सुनेगा तथा उस विचित्र मशीन के प्रत्येक कलपुर्जे को चलते घहरते, लुढ़कते, चटकते देखेगा, देखता रहेगा| यन्त्र को चलता हुआ देख कर गुड़िया शान्त, विश्वस्त और स्वयं जाग्रत हो जाता है| ऐसा लगता है, गुड़िया हर मशीन को जानता है: स्कूटर, ट्रक, कार को तो विशेष| अपनी ट्राय साइकल को उसने स्कूटर में बदल दिया है|

भाग - ३

कानजी दादा के गोद में गुड़िया सम्राट और उसके कन्धे पर आवश्यक सामग्री .... स्वयं के पढ़ने हेतु पुस्तक एक थैली में, कन्धे पर ही दूसरी थैली में गुड़िया सम्राट के लिए टिफिन और पानी की बोतल लेकर अपनी यात्रा का प्रारम्भ होता| सत्यनारायण मन्दिर के दर्शन कर, महन्त जी को देखते, गायों को देखते, दर्शनार्थियों को देखते और हूँ - हाँ करते घर के पिछवाड़े स्थित आरा मशीन तो उन्हें जाना ही होता था| जब तक आपका मन वहीं ठहरना, फिर कानजी को चलने के लिए कहना - अर्थात् कानजी फिर रुक नहीं सकते थे| धीरे - धीरे पीछे वाली गली से हितैषी भण्डार तक पहुँच जाते| सभी दुकानों पर उसे रुकना होता, देखना होता| इच्छा हो तो कुछ माँग लेना होता| जनार्दन राय नागर का पोता था| सभी प्यार करते थे|

रास्ते में कभी - कभी एक बाबजी बैठे हुए मिलते| जोगिया कपड़े, गले में मोटे रुद्राक्ष की माला, हाथ में कमण्डल, कन्धे पर कम्बल जैसा वस्त्र पड़ा रहता| कानजी की तो आदत ही थी - कि सबसे बतियाना| चलते - चलते थक भी जाते होंगे| इसी बहाने थोड़ा उनके पास बैठ जाते| बाबजी कभी - कभी उनको कह देते थे - यह बच्चा बहुत होशियार बनेगा| अभी वाली परेशानी ठीक हो जायेगी| चिन्ता की आवश्यकता नहीं| वह तो पूर्व जन्मों के कष्ट उठा रहा है| कानजी आकर मुझे बताते तो मैं सुन लेती| लेकिन घर में बात होती है तो आगे भी बढ़ती है| मैं नहीं चाहता था कि यह बात दिव्या को पता लगे, किन्तु उसके कानों में भी पहुँच ही गई| एक दिन मेरे पास आई और कहने लगी चाचा इसका निवारण क्या| मैं क्या कहता? मैंने कहा, बेटा! उस चार हाथ वाली शक्ति पर विश्वास कर, निश्चिन्त हो जा, वह तेरा कुछ नहीं

बिगड़ने देगी| और गुड़िया सम्राट अपनी ही व्यस्त दिनचर्या में घर के सभी लोगों को व्यस्त रखता रहा|

कभी - कभी गुड़िया सम्राट हितैषी पुस्तक भण्डार से आगे जाने के लिए इशारा कर देता| उन्हें श्याम स्टोर बहुत पसन्द था| क्यों न हो - वहाँ गोली, चॉकलेट, काजू, द्राक्ष, बिस्किट आदि सभी मिलते| फाईव स्टार चॉकलेट आपको बेहद पसन्द है - वही ले लेते| मस्ती से खाते, चॉकलेट वाले चिपचिपे हाथ कानजी को न लगें, इसीलिए वे वहीं एक गिलास पानी लेकर हाथ धोते - मुँह साफ करते| वहीं से वह कभी - कभी अपने स्वयं के घर ले जाते| वहाँ आँगन में छोड़ देते| गुड़िया सम्राट की राजधानी सभी जगह थी| आखिर सम्राट जो थे| कानजी की पत्नी केलड़ी में गरम - गरम रोटी सेंकती|वह रोटी उन्हें बहुत प्रिय थी| वह खाते तो पेट भर कर ही घर लौटते| घर पर खाने की छुट्टी हो जाती|

धीरे - धीरे आप सूरजपोल दरवाजे तक और उसके बाहर तक कानजी को ले जाने लगे| कानजी मुझे कहने लगे, साब चाहे वह मेरी गोद में ही रहता है - किन्तु ड्राईवर नहीं है| गाड़ी को किस दिशा में जाना है? कहाँ रुकना होगा? क्या करना है? सब उसी का निर्णय होता है| मैं मुस्कुरा देता - सम्राट जो है - इसीलिए तो मैं उसे सम्राट कहता हूँ|

धीरे - धीरे सूरजपोल के बाहर, यह इंजिन उमंग मामी के यहाँ पहुँचने लगा| वह पहचानता था - यह घर अपना है - क्योंकि प्रफुल्ल - दिव्या कभी - कभी वहाँ मिलने जाते ही थे| कभी - कभी क्यों? अक्सर, वे वहाँ जाते ही थे| वहाँ जाकर आप बरामदे में बैठ जाते| मामी पूछतीं - अरे! अभलू तू आया? आजा, आजा .... तो आप प्रसन्न हो जाते| वह कहतीं, आजा खाना खायेगा? दाल - भात ....| तो इशारा करके कानजी को अपना टिफिन निकालने को कहता| मामी अन्दर जाकर उसके लिए तले हुए आलू की सब्जी ले आतीं| ले! पराठें में यह अच्छी लगेगी| उसे आलू बेहद पसन्द थे| उसे मजा आ गया| फिर तो वहाँ जाकर अक्सर आलू की सब्जी की माँग होती| न बनाई हो तो मामी बना कर देतीं| देखा! मामी मेरी, ननिहाल मेरा, और लाड़ लड़वा रहा है मेरा पोता| वाह! भाई वाह! धन्य है गुड़िया सम्राट!

भाग - ४

तब गुड़िया सम्राट स्वयं से, जगत से, जीवन से विश्वस्त है| गुड़िया! मम्मी कैसी है? अच्छी है, सुन्दर है! गुड़िया सिर झुका कर कहता है - मम्मा! अच्छी है, सुन्दर है और पप्पा, भैय्या? मामा? गुड़िया को पप्पा प्यारा है, मामा उसका बड़ा स्नेही है और ठाकुर चाचा, आंटी?

गुड़िया ठाकुर चाचा भ्रूं भ्रूं कहता है| ठाकुर चाचा उसको अपने मोटर साइकल पर घुमाने ले जाता है| यह गुड़िया का प्रतिदिन का वादा है| आंटी को वह अपलक

देख कर हँस देता है| मामा! गुड़िया ने मधु मामा को देखा नहीं कि उसके पास लपक जायगा| मम्मी नौकरी पर, पापा दफ्तर में! आशू स्कूल में! तब गुड़िया मधु मामा के पास| तब मधु मामा उसको खिलाते हैं, बाजार ले जाते हैं| मम्मा - पुकार कर जब वह बिखरने लगता है, मधु मामा उससे कहते हैं - मम्मा आशू के साथ स्कूल गई है| तू भी बड़ा होने पर जायगा न? गुड़िया समझ जाता है| शाम को जब मम्मी आती है तब गुड़िया उसको रश्क के साथ देखता और माँ से लिपट जाता है| फिर तो उसकी मम्मा को वह छोड़ता ही नहीं| माँ और बेटा दूध और पानी की तरह मिल जाते हैं| कभी - कभी मुझको लगता है - गुड़िया मामा को तंग करता है परन्तु मामा हँस कर कहता है - गुड़िया न हो तो इस घर में जी ही नहीं लगता| सच है, शिवकृपा निवास एक सार्वजनिक कार्यकर्त्ता का घर है| लोग आते हैं, मीटिंग होती है - गोष्ठियाँ चलती हैं किन्तु गुड़िया अपनी मौज में मग़न रहता है| उसकी अपनी धुन है, उसका अपना स्वप्न - संसार है|

नया चिड़ियाओं वाला कुर्ता पहिना नहीं कि गुड़िया उसकी छपी हुई एक - एक चिड़िया को बतायेगा| कभी - कभी गुड़िया तीन - तीन दिवसों तक नहायगा नहीं| निल्हाने की बात की नहीं कि यह सम्राट साँस चढ़ा जायगा| उसकी दादी पानी की बाल्टी भरती है और गुड़िया घण्टों पानी के साथ छेड़खानी कर फिर नहायगा| गुड़िया नहाता नहीं है| तीन दिन हो गये हैं न! परन्तु गुड़िया कानजी काका की कमर पर चढ़ कर नौ दो ग्यारह हो जाता है| अपनी मरजी का मालिक, अपनी धुन का धनी यह गुड़िया क्या सम्राट नहीं है? और सम्राट क्या होता है भला?

गुड़िया निस्सन्देह संगीत का शौकीन सम्राट है| उसकी अपनी रेकोर्डें हैं| वह रेडियोग्राम को खोल कर नाचने लगता है और उसका प्रिय गाना गूँज उठता है - गौरी तेरा गाँव बड़ा प्यारा| मैं पुकार कर पूछता हूँ गुड़िया! तेरी गौरी कौन है? गुड़िया झूमता रहता है| थनगनाता रहता है| कभी - कभी गुड़िया सम्राट का मिजाज़ ऐंठ जाता है और तब अपनी मम्मी की एक भी वस्तु को हाथ लगाने नहीं देता| पप्पा की डायरी, पुस्तक, मौजे छूने नहीं देता| अवश्य अपने बड़े भाई आशू की पोथी ले लो - गुड़िया को ऐतराज नहीं होता| कभी - कभी गुड़िया मुझ से जैसे पूछता है - यह अपना है? मैं कहता हूँ हज़ूर यह सब आपका है|

www.ingramcontent.com/pod-product-compliance
Lightning Source LLC
LaVergne TN
LVHW100257210926
848480LV00003B/947
* 9 7 9 8 9 0 3 1 9 7 3 9 2 *